How to
Produce a

❖

*S*uccessful
CRAFTS
SHOW

❖

How to
Produce a

❖

Successful
CRAFTS
SHOW

❖

Kathryn Caputo

STACKPOLE
BOOKS

Published by
STACKPOLE BOOKS
5067 Ritter Road
Mechanicsburg, PA 17055

Printed in the United States of America

10 9 8 7 6 5 4 3 2 1

FIRST EDITION

Cover design by Wendy A. Baugher

Special thanks to Sally Atwater, Kyle Weaver, and Stackpole Books for giving me the opportunity to write this book.

Library of Congress Cataloging-in-Publication Data

Caputo, Kathryn, 1951–
   How to produce a successful crafts show / Kathryn Caputo. —
1st ed.
     p. cm.
   ISBN 0-8117-2797-1
   1. Craft festivals—Planning. 2. Craft festivals—Marketing.
I. Title.
TT149.C36 1997   96-28941
745.5'068'8—dc20   CIP

To Chrissy,
My daughter, my business partner,
and my best friend,
with all my love and thanks.

❖ CONTENTS ❖

❖ PREFACE ❖

Though this book focuses on crafts shows, the information and principles it contains can be used to produce and promote almost any type of consumer, trade, or specialty show. The process is the same; only the players change.

Every industry needs to expose its manufacturers' products and services to the public in order to make industry contacts and increase sales. The crafts industry is no exception.

Selling one-on-one is a very time-consuming way to do business. Most manufacturers and vendors prefer to make initial contact with hundreds or thousands of prospective buyers by exhibiting at a show rather than making individual sales calls. Trade shows and consumer shows are valuable not only as sales tools, but also as means of gaining industry information and learning what the competition has to offer. The show producer, or promoter, is the link between sellers and buyers. The producer offers sellers the opportunity, space, publicity, and atmosphere in which to create an image, get media coverage, introduce products, gather sales leads, and conduct market research.

Though you may have bought this book to help you produce a successful crafts show, there are many other types of shows you can produce using the basic information provided in the book. A crafts show is a good way to get started and gain some experience, but there are others just as interesting and exciting. Whatever type of show you choose to produce, I wish you the best of luck.

❖ INTRODUCTION ❖

Almost anyone can produce a successful crafts show. Many non-profit organizations produce crafts shows as means of raising funds. Churches, schools, PTOs, civic organizations, town committees, private groups, and even private businesses produce crafts shows. Individuals can also produce crafts shows as home businesses.

Many of these shows are successful; others are not. Success depends on many factors. Some, like the weather, will be out of your control. But you *can* control most of the variables involved in producing a successful show.

With careful site and date selection, a strong advertising campaign, and a full understanding of your market—both customers and exhibitors—your show can be a successful one. To be successful, the show must be profitable, not only for you, but also for your exhibitors in terms of both dollars and sales leads. And the customers also must have gotten out of the show what *they* came for, whether it be purchases, product and industry information, or just a pleasant afternoon away from home.

Producing a crafts show can be a very lucrative venture, but putting on a show is a great deal of work and takes a tremendous amount of preparation. By the time the show date arrives, 90 percent of the work will already have been accomplished. If it was done correctly, you will have good customer turnout, your exhibitors will be happy with the outcome, and you can begin planning your next show. If you have not done your job well, this could be the last show you ever produce.

So how do you get it all to come together successfully? That's what this book is about. Let's start at the end—with the show itself—and take a look at a successful show from both the exhibitors' and the customers' points of view.

CHAPTER 1

The Perfect Crafts Show

Let's visit a successful crafts show and see what goes on behind the booth and in the aisles.

THE CRAFTER'S POINT OF VIEW

Picture yourself as a crafter. You get a lovely invitation to participate in a crafts show. The invitation and other printed material you receive paint a picture of a competent promoter, group, or organization that apparently knows what it is doing. So well organized! Such a personable letter! Maybe you'll consider this show.

You are taking a chance, since you have no prior knowledge of this promoter, but nothing ventured, nothing gained, so after much deliberation, you decide to sign up. You receive a nice acceptance letter, with all the information you need to know about the show. No questions are left unanswered. Boy, this promoter is on the ball! You begin to look forward to the show. You have some new products to showcase, and you are certain they'll do well at this show.

The show date arrives. The directions to the show site are clear and easy to follow. Directional road signs posted along the way make it easy for you to find the show site. Because you get there without any trouble, you know the customers will do the same.

Someone with a smile on her face greets you at the gate. She helps you find your space and tells you that there are free doughnuts and coffee for the exhibitors and to help yourself. You think, "This is going to be a good day."

There is also someone there to help you unload the heavy boxes from your car. How nice! He tells you where to park your car so that the spaces up front will be saved for the customers. How organized!

Inside, your space size is just as was promised, so the display you planned fits nicely into it. The promoter visits your booth, makes a nice comment about its contents, and shows you the publicity package. (Since you don't live in the show area, you didn't see the ads in the local newspapers or hear the radio announcements. You are glad to know that the advertising was done well.)

As you finish setting up your display, customers are already lining up at the door. The show promoter greets them, but it is not yet opening time, so she does not let them in to wander around looking at half-set-up displays.

The show opens precisely on time. You look around at the other booths and are pleased to note that the crafts at these booths are of the same high quality as yours. There are no manufactured or mass-produced items and no flea market merchandise. It is obvious that the other displays are those of veteran crafters—professional, well stocked, neat, and organized. And nobody is selling the same products as you are, which means that the promoter was selective in his choice of exhibitors.

The first wave of customers moves steadily down the aisle in your direction. Not too quickly; it is obvious that they came not only to look, but to buy. The flow is heavy and steady, and the aisles between the rows of booths are wide enough to accommodate it.

You busy yourself adjusting your products, and smile as the first surge of customers reaches your booth. Customers stop at your booth, take interest in your products, ask some questions, and one of them reaches for her pocketbook. The first sale of the day!

As the day progresses, there is always a steady flow of customers, and your products are selling well. Then you realize that you are getting hungry. As if she knew, the promoter's helper arrives to ask if you would like to take a break. She will take care of your booth. You hate to miss any sales, but you do have to eat, and the rules of the show do not allow for eating at your booth. Very professional. And no considerate customer would want to interrupt you while you were munching on a ham sandwich, anyway.

You go to the food concession, to the location marked "exhibitors," where you are served in record time. You eat quickly to give the promoter's helper the opportunity to relieve another crafter. When you return, the helper tells you what has been going on and what sales she made for you while you were having lunch.

A helper visits you again later in the day to see if you need change for large bills, a "potty" break, or anything else she can do to help. Again, how nice! All goes well, and the sales continue to be steady until the show finally ends.

You have had no stress, no surprises, and your sales have been great. This was a show worth doing! You pack up slowly. It has been a long day. No one rushes you, and everyone is still smiling. It has been a good day. You will tell other crafters about this show. You

---

WHAT CRAFTERS WANT:

❏ Clear, concise information about the show (no surprises)
❏ Adequate directions and signs to the show site
❏ Confirmation that the show will be well advertised
❏ A steady flow of customer traffic
❏ Adequate booth size to accommodate display
❏ A pleasant atmosphere with no headaches or stress

hope the promoters will do it again next year. You definitely will participate.

The above is all that crafters want, and more than they expect. But it is what they deserve. It will be your job, as the promoter, to give it to them. Your reward? A good reputation and the chance to build on your first successful show with future shows.

THE CUSTOMER'S POINT OF VIEW

Now picture yourself as a customer. You have seen numerous ads, posters, and signs for an upcoming crafts show, and you hear it mentioned on the radio. You *love* crafts and crafts shows, and this looks like a big one! By the time the show date arrives, you've called a friend or two, and you're all going to the show together. What a nice excursion this will be! You have to do some gift shopping anyway, and maybe you'll find something at the show.

When you enter, you are greeted with a warm smile. You pay a small admission fee and take a chance on the wonderful quilt that is being raffled off. Beyond the admissions table, the room is filled with lovely displays and products. The soft strains of seasonal music can be heard.

You smile at your friends and enter. The scent of flowers reminds you that spring is just around the corner. What lovely displays! What lovely things to buy! There are plenty of rows with lots of things to see, so you take your time, visit each booth, and make a purchase or two. "Oh, what a lovely idea!" you say to your friends as you examine the products at one booth. You wish you were that talented. And this is a new product that you have never even seen before. "My sister will just love this," you say as you make a purchase.

The crafter packages your purchase lovingly, hands you a receipt and thanks you, and you move on to the next booth. After you've visited all of the booths, it is so inviting in here that you and your friends decide to have a bite to eat at the food concession and sit and chat a bit before returning home. Then you remember that cute teddy bear you saw in the third aisle. It would be *perfect* for your niece in California. So you stop on your way out and make one last purchase. Then you notice the "wrap and ship" booth by the exit door and think, why not just send the teddy bear from here? What a great idea!

You select the wrapping paper, pay for the shipping, and leave the show with a sense of accomplishment. Not only did you get some shopping done, but you don't even have to worry about sending your present to your niece—it's all been taken care of!

When someone later asks you what you did over the weekend, you tell them about the show. When you go to work on Monday morning, you tell your coworkers about it. And you look forward to the next one.

WHAT CUSTOMERS WANT:

❏ The chance to purchase products they can't elsewhere
❏ A pleasant experience

This is how a crafts show should be. And as a show producer, your goal is to make it so. Customers are mostly looking to have a pleasant experience and the chance to purchase products they can't buy anywhere else. They are looking for the unique, the unusual. And all of the little extras, though not required or necessary, add to the total experience of both crafter and customer. Though they may not remember all of the particulars of a show, they will remember how they felt during and after the experience. And they will return if the experience was a pleasant one. This is how a show producer develops a good customer and exhibitor following and a solid reputation.

❖ CHAPTER 2 ❖

Targeting Your Market

Now that you have a better idea of what you are trying to accomplish, let's look at the steps necessary to achieve the desired result. The first step is to target your market. It is important to invite the right people to your show.

Two main ingredients are necessary for any show to be successful: buyers and sellers. And you must know who they are, where to find them, what they are looking for, and how to give it to them.

Many crafts shows fail because producers invite only the exhibitors. Reaching the right customers is equally important to a show's success, however. Producers usually make great efforts to find exhibitors, because they view the exhibitors as their main source of income. But in many cases the promoters just assume that because they have the right exhibitors, the right customers will automatically follow. Wrong.

If your church group is producing a crafts show, do not assume that all of its members will attend and buy from the crafters. And do not assume that your members' purchases and presence will be enough to sustain the show, no matter how large your membership roster is. If your school PTO is sponsoring the show, don't expect every pupil's mother to support the show. And if you are an

7

independent producer and this is your business, then your liveli-hood depends on the success of the show, and you'd better not assume anything!

DEFINING YOUR SHOW

Before you expend any time or money, sit down and define your show so that you can identify exactly who it is you are trying to attract and what it is you are trying to accomplish. Envision the kinds of booths and merchandise you expect to see the day of the show. Draw a mental profile of the type of customer you hope to attract. Your customers should match your exhibitors.

Will your show be a bazaar of local amateur craftspeople and vendors of mass-produced merchandise? Then plan to advertise locally for your customers, who will probably consist of members of your organization, friends of the exhibitors, and other local residents. Keep your booth fees reasonably low to make it feasi-ble for vendors of amateur crafts and low-priced items to partici-pate.

Are you planning to have more professional exhibits and a more elite group of craftsmen—those with extensive product lines and store-quality displays? Then you will need to attract customers from an area much wider than your local newspaper may cover. You will need customers who have an income level that will allow them to purchase these often more costly items.

Open, Juried, and Invitation-Only Shows

There are three basic classifications of crafts shows: open, juried, or invitation only. These classifications define the quality of the show, the crafters, and the merchandise they will be selling. Crafters want to know how the show is classified to ensure that they will be sell-ing in good company.

An *open* show is a crafts show in which the products are not necessarily monitored for quality. Some manufactured and mass-produced products may be admitted. The number of crafters in a category may also not be limited. For example, a jewelry crafter may participate in an open show of fifty crafters and find that thirty of the vendors are also selling jewelry. Most crafters do not consider such a ratio acceptable.

If you are not sure that you will be able to solicit enough crafters for your show or will be able to get the variety and quality of crafts you are looking for, or if you plan to accept a few noncraft vendors at your show, you should classify it as an open show.

A *juried* show is much more defined and is a quality show where the producer closely monitors the crafts he admits to the show. You will be expected to limit the number of crafters in each category to a maximum of 10 percent of the show. Five percent is an even better ratio, but until you build a good reputation and a crafter following, 10 percent is acceptable.

When the crafters submit their applications to the producer of a juried show, they will also submit photographs of their products and displays. From these pictures, the producer selects the best (as he perceives it) in each category and admits only these crafters to the show. This procedure can be done by one person or by a jury of people in the organization.

A juried show is the most popular type of crafts show. Crafters know that they will be exhibiting in the company of other quality crafters. They also know that there won't be an overabundance of crafters selling the same or similar products. You should be able to fill your show nicely with a good balance of both new, up-and-coming crafters and established professionals.

To apply to an *invitation-only* show, a crafter must first send photographs or slides of her products and display to the show producer. If the producer likes what she sees, then the crafter is invited to apply to the show and is sent an application.

The crafts and crafts categories are strictly limited in this type of show. The quality of both the crafts and the display plays a very important part in the decision to accept one crafter over another.

An invitation-only show is usually very well attended because the customers know that they will be seeing the best the crafts world has to offer. Such shows have a reputation for excellent sales, and crafters clamor to be invited. When you get to the point where you receive hundreds of applications for one of your shows and customers are lining up at the door to get in, you can consider making it an invitation-only show.

Decide in advance which type of show you want to produce. This will tell you what type of exhibitors you will need to solicit and what type of customers you need to attract. This book will focus mostly on juried shows, which should draw a better clientele to your show than open shows.

This is not to say that you should not accept amateur crafters at your shows. Many of these crafters have innovative and unique products, even though their displays may not have reached the professional level. And the show itself doesn't have to be large; it just has to be a quality show. Ultimately, this type of show will provide you with the most profit and the best reputation on which to build future shows.

FINDING CRAFTERS

Crafts show exhibitors are dedicated workers who derive income on a full-time or part-time basis by selling their carefully designed and lovingly handmade products at crafts shows. These artists are proud of their creations. Many have original designs that have taken a great deal of time to develop. They do not want to waste their valuable time on a show that will not net them the sales they need to carry on their business. Some have very high sales expectations.

These are the exhibitors you want to solicit for your show. You want your exhibitors, their products, and their displays to be of the very best quality possible. Professional crafters often have customers who follow them from show to show.

There are thousands of crafters out there. But not all of them will want to participate in your show. If you are producing a show of sixty crafters, expect to invite six hundred to get the number of crafters you need. To find these crafters, consult trade publications, visit other crafts shows, and advertise.

Trade Publications

Almost every area of the country has a crafts trade publication that lists thousands of local crafts shows. This is how crafters find out about crafts shows in their area and the surrounding states. These publications also provide crafters with other regional and national industry information. To find out about the publications specific to your crafts show area, ask a crafter exhibiting in a show in that area.

You should subscribe to all of the trade publications that provide information about areas where you plan to produce your shows.

Identifying these publications and having your show listed in them should be your number-one priority for soliciting crafters. Your show should be listed one year (or at the very least nine months) before the show date, since the best crafters usually book their shows about a year in advance. There is usually no charge to producers for listing their shows.

When your show is first listed, don't become overconfident if you get a lot of calls. Everyone who calls will not necessarily apply to your show. The crafter may call several producers with shows on the same date to get information, then compare the shows and make a decision.

If, after listing your show in a trade publication, you don't get a significant crafter response in the first two or three months, at least calling to ask questions, then something is very wrong. Check the listings for other shows in the area. Call a few crafters who called for information and ask why they didn't apply. There must be a reason.

Here are several trade publications to get you started. There are many others—too many to list. It is best to ask a local crafter about *local* listing guides.

The Crafts Report
700 Orange St.
Wilmington, DE 19801

The Crafts Fair Guide
P.O. Box 5508
Mill Valley, CA 94942

SHOW LISTINGS

Day/Date Duration	Deadline	Show	Location Contact	# Crafters Show Fee	Eligibility Jury Fee	Admission Charge Customers Last Year
Nov. 7-9 Fri. 6-9 Sat. and Sun. 10-4		20th Annual Christmas Festival	County Fairgrounds Loredan, NY Bobbie Jones (914) 436-2194	200 $200	Juried None	$4 N/A
Nov. 8 Saturday 10-4	June 1	Holiday Crafts Fair	Marion High School Field House Marion, NY Sandra Smith (914) 999-2134	100 $50	Open None	$2 2,500
Nov. 8 Saturday 10-4		Craft Fair	Morris Temple Fallsville, NY Ann Marie James (914) 876-4867	N/A $15+20%	Juried	$1.50 N/A
November 8 Saturday 10-4		Walden Handcrafts Show	Community Center Walden, NY Brenda Baker (914) 610-5200	125 $75	Juried	None 3,200
Nov. 8-9 Sat. and Sun. 10-5		Christmas in the Country	McKinley Clubhouse Watermoor, NY Marge Shelton (914) 953-4222	28 $60	Juried	$3 800
Nov. 9 Sunday 10-4	Oct. 9	Christmas in Tibideau	St. Mary's Church Tibideau, NY Dolores Canton (914) 651-3955	22 $50	Invite	$1 400

Have your show and all relevant information listed in a trade publication.

The Craft Digest
P.O. Box 1245
Torrington, CT 06790

Sunshine Artists
1700 Sunset Drive
Longwood, FL 32750

SAC—Nationwide Art & Craft Show Listings
P.O. Box 159
Bogalusa, LA 70429

Though trade publications will be one of your most valuable sources for soliciting crafters for your show, don't depend solely on them to fill your empty spaces. While your show listing is doing its job, you should be doing *your* job—visiting other crafts shows and soliciting crafters directly.

Other Crafts Shows

Visiting other shows is a great way to solicit exhibitors for your show. You get to see the crafters' products firsthand and can pick and choose which crafters you will invite to your show. You can talk face-to-face with them and promote your show personally.

Visit as many shows and make as many contacts as possible. These contacts can be the source of valuable information. One crafter might say, "Oh I'd love to do your show, but I do another show every year on that weekend." Take her name and other information anyway. She may be interested in other shows you produce or maybe the show she is committed to will not be very good this year, and next year she will try yours. You will also have learned the name of a show that is in direct competition with yours—valuable information indeed.

Classified Ads, Posters, and Press Releases

It is far better to have too many applicants for a show than to have too few. A "crafter wanted" or "vendors wanted" classified ad in a local newspaper might give you the additional crafters you need to fill the spaces at your show. Since first-run shows are the hardest to fill, place a long-running ad for a week or more. If you are producing several shows in that area, you might want the ad to run for a full month. If it is allowed, put up a "Crafters Wanted" poster at the show site and in the windows of local stores. Add the names of any crafters who respond to your mailing list. Run these ads about one year to nine months in advance of the show.

Send an early press release to the local newspaper to promote the show. In the press release, mention that you are looking for crafters and give all the details of the event and where to call or write for information.

Other Vendors

Your ads and listings will generate responses from many other types of vendors who are not crafters. Resist the temptation to allow them in your show. Though these vendors will add revenue, they will tarnish your reputation as a crafts show producer.

There are also persons who represent a number of artists or crafters but do not themselves make any of the products they sell. These individuals are not crafters; they are strictly salespeople. I do not recommend accepting crafts salespeople at your shows. All products should be sold by the crafter who made them.

If you do not get the exhibitor response you hoped for, do not procrastinate. Take all of the steps necessary to ensure a full show. There should be no empty booth spaces. But do not sacrifice a quality show for a full show. All booths should be filled with handcrafted items only. No manufactured goods or flea market tables should ever be mixed in at a quality crafts show just to fill up the spaces.

This is a big mistake often made by first-timers. They do not canvass for crafters far enough in advance to ensure a full show. Then, at the last minute, they allow flea market tables and manufactured goods and kits to be sold at the show. The true crafters will not be happy about this. They will not participate in your shows again, and they will tell other crafters, who also will avoid your shows. Pretty soon, you will have only flea market and manufactured goods at your shows. They will no longer draw the buyers that you hoped for. You will have become a flea market producer and not a crafts show producer.

Mailing List
Your crafter mailing list is your most valuable asset. Keep it accurate and current. If you receive a notice from the post office that someone has moved, update your list, as postage is a big expense for crafts show promoters.

Develop as large a mailing list of crafters as possible. Never stop looking for new crafters' names to add to it. A computer with a database program will make things a lot easier. You can input the crafter information once and retrieve it as a mailing list or have it printed on self-stick labels to attach directly to your application mailers.

FINDING CUSTOMERS
You also need to target your customers. What type of customer would you like to attract? Who would buy the products that will be sold at your show? Would they be male or female? Young or old? Picture them at home. What is their lifestyle? What are their talents? What is their education level? What is their income level? Can the average middle-class customer afford what will be sold at your show, or do you need to attract a more affluent customer base? Answer these questions and you have found your customer market.

Now you need to determine how to reach these people. What newspapers do they read? What channels and programs do they watch on TV? What are their favorite radio stations? Where do they go? Where do they shop?

Crafts are not necessities; they are luxury items. When the economy falters, the crafts market generally falters also. Why? Because when people's budgets are strained, the first thing they cut back on are luxury items. Though they may want them, they don't really *need* them.

For a quality crafts show, here is your customer profile: female, ages 25 to 50, high school graduates with perhaps some college, working at good jobs or married to men who are.

Though some men do go to crafts shows, most of them are dragged there by their wives or girlfriends. There aren't many men who will voluntarily go to a crafts show by themselves, and there are even fewer who will admit that they ever went to one!

Where to Find Customers

So where can you find the customers you need to come to your show? You can find them everywhere. Good places to find customers include the gym, dry cleaner, supermarket, drugstore, bookstore, hairdresser, and nail salon. Your posters should target those places you think potential customers will visit each week. Schoolteachers often are real crafts show enthusiasts, so always advertise on bulletin boards in schools near your show site. Also be sure to tell your friends and family, the mothers of your children's friends, and your coworkers.

Place ads in newspapers and other publications your targeted customers will read. An ad in the *Wall Street Journal* will probably not get you customers for your show. But one in a local publication targeted at women will yield much better results.

Your radio ad spots will do best on easy-listening and light-rock stations. Your TV ads should appear on stations and during shows that typically have a female audience. If you air your TV commercials during the "Martha Stewart Show," for example, you will definitely be reaching your market.

Your crafters can also help bring customers to your show. Most veteran crafters have mailing lists of their own. If you provide show postcards or flyers to send to their customers, most will send them. Many professional crafters also distribute handouts to their customers at other shows in which they participate, telling where the crafter will be for the next few weekends or for the entire show season. These crafters will add your show to the list and pass the information along to anyone who is interested. This will certainly help bring additional customers of the kind you are looking for to your show.

Customer Mailing List
Create a mailing list of all potential customers. This list is as important to the success of your shows as your crafter mailing list.

You can even buy a mailing list of potential customers from a list company. These lists are expensive, but you can target any customer demographics you want, in any area you need, and at any income level you wish.

Having a raffle or door prize at your shows will provide you with names and addresses to create your own mailing list over time. And it will be as good as any you can buy. Each raffle entry form should include a space for the customer's name, address, phone number, and zip code. Then, when you have another show in the same area, you can invite these people. They likely will come and may bring other people with them. You will see the same customers at your shows time and again if you provide them with a pleasant experience and interesting items to purchase. Your customer mailing list will develop quickly this way.

CHAPTER 3

The Process

Producing and promoting a crafts show can be a huge undertaking. You will have to develop printed materials, letters, and forms for your crafters; formulate a list of rules and an exhibitor contract; and spend months looking for the crafters to participate in your show. Finding the right show site is essential to the success of your show and can be another headache. Choosing the right date so that your show doesn't conflict with other local events is equally important. Then there's the advertising campaign to consider.

Don't be overwhelmed. Sit down and relax. There's a lot to do, but we'll go through the process step by step so that you'll know what needs to be done and when you need to do it. If you follow the time line provided here, you will be well organized with no loose ends at show time. You won't make any rushed decisions, and you won't have any last-minute headaches. You will be prepared.

EIGHTEEN MONTHS BEFORE THE SHOW

Your first step is to determine the show's location, date, and duration (one day, two days, or longer). Once you decide on a particular area, subscribe to the local newspapers and get in touch with the area's tourism bureau to look for events that might compete with your show and to get a feel for the show area. Producing a show in unknown

TIME LINE

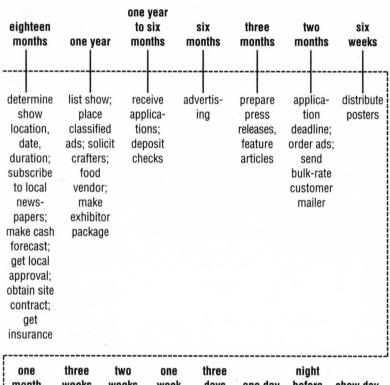

eighteen months	one year	one year to six months	six months	three months	two months	six weeks
determine show location, date, duration; subscribe to local newspapers; make cash forecast; get local approval; obtain site contract; get insurance	list show; place classified ads; solicit crafters; food vendor; make exhibitor package	receive applications; deposit checks	advertising	prepare press releases, feature articles	application deadline; order ads; send bulk-rate customer mailer	distribute posters

one month	three weeks	two weeks	one week	three days	one day	night before	show day
send first-class customer mailer; send feature articles, press releases; determine floor plan; assign spaces	press releases; display ads	display ads; visit site; large signs	call site coordinator; rest rooms	watch TV ads	mark spaces; set up; organize paperwork; prepare advertising folder	directional signs; rest	organize crafters; hand out advertising folder; open show

territory is a strategy game. The more information you have about the area, the more equipped you will be to select the right show date and site. Note which events are given priority and a sense of importance in the local newspapers. If you are an independent show producer, find out what nonprofit organizations get the most publicity. You may want to consider linking your show to one of their events or inviting them to somehow participate in your show.

Once you think you have found your show site and know that it is available for the dates you need, prepare a feasibility study and cash forecast. What is the cost of the facility? What other expenses will be involved in producing this show? Ask for a floor plan if one is available, or sketch out your own. How many booths will fit into the show area? Are you planning to charge customer admission? Is there extra room to put the admissions table, or will you have to give up exhibitor spaces to accommodate it? Given your anticipated expenses, how much do you need to charge your exhibitors to recover costs and make a decent profit?

If the show looks profitable, your next step is to get a tentative commitment to use the facility for the designated time span of the show. Before signing any binding agreement, check with local authorities about any special event restrictions that may affect your show. Apply for any local licensing or approvals that are required, and do so *before* sending out any show applications or scheduling any publicity. Once these approvals are confirmed, you can sign a letter of intent or contract with the property owner or administrator for the use of the facility. Be prepared to pay at least a deposit on the show site at this time.

Next, research insurance companies, options, and premiums for the show. This will take a while. Insurance coverage is expensive, and you want to get the best deal possible (see chapter 7).

ONE YEAR BEFORE THE SHOW

Now that you have your show site and dates locked in, and all local licensing and permits have been acquired, it is time for you to offer your show to the crafters. Your show should have a title and

Letter of Intent

This document is a letter of intent between [**your name**], representative of [**your company/organization**] and [**site representative**] representative of [**site name or site owner's name**].

The purpose of this document is to set forth the intention of [**your company**] to produce a(n) [**type of event**] at: [**site name**] on [**days/dates**], between the hours of [**show duration**].

[**Your company**] will provide a certificate of insurance liability in the amount of one million dollars to cover the event. The above-named property owner is to be held blameless for any damage to goods or injury to individuals resulting from this event.

Permission is hereby granted to [**your company**] to produce the [**event**].

Site representative

_____   _____
(signature)   (date)

Show producer

_____   _____
(signature)   (date)

Before signing a letter of intent with a property owner, consult your attorney for approval.

theme. As soon as you decide on these, list your show with as many crafts trade publications as possible. They will send you forms to fill out requesting the necessary information. If this is your first show, also place some classified ads in local newspapers at this time.

The next step is to prepare an exhibitor information package. You will probably start getting calls for your show as soon as it is made available to the crafters, so be prepared. There are many policies to set and forms to design, and it will probably take you a week or two to get it all in order (see chapter 10).

To ensure your show's success, visit as many crafts shows in the show's area as possible to solicit crafters. Begin doing this now, and do so continuously until you have filled your show. When you visit other shows, take along show information packages to hand out to the crafters. Also send your information package to crafters on your mailing list.

Sign up a food vendor or caterer now, if you need one (especially if you want a mobile food vendor). Many food vendors participate in local and county fairs and sign up for them at least a year in advance.

ONE YEAR TO SIX MONTHS BEFORE THE SHOW
Crafters will be showing interest in your show during this time. Be available to receive their phone calls and answer their questions, and send them your show information package.

You will also start receiving completed application forms and checks. If you have not assigned a jury date or deadline for submission, you can jury submissions as you receive them and inform the crafters whether they are accepted or declined. As soon as you have accepted a crafter, you can deposit her check into your business account. Return checks to rejected crafters immediately. You will need an organized filing system so that you won't lose any applications, photographs, or checks.

SIX MONTHS BEFORE THE SHOW
This is a good time to really focus on your advertising campaign, if you have not already done so. You should have received at least half of your crafter applications by now. You know from your cash forecast approximately how much money you have to spend, so don't procrastinate. Lay out your advertising campaign in detail.

Get advertising rates from local newspapers, radio stations, TV—any media that you plan to use in your advertising campaign. Study local newspapers to decide which editors should receive information about your show. Get quotes from local printers for your poster campaign. Call sign companies for estimates on the larger signs, banners, and directional signs you will need. Then sit down, review the information, and make some decisions.

This is also the time to prepare your TV ads if you plan to advertise on TV. Meet with a sales representative for the cable company in the area where you will hold your show to discuss the form and content of your ads.

THREE MONTHS BEFORE THE SHOW

By now you will have a good idea of who will be exhibiting at your show. You should have received most, if not all, of the crafter applications. Take some time now to review the photographs, biographies, and information the crafters have sent you. Use this information to prepare press releases and write a feature article for the local newspapers.

If you set a jury deadline, the date should be no less than three months before the show date. At this time, deposit the checks of the crafters who have been accepted and send them show confirmations and details, and return the checks of those you are not accepting along with rejection letters.

Once you have deposited the entry fee checks in the bank, order your signs, printed materials, portable restrooms, and anything else you might need.

Place your newspaper ads and contract for your radio ads at this time also. The newspapers will need time to design the ads unless you have camera-ready artwork prepared for them. This will take at least a week or two. Your first ads should be displayed at least two weeks before the show so that people can plan to attend. More ads should be placed the week before the show. If money allows, you can place ads for three or four consecutive weeks before the show.

Send out your customer mailer now if it is being sent by bulk rate. This is the least expensive method, but it is also the slowest.

SIX WEEKS BEFORE THE SHOW
By now the crafters have all been notified of their acceptance or rejection, and those who have been accepted have received their show confirmations and are eagerly awaiting the day of the show. Distribute your posters now. This will probably take you about a week. You don't want to put them up too early, because if they are seen *too* often, they will simply become part of the background. You want them to be new enough to generate interest near the time of the show.

ONE MONTH BEFORE THE SHOW
Send out your first-class customer mailers one month before the show. If you send them out too early, they will be tucked under a pile of paper and forgotten long before the show date. Also send your feature articles and press releases to the local newspapers.

Spend some time completing your floor plan and assigning each crafter a space at your show. Assigning spaces is a tedious job. It may take several hours, depending on the size of your show.

Draw your floor plan in pencil, as you will probably change it many times over before you are satisfied. Write the crafter's name and type of craft in each exhibitor space on the floor plan. Keep your crafters' photographs close by while you do this. You will need to refer to them to make sure you have spaced crafters with similar products far apart. When you have finalized your floor plan, make copies.

Prepare your exhibitors' space cards, and write the space number and the exhibitor's name on each. At indoor shows, producers often tape them to the exhibitors' spaces. Alternatively, you can hand them out at the door along with a floor plan that shows where the numbered spaces are located. This way, when you have no more space cards left, you will know that all the crafters have arrived. If you have one or two left, you will know exactly which crafters have *not* arrived without having to look up and down the aisles to check for empty spaces.

Crafts Show Productions
❀ *Spring Fling 1996* ❀

Space #_____

Crafter:_____

There is no need to have your space cards printed by a professional printer. If you have a computer or word processor with different fonts and letter sizes, you can make up your own.

Add other exhibitor information to the day-of-show package. If you are supplying free coffee and other goodies, include coupons for them in each exhibitor's package. Again, you can make these yourself from card stock.

If you plan to have a raffle, design your customer raffle tickets and get your raffle box ready at this time. For a first-run one-day show, print one thousand raffle tickets.

THREE WEEKS BEFORE THE SHOW
If you can afford it, start your newspaper display ads now. Send out another set of press releases, including one to the local radio station. Even if you have not paid for commercial time, many local stations will use information about your show as a filler.

TWO WEEKS BEFORE THE SHOW
Visit the show site one more time. This can be extremely important. A few years ago I produced a crafts show in an indoor mall. I

Raffle Entry

Name _____ (please print)

Address _____

City _____ State _____ Zip Code_____

How did you hear about our show: (check all that apply)

❑ Radio   ❑ TV   ❑ Road Signs

❑ Posters   ❑ Word-of-Mouth

Newspaper: ❑ _____ (name) ❑ _____ (name)

❑ _____ (name) ❑ _____ (name)

A free raffle ticket not only provides you with customer information for future show mailing lists, but it also helps you determine your most effective method of advertising.

went to the mall the week before the show and found that the escalator was being refurbished and was out of order. No one had thought to notify me. Since the show was to be held on the second floor of the mall, it was essential that the escalator be in working order, but there was no way this could be accomplished in a week's time. Now I visit the show site for a final inspection at least *two* weeks before the show.

If you have not started earlier, your display ads should start to appear in local newspapers at this time. Also put up your large show sign and banners at the show site.

ONE WEEK BEFORE THE SHOW

Check in one last time with the show site coordinator the week before the show for any last-minute changes or problems that may have arisen.

Call the portable restroom company to confirm that the facilities will be delivered as promised.

THREE DAYS BEFORE THE SHOW

If you are using TV or radio commercials for supplementary advertising for your show, watch and listen to your commercials. Make sure they are aired as promised. Your contract will state this. If you are having a Saturday show, you should have TV and radio ad saturation at least on the Wednesday, Thursday, and Friday before the show.

THE DAY BEFORE THE SHOW

Check in at the show site to mark your exhibitor spaces. This will take several hours. Don't rush it. Take along two 100-foot tape measures and plenty of marking materials. Don't use markers, crayons, masking tape, or anything else that may leave a permanent mark or residue. Keep your marks short—just enough to give your crafters the picture of where and how to set up.

For floors and carpeting, use electrical tape. Fold the tips of the tape under to create tabs to grasp to remove them. For outdoor cement or blacktop, don't use chalk, which is too easily washed or rubbed away. Use carpenter's lumber crayon, available at any hardware or home-improvement store. This thick wax crayon is easy to write with and will wash away in a few days time, leaving no residue. Use heavy, thick strokes.

For marking spaces on grass, use white spray paint, which is very visible and won't be washed away by rain. By the time the crafters are finished setting up, much of the paint will have been removed by people walking over it, and the remaining paint will be cut off the next time the lawn is mowed. You can also use stakes and markers for grass shows, but they are often stepped on, tripped over, pulled out of the ground, or moved. They are far less reliable than paint.

Set up your admissions table, fixtures, decorations, and anything else that you need *now*. Don't wait until the day of the show. You won't have time.

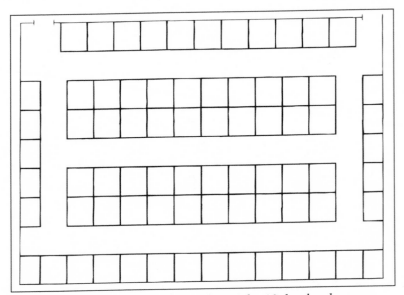

Here is a floor plan showing seventy-five 10-by-10-foot booth spaces plus aisles.

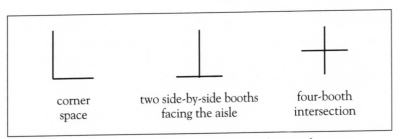

| corner space | two side-by-side booths facing the aisle | four-booth intersection |

There are three basic symbols you can use to mark your show area.

Make sure all of your paperwork is in order. A clipboard is handy for keeping it all organized. If it is a large show, use a box for your exhibitor information packages. Organize these packages not by space numbers, but alphabetically by the crafters' last names for easy access.

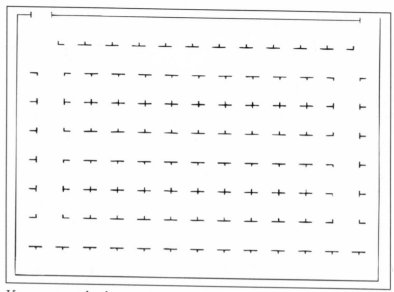

Keep your marks short to give your exhibitors a picture of where and how to set up.

Prepare an advertising presentation folder that includes copies of all newspaper ads, posters, customer mailers, and any other advertising you have done for the show. The crafters will want to see this on the day of the show. For newspaper ads, include a copy of each ad from each newspaper. Use the whole newspaper page so that crafters can see the dates, especially if you've advertised in the same newspaper for consecutive weeks.

THE NIGHT BEFORE THE SHOW

Put up directional road signs. If you do this any sooner, you run the risk of their being stolen. You could do this early the morning of the show, but to do so you'd have to get up two hours earlier, so it's best to do it the night before. Go to bed early and get a good night's rest—you'll need it!

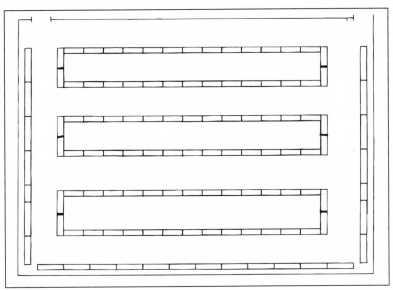

This is another floor plan for the same room, designed for a table space show this time. The room would hold about 116 tables, but if you have this much area, you should really sell booth spaces. Table spaces are typically used only when the room is too small for a booth space show.

THE DAY OF THE SHOW

It has finally arrived—the day of your show. Get up early so that you'll be bright-eyed and bushy-tailed. Smile a lot (just to get in practice). Dress nicely. First impressions are important.

Arrive at the show at least a half hour before the designated set-up time. You'll probably find a few crafters already waiting.

The first two hours, from set-up to the opening of the show, will be very hectic. You'll have a large group of people all competing for your attention at once. It's easy to get stressed. You've been building up to this day for a long time. A lot depends on this show, and everyone is depending on you. Don't let it show. Keep cool and pleasant—no matter what!

You will be showing crafters to their spaces, answering questions, and solving problems. Whatever happens, handle it graciously and tactfully—and with a smile. There is nothing more discouraging to a crafter than arriving at a show and being greeted by a grumpy person. It starts the day off on a bad note that may be continued throughout the rest of the day. Smiles and a pleasant enthusiastic demeanor work best—always.

Once the crafters are all present and accounted for, walk around to see if anyone needs a helping hand. Someone always does. Visit each booth. Chat a little. Offer encouraging comments on the products you see. Show your advertising folder to every crafter.

Don't let any customers in until the scheduled time. This would be like inviting someone into your home when you are only half dressed.

Open the doors punctually. Good luck!

CHAPTER 4

Site Selection and Requirements

Where will you hold your show? Indoors in a school cafeteria, church hall, mall or shopping center, or convention center? Will you rent the local VFW hall or a hotel reception room? Or will it be held outdoors on the church grounds, in the school's football field, or in the parking lot of a strip mall?

If you are producing a show for your church, school, or community organization, you probably already have a place to hold your show and won't have to pay for the use of the space. This saves you considerable expense. But if you have to rent the space, you will need to find a reasonably priced location for your show.

The larger the space, the more crafters you will need to fill it. If you are new to the business, you will have to develop a good reputation before you can expect one hundred crafters to follow you to an untried show site. So don't set yourself up for defeat by producing a show larger than you can handle, especially if you will be working alone.

Also, the larger the show site, the more expensive it probably will be to rent. This is especially true of indoor spaces. Outdoor spaces are usually considerably less expensive, and often can be procured for free.

OUTDOOR SHOWS

The time of year and your geographic location will have a lot to do with whether you plan an outdoor or indoor show. Mother Nature lives by her own set of rules, and you can't predict the weather that far in advance. But this is not to say that all shows should be held indoors just to be on the safe side.

Outdoor shows are more readily visible than indoor ones. People driving by often will see the show and decide to stop, though they may not have heard about it through your local advertising. All those colorful tents in neat rows, all the activity going on around them—it's almost irresistible! Visibility is a very strong point in favor of outdoor shows.

Many new show promoters, as well as exhibitors, wrongly assume that a little rain will prevent customers from coming to an outdoor show. Though the crowds may be a little thinner, a well-promoted quality show will still draw the real crafts show enthusiasts. A little rain is no reason to cancel a show. You may even get more customers because of the rain. And don't think that your exhibitors won't show up just because it rains. Though a few new crafters who don't have tents to protect their products might cancel, the more experienced crafters are well used to selling in the rain. They will come fully equipped with sturdy, waterproof tents to protect themselves and their products from the weather. Unless it is excessive, rain will *not* keep them away from a good show.

The real enemy of outdoor shows is not rain—it is wind. The individual show tents used by most crafters can be easily blown away if not securely anchored to the ground. A gust of wind can pick up a tent and hurl it down the aisles of your outdoor show, creating havoc, destroying products, and perhaps seriously injuring someone. The producer is responsible for the safety of both the exhibitors and the customers; therefore, all tents should be checked before the show opens to confirm that they are properly secured.

An incident like this also can result in increased insurance premiums. At one of my first shows, I heard the sound of pottery crashing to the ground, followed by the sight of a huge tent tumbling down the aisles. Fortunately, no one was injured by the tent, and the exhibitor learned a valuable lesson about securing his tent—the pottery that was destroyed was his own.

Though outdoor shows do come with their own set of problems, you just can't beat a lovely outdoor show on a nice day.

An outdoor strip mall or shopping center can also be a great location for a crafts show. Usually, the promoter is offered a section of the parking lot in which to set up the exhibit. At such a location, there is already a certain amount of expected customer traffic, but often less than in an indoor mall. If your exhibitors are set up in the parking lot, customers will not have to walk past the displays to get from one store to another but will have to make the effort to travel to the area of the parking lot where the show is being held.

Still, an outdoor shopping center provides high visibility plus some guaranteed traffic—both important ingredients to show success. And setting up in a parking lot will allow you the space to put on a very large show. An effective advertising campaign will greatly magnify the results of such a show, and large, visible signs will attract people driving by as well as those shopping at the mall before the show opens.

Setting up displays in a parking lot has other pluses and minuses. If it rains, the exhibitors would not be set up on muddy ground. Laying out the floor plan is usually easier, as the spaces are already marked for cars. Use these markings, and allow each crafter two parking spaces. Tents cannot be staked to the parking lot surface without damaging it, however. Your exhibitors will have to secure their tents with sandbags, cinderblocks, or other heavy materials.

Producing a show at a strip mall or shopping center might be a good choice for new show promoters. Often there are no rental fees involved. Ask store merchants for the name of the shopping center owner, contact this person, and offer your services.

INDOOR SHOWS

Indoor shows have certain advantages over outdoor ones, and not worrying about the weather is only one of them. In fact, whether your show is indoors or out, you might not want the weather to be *too* nice. Customers might want to work in their yards or go to the zoo rather than attend your show. If the weather is drizzly or just plain dreary, you stand a better chance of drawing a crowd. Just make sure that your location is temperature controlled. No air conditioning at an indoor show in July will not make you a popular show promoter.

Another advantage to indoor shows is containment. You will already have a confined and designated entrance and exit to the show and will be better able to control the flow of customer traffic. If you are charging admission, this will prevent anyone from entering without paying.

An indoor mall is an ideal location for a crafts show or any other type of show. It's a pleasant atmosphere with plenty of customer activity. Climate controlled, with security and established customer traffic—what more could you ask for?

But indoor mall space is difficult to obtain. Most indoor malls already have veteran crafts show producers working with them. It is highly unlikely that they will change promoters unless they are very unhappy with their present one. Still, you might investigate the indoor malls in your area and speak with their marketing people. Perhaps if they already have a crafts show producer, you could produce some kind of specialty show—a jewelry show, an art show, a pottery show, a floral show. Ask for the mall's annual schedule of events, and try to come up with an idea for a specialty crafts show that has not already been done and that does not conflict with other scheduled mall events or with the stores at the mall.

The maximum amount of shows that you should schedule at one mall are four per year: one in the early spring (March–April), one just before summer (late May–early June), one in the early fall (September), and a Christmas show (November–December). These four shows, at the right mall, could net you a very sizable profit. If you have to eliminate one, skip the May–June show.

One of the drawbacks to having an indoor mall show is very definitely the cost. As a new promoter, you may not have the cash reserve necessary to rent the mall space. Some of the larger malls charge thousands of dollars for the use of their space. You may be able to pay only an initial deposit to secure the space and pay the balance later when you've received some of the crafter entry fees, but you must be very confident that you'll get that crafter response before committing yourself, or you may lose your deposit.

Each mall has its own set of rules and regulations for exhibits. Some require that exhibitors use only fire-retardant materials in their displays. In some cases, all tables and exhibit decor must be of the same color. Other malls require pipe and drape dividers between booths or booth carpeting. You may have to hire a show decorator to handle these details. This is *very* expensive.

If the mall demands too much and you feel that you cannot make a reasonable profit after all the expenses, choose another location rather than put yourself at risk of losing your deposit and your credibility.

Another drawback to mall shows is their duration. They are rarely held for only one day. A typical indoor mall show might range from three to ten days, and the promoter needs to be readily available for the duration of the show. Mall show hours also are typically much longer. Usually, exhibitors are set up at 7 or 8 A.M. on the first day of the show, and the show runs until 9 or 10 each night, except for Sunday, when most malls close early. Though mall shows will require more of your time at the show site, they can be very profitable ventures.

FREE-STANDING SHOWS

Free-standing shows are those that are not linked to another event or situation that would draw a crowd on its own. A mall show is not a free-standing show because it depends, to a certain extent, on the customer traffic already generated by the mall. If you were to rent a local convention center, hotel ballroom, catering hall, school gym, or church hall for your show, it would be a free-standing show. You are starting with a blank room with virtually no customer traffic. It would be your job to fill that empty room with both exhibitors and customers.

This is the hardest type of new show to produce successfully. Especially today, when there are many crafts shows and competition is keen. It requires more to start with nothing and make it all happen than it does to start with something and expand on it.

But it can be done. And it can be done successfully. If you find an ideal show site, centrally located, with lots of exposure and good floor space, then you should, by all means, schedule a show there. Producing a successful free-standing show requires a great deal of advertising. You will need saturation advertising and promotions, especially if it is a first-run show. This doesn't have to be costly, but it must be effective.

LINKING YOUR SHOW TO A PREEXISTING EVENT

Linking your show to a preexisting event is a great way for the new show promoter to get started. If your local Lions Club is sponsoring a Fourth of July fireworks celebration, approach the officials about adding a crafts show to their event to increase public interest. If your town is having a parade, ask for permission to hold a crafts show along the parade route. If your town is sponsoring a sidewalk sale or town fair, contact someone on the committee and get involved. If a local orchard is having an apple picking, strawberry picking, or pumpkin and cider event, approach the owners about adding a crafts show. The two groups could advertise jointly to minimize costs, or you could each handle your own advertising campaign for your own portion of the project, thus doubling the media exposure for the event.

Linking your crafts show to a preexisting event is always a good idea provided that your show is not put in a corner somewhere out of customer view and traffic. Some crafts shows are linked to large country fairs that include rides, competitions, and other attention getters. This often doesn't work too well for the crafts show, which is overshadowed by the other events. The planned event should not be so large that your crafts show will become secondary. In an ideal situation, each event will boost the other.

SITE REQUIREMENTS

A good location should be your primary consideration when planning any kind of show. There are several requirements for selecting a show site that will greatly increase your chances for success. For a trouble-free show, the site should meet the following criteria:

- be centrally located
- have easy access and visibility from major local roads and highways
- have easy access from loading zone to show area for your crafters
- be large enough to accommodate sixty exhibitors
- have adequate parking for customers and crafters
- have good, even lighting in the show area
- have restroom facilities
- have food available on premises

Location

Pick a centrally located site for your show. The crafters you attract may not live nearby, and you do not want them to get lost on their way to your show. If the crafters can't find it, there's a good chance many customers won't be able to find it either.

Having your show in a high-visibility location will significantly increase your customer traffic. Potential customers may just be driving by, see your signs, and stop in. These drive-bys are important. Make sure that there is easy access from main roads and highways to your site.

Lighting

At an outdoor show, Mother Nature takes care of your lighting. When considering an indoor site, make sure the lighting is bright and evenly distributed. There should be no dark corners, spaces, or gaps in lighting on the show floor.

Find out where the electrical outlets are located on the show floor. Many crafters will request the use of electricity, some because their product or equipment requires it and others, like jewelry vendors, will want to show their products under bright light. You must be ready to accommodate these vendors. When you draw your floor plan, make note of where each electrical outlet is located, and place the crafters who need electricity in the spaces near the outlets.

Convenient Access

Most crafters' booth setups consist of several tables, racks, shelving units, display cases, and in the case of outdoor shows, large tents. Ease of access for your crafters should be a consideration when choosing a site. Since they will probably have to make several trips to their booths to unload all of their equipment, they shouldn't have to walk too far or climb a flight of stairs. Customers also will not like having to climb stairs or trudge through a maze of corridors to reach the show.

Exhibitor Space Size

At indoor shows, exhibitor spaces are usually 10 by 10 feet. They can be 8 by 10 feet, but no less. If the spaces are 8 by 10 feet, the 10-foot side should be the front of the booth facing the aisle and the flow of customer traffic. This will provide your exhibitors with maximum exposure in a smaller space.

If your room cannot accommodate these large spaces and hold at least thirty crafters, consider selling table space rather than booth space. This is more easily done if you or your organization provides the tables. Each table is usually 6 feet long and 2 to 3 feet wide. The crafter's entry fee is multiplied by the number of tables they will need for their display. Whereas you might charge $45 or more for a booth space, you would charge anywhere from $10 to $25 for a table space. Thus if a crafter needed two tables, her charge would be $20 to $50.

At outdoor shows, crafters are usually allowed more space to accommodate the tents they will use—usually 12 by 12 feet or larger. With guide ropes and supports needed to anchor the tents, this additional space is a necessity.

If your show will be at an indoor mall, obtain a layout of the mall area. The booths will have to be centered in the aisles. Measure the width of the aisles, and make note of any obstructions, posts, immovable benches, trees, and anything else that might make a space unusable.

The backs of your exhibitors' booths should always be protected to prevent theft or any other intrusion into their show space. Wherever possible, set booths against a wall or place them back-to-back against each other.

When designing your floor plan, pay attention to the flow of customer traffic through the room—how your customers will enter, tour, and exit the show. You will dictate the traffic pattern by where you place the show booths and where you place the aisles. The traffic should flow smoothly, with no paths crossing if possible.

Fit as many exhibitors as you can into your show area, but don't get greedy; if the spaces are too small, the crafters will not be happy. Be reasonable. Your crafters have dedicated time and money to participating in your show. Give them the space they need to properly showcase their products and make the show successful for them.

Show Size

Make sure the location offers enough space. You might initially look at an area and think there is plenty of space for a crafts show. But once you lay out your floor plan, breaking the space down into individual exhibitor booths and allowing for customer traffic aisles and exits, the space is quickly gobbled up. What looked like a large area may end up holding only twenty to twenty-five exhibitors. A show this small will probably not even cover your advertising expenses, and your customers will not be impressed.

Restrooms

Wherever your show is held, you will need to provide restroom facilities for your exhibitors and customers. If none are available on the premises, you can rent portable toilets for about $75 each.

Have them delivered the night before the show so that they will be available when the crafters arrive at the show site.

Food

Most exhibitors will bring snacks or lunch. But there should be other food available for your exhibitors to purchase. Coffee and doughnuts are often provided free of charge by the show promoter each morning before setup. This is optional, but it is a nice gesture and the crafters really appreciate it. If your show is in a mall or shopping center, there will probably be some food stores where your exhibitors can buy lunch and other goodies. If there are no food vendors where you will have your show, inform the exhibitors in advance so that they can bring their own lunches, or contact a mobile food vendor to set up on the show grounds to sell the basics—hot dogs, hamburgers, doughnuts, coffee, and soda. If your show is in a school gym or church hall, contact the PTO or other affiliated organization and offer them the opportunity to sell food and make a profit.

Parking

Look carefully at the number of parking spaces available at the show site. Remember that if you have fifty crafters at your show, there will be fifty less parking spaces for your customers. If they can't park, they won't be able to stop and shop.

Exhibitors should be instructed to park far away from the main entrance to the show once they have unloaded their equipment. The spaces up front and near the main entrance should be reserved for customers. To avoid confusion, designate a specific area in which the exhibitors are to park.

Selecting a show site is a matter of logic more than anything else. Choose your site wisely, and you'll be able to produce quality shows at the same location for years to come.

CHAPTER 5

Show Date and Duration

You need to decide when to hold your show and how many days it will last. Some months are better for crafts shows than others. During some months, you face more competition. At certain times of the year, the weather may limit you to an indoor show; at other times, attendance might be better if the show is held outdoors. The day or days of the week on which you hold the show also can affect its success.

Don't be intimidated by shows that pop up on the same day as yours, even if their location is close to yours. Avoid this if you can, but there will be times when it will happen anyway. Just be prepared. Make your show *more* interesting to the customers and *more* promising to the crafters.

In some cases, having competing shows in the same town on the same weekend can work out quite well for all concerned. The customers "show hop" from one to the other, especially if they are within walking distance and the admission fees are not too steep.

If you do your homework, you will avoid competing with any well-attended established shows. These shows will appear in trade publications well in advance of their show dates. If you research your show site, dates, and possible competition a year in advance, you will greatly decrease your chances of losing customers to another show.

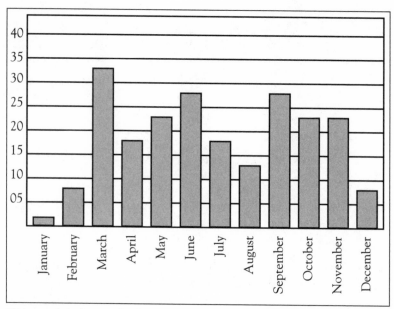

This graph indicates the frequency of shows per month in the Northeast. Take a show-listing publication from your own area and use the information it contains to make your own graph. This will help you better plan your show dates. You might not want to start a new show in a month with the heaviest competition.

TIME OF YEAR

January
This is not a particularly good month for a crafts show. People are still paying off their Christmas debts, and there is no event or holiday in January on which to capitalize.

February
With the right theme and concentration of advertising, this can be a successful month. You could have a Valentine's Day crafts show or jewelry and crafts show, or a Prelude to Spring show featuring the

"newest designs" for the spring season. Your only major problem may be Mother Nature. If you live in a cold climate, you will just have to hope that she cooperates. The competition from other crafts shows will be far less than during any other month. You would attract crafters who need to earn money to apply to future shows or buy supplies to produce their spring products.

March

This is always a good month to produce a show. Everyone—crafters and customers alike—has cabin fever by now and is looking for an excuse to get out. There are lots of themes to choose from, lots of reasons to have a crafts show—St. Patrick's Day is in March, Easter is just around the corner, and so is spring. In March, there will be many more competing shows. And Mother Nature is usually not through with us yet. Snow is quite possible in the colder climates. There is nothing you can do about the weather, so once you set your show date, relax.

April

Spring shows are always popular, because with them they bring the expectations of better weather and better times to come. It is the celebration of the end of winter. If Easter is late in April, you can still have an Easter show at the beginning of the month, or you can call your show Spring Fling. Also, Mother's Day is just a few weeks away. Keep in mind, however, that you will not be the only one to think of this; competition will be keen. Make your show unique and your advertising appealing.

May

This is another good month for a crafts show. The shows in colder climates are mixed, some indoors and some out. It's your choice. The weekend before Mother's Day is a good time for a show—people are thinking about their gardens, decorating for spring and summer—but again, the competition will be fierce.

June

There are plenty of themes you can use this month: Father's Day, graduation, spring, and summer. But there is a lot going on in June. Check first on school graduation dates and other local happenings so that you will not be in direct competition with a major event.

July

The weather can be very hot and sticky at this time of year, and many people take vacations during July. Customers will not want to stand out in the hot sun to view products for sale, and crafters are not particularly fond of selling in the heat either. If you have a show in July, it should be indoors where it is air conditioned, unless you are linking your show to a popular local event. Christmas in July can be a great show theme.

August

This is another hot month, and again, many people are on vacation. Hold your show in an air-conditioned place, or link it to an existing event. If you have a shopping center site in mind, find out when the stores have their back-to-school sales. The last week in August might be a good idea.

September

September is one of the best months for a crafts show. There may be more crafts shows than usual in your area during the fall months; consider having a Sunday show instead of a Saturday show so that you will face less competition.

October

This is a good time for a Pumpkin Festival, a Harvest Fair, an Oktoberfest, or an Apple Festival. At these shows, many types of seasonal crafts are sold—Halloween decorations, Thanksgiving centerpieces, Christmas ornaments. Include special features to draw the crowds, such as a bobbing-for-apples contest or a jack-o'-lantern carving contest. Offer a great prize. Be creative. Put a jack-o'-lantern picture for children to color in your local newspaper ad, offer prizes for the winners, and say that you'll display all of the entries at the show.

November
This is another good month when shows abound. In the colder climates, plan for an indoor show. Don't plan a show for the weekend before Thanksgiving, as people are too busy preparing for the holiday and you may not get a good turnout.

December
The first two weekends in December are fine for a crafts show. People are not quite finished with their holiday shopping, and they are not yet caught up in the last-minute frenzy at the local malls. They are still decorating their homes, putting up their trees, and buying presents. The competition from other shows has lessened quite a bit at this time. After the second weekend in December, people will be getting desperate to finish their Christmas shopping. They'll be going to the malls and shopping centers on weekends. If you can book a mall show, it could be quite profitable.

SHOW DURATION
One-Day Shows
For your first few shows, it's best to produce a one-day event. A one-day show will be plenty for you to handle, even if everything goes as planned. And if you make some mistakes, at least you won't have to live through them a second day. Often, a one-day show expands to two days or more after it has become an established event and customer attendance has grown so much that all of the customers cannot be accommodated in just one day.

Because most one-day crafts shows are held on Saturday, you may have a better chance to fill your show with crafters if you schedule yours for Sunday. There will be less competition, and crafters who are already booked for a long-standing Saturday show may apply to your Sunday show as well.

Two-Day Shows

If you are assured of great customer traffic, you might want to con-sider a two-day Saturday and Sunday event. If the weather is bad on Saturday, the crafters still have a chance that Sunday will be better and that they can make up for the sales they missed on Saturday. You will also make up some of the money you lost on your customer admissions charge.

Added responsibilities come with multiple-day events, espe-cially outdoor ones.

You will have to provide overnight security for the displays. Also, you must provide insurance to cover damaged property or even personal injury in the event that the weather turns bad overnight and one of the tents becomes unsecured.

Three-Day Shows

You may want to stretch your weekend show into a three-day event by including a Friday preview night. But scheduling a Fri-day show may eliminate quite a few part-time crafters who have other jobs. With enough advance notice, some might take a day off from work, but most will not. A three-day show might be a good option for a new show producer at an indoor mall or if your show is linked to another three-day event. Just make sure that you can anticipate three days worth of customers. You will have to do a lot of advertising.

Longer-Running Shows

If a three-day show is grueling, a longer-running show is pure tor-ture. These are only for the most experienced crafts show producer. Even if everything is going according to plan, you will have to be on hand at all times for the duration of the show in case there are any problems.

For the most part, three- to ten-day shows are held in indoor malls, but there are some long-running free-standing shows as well. These are very well established shows with a great customer following.

They probably started as one-day or two-day events and expanded to accommodate eager customers. As a new show producer, you should not plan a long-running free-standing show. You won't get sufficient customer or crafter response.

OVERNIGHT SECURITY

If your show is longer than one day and is held indoors, the show area should be locked when the last crafter leaves for the night to avoid any possibility of theft. With the exception of jewelry crafters, most will leave their products out and their displays set up.

If you are showing at an indoor mall, inquire about security for your crafters and their equipment. Also find out when the last store closes, when mall employees leave, when the mall doors are locked for the night, and when they are opened again in the morning. Will the mall employ extra security for the duration of the show? Is it in your contract? Is there an additional charge to you for this service? Urge your exhibitors to bring coverings for their displays to secure them. Even if security will be tight, exhibitors should still cover their displays.

If you are planning a multiple-day show outdoors in an unsecured area, arranging for security will be your responsibility. You cannot expect crafters to set up and break down their displays for each day of the show. Hire someone to watch over your show so that you can get a good night's rest.

SHOW HOURS

Regular show hours are usually 10 A.M. to 4 or 5 P.M. If the show starts at 10 A.M., allow the crafters to begin setting up by 8 or even 7:30 A.M. Most crafters take two or more hours to set up and arrange their displays. Many crafters prefer to set up the night before the show. Arrange for this if possible.

Some shows have evening shopping hours. I do not recommend this, however, unless you have reason to believe that hundreds of customers will pour in during those hours.

NUMBER OF SHOWS PER YEAR

If you are producing shows for your school, church, or other non-profit organization, two shows a year would probably work best. Any more, and you might have trouble enlisting the additional help you need to make the show a success. If you depend on local merchant donations for raffle prizes or food supplies, donating to two shows a year is really all you can ask of them. One show in the spring and one in the fall will give you plenty of time between shows to regroup, assemble a new show committee, and handle each show efficiently. Also, spring and fall are great selling seasons, and your shows will have the best chances for success.

If you are going into the business of producing shows and want to live on what you make, start with about six shows per year—one approximately every two months. This will give you sufficient time to recuperate between shows, and you will be able to give each show the individual attention it needs. The best plan is to schedule your shows in February, April, June, September, October, and December. Though September and October are only one month apart, you will have all of July and August to prepare for them. As you become more experienced, you may want to schedule more shows, but you don't want to saturate the market and you don't want to overextend yourself. Six well-planned, well-executed, successful shows can produce a lot of income.

❖ CHAPTER 6 ❖

The Legalities

Every show you produce will require some interaction with local and state authorities. They all have rules and regulations, and these will vary from town to town and state to state. As a show producer, you should be aware of the rules, restrictions, and legalities of the areas in which you plan your shows.

LICENSING AND LOCAL APPROVAL

Before producing a show, you need to get approval from the town in which you will hold the show. You should not commit yourself to any show until you have obtained the necessary approvals. Check with the town hall and the zoning board for the appropriate forms and procedures.

In most towns, getting approval consists simply of applying for a special events permit, filling out a form, and submitting it to the zoning board. This takes a few weeks at least, so be sure to do this well enough in advance. Other towns may require a whole day just to fill out and submit the paperwork. For one show I produced in Connecticut, I was required to obtain the first selectman's approval, the zoning board's approval, the building inspector's approval, and police approval, and to submit a floor plan to the fire marshal.

The fire marshal may want a copy of your floor plan to make sure you won't be in violation of any fire codes. There are regulations regarding the width of the aisles and the number of emergency exits, and the exits cannot be blocked in any way. The fire marshal may visit the day of the show to make sure you are in compliance.

If you are an independent show producer, you should give your business a name and register it with the town in which you live. Check with your town clerk for the local procedure. Also check on restrictions regarding home businesses if you plan to work from your home. Some towns won't allow home businesses in residential areas. Most will, but some may require that you obtain a home business license.

Your state may also have its own restrictions and licensing requirements. Some states require an itinerant vendor's license. Itinerant or transient vendors are sellers who have no storefront address and don't always conduct their business from the same location. The license is designed to keep track of these vendors and to protect the consumer from defective products and fraudulent product claims from vendors whom they cannot contact after the sale. These licenses are expensive—anywhere from $200 to $1,000 a year. Part of the fee goes into a fund to settle consumer claims. Check with your state consumer agency to find out if such a license is required in your state or any other state in which you will produce shows.

As a show producer, you are not technically considered an itinerant vendor, but your crafters are. If they don't have itinerant vendor's licenses, they may be in violation of the law. Without it, they shouldn't be selling at shows, though most do. Although the producer is usually not required to have an itinerant vendor's license, many professional show promoters apply for the annual license as blanket coverage for all exhibitors participating in their shows. If the show promoter is licensed, the crafters usually do not have to be.

SALES TAX

As a show producer, you need to know where your liability begins and ends regarding sales tax. Sales tax is a tax on *retail* sales to the end user. Not every retail charge is subject to sales tax, however. In my state, exhibitors' fees are not subject to sales tax, so show producers don't have to charge the crafters sales tax on their entry fees. Check with your state sales and use agency to be sure the same rule applies.

The sales of most crafters participating in your shows may be subject to sales tax. The sales tax laws very widely from state to state. Some states require sales tax only on the sales of certain products. Some counties and large cities may impose their own sales taxes as well.

Let me stress here that it is not your job to enforce state sales tax laws. You do not have to exclude exhibitors from your show if they do not have a sales tax certificate and number. You do not have to monitor whether or not they are registered or charge sales tax. Most show producers ask for the vendors' sales tax registration numbers on their show applications as a matter of course. Some states require promoters to submit a listing of exhibitors and their sales tax numbers for each show. If your state requires this, that is the extent of your liability. It goes no further. Collecting sales tax is the responsibility of the exhibitors. If crafters participate without proper registration, it is their problem, not yours.

Sales tax officials sometimes come to a show and audit the exhibitors who are participating. They may either collect the certificate fee from nonregistered crafters on the spot or ask any unlicensed crafters to close their booths. This will create gaps in your show line, so it is more convenient for you to know in advance that all of your crafters have sales tax certificates.

INCOME TAX

No matter how you derive your income, you probably will have to pay taxes on it. Registered nonprofit groups should check with an accountant, business manager, or lawyer to find out the extent of their tax liability on profits from shows they produce.

If you produce shows for personal income, you are running a business, and you will be expected to pay taxes on the income from that business. Keep accurate records of income and expenses, and save all receipts. The best way to keep track of what you spend versus what you make is to open a second checking account exclusively for your business. This way you can more efficiently monitor your business income and expenses apart from your personal income and expenses.

Too many times new business owners don't monitor their expenditures closely enough, until it is too late. Having a separate checking account will help you do just that. Then, when tax time rolls around, you will have all the necessary information in one place. You can go to your check register, add up your income, and deduct your allowable expenses. What is left is your taxable income. It's that simple.

Your business profit and loss information is filed with the Internal Revenue Service on a Schedule C form along with your other income tax documents. You may be able to take deductions for home office use as well as many other business expenses, including advertising, commissions and fees, insurance for the events, supplies and equipment, travel and meals, and taxes and licenses.

If you are self-employed and your net earnings from your business exceed a certain amount, you are also subject to self-employment tax (Schedule SE). But there are some tax benefits to being self-employed. For example, you are entitled to take advantage of tax-deferred savings plans to save for your retirement. Talk to an accountant when you first start your business.

The following publications are available, free for the asking, from any IRS office. You should read all relevant ones even if you have hired an accountant to handle your bookkeeping.

Publication 334, *Tax Guide for Small Business*
Publication 463, *Travel, Entertainment, and Gift Expenses*
Publication 505, *Tax Withholding and Estimated Tax*

Publication 525, *Taxable and Nontaxable Income*
Publication 533, *Self-Employment Tax*
Publication 535, *Business Expenses*
Publication 538, *Accounting Periods and Methods*
Publication 560, *Retirement Plans for the Self-Employed*
Publication 583, *Taxpayers Starting a Business*
Publication 587, *Business Use of Your Home*
Publication 590, *Individual Retirement Arrangements*
Publication 917, *Business Use of Your Car*
Publication 937, *Employment Taxes* (if you hire employees)

❖ CHAPTER 7 ❖

Expenses

Producing crafts shows costs money. If you have to lease the show site, the rental fees may be in the thousands of dollars, depending on where you choose to have your show. Insurance also takes a big chunk out of your profits. Advertising rates can be outrageous, even for a small display ad in a local newspaper. If you are not careful, licensing, printing, postage, signs, fees for professional services, office supplies, and other incidentals can eat away at your bottom line until there is nothing left.

In every business, there are two categories of expenses that affect your profit. *Direct* expenses are directly linked to your product—in this case, a crafts show—and may fluctuate from show to show. *Indirect* expenses are much less obvious and are very often overlooked or underestimated, especially by novices. They are the general costs of doing business, or overhead, and include such things as phone bills and office supplies.

Whether you are in business as an individual or a nonprofit group, you need to keep records of all profits and expenses for each show, as well as all overhead expenses. Many of these expenses are deductible against the income that your shows generate. But you must be able to prove that the expenses are real. Keep all receipts.

POSSIBLE SHOW EXPENSES INCLUDE THE FOLLOWING:

Direct expenses:
- ❏ Site rental
- ❏ Special events licensing
- ❏ Newspaper advertising
- ❏ Radio advertising
- ❏ TV advertising
- ❏ Show posters
- ❏ Show signs and banners
- ❏ Portable restroom facilities
- ❏ Show decorator
- ❏ Any other show-specific expenses

Indirect expenses:
- ❏ Insurance
- ❏ Postage and postal permits
- ❏ General business advertising
- ❏ Printing and typesetting
- ❏ Road signs
- ❏ Professional services
- ❏ Subscriptions
- ❏ General business licensing
- ❏ Utilities
- ❏ Supplies
- ❏ Miscellaneous general expenses

DIRECT EXPENSES

Direct expenses are particular to each show you produce.

Site Rental

Churches and schools with large auditoriums, gyms, or cafeterias will probably be the least expensive to rent—anywhere from $250 to $750. You might further be able to reduce these costs by affiliating yourself with a community nonprofit group or the church or school itself. If a school PTO sets up a food concession at your show, your crafters will be well fed and the PTO will have the opportunity to make some money. If you are charging admission at the show, you can offer local nonprofit groups the opportunity to man the admission table, collect and tally receipts, and receive a portion of the admission proceeds for their participation.

First of all, this saves you from having to worry about supplying and possibly paying for manpower for these particular functions of the show. Second, you'll be giving something back to the community. Third, in some cases, affiliating your show with a nonprofit group will enable you to rent the show site for a much lesser fee. Everybody wins in these situations. If you plan to produce a show at a church or school, suggest making the event a cooperative effort and try to negotiate a lower price.

There are many other situations that may afford you the opportunity for reduced or no site rental fees. In fact, I would estimate that I have not paid any rental fees for at least half of the shows I have produced. For example, a popular local orchard allowed me to hold several shows with no rental cost because the owner saw it as a way to bring more customers to his orchard. Outdoor strip malls may also allow you to use their space for free for the same reason— they hope you will attract more customers.

For indoor mall space, however, you will probably have to pay a rental fee. The fees vary depending on the size of the mall, the traffic it generates, its location, and the judgment of its owners. In most cases, expect to pay thousands of dollars. The same holds true for most large public facilities such as convention centers and private facilities such as hotel ballrooms. Expect to pay a thousand dollars or more to rent space in these facilities.

Weigh the site rental costs carefully against the show's income potential. It might look like a great location, but if it costs too much to lease it, you may end up owing money rather than making money.

Advertising

Advertising will be one of your biggest expenses. You cannot afford to skimp on it if you want your shows to be successful, however. Newspaper advertising is the most effective form of advertising for any type of show. The printed word cannot be beat for getting the information out to the public. And newspaper advertising is far more reasonably priced than many other forms of advertising. One 4-by-6-inch display ad placed for one day in your local newspaper can cost anywhere from $40 to $240, depending on the ad's placement and the newspaper's circulation.

Radio and TV ads are much more expensive. Also, they do not leave as lasting an impression and need to be repeated often to get the desired effect. A thirty-second spot on a local radio station costs a minimum of $60; a thirty-second spot on a local cable TV station will cost at least $15, *plus* the cost of actually producing the ad video ($250 to $350). (These are ballpark figures based on my own experience; a lot will depend on the stations you use and the area in which you plan to hold your show.)

Show Posters

Always have your show posters professionally printed. Printers have clip art and other camera-ready graphics that you can use to enhance these posters. They will also handle the poster layout for you. One hundred printed posters for one show can cost anywhere from $50 to $150.

Show Signs

Signs are another necessary expense. Wooden signs are sturdy, but don't paint them yourself; have them professionally done. Vinyl banners are a better choice. The cost may be anywhere from $125 to $250 for one 3-by-16-foot banner, plus the cost of the poles from which it will hang. Banners are usually printed with vinyl lettering that can be removed and changed from one show to the next. This will save you money in the long run. If you plan to produce the same six shows with the same themes every year, have banners professionally made the first year for each show. The following years, use the same signs; just buy new lettering to change the dates.

Portable Toilets

If your show site does not have easily accessible restroom facilities for your crafters and customers, you will have to rent portable toilets at the rate of about $75 each for your show.

Miscellaneous

Each show will have its own special needs. For one, you might rent a Santa Claus costume and hire someone to wear it and greet your customers. For another, you might buy seasonal decorations and audiotapes of holiday music. These are all expenses specific to the show and therefore considered direct expenses.

INDIRECT EXPENSES

Indirect, or overhead, expenses are fixed costs that you will incur each year. They are simply the cost of doing business. Divide these expenses by the number of shows you produce and allocate the amount to each show's expense column. After the first year or two, you will be able to gauge these expenses, and there will be very few surprises. But in the beginning these costs need to be carefully monitored.

Insurance

If you are a nonprofit group with your own facility, insurance for a show is probably already provided under your standard policy. Check the policy and consult your insurance agent just to make sure. If this is not the case, you might want to get a rider on your current policy to cover the shows. When you renew your policy, consider adding coverage for public events.

If you are an independent producer, as soon you set your year's show schedule and have tentative agreements for show sites, apply for a commercial general liability blanket policy for the entire year's shows. The coverage should be for at least $1,000,000 per event. Rates may vary from $300 for the whole show year to $300 per show. You will probably be able to pay this off in installments. The per-show rate may go down as the number of shows you produce increases. Shop around for the best price.

Request a separate insurance certificate for each show from your insurance agent. Provide the owner of each property a copy of the policy naming him as the insured for the show being held at his facility. This is standard procedure. Each additional certificate costs about $10 to $20, but you need it. No owner will allow you to host a show on his property unless the event is covered by an adequate insurance policy. Ask the property owner exactly how he wants his name to appear on the insurance certificate.

Postage and Mailing List

Postage will probably be another large expense. Though your shows may appear in industry show listings, when the crafters call or write for information you will have to send them application packets for your show. If you are producing only one show, the packet will most likely be less than five pages and a 32-cent stamp will cover it. But if you are producing several shows a year, you should send the crafters information on *all* your shows in the same packet. This can get very expensive.

Check with your local post office about obtaining a bulk-rate or first-class presort mailing permit. Each of these permits costs about $75 but can significantly reduce your overall postage costs and increase your profits. If you are a nonprofit group, your organization might already have such a permit. If you are an individual producer, you will have to pay for one.

Bulk rate is cheaper on a per-piece basis than first-class presort rates, because the post office is not required to notify you if the addressee has moved or left no forwarding address. But then you would have no way of knowing if your application has not reached a crafter who has moved. Bulk rate is also much slower than first-class presort.

When you send your printed materials by first-class presort, the postal service will send the material back to you if it is undeliverable for any reason. If a forwarding order is in place, you will be notified of the new mailing address so that you can change the crafter's address on your mailing list and resend the application to the new address. If no forwarding address is given, you can delete the name from your mailing list and not waste postage.

Both bulk mail and first-class presort require a little more work when sending out your mailings. You will have to fill out a special form for each mailing, and you must sort, label, and wrap each bundle with stickers supplied by the post office. All this must be done according to a special procedure. Your mailing could be rejected by the post office if not properly prepared.

Both types of permits have minimum amounts for each mailing. A bulk-rate mailing might need to consist of at least two hundred pieces per mailing, while first-class presort might have to be for five hundred pieces or more.

Sorting your mail is time-consuming, but if you have a large mailing list, it can save you a lot of money. If you are just starting to produce shows and have a small crafter mailing list, it may not be time for you to apply for a special permit. Ask at any post office for the instruction books on bulk mail and first-class presort. Calculate how many crafters you have on your mailing list, and multiply the number of crafters by the expected savings per piece. Is the result considerably more than the $75 permit fee? If so, apply for the permit. If not, send out your show information via regular mail.

Another way to reduce your postage costs is to request a self-addressed, stamped envelope (SASE) from each crafter who sends in an application. Then your confirmation, show details, and acceptance letter can be sent back to the crafter postage-free.

Not every crafter to whom you send an application will participate in your shows. You will spend a lot of money on postage for which you will not be compensated by receiving an entry fee from the crafter. As your crafter mailing list grows, so will your postage costs.

General Advertising

Any "crafters wanted" classified ads that you place in the local newspaper are considered overhead expenses. They do not relate specifically to one show but to your whole business as a show producer. The cost of these ads and any other general business advertising that you do should be divided evenly among the number of shows you are producing each year.

Printing and Typesetting

All of your show literature and your advertising materials should be of professional quality. A poor photocopy of a show application will not get any crafter to respond to it. If you are not having your show literature professionally printed, at least have the original pages professionally typeset ($8 to $20 per page) and then make good-quality copies of them.

If you have a computer, you might be able to produce most of this literature yourself. It can be fun to produce your own promotional pieces, but they must look professional.

If you produce only a few shows a year, you will be able to handle much of this yourself. But if your show schedule is heavy, by all means enlist a professional. Many quick-print shops can produce just what you need for very reasonable costs.

Road Signs

Make it easy for your customers and crafters to find the show. You will probably need at least ten directional signs pointing them toward the show. You can have them made at a sign shop or make them yourself. Your signs should be sturdy and able to withstand the weather without the ink running. Mine are made of corrugated vinyl and cost about $10 each.

Professional Services

You might need to consult an accountant about how to set up your business, how to keep track of finances, and how to submit your income tax forms. You might also need a lawyer's advice on liabilities and site agreements. Professionals can be valuable sources of information, but their time is very expensive.

Subscriptions
Subscriptions to local newspapers, crafts publications, and crafts show listing guides are necessary fixed costs that you can estimate each year.

General Licensing
An itinerant vendor's license and a home business license are also indirect expenses, as they are not show specific. Some towns also require special events permits.

Utilities
Your phone bill will most likely increase as you return crafters' calls. The difference between your normal phone bill and the increased use for business should also be added into your overhead figures. Document your business calls. Your electric bill may also increase if you are working at your home.

Miscellaneous General Expenses
Any other general expenses that cannot be segregated and attributed to a particular show are considered overhead, including computer equipment and maintenance, office supplies, banking costs, and any money you spend to solicit crafters, such as admission charges to other shows you visit and travel to the shows. There are a lot of seemingly small expenses that can add up to big bucks, and many of them are tax deductible. Keep track of all of them and save all receipts.

This gives you an idea of what it will cost to produce your shows. But the picture needs to be balanced by offsetting these expenses against the income you can derive from producing crafts shows.

CHAPTER 8

Income

Producing a crafts or any other type of show is hard work, and it's expensive. A smart show producer will take advantage of every opportunity to make a profit, so long as it won't deter people from coming to the show either as customers or exhibitors. In addition to the obvious sources of revenue, such as fees and food concessions, there are many other ways you can capitalize on shows you produce and the information you collect.

THE SHOW PRODUCER'S INCOME POTENTIAL INCLUDES THE FOLLOWING:

Show income:
- ❏ Jury fee
- ❏ Exhibitor booth fee
- ❏ Customer admissions
- ❏ Food concession
- ❏ Auction or raffle
- ❏ Show program advertising
- ❏ Bake sale
- ❏ Special show features

Other Income:
- ❏ Selling or renting mailing list
- ❏ Selling or renting exhibitor equipment
- ❏ Show production consulting

JURYING FEES

Producers of very large or popular shows often charge a jurying fee to crafters submitting their applications. This fee is not part of the entry fee and is charged whether or not the crafter is accepted. It covers the time and cost necessary to review all of the applications, slides, and crafts photographs that the show producer receives. Usually, jurying fees are charged only when a committee is involved in reviewing this data. It is not left to one individual. Jury fees may range from $4 to $20, depending on the show.

Unless your show is very popular and well known, most crafters won't consider paying a jurying fee. But a few years down the road, your shows may have gained enough renown that you are in a position to charge a jurying fee. Charging this fee may reduce the number of applications submitted, but you will probably received better quality applications from more professional crafters.

EXHIBITORS' FEES

Flat Booth Fees

Charging a flat booth fee is by far the easiest method for pricing your show. Each booth is the same size, and all spaces at the show usually have the same price, although some show producers charge a slightly higher fee for corner spaces. For most shows, however, it's best to keep all booth prices equal.

Booth fees for one-day shows can range from $25 to $100; for two-day shows, $60 to $375; for three-day shows, $100 to $450; for four-day shows, $150 to $225; and for five-day shows, $300 or more.

Indoor mall shows are priced a little differently. Generally, there are no one-day mall shows. Booth fees for a two-day event range from $75 to $150, with the norm being around $125; for a three-day show, $110 to $150, with a norm of $150; for a four-day show, $150 to $225, with a norm of $200; and for a five-day show, $150 and $300, with a norm of $175 to $225. The average mall show consists of fifty to sixty exhibitors.

For shows in convention centers and other very large indoor facilities, booth fees range from about $200 to $350. These shows can usually house anywhere from 150 to 350 exhibitors.

The figures given here were taken from real listings for real crafts shows. Though the pricing may vary slightly depending on where you live, they are good guidelines for determining a price for your shows.

Charging by the Foot

Some shows charge a fee of $10 to $25 per foot. So, to rent a 10-foot space, an exhibitor would pay anywhere from $100 to $250 and so on. This type of show space pricing has both positive and negative aspects.

On the positive side, each exhibitor will request only as much space as she needs and can use. You won't find a new crafter with one 6-by-3-foot table swimming in a 10-foot-square booth, which would look out of place in your show line.

On the negative side, you might find yourself with space left over. Your rows may not be even, and the floor plan will be much more difficult to lay out. And each year's floor plan will be different; you won't be able to use the same basic plan from year to year and simply change the names of the exhibitors.

Commission Only

Some show producers don't charge a flat booth fee, but charge the exhibitors a commission based on the sales. This commission can range from 15 to 33.3 percent of the crafter's gross sales.

Unless you have some way of monitoring sales at your show, this is risky business. You will want to receive a commission on *all* sales—not just the ones your exhibitors want to tell you about. And there will be no way to predict your income from the show until it is actually over. How can you budget advertising and other expenses when you don't know how much money you will make? How will you pay for your show expenses when you won't receive any fees until *after* the show? What if you don't receive enough?

Produce a commission show only if you are very sure that the results will be better than if you charged a flat fee, if you can accurately monitor sales at the show, and if you have a cash reserve large enough to handle all of the show's expenses.

Flat Fee plus Commission

Charging a flat fee plus commission is the most complicated system. You will be handling and monitoring the crafters' money twice. With their show applications, they will send you a flat fee that is about half of what you would charge if you were not also charging a commission. The commission percentage is less than if you were charging commission only, usually ranging from 5 to 10 percent. This is a safer method of pricing, because you will receive part of the exhibitors' fees up front. You will still have to keep track of sales if you want to be sure to receive commission on *all* sales transactions made at the show, but at least you will have some advance money to pay for show expenses.

Customer Admission Fees

Many professional crafters apply only to shows that charge admission. They feel that if customers are willing to pay an admission fee, then they are serious about wanting to buy. Other crafters, however, feel that charging admission will deter many customers from coming and having the opportunity to view what the crafters have to sell. In a way, they are right. Some potential customers might not attend. Even if people come just to browse, they may end up buying something on impulse. Do you want to exclude them?

To satisfy both groups, keep any admission charge reasonably low—$1 or $2. Only when customers are clamoring to get in should you consider raising it, but even then, never charge more than $6 for a free-standing crafts show.

FOOD CONCESSIONS

Food concessions can account for thousands of dollars in additional revenue. If kitchen facilities are available and you can get permission to use them, you might want to enlist family members, friends, or others in your organization to handle the food concession on the day of the show. They can prepare the menu ahead of time. Meatball grinders or chili could be reheated the day of the show. Premade sandwiches are a possibility if there are no cooking facilities. Deduct the cost of food and supplies, including paper plates, napkins, and forks, and the rest is profit. Find out in advance about any local fire or other regulations if you plan to cook. Make sure that the use of kitchen facilities is included in your contract. You could also offer a nonprofit group the food concession in exchange for a share of the profits. Another option is to offer the food concession to a portable food vendor or food truck. Make sure that the operation is clean, reliable, and properly licensed by the board of health. You could charge either a flat fee of about $300 or request a percentage of the sales.

If you plan to serve food, you must also provide space for crafters and customers to eat it, as well as tables and chairs. Make sure this is feasible. Will it seriously reduce the number of booth spaces, or can it be located in a separate room or hallway?

You can further increase your food concession income by inviting specialty food vendors to your show, such as an ice cream vendor in the summer or an apple fritter vendor in the fall. There are many options. Just make sure the foods served are varied so that the food vendors will not be in competition with one another.

AUCTION OR RAFFLE

Having a crafts auction or raffle at your show is another money-making and attention-getting idea. You have to decide whether to buy products from the crafters to auction or raffle off or to ask each crafter to donate an item.

Crafters often are unhappy to be asked to donate their crafts when they already have to pay an exhibitor's fee. Give them a choice by stating on your application: "Entry fee: $40 plus $10, or $40 plus donation of a craft item valued at $10 for raffle."

BAKE SALE

Including a bake sale at your crafts show is another excellent way for nonprofit groups to add considerable cash to their coffers. For the independent show producer, however, I would not recommend it. Who will do all the baking? You will have enough to do.

SHOW PROGRAMS

Some crafts show promoters print show programs that they distribute free of charge to crafters and customers. These programs list the names of the crafters who are participating, their type of crafts, and possibly some interesting facts about the more accomplished show participants. If you plan to produce a show program, you can generate additional income by incorporating ads canvassed from local merchants. Charge a reasonable sum—$25 or so.

SPECIAL FEATURES

To add interest to your show, you might consider adding one or more special features, such as taking children's photos with the Easter Bunny or Santa Claus. Be sure that your special feature will not in any way conflict with products or services being sold by your exhibitors.

Let me warn you, however: Finding someone to play Santa Claus or the Easter Bunny will not be easy, even if you supply the costume. If you are lucky enough to find someone, arrange for an understudy just in case he doesn't show up, or you might find yourself wearing a beard and saying "Ho, ho, ho!" for six hours.

You should charge about $5 to $8 for these photos, and the price should include a frame. A Polaroid camera is best for this. Though the film will cost you about $1 per photo, there will be no additional processing fees involved, and you won't have to worry about delivering the photo after the show. If yours is a nonprofit group, you might be able to get a local store to donate the film.

Costume rental may be expensive. Check first with local organizations that might donate the use of a costume or charge you less than costume rental stores.

SELLING OR RENTING YOUR MAILING LIST

Your exhibitor mailing list has a great deal of value not only to you, but also to others who want to produce the same type of show. Though I don't recommend selling your mailing list outright to anyone, consider renting limited use of it to different individuals and organizations who are producing shows. These people either don't have the time or manpower to develop a good mailing list of their own or just don't know how to go about doing it. It is far easier, and in the long run probably cheaper, for them to buy or rent your mailing list.

To protect yourself from a show producer using your mailing list to produce shows in competition with yours, it is better to rent the one-time use of it than to sell it outright. This gives you a certain amount of control. My mailing list has been sold to an art museum, a business association, a ski resort (twice), and other groups who wanted to produce shows.

Selling limited use of your mailing list has another point in its favor—repeat business. If other show producers receive good response from the crafters on your list and see that it is a quality mailing list of quality crafters, they may rent your mailing list again, hoping to get an even better response the next time.

SELLING OR RENTING EXHIBITOR EQUIPMENT

Another way to use your carefully maintained mailing list to generate income is to supply those crafters with other products they need to make their business a success. Crafters buy tents and tent accessories for outdoor shows. Perhaps you can become a distributor for a major tent manufacturer and buy tents wholesale, mark up the price, and make a profit of several hundred dollars per tent. The manufacturer may be willing to ship the tents directly to the buyers so that you wouldn't have to worry about delivering the tents yourself or paying shipping. Or you could take orders and deliver the tents to your customers the day of your show at the show site. This is a very convenient service that your exhibitors will appreciate. You could also rent tents to your crafters.

There are other tent accessories that you could sell at your shows or by mail order to the same list of exhibitors. Crafters use tent stakes, sandbags, weights, ropes, bungee cords, and other equipment vital to the security of their displays. New crafters may not have thought to purchase these items in advance of the show. The show producer would be doing those exhibitors a favor by having these products available for sale at the show.

Many crafter displays are made of wood. If you, your spouse, or a friend can make wood products, consider putting together an accessory catalog of shelving, lattice, pedestal tables, jewelry display cases, and other traditional crafter display equipment, and start a side business selling these products. You already have a mailing list of people who would be potentially interested in buying them.

PRODUCING SHOWS FOR OTHER ORGANIZATIONS

Use what you know. If an organization calls to rent your mailing list, you could also offer your services—for a fee—to help them produce their show, organize the show, or handle the advertising. Of course, you should not do this until you have gained some experience. Charge a flat fee for such services rather than accepting a percentage of the admission or entry fees.

Don't make any promises you may not be able to keep. Do your best, but there are many factors that influence a show's success, and you can never guarantee the show's outcome.

CHAPTER 9

Profit

In order to produce a profitable show, you need to balance your expenses against your potential income. When you plan a show, you have no idea how many crafters will actually apply nor how many customers will ultimately attend. You can only estimate. So when planning each show, it is important not to overspend. You must be sure that you will recoup all of your expenses and bring in enough additional revenue to make producing the show worthwhile.

Before you commit to any show, prepare a cash forecast sheet and map out, as much as possible, the expenses and income potential of that show. This will put all of the variables into perspective and give you a realistic view of your show before you spend any money. You can also play with the numbers and possibly make a show that initially appears unprofitable more feasible. A well-executed show can generate a profit of $1,000 to $10,000.

ESTIMATING PROFIT

Let's look at detailed sample forecasts for one show to give you a better understanding of how all the finances are put together to produce a profit. The composite cash forecast at the end of this section will include cash forecasts of this show, called Show No. 1, plus three other shows. Let's assume here that you are doing this on a part-time basis, producing only four shows in one year. Added to this will be profit made from nonshow activities such as selling tents to exhibitors and renting your mailing list. The forecast will give you a valid overview of what you might expect from your first year's hard work.

Show No. 1

This is an indoor show held in May. On the income side, the show site holds sixty-two 10-by-10-foot crafter spaces, and the entry fee has been set at $60 per space. That should provide an income of $3,720 from exhibitor space sales. There will also be two food vendors set up outside the main entrance to the show: a staple food vendor ($300 concession fee) and an ice cream vendor ($150 concession fee). Admission to the show costs $1 per adult; children are admitted free. One thousand adults are expected to attend. Balloons are being sold at $1 each, and 250 are expected to be sold. Since the show is at a school, there will be more children than would ordinarily attend a crafts show. The chart below shows the forecast for this show.

SOURCE OF INCOME	QUANTITY	FEE	TOTAL
Crafters	62	$ 60	$3,720
Food vendor	1	$300	300
Ice cream vendor	1	$150	150
Customers	1,000	$ 1	1,000
Balloons	250	$ 1	250
Total income			$5,420

Now $5,420 seems like a good deal of money—until you start deducting expenses. On the direct expense side are the following:

The show site is a local school charging $400 for the use of its gym. Newspaper ads have been placed in ten local newspapers (total $660.99) in the weekend sections. The most expensive ad, for $348, is for blanket coverage in seven different local newspapers printed by the same publisher. The ad for $213.44 was placed in a widely circulated newspaper in the largest town closest to the show site. The other two smaller ads round out the area coverage. TV ads totaling $300 aired on two local cable stations each servicing different towns within the show area. A total of thirty thirty-second TV ads at a cost of $10 each will be shown on the Wednesday, Thursday, and Friday before the show. Printing seventy-five posters cost $39.22 at a local print shop. The main advertising banner cost $84.80, including installation at the site. And rental of a helium tank for the balloons is $37.10. Deducting a total of $1,522.11 in estimated expenses from the expected income leaves $3,897.89. So far, this show looks good.

DIRECT SHOW EXPENSES	
Site fee	$ 400.00
Newspaper (*Marion Press*)	348.00
Newspaper (*Local Voices*)	39.55
Newspaper (*The Weekly News*)	60.00
Newspaper (*Hometown Gazette*)	213.44
TV (local cable)	150.00
TV (Marion cable)	150.00
Posters (print shop)	39.22
Banner (Marion Sign Co.)	84.80
Helium tank rental (for balloons)	37.10
Total direct show expenses	$1,522.11

But you have not yet deducted the overhead. Since you are producing a total of four shows during the year, the annual anticipated overhead would be divided equally among them. But nonshow income-producing activities should also be taken into account. Information on tent sales will be included in the annual mailer. There will be phone calls involving the sale of tents as well as selling show space. Most of the other overhead costs also will have something to do with the nonshow activities, so for estimating purposes we will consider the nonshow activities a fifth show, and when allocating overhead expenses we will divide by five rather than four. Now let's see if the show is still feasible once the overhead expenses are deducted.

For a $1,000,000 liability policy for each show, insurance costs $1,144 annually. Divided by five, insurance coverage per activity costs $228.80

Annual subscriptions for crafts trade publications and newspapers local to the show sites cost a total of $140. Banking fees are about $289 annually.

Fifteen directional road signs used for all shows during the year cost $115. Most, if not all, of them will need to be replaced each year, so this is counted as an annual expense. For professional services, having an accountant prepare the annual tax return costs $106.

There were also some general advertising expenses. To find new crafters, newspaper classified ads totaling $56 were placed. The entire year's show schedule was also printed and distributed to customers in a direct-mail package at a cost of $650.

The annual bulk-rate cost permit was $75. To mail the show list information to fifteen hundred crafters cost $360 at the reduced bulk rate of 24 cents each. Another $100 was budgeted for miscellaneous postage. Printing and typesetting for the annual mailer cost $350. Two thousand promotional balloons advertising the business as a whole were printed, costing $190. Office supplies and other incidentals cost a total of $456 for the year. Business use of the phone cost about $50 per month, or $600 annually. Licensing fees for a sales tax number in order to sell exhibitor equipment to the crafters was $20 per year. An itinerant vendor's license was also necessary, at $204 annually.

The total annual overhead is $5,105. Divided by five, that comes to $1,021 per show. The chart below shows the overhead forecast for the year.

ANNUAL OVERHEAD			OVERHEAD PER SHOW
Insurance	$1,144.00	÷ 5 =	$ 228.80
Subscriptions	140.00		28.00
Banking fees	289.00		57.80
Road signs	115.00		23.00
Professional services	106.00		21.20
Classified ads	56.00		11.20
Direct mail package	650.00		130.00
TV ad production	250.00		50.00
Postal permit	75.00		15.00
Postage—annual mailer	360.00		72.00
Postage—misc.	100.00		20.00
Printing	350.00		70.00
Promotional balloons	190.00		38.00
Supplies	456.00		91.20
Phone	600.00		120.00
Licensing	224.00		44.80
Total annual overhead	$5,105.00	Total per show	$1,021.00

You probably didn't expect the overhead to be this high. Don't underestimate your overhead expenses.

When the profit of $3,897.89 is decreased by the overhead expense of $1,021, you are still left with a profit of $2,876.89—if everything goes as planned. That is a reasonable profit to expect from this first show.

Here is an annual cash forecast of all four sample shows. Use this to take a look at the total profit for the year and to analyze how we arrived at that figure.

COMPOSITE CASH FORECAST

INCOME	SHOW #1	SHOW #2	SHOW #3	SHOW #4	OTHER	TOTAL
Entry fee	$3,720.00	2,450.00	3,750.00	3,300.00		13,220.00
Admissions	$1,000.00	994.00		1,200.00		3,194.00
Food	$ 450.00					450.00
Program ads						
Balloons	$ 250.00					250.00
Raffle or auction						
Bake sale						
Tent sales					6,383.50	6,383.50
Mailing list rental					1,157.06	1,157.06
Total income	$5,420.00	3,444.00	3,750.00	4,500.00	7,540.56	24,654.56

DIRECT EXPENSES	SHOW #1	SHOW #2	SHOW #3	SHOW #4	OTHER	TOTAL
Site rental	$ 400.00	497.00		750.00		1,647.00
Newspaper ads	$ 660.99	552.03	456.00	734.00		2,403.02
Radio						
TV	$ 300.00	381.00		150.00		831.00
Posters	$ 39.22	30.74		25.00		94.96
Banners	$ 84.80	127.20	169.60	84.80		466.40
Restrooms		75.60				75.60
Helium tank	$ 37.10					37.10
Tent costs					4,113.75	4,113.75
Mailing list costs (postage)					300.00	300.00
Total Expenses	$1,522.11	1,663.57	625.60	1,743.80	4,413.75	9,968.83
Overhead	$1,021.00	1,021.00	1,021.00	1,021.00	1,021.00	5,105.00
Profit	$2,876.89	759.43	2,103.40	1,735.20	2,105.81	9,580.73

To give you a complete picture, here is some additional information you should have on the other shows and items listed.

Show No. 2
As you can see, Show No. 2 was not very profitable for all the work involved. Technically, no advance rental fee was paid; some of the customer admission charge was given back to the nonprofit group whose facility was used. A total of 994 customers attended, and the nonprofit group received $497. At $1,090.97, the advertising expenses were high—more than they should have been. Balloons were given away free at this show as promotional items. The total profit on the show was only $759.43. If this same show were to be produced again the following year, expenses would have to be adjusted to make it more profitable, or crafter entry fees would have to be increased.

Show No. 3
This was a well-paying show held at a small indoor mall for three days—Friday, Saturday, and Sunday. It comfortably accommodated thirty crafters paying booth fees of $125 each. The mall paid for radio and most of the newspaper advertising. The show was also advertised in the mall's weekly calendar of events. No site rental fee was charged. The mall was undergoing some changes and wanted to draw some positive attention.

Show No. 4
This was a Christmas show, so the anticipated attendance was increased. The site held fifty-five exhibitors paying booth fees of $60 each. The site rental was a bit high but still manageable for a first-year show. The profit was acceptable.

Nonshow Income
The fifth column is for income produced by nonshow activities. You will probably be surprised at the figures. Over the course of a year, ten exhibitors tents were sold at $485 each. Their cost was $309,

leaving a profit of $176 per tent. Five sets of tent side curtains were sold at $306.70. Their cost was $204.75, netting a profit of $101.95 per set. The total profit for tents and side curtains was $2,269.75.

The crafter mailing list was also rented twice this year, once by a town business committee producing a street festival and once by an art museum. The profit for this, after expenses, was $857.06.

Together, the total nonshow net profit after overhead was $2,105.81. Very acceptable for the first year.

Overview

The entire year's net profit came to $9,580.73, which averages out to $1,916.15 per activity. It was a good year. And if there had been other income-producing features, the profit would have been even greater.

You will probably make many changes and adjustments to your cash forecast before you achieve a formula for success. If you can't get the figures to come out favorably, you have three choices: Be creative and find more ways to increase the income potential of the show, cut some expenses (be careful here), or forget about this show and start all over again with a less expensive show idea.

It's a good idea to log in the actual numbers after each show and compare them with your projected figures. This will help you in forecasting future shows.

Your profit will vary considerably from show to show. You might have to accept smaller profits from some shows in the beginning, with hopes that once they get more established and gain a reputation and customer following, your profits will increase. If the show site is in a good location, this is sure to happen and the show will be worth the investment. Other shows will net you large profits right from the beginning and will offset those that take a little more time to develop.

CHAPTER 10

Forms and Other Printed Matter

This chapter takes you step by step through all the necessary correspondence between the show producer and the exhibitors and customers. Examples are given of show applications, confirmations, acceptance and rejection letters, disclaimers, and show schedule handouts for customers. You need only select the information that applies to your show, retype the forms or letters, and mail them.

SHOW INFORMATION PACKAGE

Your show information package should contain enough information for the exhibitors to make an educated decision about participating in your shows. Send a package as soon as a crafter requests one—within twenty-four hours if possible. In many cases this will be your first contact with potential exhibitors, and you don't get a second chance to make a first impression. So try to lay out each piece of printed matter in a user-friendly format. Make your text enthusiastic, creative, and encouraging—flat prose is very uninteresting to read. This is your chance to sell your shows.

If you are producing only one show, all of the information can fit on two or three pieces of paper. The first should be your letter

9th Annual Meriweather Crafts Show
Meriweather High School PTO
P.O. Box 333, Meriweather, MA 88554
Phone: (907) 898-7968

Dear Crafter:

Thank you for your interest in the 9th Annual Meriweather Crafts Show, to be held at Meriweather High School on Saturday, November 10, 1996. We are as excited about this show as you are!

You are invited to apply for space at our show by submitting the enclosed application with 3 photographs of your work and 1 of your display. You must also submit a jury fee of $10 and a separate check for the $60 booth fee for consideration in this show. The deadline for all submissions is May 15, 1996.

Photographs and applications will be juried on May 16, 1996, and crafters will be notified immediately following the jury process. Once accepted, all fees are nonrefundable. At that time, photographs and checks from crafters who are not accepted will be returned.

The Meriweather High School PTO takes great pride in this show. The selection of crafters will be based on quality of workmanship, originality, professionalism of display, and limitation of product categories to 5 percent of the total show of 75 exhibitors. No dealers, imports, or manufactured items of any kind will be accepted.

As in past years, our extensive advertising campaign will cover a 30-mile radius around the show site, plus exposure in national publications. We expect customer attendance to surpass last year's total of 2,500.

All booths are 10 by 10 feet. Set-up time is at 8 A.M. and the show opens to the public at 10 A.M. All booths are preassigned. Spaces will be held only until a half hour before the opening of the show. After that, spaces will be reassigned. If you have any special needs, please let us know and we will try to accommodate you. No exhibitors may tear down their booths until closing time at 4 P.M. All tables must be covered to the floor and no boxes or packing cartons may be visible. No display should exceed 6 feet in height. A customer admission fee of $2 will be charged.

If you have any questions regarding the show, please contact Mary Ann Maller, (818) 755-9093, or Barbara Fairfield, (818) 765-1223.

We look forward to hearing from you.

Sincerely,

Meriweather PTO Selection Committee

The invitation letter should be enthusiastic and encouraging.

GREETINGS CRAFTERS!

You are invited to participate in the 1996 shows offered by CRAFTS SHOW PRODUCTIONS. It will be an exciting year for crafters! CRAFTS SHOW PRODUCTIONS is dedicated to providing area crafters with quality shows at reasonable prices. We have targeted high-traffic, high-visibility locations for our shows, situated for easy on-and-off access to major highways for crafter and customer convenience.

CRAFTS SHOW PRODUCTIONS has a strong commitment to advertising, an essential part of crafts show success. In keeping with this advertising policy, we have an extensive paid-ad campaign. Press releases are circulated to forty area newspapers, radio stations, and cable TV networks. Our trademark yellow and black banners and signs are placed at and around every show site to announce the upcoming event. Thousands of invitations are mailed to previous CRAFTS SHOW PRODUCTIONS show customers. If you have customers of your own in the show area, send us their names and addresses, and we will be happy to send them invitations on your behalf. We do all we can to provide a successful and pleasant selling environment for you and your crafts. If there is more we can do, just let us know!

You, the crafter, are also responsible for the success of your shows. It is up to you to provide the customers with a display that is appealing and contains high-quality handmade products at reasonable prices. All display tables must be covered to the ground and storage containers concealed.

CRAFTS SHOW PRODUCTIONS often charges customers admission (never more than $1) for indoor shows. Portions of admission proceeds are dedicated to a local nonprofit group, school PTO, or other local charity. We believe in giving something back to the communities that host our shows.

POLICIES and PROCEDURES:
1. Please keep your area tidy and leave it as you found it—free of debris.
2. Arrive promptly for setup.
3. Do not close up until the designated closing time.
4. If the show is canceled for any reason, it will not be rescheduled and there will be no refunds.
5. All shows are held RAIN or SHINE.

A WORD ABOUT STANDARDS: "Quality" will be the password. All shows are juried. Products will be strictly limited by category. The goal of CRAFTS SHOW PRODUCTIONS is a well-rounded, quality show. Only handmade crafts will be accepted—no agents, dealers, imports, or manufactured products. The work displayed must be created by the exhibitor; however, CRAFTS SHOW PRODUCTIONS reserves the right to accept products that we feel will add variety and interest to our shows.

A WORD ABOUT DEADLINES: CRAFTS SHOW PRODUCTIONS prides itself on quick response to all applications. We do not have specific deadlines because we, as crafters ourselves, understand the need for acceptance or rejection within a reasonable time frame. To ensure acceptance, however, it is suggested that applications be submitted as early as possible. Also, preferential space allocation is given in order of postmark.

You may want to include policies and procedures on the invitation letter.

inviting the crafters to apply. It may or may not include some rules and regulations. If all of your rules and regulations won't fit into the scheme of the invitation letter, add another page outlining your policies. A show application makes the package complete.

Invitation to Apply

The first thing your crafters will read is your invitation to apply to your shows. It should be a lively, personable, yet efficient letter that basically just says, "Hello! Here's what we have to offer you." An invitation to apply doesn't in any way guarantee the crafter a space at your show. If you wish, you can also include show rules and policies in this letter.

In your letter be sure to state all of the basic show information: show title; dates, including the year and days of the week; hours; and set-up time.

Give the address of the show site and specific directions or a map and mention something positive about the site. (Is it centrally located? Is it somehow uniquely suited for a crafts show? Have you produced other successful shows at that site?)

State whether the show will be held indoors or out. Crafters will need to know whether they should bring tents and whether the setup will be on grass or a hard surface. Also state that your show will be held rain or shine.

In your letter, also give the space size. If the depth of your spaces is not the same as the width, let your crafters know which measurement is the frontage so that they can design their display setups to make the best use of the space. If you are offering table space, give the dimensions of the tables and advise exhibitors to bring table coverings.

Mention whether electricity is available. Some producers charge an additional $10 to $20 for spaces with electrical outlets to eliminate requests from all but those who really need it. Tell your exhibitors whether your show is open or juried so that they know the caliber of products and craftsmanship against which they will be competing. Also mention the size of the show—how many exhibitors spaces are available—and how much the customers are being charged for admission.

Be careful in setting your application deadline and jury date. Don't make the application deadline too soon or the crafters might not be able to apply in time. Allow them sufficient time to prepare their entries. Remember, they will be spending money not only on your shows, but on other shows as well. Setting up a show schedule for the year and paying out a lot of advance entry fees seriously depletes a crafter's cash flow. Your first shows, at least, should be juried on an ongoing basis as applications are received. If the show is juried, tell crafters how the selection will be made. Include any of the following that apply to your show:

- Crafts categories will be limited to 5 percent of the total show.
- Applications will be juried on an ongoing basis until each category is filled.
- Applications will be juried one week after the deadline date and the crafters notified at that time.

If you have produced other shows, have some experience in advertising, or anything else that you think might make exhibitors more comfortable about entrusting their hard-earned dollars to you, now is the time to tell them.

Show Application

The show application should contain the basic information about the show—show name, date, and location—and, obviously, entry blanks for the crafter to fill in—name, address, and product line.

Clearly state all fees on your show application and other accompanying literature. To be on the safe side, mention that you won't accept any personal checks five weeks or closer to the show; ask for bank checks and money orders only.

Request separate checks for jurying fees and entry fees. Not all crafters who apply and are juried will be accepted. If you are producing more than one show, you should ask the crafters to submit separate checks for each show they apply for in case they are accepted for one but not for another.

9th Annual Meriweather Crafts Show
Meriweather High School PTO
P.O. Box 333, Meriweather, MA 88554
Phone: (907) 898-7968

DATE: Saturday, November 19, 1996

LOCATION: Meriweather High School
400 Main Street
Meriweather, MA 88554

SHOW FEE: $60   **JURY FEE:** $10

BOOTH SIZE: 10' X 10' INDOOR

SHOW HOURS: 10 A.M. to 4 P.M.   **SET-UP TIME:** 8 A.M. Don't be late!

Limited to 75 crafters

-------------------------------------- cut here --------------------------------------

RETURN COMPLETED → Meriweather High School PTO ← CHECKS PAYABLE TO
FORM TO   P.O. Box 333
                               Meriweather, MA 88544

Any injury or damage to persons or property caused by items for sale or display are the sole responsibility of the crafter and his or her representative. Meriweather High School, Meriweather High School PTO, and Meriweather Board of Education shall be held blameless from any liability thereof. The applicant fully understands that fees are nonrefundable once he or she has been accepted into the show. Meriweather High School PTO reserves the right to accept or reject any application at its discretion. Items sold must be handmade by the exhibitor. Your signature indicates acceptance of all terms set forth.

_____   _____
(signature)   (date)

CRAFTER (not company) NAME _____

ADDRESS _____

CITY _____ STATE _____ ZIP CODE _____

MA TAX I.D. NUMBER _____

PRODUCT LINE DESCRIPTION _____

ENCLOSE A SELF-ADDRESSED, STAMPED #10 ENVELOPE FOR RETURN INFORMATION

9th Annual Meriweather Crafts Show

JURY FEE: $10   SHOW FEE: $60 $_____ Enclosed   ❏PHOTOS ENCLOSED

Include relevant show information on a clip-off portion of the application.

CRAFTS SHOW PRODUCTIONS *presents . . .*

SHOW: Summer Crafts Classic

SHOW DATE: Friday, Saturday, & Sunday
JUNE 15, 16, & 17, 1996

SHOW FEE: $125 All Three Days
$100 Saturday & Sunday Only

SHOW HOURS: FRI. & SAT. 9AM – 9PM
SUNDAY 9 AM – 6 PM
Setup 7:30 AM Friday & Saturday

LOCATION: West Fairlane (INDOOR) Shopping Mall
Jct. I-44 and I-77, West Fairlane, NY

DIRECTIONS: (50 minutes from Morris, NJ) Rt. 22S to Rt. 324W to Rt. 48W to I-71 (Thruway) Take thruway to "Fairlane Rd." exit. Continue off exit, through stop sign, and take a left at the first light. Go under highway and take your first left. W. Fairlane Mall will be on your right. (Shopping center is visible from highway).

Selling was GREAT at the March and May shows!

Children's items are especially popular!

Limited to 50 crafters

-----------------------------------(cut here)------------------------------------

REGISTRATION FORM

RETURN FORM and CHECKS PAYABLE TO:
CRAFTS SHOW PRODUCTIONS, 923 Berville Avenue, Rowleigh, NY 17940

ANY INJURY OR DAMAGE TO PERSONS OR PROPERTY CAUSED BY ITEMS FOR SALE OR DISPLAY IS THE SOLE RESPONSIBILITY OF THE EXHIBITOR. PROPERTY OWNERS, AGENTS, MERCHANTS, AND CRAFTS SHOW PRODUCTIONS SHALL BE HELD BLAMELESS FROM ANY LIABILITY THEREOF. I FULLY UNDERSTAND THAT ANY ENTRY FEE IS NONREFUNDABLE AS SPACE IS BEING HELD IN MY NAME AND THAT ITEMS FOR SALE MUST BE HANDMADE BY ME. MY SIGNATURE INDICATES ACCEPTANCE OF ALL TERMS SET FORTH AND THAT I AM READY, WILLING, AND ABLE TO PARTICIPATE IN THIS EVENT.

_____   _____

(Signature)   (Date)

CRAFTER (not company) NAME _____

ADDRESS _____ PHONE _____

CITY _____ STATE _____ ZIP CODE _____

NY TAX ID# _____

PRODUCT LINE _____

ENCLOSE SELF-ADDRESSED, STAMPED, #10 ENVELOPE FOR CONFIRMATION   (Check one)

Summer Crafts Classic   FRI, SAT, SUN. **$125**   ❑ $_____

Sat. & Sun. ONLY **$100**   ❑ $_____

PHOTOS: (Check one—no slides)

❑   Photos Enclosed

❑   Photos already on file

Some show producers charge a late fee of $10 to $20 for applications received after the deadline date. Unless you are very sure of crafter response to the show, don't do this; avoid anything that might inhibit crafters from applying to your shows.

Clearly state where the completed show application should be sent: to a committee member at her home address, your organization's post office box, or the show production company's business address. Also make clear the party to whom checks should be made payable.

Provide a name and phone number for crafters to contact for additional information.

On your application, you should also request crafts and display photographs. You need to have some idea of what each crafter makes and how it is displayed. Display photographs will also help you place each crafter in the right space in your show line. Most show producers return these photographs as soon as the show has been juried.

To reduce postage costs, you can request that the crafter send a self-addressed stamped envelope with the show application. Use this to return their photographs, along with acceptance or rejection letters or show confirmations. Alternatively, you can request the postage in stamps and use your own envelopes preprinted with your address.

If you have printed flyers, small posters, or postcards about your show for your crafters to send to their customers, include a space on the application asking how many they would like to have. You could just send each of the crafters a standard set of twenty-five or fifty, but if crafters don't have a mailing list or won't send them to their customers, there's no sense in wasting postage and printing costs.

Your show application must include a liability disclaimer for the crafter to sign. This states that the exhibitor agrees to hold you, the show site owners, and anyone else involved with the show blameless for any damages caused by the crafter, her products, or her representatives.

Rules and Regulations

There are some standard rules, regulations, and policies that pertain to most crafts shows. All that apply to your show should be stated in your show literature.

- Spaces will be held until a half hour before the opening of the show. After that, space is forfeited with no refund.
- No display should exceed 6 feet in height. All tables must be covered to the floor and all storage containers concealed.
- All booth and display materials must be fire retardant.
- No smoking is allowed in the building (for indoor shows) at any time.
- Once accepted, all fees are nonrefundable.
- All displays must be completely set up before the show opens.
- Displays may not be torn down before closing time.
- If the show is canceled for any reason, it will not be rescheduled and no refunds will be forthcoming.
- Refunds for cancellations (in writing) are granted as follows:

5 months before the show	75 percent refund
3 months before the show	50 percent refund
1 month before the show	no refund

- Only those crafts listed on the application may be sold. The producer reserves the right to request removal of all items not preapproved.

If there are any product restrictions, this should be noted. For example, at one shopping plaza show I produced, no floral vendors were allowed to participate because a florist in the plaza did not want any competing products sold at the show.

Also state that only products handmade by the exhibitors will be accepted. No kits or manufactured items, imports, or food products will be allowed. If you produce specialty shows, make it very clear what type of products will be accepted. If it is a jewelry show and you are accepting applications only from jewelry and jewelry-related product vendors, say so. If your show is for country crafts only, state that no contemporary art will be accepted.

CRAFTS SHOW PRODUCTIONS
1996 SHOW SCHEDULE

February 9, 1996
Saturday 10AM to 4PM

Valentine's Day Jewelry
Crafts Show
Meriweather Holiday Inn
Jct. Post Rd. and
Meriweather Ave.,
Manoosset, NY

JURIED
$85
40 crafters

April 1 & 2, 1996
Saturday & Sunday
10AM to 4PM

Easter Parade of Crafts
St. Bartholomew Middle
School
127 Churst St.,
Corey, NY

JURIED
$65
60 crafters

June 15, 16, & 17, 1996
Friday & Saturday
9 AM to 9PM
Sunday 9AM to 6PM

Summer Crafts Classic
West Fairlane Shopping
Mall
Jct. of I-44 and I-71,
West Fairlane, NY

JURIED
$125 all three days
$100 Saturday & Sunday only
50 crafters

July 3 & 4, 1996
Friday 6PM to 10PM
Saturday 10AM to 10PM

4th of July Crafts
Festival and Fireworks
Berman Fairgrounds
Rte. 7 (Berman Road),
Berman, NY

JURIED
$75
125 crafters

September 23, 1996
Saturday 10 AM to 4PM

Fall Harvest of Crafts
North Street Shopping
Center
Rte. 25, Northway, NY

JURIED
$45
85 crafters

November 20 & 21, 1996
Friday Preview 6PM to 9PM
Saturday 10AM to 5PM

Christmas in the
Country Crafts Show
Roward Armory,
576 Main Street,
Roward, NY

JURIED
$75
125 crafters

December 9, 10, & 11, 1996
Friday & Saturday
9AM to 9PM
Sunday 9AM to 6PM

Santa's Workshop Arts
and Crafts Show
West Fairlane Shopping
Mall
Jct. of I-44 and I-71,
West Fairlane, NY

JURIED
$125 all three days
$100 Saturday & Sunday only
50 crafters

If you are producing a series of shows within the year, prepare a show schedule and include it in your information package.

Model Release

I hereby give _____ the right and permission to publish, without charge, photographs of me, _____,

taken at _____.

These pictures may be used in publications, promotional literature, advertising, or in any other manner. I hereby warrant that I am over 18 years of age and am competent to contract in my own name insofar as the above is concerned.

_____   _____

Model name (please print)   (date)

_____   _____

Model (signature)   Phone

Address _____

City _____ State _____ Zip _____

Witnessed by

_____   _____

(signature)   (date)

Have crafters complete a model release form if you plan to use their photographs for any preshow publicity.

Future Show Opportunities

If you are producing more than one show, use this mailing opportunity to send crafters information on *all* of your scheduled shows. Though they may have requested information only on one particular show, after they read about the other shows they may apply to more than one. If you have an extensive show schedule planned for the year—ten or more shows—you might want to prepare a one-page schedule.

Model Release Form

In your show information package, ask the crafters to send some biographical information about themselves, including any awards they have received or any renown they have achieved in the crafts world. Ask them also to include a photo. You can use these materials in your preshow publicity to make it more interesting.

Include a model release form as part of your show package because you will need the exhibitors' permission to publish their photos.

Tent or Equipment Sales

If you are selling tents or other exhibitor equipment as part of your business, include information, pricing, and delivery lead time on a separate sheet of paper or order form in your show information package. Crafters planning to participate in one of your outdoor shows might order tents to be delivered to the show site at the same time they send in their entry fees.

Putting It All Together

The documents can be folded over in thirds and mailed without an envelope, with your return address printed on the outside of the mailer. This is perfectly acceptable to the post office. For a nicer and more striking look, print the cover sheet on colored paper embossed with your company or organization letterhead or logo.

If you are producing a series of shows, send applications for *all* shows to exhibitors requesting information for any one of them. To provide all of this data in an organized format, the first page of your show information package should be an invitation letter addressed to the crafter. On the second page should be general show rules, regulations, and policies that apply to all of your shows. If you are selling tents or other equipment, the next page should be your order form. The rest of the package will consist of individual applications for each show.

CONFIRMATION PACKAGE

As soon as you jury your show, inform your crafters who has been accepted and who has been declined (this sounds nicer than rejected).

YOUR CONFIRMATION PACKAGE SHOULD INCLUDE THE FOLLOWING:

- ❏ Letter of acceptance
- ❏ Map or directions to the show
- ❏ Show details
- ❏ Floor plan
- ❏ Returned photographs
- ❏ Motel information
- ❏ Promotional literature for crafters to send to their customers

Return all declined crafters' checks and photographs *immediately* so that they will be able to use them to apply to other shows. Send each exhibitor who is accepted to your show a confirmation package that includes an acceptance letter and a list of show details.

Letter of Acceptance
Send a friendly and enthusiastic letter to the accepted crafters, telling them how glad you are to have them participate in your show. Sign it personally. Make clear in your letter that it is the exhibitor's passport to the show and should be presented to you upon arrival at the show site.

Map and Directions to the Show
Include a simple road map in your confirmation package, even if one was included in your show information package. Exhibitors may have misplaced it. If you can't draw a readable, easy-to-follow map, at least provide clear directions to the show site, including some landmarks to help exhibitors find their way.

Show Details
Also include a show details sheet giving all of the particulars the crafter needs to know in order to participate in the show. Include

loading and unloading instructions, vehicle parking, set-up and break-down information, security, food for sale, advertising, restroom facilities, location of telephones, booth location information, and so on.

Floor Plan
If available, include a copy of the floor plan and space assignment. Exhibitors then know exactly where their booth spaces are located when they arrive at the show.

9th Annual Meriweather Crafts Show
Meriweather High School PTO
P.O. Box 333, Meriweather, MA 88554
Phone: (907) 898-7968

Dear Crafter:

Thank you for applying to the 9th Annual Meriweather Crafts Show, to be held at Meriweather High School on Saturday, November 10, 1996.

Your crafts were lovely and we really enjoyed viewing them. Unfortunately, because of the volume of applications we received this year, some had to be declined. More than fifteen jewelry vendors applied to the show, and of course, we couldn't accept them all. Selection was based on quality of workmanship, professionalism of display, and finally, by postmark. Your application was one of the last ones received, so in fairness to those who had applied earlier, we are declining your offer to participate.

Enclosed are your photographs and check in the hope that you can apply to another show for that weekend and fill your schedule.

Again, thank you so much for applying. The Meriweather School PTO will keep your name on file for future events. Please feel free to apply again next year.

Sincerely,

Meriweather PTO Selection Committee

It is courteous to send a letter to those crafters whose applications you've declined to accept.

9th Annual Meriweather Crafts Show
Meriweather High School PTO
P.O. Box 333, Meriweather, MA 88554
Phone: (907) 898-7968

Show Confirmation and Letter of Acceptance

Crafter: _____ Booth # _____

Dear Crafter:

Your application has been accepted to share in the festivities of our 9th Annual Meriweather Crafts Show. We received a large volume of applications this year, and the selection committee was overwhelmed by the quality and variety of crafts submitted. But a decision was finally reached. Your wonderful products and those of your fellow crafters will be much appreciated by our customer audience. We look forward to meeting you personally and viewing your crafts firsthand.

The show has received such excellent preshow publicity that we feel confident this year's event will exceed all others. It's exciting; and we are glad you can be part of it.

We have noted your assigned booth number above and have enclosed a floor plan so that you will know where you will be located in the show floor. Also enclosed are the photographs you submitted for jurying. We have also reserved a block of rooms for our exhibitors at the Meriweather Holiday Inn, just minutes from the show site. The Inn has offered our exhibitors a reduced rate of $45/single and $52/double. If you would like to take advantage of this offer, call the Meriweather Holiday Inn at (907) 898-6000 and tell them you will be exhibiting with us.

This letter constitutes your "passport" to the show, so please bring it with you on November 10. We ask that you arrive at the show site promptly at 8 A.M. and unload as quickly as possible. Volunteers will be available to help you.

All tables must be covered to the floor, and no boxes or packing cartons may be visible after setup. We ask that you be ready and open for business shortly before 10 A.M. and that you only display and sell those products described in your show application.

If you have any questions regarding the show, please contact Mary Ann Maller, (818) 755-9093, or Barbara Fairfield, (818) 765-1223.

We look forward to meeting you!

Sincerely

Meriweather PTO Selection Committee

The letter of acceptance is the crafter's passport to the show.

9th Annual Meriweather Crafts Show
Meriweather High School PTO
P.O. Box 333, Meriweather, MA 88554

Phone: (907) 898-7968

SHOW DETAILS

SHOW: 9th Annual Meriweather Crafts Show
Meriweather High School
400 Main Street, Meriweather, MA

November 10, 1996
SATURDAY
10AM–4PM

SETUP AND BREAKDOWN: Setup is at 8 A.M. If you have not arrived by 9:30 A.M., your space will be forfeited with no refund. We ask that NO ONE start to break down his or her display before the end of the show at 4 P.M.

PARKING AND UNLOADING: When you arrive, please park your car (not in front of the building), check in with the show committee, and locate your assigned space. You can then move your car to the unloading zone, where there will be volunteers to help you. Unload as quickly as possible and then park in the reserved "crafter parking" area BEFORE setting up. This will avoid unnecessary congestion in the unloading area.

SETUP AND DISPLAY: All tables must be covered to the floor. No display should exceed six feet in height. Please check your display to make sure that there are no protruding parts that would pose a hazard to customers. Setup must be completed before the opening of the show, at which time no storage containers or boxes may be visible on the show floor. Only those products described on your application may be sold at the show. The show committee reserves the right to request removal of all items not preapproved.

FOOD: Free coffee and doughnuts will be provided from 8 A.M. to 10 A.M. Meriweather PTO volunteers have planned an appetizing menu at reasonable prices. Chili, meatball grinders, spiced apples, and chocolate cake are just a few of the goodies they will be offering.

RESTROOMS: Restrooms are located outside the main show entrance to your left. If you need to leave your booth, you can flag one of our volunteers (all wearing red Santa hats), who will watch your booth.

ADVERTISING: We pride ourselves on a thorough and extensive advertising campaign. Press releases will be sent to forty local (and not so local) newspapers, radio stations, and cable TV networks. One hundred posters will be displayed throughout Meriweather and surrounding towns. Display ads will be placed in five area newspapers, and the main show sign will be displayed at the show site for an entire month before the show. A member of the show committee will visit your booth sometime during the show so that you can view our advertising materials firsthand.

DIRECTIONS: Meriweather High School can be most easily reached via Exit 3 off Interstate 78. At Exit 3, go straight through the stop sign at the end of the exit ramp, and that will put you on Lake Rd. Follow Lake Rd. one block to Main St. Go right on Main St. one block to Doyl Rd. The school is on the corner of Doyl Rd. and Main St. The driveway can be accessed from Main St. There will be directional signs along the way to guide you.

CANCELLATION: The show is held rain or shine. If extreme weather conditions cause the show to be canceled, you will be notified at the latest by 6 A.M. on November 10. It will not be rescheduled, and there will be no refunds.

NOTE: No smoking is allowed in the building at any time.

See you at the school!

Send a list of show details with the letter of acceptance.

9th Annual Meriweather Crafts Show
Meriweather High School—November 10, 1996
FLOOR PLAN AND SPACE ASSIGNMENT

☆ Pay Phones   ENTRANCE   FOOD COURT

☆ Restrooms

☆ Admission Table   ☆ Santa Claus   EXIT

```
                1  2  3  4  5  6  7  8  9  10 11

35   36 37 38 39 40 41 42 43 44 45                12
34   46 47 48 49 50 51 52 53 54 55                13
33                                                14
32   56 57 58 59 60 61 62 63 64 65                15
31   66 67 68 69 70 71 72 73 74 75                16

30 29 28 27 26 25 24 23 22 21 20 19 18 17
```

1. Mary Smith—Pottery
2. Joan Barry—Jewelry
3. Susan Rose—Quilts
4. Tom Rivers—Wood
5. Paul Vesser—Pewter
6. David Mills—Santas
7. Chris Goods—Dolls
8. Lynn Pero—Rugs
9. John Wogg—Herbs
10. Jan Gear—Floral
11. Linda Don—Jewelry
12. Tony Garcia—Leather
13. Marge Stone—Bears
14. Pat Mills—Folk Art
15. Dan Barters—Wood
16. Kathy Ressel—Baskets
17. Marlene Albe—Knitting
18. Tom Koss—Carousels
19. Mike Dommer—Ironworks
20. Audrey Arronas—Jewelry
21. Sharon Pomer—Gift Baskets
22. Janice Schert—Calligraphy
23. Anita Yegers—Tree Skirts
24. Deanne Martin—Stenciling
25. Vivian Jones—Weaving
26. Betsy Walker—Clay Ornaments
27. David Bitter—Dollhouses
28. Gloria Willis—Needlework
29. Sarah Loramer—Decoupage
30. Maureen Napler—Ornaments
31. Pat Carler—Stained Glass
32. Oren Wells—Pottery Tableware
33. Pat Brown—Garlands & Wreaths
34. Mary Shaker—Children's Quilts
35. Carla Glenders—Papercraft
36. Ginny Oranice—Fabric Art
37. Janice Arania—Scarves & Ties
38. Amy Sarens—Watercolors
39. Tom Evers—Cut Lampshades
40. Barbara Turner—Silhouettes
41. Ron Hyatt—Clay Figurines
42. Chris McHugh—Ironworks
43. Sherry Staners—Dough Art
44. Myrna Moren—Vests
45. Garry Maetle—Origami
46. Sandra Carlisle—Minatures
47. Vivian Sullivan—Florals
48. Orey Andieson—Angels
49. Marilyn Rose—Rubber Stamps
50. Joan Soreres—Basketweaving
51. Jim Macha—Toys
52. Tony Arew—Wooden Planters
53. Nita Werner—Candles
54. Kathy Willis—Folk Art
55. Mark Uganis—Furniture
56. Joseph Lofts—Oil Paintings
57. Marilyn Vestal—Painted Clothing
58. Sue Simmons—Caricatures
59. Mary Craft—Miniature Trees
60. Anna Buttons—Nature Jewelry
61. Cole Canter—Flowerpots
62. Sheryl Gaffey—Folk Art
63. Zender Olaf—Carousels
64. Ada Donner—Mosaic
65. Debbie Gould—Stationery
66. Nancy Smith—Advent Calendars
67. Grace Laga—Floral
68. Noe Jones—Victorian Santas
69. Janie Ovenhorn—Ornaments
70. Maura Farrow—Cross-stitch
71. Bobbie Read—Leather
72. Ellie Jennings—Apple Crafts
73. Maura Higgins—Macrame
74. Verna Calicie—Etched Glass
75. Henry Holmes—Quilling

Give exhibitors a floor plan when they arrive at the show. It tells them not only where their spaces are located, but also what other crafters will be there and what other types of products are being exhibited.

Returned Photographs

If you are not keeping your crafters' photographs on file, return them with the confirmation package. Do not do this, however, until you are satisfied that the floor plan is finalized. Return them as soon as you have no further need of them.

Information on Lodgings

Some exhibitors may be coming from out of state or far enough away that they will want to stay overnight nearby. Include a list of hotels and motels near the show site in your confirmation package for all exhibitors. Include directions, phone numbers, and prices.

If you are having a very large show, find out in advance how many exhibitors plan to spend the night in the show area, and reserve a block of rooms at the nearest reasonably priced hotel or motel. Most establishments will offer you a package discount on their rooms if you call well in advance of your show date. You won't have to pay for the block of rooms in advance, but you may have to use your credit card to reserve them. The crafters will pay for their own rooms when they check in.

Advertising Materials

If you have offered preprinted show literature for the exhibitors to send to their customers, save postage by including it in your confirmation package rather than mailing it separately.

WELCOME PACKAGE

You also need to make up a welcome package to be handed to your crafters as they check in at the show. It should be a "happy" package, designed to make the crafters smile and set the stage for a pleasant day. Start it off with a welcome letter—just a short, cheery note.

Some of what you include in your welcome package will be repeat information that has been supplied in the two other exhibitor packages: show details, a copy of the floor plan, and information on other shows you are producing. Also include any last-minute changes, anything you may have forgotten to mention, and exhibitor badges. If you

9th Annual Meriweather Crafts Show
Meriweather High School PTO
P.O. Box 333, Meriweather, MA 88554
Phone: (907) 898-7968

WELCOME!

Thank you for joining us today to share in the festivities in our 9th Annual Meriweather Crafts Show. We have received such excellent preshow publicity that we feel this year's show should exceed all others in customer attendance.

A reporter and photographer from the *Meriweather Chronicle* will also be visiting to take postshow publicity pictures, so SMILE! Santa Claus and his staff of elves will be set up just outside the show room in the main lobby.

When you are ready, free coffee and doughnuts are available for you and your helper in the food court, compliments of the Meriweather PTO Show Committee. You will find coupons for these in your show package. Enjoy!

We ask that you please be considerate of your fellow exhibitors and unload your equipment as soon as possible. Our volunteers are standing by to assist you. Your car may then be parked in the reserved crafter area of the parking lot. We like to reserve the parking spaces closest to the show entrance for the customers.

The Meriweather High School PTO takes great pride in this show. The selection of crafters was based on quality of workmanship, originality, professionalism of display, and limitation of product categories.

If you have any special needs, please let us know, and we will try to accommodate you.

We look forward to great sales and a great day for all!

Sincerely,

Meriweather PTO Selection Committee

A friendly welcome letter can have a positive effect on the crafters and, thus, brighten the whole atmosphere of the show.

can, include coupons for free coffee and doughnuts for the exhibitor and a helper (many crafters bring a helper or family member to the show). If space markers are not placed in the exhibitors' spaces, they also should be included in the welcome package.

CUSTOMER FORMS

Other than blank raffle tickets or survey forms, there is only one other document that you may need to produce for your customers. If you have other shows planned, prepare an abbreviated schedule as a handout for the day of the show and give one to every customer.

❖ CHAPTER 11 ❖

Advertising and Promotion

A well-publicized show should be a successful show. Your job as promoter is not only to tell the public about your show, but also to encourage them to attend. By the time the event date arrives, potential customers should have enough information so that their interest will be piqued and they will be looking forward to the show. It is up to you to create this aura of anticipation. This can be achieved through an effective advertising and promotion campaign.

Newspaper ads should be uncluttered, informative, and eye-catching. Press releases should be interesting and to the point. Feature articles and accompanying photographs should leave the reader wanting to know—and see—more. Signs, posters, and flyers should be colorful and highly visible. Advertising will be one of your largest expenditures, but by carefully researching your options and negotiating the best prices, you can keep the costs under control.

This chapter includes sample newspaper ads, press releases, posters, flyers, banners, signs, and other forms of advertising in various shapes and sizes. You may copy them or use them as guides to create your own.

NEWSPAPER FEATURE ARTICLES

Feature articles are free advertising at its best. But they are not always easy to get. Typically, the larger the newspaper, the less chance you have of a reporter doing a feature article on you or your shows. But don't let this discourage you from trying.

Scour area newspapers for feature articles about local events. Note the names of the authors of these articles. In small towns, one reporter may cover all of the local news. In larger areas, there may be several. Call the newspapers and speak directly to these reporters. Tell them about your show, with enthusiasm in your voice. Attitude is contagious. Make your show seem important and worth writing about. This is where your crafter biographies and photographs come in handy. Pick out the ones that are particularly interesting and tell the reporter about them. Always mention local artists and craftsmen who will be attending.

Offer to send black and white photographs and any other information to make the reporter's job easier. Offer to write the basic

---

Spring is in the air, and what better way to celebrate the changing of the seasons than to visit the "Easter Parade of Crafts" exhibit sponsored by the Newfram United PTO Association. The event will take place at the Newfram Community Center on Saturday, April 1, 1996.

The Easter Bunny will be there to greet the guests and to hand out chocolate Easter eggs. Admission is $1 to benefit the book fund for the new Newfram library.

Local artists and crafters from all over New England will be demonstrating their craft techniques and selling their creative designs from 10 A.M. to 4 P.M.

Featured at this year's show will be local artist Mary Montgomery, whose lovely pen-and-ink renditions of New England landscapes and composite drawings of historic Newfram buildings have delighted area residents for years.

Mary Montgomery, a Newfram resident for more than 20 years, has received numerous awards for her pen-and-ink renditions of Newfram Town Hall and the old Newfram Jail. She is also a member of the Southern New England Art League and last year's recipient of the Country Art in America award bestowed by the New York Foundation for the Arts.

Come and view Mary's latest limited editions—an enchanting reproduction of the original Newfram Post Office and her wonderful rendition of the Newfram County Fair.

Write a feature article for the local newspaper to promote your crafts show.

article and then let him edit it. If your show is affiliated with a local group—charity, nonprofit organization, school, or church—this can be used to your advertising advantage, so tell the reporter about it. Ask if he would like to interview you, in person or over the phone. Any feature article should include the location, date, show hours, contact person's phone number, and admission charge.

PRESS RELEASES

Press releases are another form of free advertising. They can be run at the same time as your newspaper ads to reinforce the message.

Most newspapers require you to submit press releases at least a month before the show. Call the newspaper and get the name of the person to whom you should send your press release. Don't just send it to the editor of the newspaper. Also ask what format is preferred. When you send it, write on the envelope, "Press Release Enclosed."

Scan the newspaper every day for a week for any sections featuring local events. Look for headings such as "What's Going On This Week," "Arts and Entertainment," "Monthly Calendar of Events," or "Fairs, Carnivals, and Exhibits." Some sections may be featured only on certain days. Send a separate press release to the person in charge of each section where you believe it would get some response. They may not all print it, but some will, giving you the added exposure you need.

For the price of a few postage stamps, your press releases can blanket a much larger area around your show than you could afford to cover with display ads and other paid advertising. Take advantage of the opportunity and saturate your show area.

If you still have a few exhibitor spaces left, your press releases also can help you fill them. Add a line at the end saying, "For more information about becoming an exhibitor, contact . . ."

DISPLAY ADS

Display ads are those usually square boxes of advertising liberally sprinkled throughout your local newspaper. Many advertisers try to squeeze as much information as possible within the confines of a

---

Newfram United PTO
Newfram High School
West Newfram, NY 10596
(914) 586-4938

PRESS RELEASE—FOR IMMEDIATE RELEASE

CONTACT: Mary Smith

DATE: March 15, 1996

The Newfram United PTO Association is sponsoring an Easter Parade of Crafts at the Newfram Community Center on Saturday, April 1, 1996, from 10 A.M. to 4 P.M. Last year's event was a great success, raising nearly $5,000 to provide free lunches for school-children of local needy families. Proceeds from this year's event will be used to buy books for the new Newfram Community Library. Come visit with the Easter Bunny and browse through the wonderful array of arts and crafts presented by area crafters.

A press release should be short and to the point.

tiny display ad because they are so expensive. But filling a square box with a lot of print will not necessarily get your ad noticed. In fact, it may very well be the *least* noticed because it will just blend in with the rest of the newsprint.

YOUR DISPLAY AD SHOULD CONTAIN THE FOLLOWING INFORMATION:

- ❏ Name of show
- ❏ Type of show (if not included in name)
- ❏ Day, date, and show hours
- ❏ Admission charge
- ❏ Whom to contact for information
- ❏ Location
- ❏ Directions (if space allows)

Display ads should be uncluttered, informative, and eye-catching. They should say, "Hey! Look at me!" How can this be done? It's easier than you think.

Let's try an experiment. Take the Sunday section of your local newspaper and slowly turn the pages. Stop and glance quickly at each one. Note which display ads are the first to grab your attention. Now analyze why. The following are some of the important factors in creating an attention-getting ad:

- *Size.* Ads that are a little larger draw more attention.
- *Shape or design.* Interesting designs, unusual shapes, or unique borders catch your eye, as do ads that span more than one column, thus disrupting the order of the printed page. When designing your ads, try not to make them square or rectangular. Round ads are very effective. Even better, place a free form ad or an ad shaped in a familiar design.

Radical lines will stand out against the regimented order of a newspaper page. Even if you reduce the size of the ad, it still stands out.

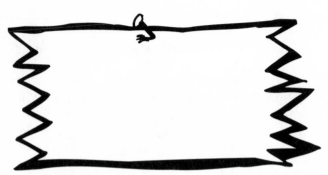

The ragged edges of this simple but cute country sign format would make this ad noticeable, but it really is a bit too small. You may enlarge it and fill in with your own show information.

- Content. More often than not, the ads that drew your attention were not covered with print and contained some white space. Leaving some white space causes the reader's eye to be drawn to the void surrounding the text. It will be in sharp contrast to the cluttered columns of tiny newsprint. By giving your ad a familiar yet unusual shape, such as an apple or a maple leaf for autumn shows, you will already have a certain amount of white space around the edges. Limit the text to just the most important information: what, where, when, and how much. You can make your ad stand out even more by writing the show details in freehand or calligraphy. Include "crafts" or "arts and crafts" in your show title so that you won't have to take up additional space to explain what the show is about.

The final key element to a successful ad campaign is placement. Often you will not be able to choose the exact spot in the newspaper where your ad will be placed, but you can at least request that your ad be placed in a particular section, such as the weekend calendar or special events section. If you don't, your ad may very well end up wherever the publisher can find room for it.

With one of the first ads I ever placed with a local newspaper, it never occurred to me to specify any particular location. I just

Here's another simple but striking ad format with lots of room for your show information. Don't get carried away—just put the basic show information in the ad. If you wish, you can eliminate the leaf to reduce the size and cost of the ad.

assumed that the publisher would place it in a logical spot. Imagine my surprise when I found my crafts show ad in the sports section of the newspaper! How many ladies do you think saw it there?

One publisher may print newspapers for more than one town. If this is the case, instead of just placing your ad in the one newspaper most local to your show site, you may be able to place it in all of the area newspapers printed by that publisher at a reduced rate. Of course, this is more expensive than placing it in one newspaper, but you'll be getting a lot more exposure for just a little more money.

In one area where I have produced many shows, the same publisher prints seven local newspapers. For $200 more than it would cost to place one ad, I can place the same ad in seven newspapers, circulated to seven different towns. Instead of reaching only five thousand customers, my ad reaches thirty-five thousand.

If you are planning several shows in the same area, negotiate a contract with a local publisher. You guarantee that you will purchase a certain amount of advertising inches to be used for different ads for different shows throughout the year in exchange for a discounted price on each ad. You pay for the ads as you use them. You will pay less on a per-show basis and considerably reduce your annual advertising expenses.

The public exposure you will get from a well-coordinated newspaper campaign of display ads, feature articles, and press releases will go a long way toward making your show a success.

POSTERS

Posters are very effective advertising, and I recommend a strong poster campaign. Print a minimum of fifty posters for each show. They should be larger than regular typing paper (8½ by 11 inches), but no larger than 11 by 14 inches. They can be printed or photocopied on either card stock (the material used for postcards) or regular paper. You can use almost any color, but it is always nice to use a seasonal color when you can, such as red for Christmas or orange for a fall show.

Your poster designs should use the same motif as your newspaper ads, as should any other form of advertising you do for the same show. Be consistent.

Place your posters strategically to get the best exposure. Your customers are mostly women, so display the posters in places they will frequent regularly during the weeks before the show. Your

ART, CRAFTS, & GIFTS

SANTA'S WORKSHOP
Old Barker Middle School
(Barker Town Center across from Post Office)
Sunday, Nov. 21, 1993
Admission $1.00
For Further Information Please Call
(555) 555-5555

No one would fail to notice a big Santa Claus face on an ad, but the show information should be prominent as well.

poster campaign should include the town in which the show will be held, as well as other surrounding towns. Visit every store. The larger chain stores may not allow you to display your posters. Some have universal policies about displaying printed matter. Some will allow them only for events held in their town. Other will display posters only for events associated with charity organizations and nonprofit groups. But it never hurts to ask. Be sure to take along a roll of tape.

FLYERS

Show flyers go where posters cannot. They contain the same information and basic format as your posters but are a little smaller, usually printed or photocopied on 8½-by-11-inch colored paper. If you are producing a show at a school, ask for permission to distribute your flyers throughout the school, hand them out to the children to take home, or post them in the teachers' lounge. This works especially well if you are having the show in conjunction with a school committee, such as the PTO. Flyers also work well as an insert in local publications sent to town residents.

Do *not* put your flyers on cars in parking lots. Most of these are simply tossed to the ground when the car owners return from the store. They are a nuisance, and littering a parking lot will not endear you to anyone. Don't staple them to telephone poles, either. This is illegal and you may be charged a fine.

Flyers are a handy form of supplemental advertising, but they will not work alone. Their function is to augment an already active advertising campaign.

CUSTOMER INVITATIONS

Printed customer invitations are expensive to produce but look special. Print them on card stock, then simply fold each invitation in half, address it, and mail it. The text should be cheery and cordial.

You can also print postcard-size invitations on brightly colored card stock (neon colors would work well for this). These would be less expensive to mail, and the color would make them stand out from the other pieces of mail your customers receive. Check with the post office regarding size regulations for your postcards. Make them the largest size possible, but not so large that you will have to pay the regular postal rate.

SIGNS
Large Show Signs

Place very large show signs at the show site and, if you are allowed, at a few major intersections. You can use heavy wooden signs or the

You are invited to ...

"SANTA'S WORKSHOP"

A unique display of Holiday Gifts & Crafts at:

West Fairlane Shopping Mall
West Fairlane, NY

Mall | I-71

I-44

December 9, 10, 11, 1996
Friday & Saturday 9AM to 9PM
Sunday 9AM to 6PM

FALL & CHRISTMAS FLORALS ❈ ARRANGEMENTS
CENTERPIECES ❈ WREATHS ❈ WALL DECORATIONS
GIFTS ❈ ORIGINAL DESIGN JEWELRY ❈ CHILDREN'S ITEMS
CERAMICS ❈ ORIGINAL HOLIDAY DECORATIONS ❈ BASKETS
FABULOUS CHRISTMAS ORNAMENTS AND TREE SKIRTS
AND MUCH, MUCH MORE!

Come celebrate with us and get into the holiday spirit!   ***SANTA CLAUS*** will be there!

For more information, call: ***CRAFTS SHOW PRODUCTIONS***
(818) 543-3914

You can print two invitations per sheet of 8½-by-11-inch card stock. Have your return address printed halfway down the other side of each invitation, and when you fold it, it's ready to send.

vinyl banner type. Large wooden signs are cumbersome and you might have some trouble fitting them into your car. I prefer 3-by-16-foot banners. They are lightweight and easy to carry, roll up for easy storage, are washable, and are available in vibrant colors. You can remove and replace the vinyl lettering yourself. If you buy vinyl banners and not the paper or nylon ones, you will have them for years to come. They are a good investment.

Banners are usually stretched between two posts that must be pounded well into the ground. If you are in a location where there is no soft earth, this could be a problem, unless you can hang them across a fence, a doorway, or a parking garage (for a mall show). At the show site, your sign should have the name of the show, days, dates, and times. Your other signs should also include the location of the show.

Directional Signs

Your day-of-show directional signs are much smaller, about 8½ by 11 inches. They are simple arrow signs directing customers and crafters to the show site. Their message should be limited. Most people will be driving, so they won't be able to read too much. The lettering should be large enough to be read at a distance. Place them at eye level or slightly lower. The signs should simply say, "Crafts Show," give the hours, and include directional arrows.

If you have done effective advertising, this will be all that you'll need to remind people of your show and direct them to the event.

You will also be surprised at how may drive-by customers you'll get just from your directional signs. I have done many surveys, and my customers have often told me, "I saw your ad in the newspaper, but then I forgot about the show until I saw the signs." Reinforce the message. Remind them to come.

Your directional signs can be made from paper, card stock, vinyl, or corrugated vinyl board. Make sure that the ink is permanent and will not run. Corrugated vinyl board with vinyl lettering (available at any sign shop) is the best because it is reusable, sturdy, and rigid. It's also more expensive—about $10 each—but it's well worth the expense.

Make plenty of signs. You will need some pointing right, some pointing left, and some pointing straight ahead. You should begin posting them at the point where those attending the show will get off the nearest highway—at the end of the exit ramp—and continue placing signs at every major intersection right up to the show site. To estimate how many signs you will need, think of all the possible routes people might take on their way to your show, and make note of every turn.

Post directional signs the night before the show, when traffic is minimal. Remove them immediately after the show.

RADIO ADVERTISING

Paying for radio coverage, even by a small local station, is a very expensive way to advertise. One thirty-second ad spot can cost $60 or more. Do not pay for radio ad spots unless you have a large advertising budget. They can be effective, but there are much less expensive ways to advertise.

You may, however, be able to get some free radio coverage by writing a public service announcement and distributing it to local and college radio stations. Find out the name of the commentator or deejay who is on the air at the time you would like your press release to be read. Address the correspondence directly to him. Often the deejay will mention the show a few times if there are gaps in the programming and he needs something to fill in. Public service announcements are prepared differently than press releases. They should be brief (just a few lines), easy to read, double-spaced, and printed in capital letters.

TV ADVERTISING

You can make your own TV commercials. Perhaps you won't shoot the actual footage yourself, but you can hire your local cable company to produce a commercial that meets your specifications. A good TV commercial might start off with pictures of different crafts while the announcer tells about the show and expounds on the creativity of the artisans involved. The final picture might be of the building where the show will be held, with the show details super-imposed across the building.

My local cable TV company charged only $250 to make such a commercial. But that was just for the videotape itself. Air time costs $15 per thirty-second spot. The cable company gave me prime-time coverage, during then-popular shows such as "L.A. Law" and "China Beach." If you advertise on TV, request a channel that will be viewed by your target market—women in their twenties to fifties.

But cable TV advertising is segmented, as each cable company has its own viewing area. Since I dealt with my local cable company, my commercial aired only in those towns serviced by that company. But once you have a TV ad produced, you are the owner of the videotape. You can then take that same commercial tape to other cable companies and buy air time from them using the same video. Most cable companies offer a discounted contract similar to that offered by the newspapers—the more air time you buy, the greater the discount.

Some of the local public access stations may print your press release information on the channel that features their scrolling local calendar of events. This is the most you can hope for in the way of free TV advertising. But since the public access station is not for private use, the listings are usually limited to events sponsored by nonprofit groups, so your event likely will not qualify unless it is affiliated with a nonprofit group.

Newspaper coverage, radio and TV ads, posters, flyers, and banners all work together to get the message across. If someone sees your ads on TV, hears about the show on the radio, and then reads about it in the newspaper, she will not forget about it. Your original message will be reinforced. And constant reminders are what you need to bring in the crowds. In today's busy society, people have much more important things to remember than a crafts show. Don't just tell them once—tell them over and over again so that they can't forget.

❖ CHAPTER 12 ❖

Ambience

Having a room full of crafters and customers may make a show successful, but it doesn't necessarily make it memorable. You also need to create ambience. One way to do this is to give your show a title and theme and to build on these in all your promotion and advertising.

THEME

Planning your show around a theme adds interest and helps people to remember the show. Your theme may also offer you the opportunity to add other revenue-producing features. If you are creative and make the most of your theme, you will make the most of your show.

Following are some suggestions for themes. Simply add "crafts," "fine arts," or "arts and crafts," and you will have your show title.

Valentine's Day	Jewelry and Crafts Show
Irish Eyes Are Smiling	Daffodil Festival
Ides of March	Spring Flower Show
Spring Fling	April Showers
Arts and Crafts in Bloom	Easter Parade of Crafts
Meet the Easter Bunny Festival	Apple Blossom Festival
Unique Boutique	Mother's Day

Memorial Day
Country Peddler
I Love Paris
Folk Art Showcase
Independence Day
Lazy Days of Summer
Harvest Festival
Fall Crafts Spectacular
Craftsmen's Christmas
Trim-a-Tree

Strawberry Festival
Victorian Sampler
Mexican Fiesta
Festival of the Arts
Christmas in July (or August)
Labor Day
Pumpkin Festival
Yuletide Festival
Snow Festival
Country Christmas

You can use a specialty theme to showcase certain types of crafts, such as jewelry, flowers, or pottery. If you have a strong crafter mailing list with heavy listings in certain categories, you might consider producing a specialty show. In such a show, one type of craft should predominate, but you should include others for variety. It's good if they are somehow linked to the theme. For example, if you are having a flower show, also include ceramic flowerpots and garden accessories. Before you plan a specialty crafts show, make sure you have enough crafters on your mailing list who would be able to participate in that show. If you don't, make sure it's a large enough category that you will be able to find sufficient crafters. Wood, floral, jewelry, and fabric crafts all are large categories that lend themselves nicely to specialized shows.

TITLE

Once you have decided on a theme, you need to give your show a title. If you are producing a show that has been held before, prefix your show title with that information. The 14th Annual Christmas Country Peddler Show will notify crafters that the show has been held for the past thirteen years. Presumably, it has been successful, or you would not still be producing it.

If this is a new show, do not call it the 1st Annual, or even the 2nd Annual. Wait until the show is in its fifth year before attaching a number to the title. Advertising that your show is new may discourage some crafters from trying it.

Fair, festival, show, market, exposition, expo, boutique, and sale are acceptable titles but carry slightly different connotations. Festival, for example, brings to mind balloons and other festivities. Boutique has a feel of exclusivity, something smaller and very special. Decide which title would best suit your show. Don't exaggerate by giving your show some glorious name it will not be able to live up to, but don't diminish it either by giving it too simple a title. If you hold the same show the next year, use the same title and theme to establish continuity.

ATMOSPHERE

Create atmosphere around your show's theme to give the crafters and customers something they will remember. It will draw them back the next year.

At an I Love Paris show I produced, a mime and a juggler entertained the customers while a French singer walked through the crowds singing native songs. A Strawberry Festival was held at a local orchard that featured pick-your-own strawberries. The orchard owner set up a tent of her own and sold strawberry shortcake. There was also a petting zoo on the premises, and I arranged with a local horse farm to give pony rides. The farm paid a flat fee and charged the customers for their children's rides. These two activities kept the children busy while their mothers shopped. Everyone had a good time.

These themes and features added flair and excitement to the shows and brought in more customers than would have otherwise attended. The added attractions in no way competed with the crafters and greatly enhanced the presentation and outcome of the show.

MUSIC

Nothing helps add ambience to a show better than good music. Keep it light and happy. If possible, use music that fits the theme of your show. If not, use familiar classical music. You don't need a band or orchestra to create a festive theme, but if you want to have live music, you can get it inexpensively.

For a Mexican Fiesta, I borrowed a mariachi band from a local Mexican restaurant. The musicians strolled through the crowds strumming and singing.

At an outdoor Country Jamboree Crafts Show, a local band played country music. The band cost only $300 and played almost all day. To find a band for this event, I contacted a local country music newspaper, placed an ad for a band, and received quite a few audiotapes. Then I listened to the tapes and selected the best band within our price range.

If you can't afford live entertainment, there are other ways to provide music. If the show site has a public-address system, you can use that to broadcast soft music. If it doesn't, you can use portable tape players throughout the show area. It will be difficult to keep these in sync, so space them far enough apart that they don't compete.

DECORATIONS

It's good to enhance your show with decorations related to your theme, although you should not go overboard. It may be difficult to decorate an outdoor show that is spread over a large area, but you can do a lot for an indoor show. The decorations should be subtle and tasteful. Don't plaster the walls with holiday signs from your local card shop. This is not the kind of atmosphere you want. Try to think of something unique.

You might also want to have all show workers, including yourself, dress for the theme. If it's a St. Patrick's Day show, have everyone wear green. At the Country Jamboree Crafts Show, everyone wore western hats and red bandannas. You can even request that your exhibitors do the same. Not all will comply, but enough will come dressed for the event to add a little more fun to your show.

There is much you can do to enhance your show without spending tons of money. These little touches will get your customers and exhibitors in the spirit to buy and sell, and they will want to come back next year. You will have provided them with a memorable experience.

❖ CHAPTER 13 ❖

Problems You May Encounter

As a show producer, you are bound to encounter problems, but don't let them throw you. Remember that you are a professional, and handle them as quickly and tactfully as you can.

BAD CHECKS
Since most of your crafters will pay for their show spaces by check, you may occasionally have one returned for insufficient funds. Sometimes it is a simple error on the part of the crafter. Other times, the crafter may have tried some "creative accounting" that didn't work. Very rarely will the amount of the bad check not be recovered.

If a check is returned for insufficient funds, call the crafter immediately. This is an embarrassing situation, so be gentle. If she is not home, leave a nice message on her answering machine asking her to return your call. Ask the crafter to send a *money order* immediately to replace the bad check. The amount she sends you should be increased by the amount your bank charged you for the returned check. Return the bad check to the crafter when the replacement is received.

In most cases, crafters will make good on bad checks. They do not want a bad reputation. If a crafter does not respond to your first request, call again and be a little more firm. Give her a deadline after which you will fill her spot with another crafter.

If a crafter applies less than four weeks before the show date, require that the entry fee be paid by *money order* or *bank check*. Unfortunately, there are cases in which a crafter will apply late to a show, send a check, and participate in the show, and then, a week after the show, the check is returned for insufficient funds.

Another word of caution: Never tell a crafter that she can pay you the day of the show, even if she offers to pay cash. All of your show entry receipts should be received, deposited, and cleared by the bank long before the day of the show. You will not have time to keep track of those who haven't paid on the day of the show, and it is unprofessional to go around collecting money when you should be doing other things.

CRAFTER CANCELLATIONS

Crafters occasionally call to cancel their show contracts. There may be a good reason for cancellation, or it may be that they have been accepted at another show (though they won't tell you that). You must decide on your own cancellation policy, but keep in mind that if crafters stand to forfeit their show fees, it will discourage cancellations.

Sometimes the crafter calling to cancel will be one of your regulars—someone who has participated in many of your shows and whom you usually can count on—and a family emergency or other crisis has arisen that will keep her from participating. It is up to you how you handle such a situation. If you are not in a position to refund the entry fee, you may offer her participation in another of your shows in its place. Even if the crafter cannot accept for some reason, the gesture will be appreciated. Don't do this too often, though, or you will wind up with crafters constantly asking to switch shows. In most cases you should stick to whatever ground rules you have laid. Don't bend the rules too often. The exhibitor signed a contract and is bound by that contract.

MISREPRESENTED PRODUCTS

Sometimes an exhibitor will have misrepresented the products she will be selling at your show or may claim they are handmade when they are really mass-produced. This is not acceptable.

Some promoters make a great show of throwing out the vendor with the misrepresented product—mostly for the benefit of the other crafters. I have even heard of show producers having the police or show security guards escort the offender from the show grounds. An unpleasant scene is the last thing you want at one of your shows.

If a crafter comes to a show with a product that has been misrepresented, make it perfectly clear to that crafter that her product is unacceptable and that you know that she has lied to you. Never let her assume that because you don't throw her out, you don't know what she was up to. Also make it perfectly clear that she will not be accepted at any future shows you may produce. Some exhibitors will pack up at this point and leave of their own accord. Most will stay anyway.

Other crafters may become upset that an exhibitor with uncrafted products was allowed to stay. Tell them that although you agree with them, you are not willing to resort to force or to disrupt your show to have the offender removed. It is often hard to tell from photographs whether something really is handmade. Until you actually see the products, you can only take the exhibitors at their words. Apologize to the other crafters and assure them that this exhibitor will not be at any future shows. Her name will be taken off your mailing list. It is an honest answer and one that most reasonable crafters will accept.

Occasionally a crafter may accuse another crafter of selling manufactured goods. You cannot always validate this. The accused crafter may say that she handmade everything in her booth. But the accuser insists that she saw the same items in a crafts catalog. In such a case, tell the accuser that if she can show you (or send you later) a copy of the catalog in question, you will not allow the other crafter at future shows. But you will not accuse without proof.

These cases are rare, but they do happen. It is important to be prepared with an intelligent solution and reasonable answer.

SHOW CANCELLATION

For whatever reason—a hurricane, a blizzard, a fire at the show site—you may at some time be forced to cancel a show. Your policy should be clearly in place before the disaster occurs.

Canceling a crafts show should be done only as a last resort. Your crafters are depending on sales from your show to pay their mortgages, buy raw materials, and meet living expenses. If at all reasonably possible, the show must go on.

If weather conditions are severe, however, you will have no choice but to cancel. You should not risk injury to your crafters or have them travel to a show that will have no customers and no sales. At an outdoor show, the crafters could also sustain damage to their products, displays, and equipment.

If you have to cancel a show, do it as early as possible. Though you cannot predict the weather, you will find yourself tracking an incoming storm with as much diligence as any weatherman. I have risen at 4 A.M. to watch early forecasts on the TV weather channel while at the same time listening to another weather forecast on the radio. If the prognosis is grim, cancel your show.

If you do cancel a show, it is your responsibility to call each exhibitor. Don't wait too long—many crafters leave their homes two or more hours before the show set-up time. If there is no chance that the weather will improve, call them the night before. If the weather is still unpredictable then, wait until you have a more accurate forecast, and call them by 6 A.M. the day of the show. Unfortunately, some crafters may have arrived in the show area the night before and will be staying at hotels and motels. There is nothing you can do about them unless you know where they are staying.

If you have not been able to contact all of your crafters to advise them of a cancellation, go to the show site early so that you can let them know of the cancellation before they begin to unload their vehicles.

Since advertising, postage, promotions, and other expenses have already been incurred, your policy should be that there will be no refund to the crafters. Crafters understand this. You may, however, want to offer them a reduced rate at another of your shows that year. This is a nice gesture, and it gives the crafters a chance to recoup the money lost on the canceled show. You need not worry that a show offered at a discount will be filled with only nonpaying or low-paying crafters. Not all of the crafters will be able to accept your offer. Many will have already booked other shows on those dates. If this is the only show you are producing and it has been canceled, you might want to offer the exhibitors first preference at next year's show. That is all you can do.

If the show is canceled for any reason other than weather or a natural disaster, you will probably have to refund the crafters' entry fees if you cannot offer them another alternative that they will accept.

Some show promoters carry cancellation insurance. Ask your insurance agent about this type of coverage. If you produce many large shows, the policy would probably pay for itself with the first show cancellation.

For the most part, offering a rain date or rescheduling a canceled show just does not work. It will be difficult, almost impossible, to accommodate all or even most of the crafters involved. And if you can't accommodate the majority, there will be hard feelings. It is better to cut your losses and move on. So don't offer rain dates and don't offer to reschedule a canceled show.

PERSONALITIES

As in any situation where you are organizing a large group of people, some problems may arise. A crafter may be unhappy with the space assigned. One crafter may believe another is selling manufactured goods. Or a crafter may think there are too many crafts in the same category at the show. There will always be something to complain about. It is up to the producer to see that the exhibitors have very little reason to complain. If you are faced with an unreasonable complaint, handle it diplomatically but firmly.

At one show I produced, a wooden toy maker complained vehemently about his space location. I was surprised, because I take several hours to create my floor plan and try to take into account all of my crafters' needs. In this case, I had positioned the crafter across from the pony rides and the petting zoo (children's events), next to the food concession (always a busy area), on a corner (to give him more flexibility) at the front of the show. What better position could he have had at the show? I had done my best to position him fairly. But he was not happy.

If I had gotten upset or defensive, we would have had two unhappy people and nothing would have been resolved. Instead, I smiled at him and said, "Mike, I'm surprised at you! This is why I placed you here . . ." After I pointed out all the advantages of his location, he had to agree with me and admitted that he hadn't thought of those things.

One of the most competitive categories at crafts shows is jewelry. You will minimize complaints if you choose your jewelry vendors wisely, limit their number, and make sure each product line is very different from the others. When preparing your floor plan, separate the jewelry vendors more carefully than you would any other type of product line. *Never* put two jewelry vendors next to each other.

At one show, a jewelry vendor complained that there were too many jewelry vendors and thus too much competition at the show. There were four jewelers in a show of sixty-four crafters. If the vendors had even vaguely similar product lines, I might have agreed with her. But one made paper jewelry, another made earrings from clear crystals, the third made whimsical dough art necklaces and bracelets, and the complaining jeweler sold sterling and semi-precious stone jewelry. To me, these were all very different, each appealing to a different customer, so this was not a reasonable complaint. Tactfully, I explained my thinking. The complaining jeweler didn't exactly agree, but she could hardly argue.

At another show, I arrived to find a crafter half set up in another crafter's space. The offending crafter had been the last to apply to the show, so she had been given the last spot at the show. Clearly, she had other ideas. The spot she took was reserved for another crafter who had applied much earlier. I explained this to her and said that we would be happy to help her move to her designated spot, which we did.

After the show, she demanded a refund for this show and for another show that she had applied to. I told her as nicely as I could (though this was getting difficult) that I would not refund for a show in which she had already participated but would gladly refund for the other show.

As a promoter, you want your shows to run as smoothly as possible with as little confrontation as possible. It was in my best interest to refund this crafter and then remove her name from my mailing list. You will have enough problems without inviting crafters you already know to be unreasonable or unpleasant.

If you can smooth over a delicate situation, do so. Be flexible if you can, but stand by your principles. If you have been fair, you have no need to worry. And if you are wrong, by all means apologize. Though an unhappy crafter may complain to other crafters, eventually the exhibitors will see where the problem really lies.

CHILDREN

Occasionally, a crafter will bring her children to a show. Make it clear from the outset that the children must not in any way be a nuisance to customers or other crafters. A crafts show is a place of business, and the crafter is responsible for her children and their behavior.

Sometimes a customer's children will cause a problem at a show. People just don't seem to watch over their children like they used to. I have seen customers' children shake shelving units of breakable items while the mothers stood by and watched.

Do not let this happen to your crafters. You are their protector. If you see a customer's child doing something unacceptable, it is your responsibility to say something. Be tactful, but get the message across.

FRIENDSHIPS WITH CRAFTERS

As you produce more shows, some crafters will become more than just names on applications. They will participate in several of your shows, you will get to know them and like them, and a relationship will develop.

This can lead to some delicate situations. Always remember that you are running a business. Occasionally these friends may ask for special favors. Be flexible but fair, and do not let yourself be taken advantage of.

At a recent show, two of the applicants were special friends of mine. I had known them for a long time. One had recently had a major family tragedy and hadn't had time to send in her application. She called, apologizing, and said that she would mail the check and application that day. She sounded so stressed. Not wanting to add to her burden, I told her not to worry, that she could bring everything the day of the show. (I broke one of my most stringent rules!) I *knew* she was coming and would be glad to see her. I saved her a special corner spot, first in line, at the front of the show. I knew she was experiencing hard times and wanted her to get the most out of the show. But she never arrived, and there I was, left at the last minute with a highly visible gap in my show line.

And that second exhibitor, my other friend, arrived almost two hours late for the show. She had overslept.

So a word to the wise: This is a *business*. Make your rules and stick to them. Make exceptions only with discretion and a good deal of thought. Be a good friend, but not *too* good.

CHAPTER 14

After the Show

Your job is not finished when the customers have gone. There is still much to do to close the show and set the stage for next year's event.

CLEANING UP

Unless the facility where you have produced your show also provides a cleanup service, you, the show promoter, are responsible for leaving the show area neat and clean. Make sure trash cans are available, and ask your exhibitors to clean up their own show spaces before they leave. Most will; some will not. It is ultimately your responsibility, so make sure that no trash is left on the floor or on the grounds. Pick up all litter and remove every piece of tape you used to mark your spaces. Sweep the floor if there is no maintenance service to do this. Then, when you apply to produce another show at the same location, you will be welcomed back.

Also take down your show signs and posters after the show. Do not wait until the next day to do this. You don't have to remove posters that you placed in local stores, but you do have to take down your road signs, large show banners, and any other signs you displayed outdoors.

POSTSHOW PUBLICITY

Show publicity does not end once the show is over. If you did a good job on your preshow publicity, you may have generated sufficient interest that a local newspaper sent a reporter to visit the show, take a few pictures, and interview you or some of your exhibitors. Now follow up with the newspaper to ensure that the article is published.

To make sure your event is recorded, take your own photographs of your crafters, the customers, children, a few panoramic show scenes, and something cute that took place at the show, such as a child hugging a teddy bear or sitting on Santa's lap. After the show, send your best photos and a well-written, brief article to the local newspapers within the show area.

People who didn't attend your show—both crafters and customers—will get an idea of what they missed, and crafters who didn't apply this year may contact you for applications for next year's show. Potential customers may also remember the show the next year and attend. And if the local newspaper didn't send its own photographer this year, it may do so next year after viewing your photos.

Do additional postshow publicity by telling others about the show and how well it turned out. Be honest; don't boast too much. At the next show you produce, mention the previous show's success to exhibitors so that they will keep it in mind for next year.

CUSTOMER COMMENTS AND CRAFTER EVALUATIONS

You undoubtedly will hear comments and observations about your show after it is over. Take all of these in stride. You can learn much from them.

Word of mouth is a powerful advertising tool. If you produced a quality show, you will probably hear about it for quite a while after the show took place, especially if the show was held in the area in which you live. I remember picking up my daughter and one of her friends from school one day, and my daughter's friend told me that her mom had gone to my crafts show the pervious week. "She said it was the most beautiful show she'd ever been to." Well, that comment certainly made my day—and probably my whole week! It's one thing to feel that you did your best, but quite another to receive accolades from others. And this girl's mother likely told other people about the show as well. Though customer word of mouth may help your show *this* year, you may be surprised at the increase in customer attendance *next* year.

Crafters have their own way of rating a show. Many crafts show listing publications offer show evaluation survey forms for crafters to complete after they participate in a show. These are not automatically sent to the crafters; they must be requested by the show promoter. The results of these surveys are printed in the listing publications a few months after the show.

The surveys give the participating crafters the opportunity to tell other crafters what they liked and didn't like about a particular show. Contact the show-listing publication that covers your show area and ask for these forms. Distribute them to participating crafters at each of your shows. The publisher usually requests that the forms be mailed by the crafters themselves, but crafters often forget to do so. It's better if you collect them after the show and return them to the publisher yourself. Then there will be no delay, and surveys from all crafters who participated will be submitted. In my experience, the complainers are always the first to respond to these surveys. If you leave it to the crafters to return these forms, the publisher might hear only from the disgruntled (and there are always a few) and not from the many crafters who were happy with the show.

The questions in these evaluation surveys vary slightly from one show-listing publisher to another, but the basic content is the same. The crafters are first asked to evaluate your show in terms of sales. Then they may be asked about the general organization of the show, timely response to any inquiries or correspondence, show layout and location, advertising and signs, quality control, and customer attendance. A final section is reserved for exhibitor comments.

If you had a successful show and the exhibitors were happy with their sales, they will write nice things about you and your show. This will likely result in your receiving more applications for the next year's event. If the show was just OK and the evaluations contain no damaging comments, that is fine too. You will do better next year. But if there are several surveys with negative comments, you may be in trouble. You can't afford too many negative surveys for too many shows, or you will be out of business.

Read each survey carefully. Though no names will be given, you usually will know who wrote them if you were paying attention at your show. Evaluate each comment. Is it justified? Be objective. Use the constructive criticisms to improve future shows.

Understand that the survey results are heavily slanted in favor of the crafters. What they say is not disputed; it is just published. A crafter could make a totally untrue statement, and there's nothing you could do about it. The show producer has no chance to refute anything that's said.

SCHEDULING THE SAME SHOW FOR NEXT YEAR
As soon as your show is over, start planning next year's event. Did the show site work well, or should you find another location for next year? Was it a good time to hold this show, or should you reschedule next year's show for another time? Will the site be available when you want it next year?

During the show, make notes of things you'd like to do differently next year, and ask for opinions from your exhibitors as well. Review these notes immediately after the show. If you wait, you may forget some important details.

If the show was successful, put in your bid for next year's show at the same site. Keep copies of local newspapers dated the weeks before and after your show in your show file. If there were any major local events held the weekend before or after your show, check on their scheduled dates for next year before scheduling your show. Otherwise, your event might face stiff competition next year.

ORGANIZING THE INFORMATION

File all information, applications, notes, copies of advertising—everything about the show—in one place. I usually put everything in a binder or folder and label it with the event name, date, and year for easy reference.

Reevaluate your show forecast sheet, comparing the actual figures with the projected numbers. How accurate were you in projecting the financial outcome of the show? If you were too optimistic and your actual figures fell short of your expectations, you may need to look again at the forecasts for future shows in light of this new information. Try to determine the reason for the miscalculation to avoid the same problem with future shows. If you made more money than you anticipated, give yourself a pat on the back.

CHAPTER 15

Producing Other Types of Shows

The basic formula for producing shows can be applied to almost any type of consumer or trade show. Crafts shows represent only a percentage of the different events that are produced. Crafts shows are fun to produce, but if you have interests or expertise in other areas, consider incorporating them into a show theme.

The crafts show arena at present is crowded, with the most customer and crafter attention being drawn to those shows that have established a solid reputation of success. This is not to say that you couldn't produce a very successful crafts show. But there are other possibilities you may not have even thought of.

DECIDING ON A SPECIAL-INTEREST THEME

The key to finding the right type of show to produce lies in identifying a need, an interest, or a gap in the relationship between an industry and its buyers.

While producing crafts shows, I often receive calls from Tupperware, Mary Kay, and other direct-selling representatives who are interested in participating in my shows. "Why would they want to participate in a *crafts* show?" I asked myself. The answer soon followed: "Because they need more public exposure than they are currently receiving and they don't know how to get it."

At home parties, where most of these vendors sell, there are only about ten guests present on average. The vendor spends several hours demonstrating her products to just those ten people. What if she could reach more people at one time?

With that thought in mind, I researched the direct-selling industry, assembled a mailing list of companies in that industry, contacted them for the names of their local representatives, and produced what I called the Home Party Show. I identified an industry that needed more exposure and provided them with that exposure. They had the products to sell, but they needed to be put in contact with customers.

I produced several of these Home Party Shows in an indoor mall where there was sure to be customer traffic. I determined that the customers who would be interested in my crafts shows were likely the very same customers who would be interested in purchasing the products the direct-selling companies had to offer. Most of the direct-selling industry's products are geared toward women— nutritional, beauty, health-care, home-care, and cooking products. Crafts customers are mostly women as well. The same market; different products.

I had identified a need and targeted the customers who would be interested in attending such a show. This is the basic formula for producing any type of show: You link together the sellers and the appropriate buyers.

Coming up with an interesting special-interest show theme is simply a matter of combining related products. Often you can use a percentage of products made by crafters on your crafts show mailing list, and add to it new, used, and antique products in the same category.

Analyzing a show's potential and possible customer interest and finding vendors always takes some time. To find vendors for special-interest shows, check the following resources: local and big city newspapers; industry and interest-specific magazines; other shows and fairs for the same industry; antiques shows, flea markets, and crafts fairs; and the local library, for general information.

CONSUMER SHOWS

A *consumer show* is any show where the general public is invited as the customer. The products are sold at the retail level, and sales tax is charged and collected where applicable. A crafts show is one type of consumer show; it is produced so that the general public can come and buy products. A *trade show,* on the other hand, is an event in which businesses sell wholesale to other businesses.

The consumer market is vast and varied. Following are some types of special-interest consumer shows you could produce, the kinds of products you might include, and how to find vendors for these shows.

Home Party Show

There are sure to be Avon ladies, Mary Kay representatives, and Tupperware and Discovery Toys salespeople in your area—you probably know a few! To get the names of representatives in your area to invite to your show, call the companies directly. Another of my books, "The Selling from Home Sourcebook," published by F&W Publications, lists more than one hundred of these companies. It contains detailed information on each company, including addresses, phone numbers, and descriptions of product lines.

Model, Hobby, and Toy Show

These shows can be lots of fun, with products ranging from balsa wood airplanes and kits to more sophisticated radio-controlled cars, planes, and boats. Get your local hobby and toy shops to exhibit their products and introduce themselves to the community. Ask them to demonstrate some of their products. Hold contests for the best completed model in each category. There are many publications that cater to this industry; scan the magazine section of your local bookstore. You can combine antiques, handcrafted items, and manufactured products. Vendors can be found at flea markets, car swap meets, antiques shows, and crafts shows. The model and hobby audience would mostly consist of boys and men. If you also include toys, both old and new, you will draw women too.

Teddy Bear Show
Teddy bears are always popular. Collectors love them. Women and children love them. There are even magazines devoted to teddy bears and collecting them. Include antique, new, used, and handmade bears, as well as bear clothing and furniture.

Doll Show
Doll shows are very popular with women, children, and collectors. Skim through doll magazines for the names of dealers in your state. Many crafters make dolls; visit crafts shows to find them. Antique doll dealers can be found at flea markets. Also include dollhouses, furniture, clothing, doll hospitals, and other doll-related products and services.

Antiques and Collectibles Show
From Hummels to Disney memorabilia, antiques and collectibles make for a popular show. Just make sure there are no major flea markets or antiques shows being held on the date you choose for your show.

Art Show
Art shows are another popular type of show. Art can range from oil or watercolor paintings to pen-and-ink drawings on stationery. Many of the talented people on your crafter mailing list will be artists. Also contact local art guilds (check with the chambers of commerce in neighboring towns) for their mailing lists.

Flower or Garden Show
A flower or garden show is a great theme for an outdoor spring show. Include floral and floral accessory crafters—flowerpots,

ceramic planters, bonsai plants, and so forth. You could also consider inviting representatives of local garden centers and nurseries. Landscaping products and services may also be included, as well as lawn furniture, barbecue equipment, and other outdoor accessories. Nonprofit groups might consider selling seasonal potted plants and flowers.

Gem and Mineral Show

Gems and minerals have always been popular. Your show can include rocks, crystals, jewelry-making products, and crafters with finished gem jewelry. Visit other crafts and gem and mineral shows, look for magazines on the subject, and consult a trade organization guide at your local library.

Antique Car and Parts Swap Meet

Such shows are especially popular with men and boys. Vendors can include anyone who sells cars or car-related products, accessories, memorabilia, or clothing. Try to cover a wide range of years, makes, and models. Check local papers for "cruise nights" and other car swap meets and car shows.

Camp Fair

A camp fair is a great indoor school event and works especially well during the early months of the year—January, February, and March—when other shows might not be as successful. Check major magazines and the Sunday edition of major city newspapers for camp names and information. In addition to camp representatives, also include camper supply vendors, such as Army-Navy stores and camping equipment stores.

Inventors Show

There are more inventors out there than you realize. Use classified ads or a display ad in your nearest major city newspaper to advertise for them. Offer monetary prizes for the best inventions—first, second, and third place. The public would love to come, buy, and browse. Invite representatives from local major companies as "guest" customers.

Home Show or Home-Improvement Show
A home show can include remodeling, construction, interior decorating, furniture, water treatment systems, vacuums, other household equipment, kitchen accessories, and more. Invite local merchants and contractors. Many directing-selling companies sell these products as well.

Children's After-School Program Fair
Invite local ballet studios, music teachers, drum corps and band recruiters, gymnastics programs, and sports organizations to participate. Such an event would give them valuable exposure. If yours is a school organization, you already have the perfect customer base for this kind of production.

College Fair
Invite nearby colleges to participate in a college fair. Colleges within your state will be the most likely to attend, but you should also invite colleges from surrounding states. Invite students and parents from all nearby high schools to attend the event.

Local Business Fair
Host a business fair in which local businesses and services show the public what they have to offer: how they can help manage finances, clean carpets, redecorate bedrooms. Read the ads in your local newspapers, and invite those businesses and services that you think will interest a wide variety of customers.

Furniture and Wood Products Show
For a furniture and wood products show, you could find most of your vendors at crafts shows. Also include related services, such as furniture refinishers, kitchen cabinet makers, and home remodelers.

This is just a sampling of the possibilities. Take a trip to your local newsstand or bookstore and browse through the magazine section. Special-interest publications abound. Find something that interests you. The research will be more fun that way. Use your interest as a theme for producing a show.

Show producing is as much a matter of organization and logic as anything else. It is a very enjoyable way to raise money for your organization, and if you are an independent show producer, you can certainly make a living producing shows.

Whatever type of show you choose to produce, I wish you the best of luck. You will meet many wonderful exhibitors selling a host of extraordinary products. Treat them well and fairly. They will be depending on you.

❖ INDEX ❖

El Sarcófago de los
Reyes Magos

EL SARCÓFAGO DE LOS REYES MAGOS

JAMES ROLLINS

Título original: *Map of Bones*

© 2005, Jim Czajkowski

© De la traducción: 2005, Marta Pino Moreno

Diseño de cubierta: Eduardo Ruiz
Imagen de cubierta: *Adoración de los magos* (detalle),
de Abrahan Bloemaert (Central Museum, Utrech)
Diseño de interiores: Raquel Cané

Primera edición: enero de 2006

ISBN: 84-96463-25-7
Depósito Legal: M-48.304-2005
Impreso en España por Fernández Ciudad S. L. (Madrid)
Printed in Spain

A Alexandra y Alexander,
para que en vuestra vida brilléis
como todas las estrellas.

Agradecimientos

Para escribir un libro de esta magnitud se han requerido múltiples apoyos: amigos, familiares, bibliotecarios, conservadores de museos, agentes de viaje, gente que lave los platos y cuidadores de mascotas. En primer lugar, quiero dar las gracias a Carolyn McCray, que marcó en rojo cada una de las páginas antes de que nadie las leyera, y a Steve Prey, por las ideas que plasmó en las ilustraciones aquí reproducidas. En segundo lugar, también debo mucho al numeroso grupo de amigos con quienes me reúno cada dos semanas en el restaurante Coco's: Judy Prey, Chris Crowe, Michael Gallowglas, David Murray, Dennis Grayson, Dave Meek, Royale Adams, Jane O'Riva, Dan Needles, Zach Watkins y Caroline Williams. Y por la ayuda brindada con las lenguas, deseo expresar mi más sincero agradecimiento a mi amiga canadiense Diane Daigle. También quiero dar las gracias a David Sylvian por su energía, apoyo y entusiasmo ilimitados, así como a Susan Tunis por su revisión de contenidos de todo tipo y condición. Por su inspiración en este relato, debo reconocer la influencia de los libros de sir Laurence Gardner y las investigaciones pioneras de David Hudson. Por último, quiero mencionar a cuatro personas a las que respeto tanto por su amistad como por su asesoramiento: mi editora, Lyssa Keusch, y su colega May Chen, así como mis agentes Russ Galen y Danny Baror. Y como siempre, debo recalcar, una vez más, que todos los errores de forma o contenido son responsabilidad exclusivamente mía.

La exactitud de todo relato de ficción es un reflejo de los hechos presentados. Por lo tanto, aunque la verdad sea a veces más extraña que la ficción, ésta debe tener siempre un fundamento real. Con este fin, todos los mapas, ilustraciones, reliquias, catacumbas y tesoros descritos en esta novela son reales. Asimismo, los datos históricos expuestos son veraces. Los aspectos científicos que subyacen en la novela se basan en investigaciones y descubrimientos actuales.

EL MEDITERRÁNEO

CIUDAD DEL VATICANO

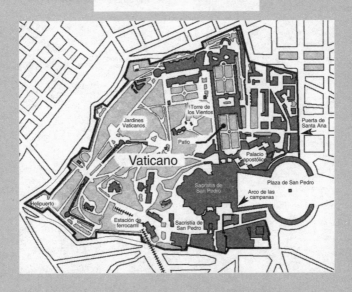

Las santas reliquias fueron concedidas a Rainald von Dassel, arzobispo de Colonia (1159-1167), tras el saqueo de Milán por el emperador Barbarroja. Se adjudicó el tesoro al arzobispo alemán por sus servicios al monarca al frente de la cancillería. No todos se alegraron de que el tesoro saliese de Italia, al menos sin resistencia.

De *L'histoire de la Sainte Empire Romaine* (*La historia del Santo Imperio Romano*), 1845, HISTORIES LITTÉRAIRES.

Prólogo

Marzo de 1162

Los hombres del arzobispo huyeron entre las sombras del valle. Detrás de ellos, en lo alto del paso invernal, relinchaban los caballos asaeteados, mordidos por las flechas. Los hombres vociferaban, chillaban, rugían. El tintineo del acero resonaba argénteo como las campanas de una capilla.

Pero ésta no era una obra de Dios.

«La retaguardia debe resistir».

Fray Joachim asía las riendas de su caballo mientras la montura se deslizaba sobre la grupa durante el descenso de la abrupta ladera. El carruaje cargado había llegado al fondo del valle sin percances. Pero faltaba todavía una legua para estar a salvo.

Si al menos consiguieran llegar allí…

Aferrado a las riendas, Joachim espoleó al animal renqueante hasta el fondo del valle. Chapoteó al vadear un arroyo helado y por un instante se arriesgó a volver la vista atrás.

Aunque se atisbaba ya la primavera, el invierno dominaba todavía las cumbres. Los picos resplandecían bajo la luz de poniente. La nieve reflejaba la luz, mientras una nube de escarcha se desprendía de las afiladas cumbres. Pero allí, en los sombríos desfiladeros, el deshielo había convertido el suelo boscoso en una ciénaga. A los caballos se les hundían las patas en el barro y corrían el riesgo de romperse un hueso a cada paso. Delante, el carruaje se atollaba casi hasta los ejes.

Joachim espoleó a la yegua para reunirse con los soldados en el carruaje.

Habían enganchado otro tronco de caballos al frente y los hombres empujaban desde atrás. Debían llegar al sendero que bordeaba la siguiente cadena montañosa.

—¡Ea! —gritó el cochero, restallando el látigo.

El caballo que iba al frente estiró la cabeza hacia atrás y luego empujó con fuerza el yugo. No ocurrió nada. Las cadenas se tensaron, los caballos bufaban con un hálito blanquecino en el aire gélido y los hombres proferían los juramentos más soeces.

Lenta, muy lentamente, el carruaje consiguió salir del fango con un chasquido de ventosa similar al de una herida abierta en el pecho. Pero al fin reanudó la marcha. La demora había costado sangre. Se oían los gemidos de los moribundos que habían quedado atrás, en el paso de montaña.

«La retaguardia debe resistir un poco más».

El carruaje prosiguió el ascenso. Los tres grandes sarcófagos de piedra que llevaban en su plataforma descubierta se deslizaban contra las cuerdas que los sostenían.

Si alguna se rompiera…

Fray Joachim llegó al carruaje cimbreante y el hermano Franz se acercó en su caballo.

—El sendero parece despejado —comentó.

—No podemos llevar las reliquias de vuelta a Roma. Tenemos que llegar a la frontera alemana.

Franz asintió, comprensivo. Las reliquias ya no estaban a salvo en suelo italiano, al menos mientras el Papa verdadero permaneciera exiliado en Francia y el falso continuara en Roma.

El carruaje ascendía más rápido, reafirmando su equilibrio a cada paso. Aun así, no avanzaba a más velocidad que un hombre a pie. Desde la grupa de su montura, Joachim contemplaba las montañas en lontananza.

El fragor de la batalla se atenuó, sólo leves gemidos y sollozos inquietantes resonaban por el valle. El chasquido de las espadas se aplacó por completo, señal inequívoca de la derrota de la retaguardia.

A Joachim le hubiese gustado ver lo que pasaba, pero la densa sombra cubría las cumbres. La enramada de pinos negros lo ocultaba todo.

Entonces el fraile divisó un destello plateado.

Una figura solitaria de armadura rutilante apareció entre los árboles, iluminada por una franja de luz solar.

A Joachim no le hizo falta ver el sello del dragón rojo en el peto del hombre para reconocer al teniente del Papa Negro. El profano sarraceno había adoptado el nombre cristiano de Fierabrás, a semejanza de uno de los paladines de Carlomagno. En estatura les sacaba una cabeza a todos sus hombres. Un auténtico gigante. Las suyas eran manos manchadas de sangre cristiana, más que las de ningún otro hombre. Pero, bautizado desde el año anterior, estaba del lado del cardenal Octavius, el Papa Negro que había tomado el nombre de Víctor IV.

Inmóvil al sol, Fierabrás no hizo el menor intento de persecución. Sabía que era demasiado tarde.

Finalmente el carruaje alcanzó la cima de la montaña y llegó al camino estriado y polvoriento que allí se iniciaba, desde el que podían avanzar a un ritmo más veloz. El territorio alemán distaba sólo una legua de aquel lugar. La emboscada del sarraceno había fracasado.

Un movimiento llamó la atención de Joachim.

Fierabrás desplegó desde su hombro un gran arco, negro como las sombras. Lentamente ajustó la flecha en la cuerda, apuntó, se inclinó hacia atrás y tensó al máximo.

Joachim frunció el ceño. «¿Qué esperaba ganar con una flecha emplumada?».

El arco se destensó y la flecha salió disparada en un recorrido elíptico sobre el valle, perdida por un instante sobre la cordillera bajo la intensa luz solar. Joachim escrutó los cielos, tenso. Entonces, silente como un halcón marino, la flecha se hizo añicos al golpear el sarcófago central.

De forma increíble, la tapa del sarcófago se resquebrajó con un estampido. Las cuerdas se rompieron en cuanto se partió el ataúd. Una vez sueltos, los tres sarcófagos se deslizaron hacia la parte trasera abierta del carruaje.

Los hombres echaron a correr, intentando evitar el impacto de las moles de piedra contra el suelo. Los sujetaron con las manos. El carruaje se detuvo, pero uno de los sarcófagos se inclinó demasiado y cayó encima de un soldado, al que rompió la pierna y la pelvis. El grito del pobre hombre perforó el aire.

Franz bajó de la silla y acudió enseguida. Ayudó a los hombres a levantar el sarcófago para socorrer al soldado y, sobre todo, para cargarlo de nuevo en el carruaje.

Consiguieron liberar al soldado, pero el féretro pesaba demasiado para subirlo de nuevo al carromato.

—¡Cuerdas! —gritó Franz—. ¡Necesitamos cuerdas!

Uno de los porteadores resbaló. El sarcófago volvió a caer a su lado, y la tapa se abrió.

A sus espaldas, por el sendero, se oyó un ruido de cascos, cada vez más próximo. Joachim se volvió, consciente de lo que se iba a encontrar. Unos caballos, sudorosos y refulgentes al sol, se disponían a embestirles. Aunque estaban todavía a un cuarto de legua de distancia, se podía apreciar que todos los caballeros iban vestidos de negro. Más hombres del sarraceno. Era una segunda emboscada.

Joachim no se movió del caballo. No había escapatoria.

Franz dio un grito de asombro, no por la delicada situación en que estaban inmersos, sino por el contenido del sarcófago abierto. O, mejor dicho, la *inexistencia* de contenido.

—¡Vacío! —exclamó el joven fraile—. Está vacío.

Impresionado, se puso en pie y se subió a la plataforma del carruaje para contemplar de cerca el ataúd resquebrajado por la flecha del sarraceno.

—Nada una vez más —dijo Franz, hincándose de rodillas—. ¿Y las reliquias? ¿Qué clase de ruina es ésta? —El fraile miró a Joachim a los ojos y leyó en ellos la falta de sorpresa—. Tú lo sabías.

Joachim volvió la vista hacia los caballos, que se acercaban veloces. Su caravana era una estratagema, una trampa para confundir a los hombres del Papa Negro. El auténtico mensajero había partido un día antes, con una recua de mulas, portando las verdaderas reliquias envueltas en paño de hilo rústico y ocultas dentro de un fardo de heno.

Dirigió de nuevo la mirada hacia el valle para observar a Fierabrás. El sarraceno tal vez lograría acabar con él aquel mismo día, pero el Papa Negro jamás se apoderaría de las reliquias.

Jamás.

En la actualidad
22 de julio, 23.46
Colonia (Alemania)

Se acercaba la medianoche cuando Jason pasó a Mandy el iPod.

—Escucha esto. Es el nuevo *single* de Godsmack. No ha salido todavía en Estados Unidos. ¿A que está bien?

La reacción fue menos efusiva de lo que esperaba Jason. Mandy se encogió de hombros, inexpresiva, pero aun así tomó los auriculares que él le pasaba. Se apartó las puntas del pelo negro teñidas de rosa y se los colocó en los oídos. Con aquel movimiento se le abrió la chaqueta lo suficiente para dejar ver la forma de sus pechos bajo una camiseta negra de los Pixies muy ajustada.

Jason no le quitaba ojo.

—No oigo nada —dijo Mandy con un suspiro cansino, arqueando una ceja.

«Vaya». Jason volvió a fijarse en el iPod y pulsó *play*.

Se inclinó hacia atrás, apoyándose sobre las manos. Los dos estaban sentados en el césped que bordeaba la plaza peatonal, la Domvorplatz. Ésta rodeaba la inmensa catedral gótica, la Kölner Dom, magníficamente situada en la colina de la Catedral, con vistas sobre toda la ciudad.

Jason contempló la longitud de las agujas gemelas, decoradas con figuras de piedra, esculpidas en hileras de relieves de mármol que oscilaban entre lo religioso y lo arcano. A aquellas horas nocturnas, el edificio iluminado producía el misterioso efecto de algo que emerge de las profundidades, algo que no es de este mundo.

Mientras escuchaba la música que salía del iPod, Jason miraba a Mandy. Ambos estaban recorriendo Alemania y Austria aprovechando las semanas de vacaciones del Boston College. Iban en compañía de otros dos amigos, Brenda y Karl, a quienes les interesaban más los bares de la zona que oír la misa de medianoche que se iba a oficiar más tarde. Mandy, sin embargo, era católica. Las misas de medianoche en la catedral se celebraban sólo en muy contadas ocasiones, y las oficiaba el propio arzobispo de Colonia; en aquel caso se trataba de la fiesta de los Tres Reyes. Mandy no quería faltar. Y aunque Jason era protestante, decidió acompañarla.

Mientras aguardaban la medianoche, Mandy movía ligeramente la cabeza al ritmo de la música. A Jason le gustaba observar el vaivén del flequillo de la chica y la mueca de su labio inferior mientras se concentraba en la música. De pronto sintió un roce en la mano. Mandy había acercado el brazo y empezó a acariciarle la mano. Su mirada, no obstante, permanecía fija en la catedral.

Jason contuvo la respiración.

Las vivencias de los últimos diez días los habían unido cada vez más. Antes del viaje apenas se conocían. Mandy era la mejor amiga de Brenda desde el instituto, y Karl era el compañero de habitación de Jason. Sus amigos respectivos, con su noviazgo recién estrenado, no querían viajar solos por si se deterioraba su incipiente relación. No había sido así, de modo que Jason y Mandy acababan a menudo solos.

A Jason no le preocupaba. Estudiaba Historia del Arte en la universidad. Mandy cursaba la especialidad de Estudios Europeos. En aquel lugar, sus áridos manuales académicos adquirían peso, sustancia, un contorno palpable. Ambos resultaron ser buenos compañeros de viaje, pues compartían una emoción similar ante tales descubrimientos.

Jason mantenía la mirada alejada de las caricias, pero aproximó un poco sus dedos a los de ella. ¿Era más brillante la noche de repente?

Por desgracia, la canción acabó demasiado pronto. Mandy se enderezó y retiró la mano para quitarse los auriculares.

—¿Vamos entrando? —susurró, y señaló con la cabeza la fila de personas que discurrían por la puerta de la catedral. Se puso en pie y se abotonó la chaqueta, una sobria americana negra, sobre la vistosa camiseta.

Jason se levantó también mientras ella se alisaba la falda larga y se peinaba las puntas rosas detrás de la oreja. En un instante, la universitaria tirando a *punk* se transformó en una formal colegiala católica.

Jason se quedó boquiabierto ante la repentina transformación. Con sus vaqueros negros y chaqueta informal, sintió de pronto que su atuendo era poco adecuado para asistir a un servicio religioso.

—Vas muy bien —dijo Mandy, como si intuyera su preocupación.

—Gracias —masculló Jason.

Recogieron sus cosas, tiraron las latas de cocacola vacías en una papelera cercana y atravesaron los adoquines de la Domvorplatz.

—*Guten abend* —les dijo el diácono de levita negra que los recibió en la puerta—. *Willkommen.*

—*Danke* —farfulló Mandy mientras subían las escaleras.

La luz titilante de las velas traspasaba la entrada abierta de la catedral y se proyectaba sobre los escalones de piedra, acentuando la sensación de antigüedad. Poco antes, aquel mismo día, mientras visitaban la catedral, Jason se enteró de que los cimientos del edificio databan del siglo XIII. Para un americano era difícil comprender semejante amplitud temporal.

Bajo la luz de las velas, Jason llegó a las inmensas puertas talladas y siguió a Mandy hacia el atrio. Se mojó levemente los dedos en la pila de agua bendita y se persignó. De pronto, se sintió torpe, plenamente consciente de que ésa no era su religión. Era un intruso, un entrometido. Temía cometer un error que lo pusiese en evidencia y, de rebote, también a Mandy.

—Sígueme —dijo su amiga—. Quiero conseguir un buen sitio, pero no demasiado cerca.

Jason se dejó llevar. Al entrar en la iglesia propiamente dicha, el asombro disipó su malestar. Aunque ya había estado dentro y sabía mucho sobre la historia y el arte de aquel lugar, volvió a impresionarle la sencilla majestuosidad del espacio. De frente se iniciaba la larga nave central, de ciento veinte metros de longitud, dividida en dos por un transepto de noventa metros, que formaba una cruz con el altar mayor en el centro.

Pero lo que le llamó la atención no era la longitud y amplitud de la catedral, sino su increíble altura, que arrastraba su mirada cada vez más alto, atraída por los arcos puntiagudos, las esbeltas columnas y el techo abovedado. Un millar de velas despedían espirales de humo, que se elevaban hacia los cielos, un humo con olor a incienso que reflejaba su sombra titilante en los muros.

Mandy lo guió hacia el altar. Las zonas del transepto, a ambos lados del altar, estaban acordonadas, pero quedaban muchos sitios libres en la nave central.

—¿Qué tal por aquí? —dijo ella tras detenerse en mitad de la nave lateral con una tenue sonrisa, en parte de agradecimiento, en parte de timidez.

Él asintió, incapaz de articular palabra ante la sencilla belleza de la chica, una Madonna de negro.

Mandy lo cogió de la mano y lo llevó hasta el final del banco, junto al muro. Él se acomodó en su sitio, feliz por la relativa privacidad de la que allí disfrutaban. Mandy no separó su mano de la de Jason. No cabía duda de que la noche se animaba.

Al fin sonó una campana y el coro empezó a cantar. Comenzaba la misa. Jason seguía el ejemplo de Mandy: se ponía de pie, se arrodillaba y se sentaba según la intrincada coreografía de la fe. Él no profesaba ninguna, pero se sentía intrigado, arrobado por la pompa escénica: los sacerdotes con su sotana, balanceando incensarios humeantes, la procesión que acompañaba la llegada del arzobispo con su alta mitra y los ribetes de oro de su ropaje, los cantos entonados por el coro y los feligreses, las velas encendidas.

El arte constituía una parte tan esencial de la ceremonia como los propios participantes. Una escultura de madera de María y el

Niño Jesús, conocida como la *Madonna de Milán,* irradiaba belleza y antigüedad. Y al otro lado de la nave, un san Cristóbal de mármol sostenía en brazos a un Niño Jesús de beatífica sonrisa. Toda la escena estaba dominada por las inmensas vidrieras bávaras, en aquel momento oscuras pero relumbrantes por el reflejo de las velas, que daban a los vidrios apariencia de joyas.

Pero la obra de arte más espectacular era el sarcófago de oro situado detrás del altar, protegido por una estructura de vidrio y metal. A pesar de sus dimensiones —apenas mayores que las de un baúl ancho— y su forma de iglesia en miniatura, era la principal atracción de la catedral, la razón de que se erigiera una casa de culto tan inmensa, lugar de confluencia de la fe y el arte. En él se conservaban las reliquias más sagradas del templo. Se había forjado en oro macizo antes de que se proyectase la construcción de la catedral. Lo había diseñado Nicolás de Verdún en el siglo XIII y se consideraba el mejor ejemplo conservado de orfebrería medieval en oro.

Mientras Jason continuaba su escrutinio, el oficio religioso tocaba a su fin, indicado por las campanas y las oraciones. Por último llegó el momento de la comunión, con la partición del pan eucarístico. Los feligreses salieron de los bancos e hicieron cola por los pasillos para recibir el cuerpo y la sangre de Cristo.

Cuando llegó el momento, Mandy se levantó junto con los feligreses del mismo banco y separó su mano de la de Jason.

—Vuelvo enseguida —le susurró.

Jason contempló el banco vacío y la lenta procesión continua hacia el altar. Mientras aguardaba inquieto el regreso de Mandy, se levantó para estirar las piernas y aprovechó para observar las estatuas que rodeaban un confesionario. En ese momento lamentó también la tercera lata de cocacola que se había bebido. Echó un vistazo atrás, hacia el atrio de la catedral. Había un lavabo público en el exterior de la nave.

Mientras miraba hacia aquel punto, Jason fue el primero en vislumbrar un grupo de monjes que entraba por la parte posterior de la catedral, abarrotando las puertas de aquella fachada. A pesar de los hábitos negros hasta los pies, las capuchas y el cinturón, algo extraño llamó su atención. Avanzaban demasiado rápido, con una firme precisión militar, deslizándose entre las sombras.

¿Formarían parte del ritual?

Al echar un vistazo por toda la catedral descubrió más figuras similares en otras puertas, incluso detrás del transepto acordonado junto al altar. Aunque mantenían la cabeza gacha, en gesto piadoso, parecían en guardia.

¿Qué ocurría?

Vio a Mandy cerca del altar. En ese instante estaba recibiendo la comunión. Había sólo unos pocos feligreses detrás de ella. «La sangre y el cuerpo de Cristo», casi leyó en los labios.

«Amén», respondió para sí.

Terminó la comunión. Los últimos feligreses, entre ellos Mandy, volvieron a sus asientos. Jason se sentó a su lado.

—¿Qué pasa con todos esos monjes? —preguntó, inclinándose hacia delante.

Ella estaba de rodillas con la cabeza inclinada. Su única respuesta fue una mudo gesto pidiendo silencio. Él se apoyó en el respaldo. La mayoría de los feligreses estaba también de rodillas. Sólo permanecían en sus asientos unos pocos que, como Jason, no habían comulgado. Al fondo, un sacerdote terminaba de recoger, mientras el anciano arzobispo permanecía sentado en la tarima, con el mentón en el pecho, adormilado.

El misterio y la pompa se habían apagado en el corazón de Jason. Tal vez era sólo la presión de la vejiga, pero lo único que quería era salir cuanto antes de allí. A punto estuvo de coger a Mandy por el codo, con la intención de apremiarla para que se marcharan.

El movimiento que presenció ante sus ojos le disuadió. Los monjes situados a ambos lados del altar sacaron las armas que llevaban envueltas en sus vestiduras. El metal lustroso resplandecía a la luz de las velas. Eran Uzis cortas, provistas de largos silenciadores negros.

Un traqueteo de disparos, no más estrepitoso que la tos entrecortada de un fumador empedernido, sonó en el altar. En los bancos todos alzaron la cabeza. Detrás del altar, el sacerdote vestido de blanco se tambaleó con el impacto de las balas. Parecía que lo estaban acribillando con bolas de pintura roja. Se desplomó sobre el altar, derramando el cáliz junto con su propia sangre.

Tras un silencio de asombro, los feligreses prorrumpieron en chillidos. Todo el mundo se levantó. El anciano arzobispo salió a trompicones del estrado y se agachó aterrorizado. Con el movimiento repentino se le cayó la mitra al suelo.

Los monjes recorrieron los pasillos desde la parte posterior y los laterales. Se profirieron órdenes a gritos en alemán, francés e inglés.

«Bleiben Sie in Ihren Sitzen… Ne bougez pas…».

Bajo las capuchas, las máscaras de seda negra atenuaban las voces y oscurecían los rostros. Pero las armas levantadas reforzaban las órdenes.

«¡Permanezcan sentados o morirán!».

Mandy volvió a sentarse junto a Jason y acercó su mano a la de él. El chico le agarró los dedos y miró a su alrededor, atónito, incapaz de parpadear. Todas las puertas estaban cerradas y vigiladas.

¿Qué ocurría?

En el grupo de monjes armados que estaba cerca de la entrada principal apareció una figura vestida como las demás, sólo que más alta, que emergía como atraída por alguna fuerza. Su hábito semejaba una capa. Indudablemente se trataba de algún líder que, desarmado, recorría con aplomo el pasillo central de la nave.

Se reunió con el arzobispo en el altar. Entre ambos se desató una discusión acalorada. Jason tardó un momento en percatarse de que hablaban en latín. De pronto, el arzobispo retrocedió espantado.

El líder se hizo a un lado. Dos hombres avanzaron hacia allí y abrieron fuego. El objetivo no era matar. Dispararon contra la urna que protegía el relicario de oro. El vidrio se rayó y se llenó de hendiduras, pero resistió. Era cristal blindado.

—Ladrones… —masculló Jason. Estaban asistiendo a un arriesgado robo.

El arzobispo se irguió, como si hubiera recuperado fuerzas con la obstinación del cristal. El líder de los monjes alargó la mano mientras continuaba hablando en latín. El arzobispo meneó la cabeza.

—«Lassen Sie dann das Blut Ihrer Schafe Ihre Hände beflecke» —dijo el hombre después, ya en alemán.

«Que la sangre del cordero se derrame sobre tus manos».

El líder hizo señas a otros dos monjes para que avanzaran al frente. Rodearon la urna blindada y colocaron inmensos discos de metal a ambos lados del marco. El resultado fue instantáneo. El vidrio blindado, tras perder resistencia, estalló como empujado por un viento oculto. El sarcófago titilaba bajo la luz de las velas. Jason sintió una presión repentina, un estallido interno en los oídos, como si los muros de la catedral hubieran cedido de pronto hacia dentro, aplastándolo todo. La presión le ensordeció y le cegó.

Se volvió hacia Mandy.

Tenía todavía la mano agarrada a la suya, pero el cuello se le había arqueado hacia atrás y tenía la boca abierta.

—Mandy…

Por el rabillo del ojo Jason vio a otros feligreses petrificados en las mismas poses convulsas. La mano de Mandy empezó a temblar junto a la suya, vibrando como el bafle de un altavoz. Por su cara resbalaban lágrimas que se tornaban sanguinolentas mientras él las contemplaba. La chica no respiraba. Su cuerpo sufrió convulsiones y se agarrotó, y luego soltó la mano, pero no antes de que él notase el calambre de los dedos de Mandy junto a los suyos.

Jason se levantó, demasiado aterrado para permanecer en su asiento.

De la boca abierta de Mandy salió un fino humo rosáceo. Tenía los ojos en blanco, pero ya negruzcos en el rabillo. Estaba muerta.

Jason, enmudecido de miedo, observó la catedral. Ocurría lo mismo por todas partes. Sólo unos pocos estaban ilesos: dos niños pequeños, inmovilizados entre sus padres, lloraban y gemían. Jason reconoció a los que no estaban afectados. Eran los que no habían comulgado. Como él.

Se escabulló entre las sombras junto al muro. Por un instante su movimiento pasó desapercibido. A sus espaldas halló una puerta no vigilada por los monjes. Era una puerta falsa.

Jason la abrió lo suficiente para introducirse en el confesionario. Postrado de rodillas, se acurrucó. Le vinieron oraciones a los labios. Luego, con la misma inmediatez, se acabó. Lo sintió en su cabeza. Un estallido, una liberación de la presión. Los muros de la catedral respiraron de nuevo.

Jason lloraba. Por sus mejillas corrían lágrimas frías. Se atrevió a asomarse por un agujero de la puerta del confesionario. Tenía una clara visión de la nave y del altar. Miró fijamente. El aire apestaba a vello quemado. Todavía resonaban los gritos y gemidos, pero ahora el coro provenía sólo de algunas gargantas. Las de los supervivientes. Una figura, que parecía un mendigo por sus ropas andrajosas, salió a trompicones de un banco y echó a correr por un pasillo lateral. Antes de que diera diez pasos le dispararon en la cabeza por detrás. Un único disparo. Su cuerpo quedó tendido en el suelo.

«¡Dios mío! ¡Dios mío!».

Conteniendo los sollozos, Jason mantuvo la vista fija en el altar.

Cuatro monjes extrajeron de la urna reventada el sarcófago de oro. Apartaron del altar a patadas el cuerpo del sacerdote asesinado y en su lugar colocaron el relicario. El líder sacó de debajo de su manto un gran saco de tela. Los monjes abrieron la tapa del relicario y volcaron su contenido en la saca. Una vez vacío, soltaron en el suelo el valioso sarcófago con gran estrépito y lo dejaron allí. El líder se echó al hombro la carga y regresó por el pasillo central con las reliquias robadas.

El arzobispo lo llamó. De nuevo en latín. Resonó como una maldición.

La única respuesta del hombre fue un gesto de despedida con el brazo.

Otro de los monjes se acercó al arzobispo por la espalda y le puso una pistola en la cabeza.

Jason se agazapó para no ver más. Cerró los ojos y resonaron nuevos disparos en la catedral. Esporádicos. Los gritos se acallaron de pronto. La muerte asoló la catedral cuando los monjes empezaron a masacrar a los pocos supervivientes que quedaban.

Jason mantuvo los ojos cerrados y rezó.

Un momento antes había entrevisto el escudo de armas en el hábito del líder. Cuando el hombre alzó el brazo, su manto negro se había abierto, dejando al descubierto un emblema carmesí: un dragón con la cola enroscada alrededor del cuello. Jason no conocía el símbolo, pero le pareció exótico, más persa que europeo.

Detrás de la puerta del confesionario, la catedral se envolvió en pétreo silencio.

Unas botas se aproximaron a su escondrijo con fuertes pisadas. Jason cerró los ojos con más fuerza, para evitar el horror, el sacrilegio. Todo por un saco de huesos.

Y aunque la catedral se hubiera erigido para albergar unos huesos reverenciados por incontables reyes, aunque la misa fuera una fiesta en homenaje a aquellos hombres muertos mucho tiempo atrás —la fiesta de los Tres Reyes—, en la mente de Jason prevalecía una pregunta.

¿Por qué?

En toda la catedral abundaban las representaciones de los Tres Reyes, imágenes de piedra, vidrio y oro. En un panel, los Reyes Magos atravesaban el desierto en sus camellos, guiados por la estrella de Belén. En otro se representaba la Adoración del Niño Jesús, con unas figuras arrodilladas que le regalaban oro, incienso y mirra.

Pero Jason cerró su mente a todo aquello. Lo único que veía era la última sonrisa de Mandy. Su suave caricia. Todo perdido.

Las botas se detuvieron al otro lado de la puerta.

Él lloró en silencio en busca de una respuesta para toda esa masacre.

¿Por qué? ¿Qué sentido tenía robar los huesos de los Reyes Magos?

Día uno

I
DETRÁS DE LA BOLA OCHO

24 de julio, 4.34
Frederick (Maryland, Estados Unidos)

Había llegado el saboteador.

Grayson Pierce encarriló la motocicleta entre los oscuros edificios que constituían el centro de Fort Detrick. Marchaba al ralentí. El motor eléctrico no hacía más ruido que el de un frigorífico. Los guantes negros que llevaba hacían juego con la pintura de la moto, una aleación de níquel y fósforo llamada Súper Negro NPL. Absorbía la luz más visible, de tal manera que, por comparación, el negro normal parecía hasta luminoso. El mono de tela y el rígido casco producían un efecto similar.

Encorvado sobre la moto, se aproximó al final del callejón. Al fondo había un patio, una oscura sima enmarcada por los edificios de ladrillo y hormigón del Instituto Nacional del Cáncer, adscrito al USAMRIID, el Instituto de Investigaciones Médicas sobre Enfermedades Infecciosas del ejército estadounidense, donde se lideraba la guerra nacional contra el bioterrorismo en 5.600 metros cuadrados de laboratorios de máxima seguridad.

Gray apagó el motor pero permaneció sentado. Tenía la rodilla izquierda apoyada en la bolsa, en la que llevaba 70.000 dólares. Se quedó en el callejón, reticente a entrar en el patio. Prefería la oscuridad. Hacía tiempo que se había puesto la luna y faltaban todavía veintidós minutos para el amanecer. Hasta las estrellas estaban ocultas por los restos de los nubarrones de la tormenta estival de la noche anterior.

¿Iba a funcionar su estratagema?

A través del micrófono pegado al cuello, subvocalizó:

—Mula a Águila, he llegado al lugar señalado. Continúo a pie.

—Recibido. Te captamos por satélite.

Gray contuvo el deseo de mirar hacia arriba y saludar. Odiaba que lo observasen, que lo escudriñasen, pero en aquella operación se jugaban demasiado. Logró que aceptaran una de sus condiciones: acudir solo a aquella cita. Su contacto era asustadizo. Había tardado seis meses en preparar ese encuentro, a través de negociaciones con los contactos de Libia y Sudán. No había sido fácil. El dinero no servía para comprar la confianza, sobre todo en ese negocio.

Se agachó para coger la mochila y cargó en el hombro la bolsa de dinero. Cauteloso, desplazó la moto por un hueco sombrío, la aparcó y pasó una pierna por encima del asiento.

Atravesó el callejón.

Había pocos ojos despiertos a aquella hora, y en su mayoría eran sólo electrónicos. Habían inspeccionado su identificación en la puerta de la Vieja Fábrica, la entrada de servicio de la base. Y ahora no le quedaba otro remedio que confiar en que el subterfugio durase lo suficiente para eludir la vigilancia electrónica.

Miró la hora en la esfera luminosa de su Breitling: 4.45. Faltaban quince minutos para la cita. Del buen resultado de aquel encuentro dependían muchas cosas.

Gray llegó al lugar de destino. Edificio 470. Estaba desierto en aquel momento, pues se preveía su demolición al mes siguiente. Por su escasa vigilancia, el inmueble era perfecto para la cita, si bien la elección del lugar resultaba también curiosamente irónica. En los años sesenta se habían cultivado esporas de ántrax en el interior de aquel edificio, repleto de barriles y cubetas gigantes donde fermentaban cepas de muerte bacteriana, hasta que en 1971 se había desmantelado esa planta de producción tóxica. Desde entonces el edificio quedó en desuso, hasta que se reconvirtió en un almacén gigante del Instituto Nacional del Cáncer.

Pero una vez más iba a desarrollarse bajo aquel techo el negocio del ántrax. Miró hacia arriba. Todas las ventanas permanecían a oscuras. La cita con el vendedor era en la cuarta planta.

Al llegar a la puerta lateral, pasó por la ranura una tarjeta electrónica que le había suministrado su contacto en la base. Cargaba en el hombro la segunda mitad del pago, tras el envío de la primera mitad por transferencia el mes anterior. Llevaba también un puñal de carbono plástico de 30 centímetros dentro de una funda oculta en la muñeca. Su única arma, pues no podía arriesgarse a pasar ninguna otra cosa por la puerta de seguridad.

Gray cerró la puerta y cruzó hacia el hueco de la escalera, a la derecha. La única luz provenía del letrero rojo que indicaba la salida. Se llevó la mano al casco de la moto y activó el modo de visión nocturna. El mundo brillaba en tonos verdosos y plateados. Subió las escaleras y enseguida estuvo en la cuarta planta.

Una vez allí atravesó la puerta del rellano. No tenía ni la menor idea de dónde iba a encontrarse con su contacto; sólo sabía que debía aguardar su señal. Se detuvo en la puerta para tomarse un respiro y examinar el espacio que se abría ante él. No le gustó.

El hueco de la escalera se encontraba en la esquina del edificio. Desde allí surgían dos pasillos, uno de frente y el otro a la izquierda. En las paredes interiores del primer pasillo se alineaban varias puertas de despachos con cristales esmerilados; en el otro había ventanas. Siguió de frente a paso lento, alerta a cualquier señal de movimiento.

Un foco de luz se proyectó a través de una de las ventanas, envolviendo su figura. Deslumbrado con el visor nocturno, rodó hacia una pared para regresar a la oscuridad. ¿Lo habrían visto? La luz se proyectó también por las otras ventanas, una tras otra, iluminando el pasillo donde se encontraba.

Se asomó por una de las ventanas, que daba al amplio patio de la fachada principal del edificio. Al fondo divisó un enorme Humvee que avanzaba lentamente por la calle. Su reflector iba iluminando todo el patio. Era una patrulla.

¿Se espantaría su contacto con esta vigilancia?

Gray, maldiciendo en silencio, esperó a que el camión terminase su ronda. La patrulla desapareció por un instante, oculta tras una estructura descomunal que se levantaba en medio del patio. Parecía una nave espacial oxidada, pero en realidad era una esfera de contención de acero de un millón de litros de capacidad y una altura equivalente a tres pisos, elevada sobre una docena de soportes. La estructura estaba rodeada de andamios y escaleras, como si la estuvieran rehabilitando para devolverle la gloria de cuando era un centro de investigación durante la guerra fría. Incluso habían restituido en su sitio la pasarela de acero que antaño rodeaba el ecuador de la enorme esfera.

Gray sabía el nombre con que se conocía el globo gigante en la base: la Bola Ocho. Frunció los labios con una sonrisa forzada cuando se percató de su desafortunada posición. «Atrapado detrás de la Bola Ocho…».

La patrulla reapareció al fin detrás de la estructura, atravesó lentamente la parte delantera del patio y se alejó.

Gray continuó hasta el final del pasillo. Una doble puerta batiente bloqueaba el paso, pero por sus angostos cristales se intuía una sala mayor al otro lado. Distinguió unas cuantas cubetas altas y estrechas de metal y cristal. Uno de los antiguos laboratorios, sin ventanas y oscuro.

Debían de haber notado su presencia. En el interior brilló una nueva luz, incandescente, de una intensidad suficiente para que Gray apagase el visor nocturno. Era una linterna. Parpadeó tres veces.

Una señal.

Avanzó hasta la puerta y empleó la punta del pie para abrir una de las hojas batientes. Se deslizó por la estrecha abertura.

—Por aquí —dijo una voz tranquila. Era la primera vez que Gray oía la voz de su contacto. Hasta entonces siempre la había recibido distorsionada por mecanismos electrónicos, un grado de anonimato paranoide.

Era una voz de mujer. La revelación avivó sus recelos. No le gustaban las sorpresas.

Atravesó un laberinto de mesas con sillas apiladas encima. Ella estaba sentada ante una de las mesas. Las otras sillas seguían recogidas encima. Excepto una, en el lado opuesto de la mesa. Se movió cuando ella dio un puntapié a una de las patas.

—Siéntese.

Gray esperaba encontrarse con un científico nervioso, alguien ansioso por obtener ingresos extras. La traición a sueldo era cada vez más común en los principales centros de investigación.

El USAMRIID no era un caso excepcional, pero sí mil veces más mortífero. Cada vial a la venta tenía la capacidad de matar a miles de personas si se esparcía con un aerosol en una estación de metro o autobús. Y ella vendía quince.

Él se acomodó en su asiento y dejó la bolsa de dinero en la mesa. La mujer era asiática, o mejor dicho, euroasiática, con ojos menos rasgados y la piel morena, de un bello tono bronceado. Llevaba un mono negro de cuello alto, no muy distinto del que vestía él, que realzaba su figura esbelta y ágil. En el cuello tenía un colgante de plata que destacaba sobre el traje: era un amuleto diminuto con forma de dragón enroscado. Gray la observó. El semblante de la Dama del Dragón, lejos de parecer tenso y cauteloso como el suyo, expresaba aburrimiento.

Por supuesto, la Sig Sauer de 9 milímetros con silenciador, apuntando contra su pecho, podía ser el motivo de tal seguridad. Pero lo que verdaderamente le heló la sangre fueron las siguientes palabras:

—Buenas noches, comandante Pierce.

Le sobresaltó oír su nombre.

«Si sabía eso...».

Gray se movió, pero ya era demasiado tarde.

El arma disparó casi a quemarropa y el impacto lo empujó hacia atrás junto con la silla. Cayó de espaldas, enredado en las patas de la silla. El dolor le comprimía el pecho y le impedía respirar. Notó el sabor de la sangre en la lengua.

Traicionado...

Ella rodeó la mesa y se inclinó sobre el cuerpo tendido, sin dejar de apuntar con el arma, sin correr riesgos. El dragón de plata oscilaba y reflejaba destellos de luz.

—Sospecho que está grabando todo esto con el casco, comandante Pierce. Hasta puede que lo esté transmitiendo a Washington... a Sigma. No le importará que ocupe parte del tiempo de emisión, ¿verdad?

Él no estaba en condiciones de oponerse.

La mujer se inclinó hacia él.

—En los próximos diez minutos el Guild va a paralizar Fort Detrick. Va a contaminar toda la base con ántrax, en venganza por la intromisión de Sigma en nuestra operación de Omán. Pero a su director, Painter Crowe, le debo algo más. Algo personal. Esto es por mi hermana, Casandra Sánchez, que estaba destinada allí.

Apuntó con el arma al visor del casco de Gray.

—Sangre por sangre.

Apretó el gatillo.

5.02
Washington D. C.

A 68 kilómetros de allí, el satélite dejó de emitir señales.

—¿Dónde está su copia de seguridad? —Painter Crowe mantenía la voz firme, conteniendo una retahíla de improperios. Dejarse llevar por el pánico no les serviría de nada.

—Todavía quedan diez minutos.

—¿Puedes restablecer la conexión?

El técnico negó con la cabeza.

—Hemos perdido la señal de la cámara de su casco. Pero todavía tenemos una vista de pájaro de la base desde el satélite de la NRO.

—El joven señaló otro monitor que mostraba una imagen aérea en blanco y negro de Fort Detrick, centrada en un patio rodeado de edificios.

Painter caminaba impaciente por la sala ante la serie de monitores. Todo había sido una trampa, una trampa dirigida contra Sigma y contra él personalmente.

—Alerte a la seguridad de Fort Detrick —ordenó.

—¿Señor? —La pregunta provenía de su número dos, Logan Gregory.

Painter comprendió las dudas de Logan. Muy contados miembros del poder tenían información acerca de Sigma y los agentes empleados en ella: el presidente, la Junta de Jefes de Estado Mayor y sus propios supervisores inmediatos en DARPA. Después de la reestructuración de altos mandos llevada a cabo el último año, la organización estaba sujeta a un intenso control.

No se toleraría ni el más mínimo error.

—No voy a poner en riesgo a ningún agente —dijo Painter—. Llámelos.

—Sí, señor. —Logan se dirigió al teléfono. El hombre tenía más aspecto de surfista californiano que de estratega de alto nivel: pelo rubio, piel morena, buena forma física pero vientre algo flácido. Painter parecía la otra cara de la moneda: medio indígena americano, con pelo negro y ojos azules. Pero no estaba moreno. No recordaba la última vez que había visto el sol.

Painter se sentó y apoyó la cabeza en las rodillas. Había asumido el control de la organización sólo ocho meses antes. Y había dedicado la mayor parte del tiempo a la reestructuración y refuerzo de la seguridad, tras la infiltración en el grupo de un cártel internacional llamado Guild. No se les comunicó qué información se extrajo, vendió o difundió durante aquella época, de modo que fue preciso purgar y reconstruir todo desde cero. Hasta el mando central se retiró de Arlington y se trasladó a unas instalaciones subterráneas de Washington.

De hecho, Painter había ido temprano aquella mañana para desembalar las cajas en su nuevo despacho cuando recibió la llamada de emergencia del reconocimiento por satélite.

Observó el monitor del satélite de la NRO. Una trampa. Sabía lo que pretendía el Guild. Cuatro semanas antes, por primera vez desde hacía más de un año, Painter había vuelto a destinar agentes sobre el terreno. Era una prueba tentadora. Dos equipos. Uno en

Los Álamos para investigar la pérdida de una base de datos nuclear y el otro en su propio patio trasero, en Fort Detrick, a sólo una hora de Washington.

El ataque del Guild pretendía debilitar a Sigma y a su líder, demostrar que el Guild tenía todavía conocimientos para minar su organización. Era un intento de obligar a Sigma a replegarse, reagruparse y quizá disolverse. Mientras el grupo de Painter estuviera fuera de servicio, mayores eran las probabilidades de que el Guild actuase con impunidad.

Y eso no debía ocurrir.

Painter dejó de caminar y se volvió hacia su número dos con una clara mueca de duda pintada en el rostro.

—Se corta todo el rato —dijo Logan, pegado al auricular—. Hay cortes intermitentes de la comunicación en toda la base.

Sin duda era también obra del Guild...

Decepcionado, Painter se inclinó sobre la consola y observó el *dossier* de la misión. Sobre la carpeta de papel manila sólo había impresa una letra griega.

$$\Sigma$$

En matemáticas, la letra *sigma* representaba la suma de todas las partes, la unificación de conjuntos dispares en un todo. Era también el emblema de la organización que dirigía Painter: Sigma Force.

Sigma, que estaba auspiciada por DARPA —la sección de investigación y desarrollo del Departamento de Defensa—, servía de brazo oculto de la agencia en el mundo, destinada a salvaguardar, adquirir o neutralizar tecnologías vitales para la seguridad estadounidense. Los miembros del equipo eran un cuadro ultrasecreto de ex soldados de las Fuerzas Especiales, escogidos e inscritos en rigurosos programas de especialización acelerados, que abarcaban una amplia gama de disciplinas científicas y constituían un equipo militarizado de agentes con buena formación técnica. O bien, dicho en un lenguaje más llano, científicos asesinos.

Painter abrió el *dossier*. El expediente del líder del equipo encabezaba el documento: doctor y comandante Grayson Pierce.

En el ángulo superior derecho estaba su fotografía, tomada durante su año de reclusión en Leavenworth. Tenía el pelo moreno afeitado al cero y ojos azules todavía airados. Se le notaba el origen galés en los pómulos angulosos, los ojos grandes y la mandíbula robusta. Pero la tez rubicunda era típicamente texana, por efecto del sol de las secas colinas del Condado de Brown.

Painter no necesitaba hojear el documento de tres centímetros de grosor. Conocía los detalles. Gray Pierce ingresó en el ejército a los 18 años, en las tropas de asalto a los 21 y destacó por sus meritorios servicios tanto en el campo de batalla como fuera de él. Posteriormente, a los 23 años, se le formó un consejo de guerra por golpear a un oficial superior. Painter conocía los detalles y los antecedentes de ambos en Bosnia. Y a la luz de cómo se sucedieron los acontecimientos, Painter habría hecho lo mismo. Con todo, en las fuerzas armadas las normas eran tan inamovibles como si estuvieran grabadas en granito. El valiente soldado pasó un año en Leavenworth.

Pero la valía de Gray Pierce impedía que lo excluyeran para siempre. No era cuestión de desaprovechar sus cualidades y formación. Sigma lo había reclutado tres años antes, en cuanto salió de la cárcel militar, y ahora era un instrumento de contacto entre el Guild y Sigma.

Estaba a punto de ser aplastado.

—¡Tengo a la seguridad de la base! —dijo Logan con voz de alivio.

—Pásemelos…

—¡Señor! —El técnico se levantó de un brinco, todavía conectado a la consola por el cable de los auriculares. Miró a Painter—. Director Crowe, capto una señal de audio.

—¿Qué? —Painter se acercó al técnico. Levantó una mano para indicar a Logan que guardara silencio.

El técnico subió el volumen de la señal en los altavoces.

Lograron oír una voz metálica a pesar de que la señal de vídeo seguía inutilizada.

Se formó una palabra.

«Malditaseajodermenudamierda…».

5.07
Frederick (Maryland)

Gray dio una patada con el talón y alcanzó a la mujer en el estómago. Sintió cómo impactaba un satisfactorio golpe seco en la carne, pero no oyó nada. Le zumbaban los oídos por la conmoción de la bala contra su casco Kevlar. El disparo había dibujado una telaraña en el visor. Sintió quemazón en el oído izquierdo cuando se produjo un cortocircuito en el módulo electrónico, junto con un estallido de electricidad estática.

Pero nada de eso le detuvo.

Mientras rodaba para ponerse en pie, sacó el puñal de carbono de la funda que llevaba en la muñeca y se resguardó bajo una hilera de mesas contigua. Un nuevo disparo, que sonó como una tos estridente, se solapó con el zumbido de sus oídos. La madera del borde de la mesa se astilló.

Salió del extremo opuesto, cautelosamente agazapado, mientras inspeccionaba la sala. A causa de la patada, la mujer había soltado la linterna, que rodó por el suelo, proyectando sombras por todas partes. Se palpó el pecho. Aún le dolía y le escocía la contusión provocada por el primer disparo de la asesina. Pero no había sangre.

La mujer habló desde las sombras:

—Armadura líquida.

Gray se pegó aún más al suelo, con el fin de ubicar con exactitud la posición de la mujer. Al deslizarse bajo la mesa había rozado la pantalla integrada del casco. Se sucedieron imágenes holográficas de modo incoherente en el interior del visor, interfiriendo con su campo de visión, pero Gray no se atrevió a quitarse el casco. Era la mejor protección contra el arma que todavía empuñaba la mujer. El casco y el traje.

La asesina no se equivocaba. «Armadura líquida», desarrollada por el Laboratorio de Investigación del ejército estadounidense en 2003. El tejido del traje estaba empapado en un líquido espesante, micropartículas duras de sílice diluidas en una solución de polietileno glicol. Con el movimiento normal, actuaba como un líquido, pero en cuanto recibía el impacto de una bala, el material se solidificaba como un escudo rígido que impedía la penetración. El traje le acababa de salvar la vida. Al menos por el momento.

La mujer volvió a hablar, con frialdad, mientras daba un lento rodeo hacia la puerta.

—He sembrado el edificio con C4 y TNT. Ha sido muy fácil, porque ya estaba prevista la demolición de la estructura. El ejército tuvo la deferencia de dejarlo todo precableado. Sólo había que hacer una pequeña modificación en el detonador para transformar la implosión del edificio en una explosión ascendente.

Gray imaginó la columna de humo y escombros que inundaría el cielo matinal.

—Los viales de ántrax... —dijo entre dientes, pero con una intensidad suficiente como para que lo oyera la mujer.

—Nos gustó la idea de utilizar la propia demolición de la base como sistema de irradiación tóxica.

«Dios, ha convertido el edificio en una bomba biológica».

Con los fuertes vientos, no sólo estaba en riesgo la base, sino toda la ciudad cercana de Frederick.

Gray se movió. La mujer se había parado. La cuestión era saber hacia dónde se movía. También él avanzó hacia la puerta. No se fiaba del arma de su enemiga, pero no podía permitir que aquel obstáculo lo detuviera. Había demasiado en juego. Intentó activar el modo de visión nocturna, pero lo único que obtuvo fue un nuevo fogonazo junto al oído. La pantalla continuaba su emisión errática, deslumbrante y confusa para la vista, por lo que decidió quitarse el casco.

La bocanada de aire fresco olía a una mezcla de moho y antiséptico. Sin levantarse, continuó avanzando con el casco en una mano y el puñal en la otra. Llegó a la pared del fondo y se precipitó hacia la puerta. Tenía visibilidad suficiente para saber que la puerta batiente no se había movido. La asesina seguía en la sala. Apretó el mango del cuchillo. Pistola contra puñal. Tenía todas las de perder.

Ya sin el casco, vislumbró un movimiento de sombras cerca de la puerta. Se detuvo en seco. La mujer estaba agazapada a un metro de la puerta, protegida por una mesa.

Una luz acuosa se filtraba desde el pasillo, a través de las ventanas de las puertas batientes. La luz incipiente del alba iluminaba el corredor. La asesina tendría que exponerse para huir. Por el momento, se aferraba a las sombras del laboratorio desprovisto de ventanas, sin saber si su adversario iba o no armado. Gray tenía que dejar de jugar al juego de la Dama del Dragón.

Con un balanceo circular, lanzó el casco hacia el lado opuesto del laboratorio. Se oyó un fuerte estrépito y el tintineo del cristal de una vieja cubeta del laboratorio, hecha añicos por el impacto del casco. En ese instante corrió hacia la posición donde se encontraba la mujer. Sólo disponía de unos segundos.

Ella se asomó desde su escondrijo y se volvió para abrir fuego en la dirección del ruido. Al mismo tiempo, pegó un ágil brinco hacia la puerta, como si aprovechase el culatazo del arma para impulsarse.

Aquel movimiento impresionó a Gray, pero no bastó para arredrarle. Con el brazo ya levantado, impulsó el puñal por el aire. La hoja de carbono, compensada y equilibrada a la perfección, voló con precisión infalible hasta alcanzar a la mujer justo en la nuez.

Gray continuó su huida precipitada. Sólo entonces se percató de su error. El puñal rebotó sin causar daños y cayó al suelo. «Armadura líquida». No era extraño que la Dama del Dragón conociera el material de su traje. Llevaba otro igual.

Con todo, el ataque hizo que saltara. Y la caída fue algo accidentada, pues se torció la rodilla. Pero la avezada asesina no perdía de vista en ningún momento su objetivo.

A un paso de distancia, apuntó a la cara de Gray con su Sig Sauer. Y esta vez él ya no tenía el casco.

5.09
Washington D. C.

—Se ha vuelto a perder la conexión —dijo el técnico.

El comentario era superfluo. Un momento antes Painter había oído un fuerte estrépito, tras el cual se cortó la señal del satélite.

—Todavía tengo a la seguridad de la base —dijo el número dos por teléfono.

Painter intentó reconstruir la cacofonía que había oído por la línea.

—Ha tirado el casco —concluyó.

Los otros dos hombres lo miraron fijamente.

Painter examinó el *dossier* abierto que tenía delante. Grayson Pierce no era ningún idiota. Además de su experiencia militar, llamó la atención de Sigma por sus tests de inteligencia y aptitud. Su capacidad era superior a la media, muy superior, pero había soldados con resultados aún mejores. El factor crucial por el que decidieron reclutarlo fue su extraña conducta durante la etapa de reclusión en Leavenworth. A pesar de la intensidad de los trabajos forzados, Grayson asumió un riguroso régimen de estudio, tanto en química avanzada como en taoísmo. Esta disparidad en la elección de las materias de estudio intrigó a Painter y al antiguo director de Sigma, el doctor Sean McKnight.

En muchos sentidos, Grayson parecía la viva imagen de la contradicción: galés residente en Texas, estudiante de taoísmo que no se desprendía de su rosario, soldado que estudiaba química en la cárcel. Fue la singularidad de su mente lo que determinó su integración en Sigma.

Pero tal peculiaridad tenía un precio. Grayson Pierce no actuaba bien en compañía de otras personas. Mostraba un profundo rechazo al trabajo en equipo.

Como ahora. Interviniendo solo. En contra del protocolo.

—¿Señor? —insistió el número dos.

Painter respiró hondo.

—Dos minutos más —replicó.

5.10
Frederick (Maryland)

Gray tuvo suerte ya que el primer disparo le pasó zumbando cerca del oído. La asesina había disparado demasiado rápido, antes de colocarse en la posición adecuada. Él, todavía en movimiento tras su embestida, logró apartarse a tiempo. Un disparo en la cabeza no era tan inocuo como parecía en las películas.

Se enfrentó a la mujer e inmovilizó el arma entre los dos. Aunque ella disparase, Gray tendría probabilidades de sobrevivir. Sólo le dolería una barbaridad.

La mujer disparó, demostrando este último punto.

La bala le dio en el muslo izquierdo. Fue como un martillazo punzante hasta la médula. Gritó con todas sus fuerzas. El impacto le escocía sobremanera. Pero no cejó. Aprovechó la ira para propinarle un codazo en la garganta. Pero el tejido de su ropa se endureció, protegiéndola.

Maldita sea.

La mujer volvió a apretar el gatillo. Él pesaba más que ella y tenía una musculatura más robusta, pero su contrincante podía prescindir de la fuerza de puños y rodillas; tenía a su disposición el poder de la más moderna artillería. Le disparó a traición en el abdomen. Gray se sintió completamente abatido, incapaz de respirar, mientras ella levantaba lentamente el cañón del arma.

La Sig Sauer tenía un cartucho de quince balas. ¿Cuántas veces había disparado? Sin duda le quedaban tiros suficientes para dejarlo hecho trizas. Gray tenía que acabar con eso.

Inclinó hacia atrás la cabeza y la empotró contra la cara de la mujer. Pero ella no era novata en esas lides. Giró la cabeza y recibió el golpe en la zona lateral del cráneo. Aun así, esta acción le dio a Gray tiempo suficiente para apartar con la pierna un cable que pendía de la mesa contigua. La lámpara de mesa unida al cable cayó al suelo. La pantalla de cristal verde se rompió.

Entonces rodeó a la mujer con sus brazos y la derribó sobre la lámpara. Mucha suerte había que tener para que el cristal penetrase en el tejido del traje. Pero ése no era su propósito.

Oyó el estallido de la bombilla bajo el peso combinado de ambos. Ya era bastante. Encogió las piernas y saltó hacia fuera. Decidió correr el riesgo. Se precipitó hacia el interruptor de la luz situado junto a la puerta batiente.

En la zona lumbar de la espalda recibió un trallazo acompañado de un ruido seco intermitente de pistola.

Sufrió una contusión cervical. Chocó con todo el cuerpo contra la pared. Al salir rebotado tocó con la palma de la mano el cajetín eléctrico y movió el interruptor. Las luces inestables de todo el laboratorio titilaron. Cableado de mala calidad.

Cayó de espaldas hacia la asesina. No contaba con electrocutar a su rival. Eso sólo pasaba en las películas. Y tampoco era su objetivo. Lo único que esperaba es que quien hubiera usado la mesa por última vez hubiese dejado la lámpara encendida.

Sin perder el equilibrio, basculó sobre su propio eje. La Dama del Dragón se sentó sobre la lámpara rota, con el brazo estirado hacia él, apuntándole con el arma. Apretó el gatillo, pero su objetivo desapareció. Una de las ventanas de la puerta batiente se hizo añicos.

Gray giró hacia una lado, para alejarse todavía más de la zona de alcance del arma. La mujer no pudo seguirle. Quedó congelada in situ, totalmente inmóvil.

—Armadura líquida —dijo, repitiendo sus anteriores palabras—. El líquido hace el traje más flexible, pero también tiene una desventaja. —Gray se abalanzó sobre ella y le quitó el arma—. El propileno glicol es un alcohol, buen conductor de la electricidad. Hasta la menor descarga, como la de una bombilla rota, se extiende por el traje en cuestión de segundos. Y como sucede en cualquier otro ataque, el traje reacciona.

Gray le propinó una patada en la espinilla. El traje estaba tan duro como una piedra.

—Se solidifica sobre el cuerpo.

El traje se convirtió en su prisión. La registró rápidamente mientras ella forcejeaba para moverse. Con mucho esfuerzo conseguía avanzar muy despacio, de una forma muy parecida al oxidado Hombre de Hojalata de *El mago de Oz*.

Al fin se dio por vencida. Tenía la cara congestionada a causa de la tensión.

—No encontrarás ningún detonador. Todo depende de un temporizador. Programado para... —Dirigió la vista a un reloj de pulsera—. Dentro de dos minutos. No conseguirás desactivar todas las cargas.

Gray observó que los dígitos del reloj iniciaban la cuenta atrás a partir de 2.00. La vida de la mujer dependía también de aquel número. Gray vio en sus ojos un destello de terror —asesina o no, era humana y, como tal, temerosa de su propia muerte—, pero el resto de la cara se tornó tan rígido como el traje.

—¿Dónde has escondido los viales?

Gray sabía que no iba a revelárselo, pero le miró a los ojos. Por un momento las pupilas se desviaron ligeramente hacia arriba; luego enfocaron hacia él.

El tejado.

Era lógico. No necesitaba ninguna otra confirmación. El ántrax —*Bacillus anthracis*— era sensible al calor. Para que la eclosión de esporas tóxicas se extendiera con la onda expansiva, tal como quería, la mujer debía colocar los viales en un lugar alto, al alcance de la ráfaga inicial, de manera que saliesen despedidos hacia el cielo. No podía arriesgarse a que el calor de la explosión incinerase el arma bacteriológica.

Antes de que Gray tuviera tiempo de reaccionar, ella le escupió en la mejilla. Él no se molestó en limpiársela. No tenía tiempo.

1.48.

Se irguió y corrió a la puerta.

—¡No lo conseguirás! —le gritó ella. De algún modo sabía que Gray iba en busca de la bomba biológica, que no huía para salvar su propia vida. Y por algún motivo a él eso le cabreaba. Es como si ella lo conociera lo suficiente para hacer tal presuposición.

Corrió por el pasillo exterior y llegó derrapando a la escalera. Subió a toda prisa los dos tramos hasta la puerta del tejado. La salida se había modificado para cumplir las normas de seguridad e higiene en el trabajo y la puerta tenía una barra de emergencia pensada para facilitar la evacuación en caso de incendio.

Aquel momento era, sin duda, una situación de emergencia. Apretó la barra, que activó una alarma, y salió al exterior con las luces grisáceas del alba. El tejado era de tela asfáltica. La arena crujía bajo los pies. Examinó la zona. Había demasiados escondrijos posibles para los viales: respiraderos, canalones, antenas parabólicas.

¿Dónde?

Se le acababa el tiempo.

5.13
Washington D. C.

—¡Está en el tejado! —exclamó el técnico, señalando con el dedo el monitor del satélite de la NRO.

Painter se inclinó para ver la imagen más de cerca y descubrió una minúscula figura. ¿Qué hacía Grayson en el tejado? Examinó el entorno inmediato.

—¿Algún indicio de persecución?

—No detecto ninguno, señor.

—La seguridad de la base —dijo Logan desde el teléfono— informa de que se ha disparado la alarma de incendios en el edificio 470.

—Habrá activado la alarma de la salida —apostilló el técnico.

—¿Puede acercar más la imagen? —preguntó Painter.

El técnico asintió y pulsó un conmutador. El zoom amplió la imagen de Grayson Pierce. No llevaba casco. El oído izquierdo parecía manchado, ensangrentado. Permanecía de pie junto a la puerta.

—¿Qué hace? —inquirió el técnico.

—La seguridad de la base está respondiendo —informó Logan.

Painter hizo un gesto de contrariedad con la cabeza, pero una escalofriante certeza se abrió paso en su cerebro, dejándole helado.

—Dígale a la seguridad de la base —ordenó— que se mantengan alejados. Que evacuen a todos los que estén cerca del edificio.

—¿Señor?

—Hágalo.

5.14
Frederick (Maryland)

Gray rastreó el tejado una vez más. La alarma seguía sonando. Él la ignoraba, abstraído. Tenía que pensar como su presa.

Se agachó. Había llovido durante la noche. Supuso que la mujer había colocado los viales recientemente, después del aguacero. Miró atentamente y observó las zonas en las que se había removido la arena alisada por la lluvia. No era muy difícil, pues sabía que la mujer tenía que haber pasado por aquella puerta. Era el único acceso al tejado.

Siguió sus pisadas, que le llevaron a través del tejado hasta una salida de ventilación cubierta. Era evidente. El tubo de ventilación era la chimenea perfecta para expulsar las esporas mientras estallaban las plantas bajas del edificio, provocando un efecto de cerbatana tóxica.

Al arrodillarse vio el punto donde se había forzado la cubierta del tubo, retirando una vieja capa de óxido. No le quedaba tiempo para verificar la presencia de trampas. Arrancó el tubo con un resoplido.

La bomba se encontraba en el interior del conducto. Los quince viales de cristal estaban dispuestos en forma de explosión estelar, alrededor de un perdigón central de C4, suficiente para reventar los frascos. Observó el polvo blanco que contenía cada tubo. Mordiéndose el labio inferior, se agachó y con cuidado extrajo la bomba del conducto. La cuenta atrás proseguía en el temporizador.

00.54.

00.53.

00.52.

Una vez fuera del conducto, Gray se incorporó. Hizo una rápida comprobación de la bomba. Estaba protegida para evitar su manipulación. No le quedaba tiempo para descifrar los cables y la electrónica. La bomba iba a estallar. Tenía que apartarla del edificio, de la zona de la onda expansiva y, a ser posible, también de él.

0.41.

Sólo había una oportunidad.

Metió la bomba en una bolsa de nailon que llevaba al hombro y se asomó por la fachada principal. Los faros apuntaban hacia el edificio, atraídos por la alarma. La seguridad de la base no conseguiría llegar a tiempo. No tenía elección. Tenía que salir de allí... aunque fuese a costa de su propia vida.

Tras retroceder varios pasos desde el borde del tejado, respiró hondo y dio un brinco hacia la parte frontal del edificio. Al llegar al borde, rebotó y saltó sobre el pretil de ladrillo.

Se precipitó al vacío y descendió por los aires las seis plantas.

5.15
Washington D. C.

—¡Santo cielo! —exclamó Logan cuando Grayson saltó desde el tejado.

—Está chiflado —comentó el técnico, levantándose bruscamente.

Painter se limitó a observar la estrategia suicida del hombre.

—Ha hecho lo que tenía que hacer —afirmó.

5.15
Frederick (Maryland)

Gray se mantuvo en posición vertical, con los brazos estirados para guardar el equilibrio. Cayó en picado. Rogó a las leyes de la física, velocidad, trayectoria y análisis de vectores que no lo traicionaran y se preparó para el impacto.

Dos pisos más abajo y a unos veinte metros de la fachada, le esperaba el tejado esférico de la Bola Ocho. El globo de contención de un millón de litros refulgía con el rocío matinal.

Dio un giro en el aire, intentando caer de pie. Luego el tiempo se aceleró. O él. Sus botas golpearon la superficie de la esfera. La armadura líquida se solidificó alrededor de los tobillos, protegiéndolos de una rotura. La inercia lo impulsó hacia delante, bocabajo, con los brazos en cruz. Pero no había llegado al centro del tejado de la esfera, sino al armazón curvo más próximo al edificio 470.

Buscó con los dedos un lugar donde agarrarse, pero no había asideros. El cuerpo resbaló por el acero cubierto de rocío, ladeándose ligeramente. Estiró las piernas, arrastrando las puntas de los pies para lograr cierto efecto de fricción. Luego traspasó el punto de no retorno y se precipitó al vacío por la abrupta pendiente lateral.

Con la mejilla pegada al acero, no vio la pasarela hasta que se golpeó contra ella. Recibió el impacto en la pierna izquierda, y a continuación todo su cuerpo se tambaleó. Aterrizó con las manos y las rodillas en lo alto del andamiaje que rodeaba el ecuador de la esfera de acero. Cuando se puso en pie, las piernas le temblaban de miedo y tensión.

No podía creer que estuviera vivo. Examinó la curva de la esfera mientras sacaba del bolsillo la bomba biológica. La superficie del globo de contención estaba perforada por múltiples ojos de buey, en otros tiempos utilizados por los científicos para observar los experimentos biológicos del interior. En todos los años de uso de la esfera no se había escapado ningún patógeno.

Gray rezó para que ocurriera lo mismo aquella mañana. Observó la bomba que llevaba en la mano: 0.18. Sin tiempo ni para mascullar un juramento, corrió por la pasarela exterior en busca de una trampilla de entrada. La encontró a medio hemisferio de distancia. Una puerta de acero con ojo de buey. Se abalanzó sobre ella, agarró el picaporte y tiró.

Pero no se movía. Cerrada con llave.

5.15
Washington D. C.

Painter observó cómo Grayson tiraba de la trampilla de la esfera gigante. Reparó en la tensión desesperada, la premura. Había visto la extracción del mecanismo explosivo instalado en el tubo de ventilación. Conocía el objetivo de la misión del equipo de Grayson: descubrir a un presunto traficante de patógenos para fines bélicos.

Painter no tenía dudas acerca del agente mortífero que encerraba la bomba: ántrax.

Era evidente que Grayson no podía desactivar el mecanismo y por ello buscaba un lugar seguro donde depositarlo, una búsqueda infructuosa hasta el momento.

¿Cuánto tiempo le quedaba?

5.15
Frederick (Maryland)
0.18

Grayson echó a correr de nuevo. Tal vez hubiese otra trampilla. Rodeó con gran estrépito la pasarela. Se sentía como si corriera con botas de esquí, con los tobillos todavía petrificados dentro del traje.

Recorrió otro medio hemisferio y apareció una nueva trampilla.

—¡Atención! ¡Deténgase de inmediato!

Era la seguridad de la base. La intensidad del megáfono casi le indujo a obedecer. Casi.

Siguió corriendo. El reflector se proyectó sobre él.

—Deténgase o abrimos fuego.

No le quedaba tiempo para negociar.

Un ruido ensordecedor de disparos retumbó en el lateral de la esfera, y algunos impactos tintinearon en la pasarela. Ninguno cercano. Eran disparos de advertencia.

Llegó a la segunda trampilla, agarró el picaporte, lo giró y tiró.

Por un instante se resistió, pero luego se abrió de golpe. Grayson no pudo contener un suspiro de alivio.

Arrojó la bomba al hueco interior de la esfera, cerró bien la puerta y apoyó la espalda contra ella . Después se dejó caer.

—¡Eh, usted! ¡Quédese donde está!

No tenía intención de ir a ningún lado. Estaba contento donde se encontraba. Al cabo sintió una leve sacudida en la espalda. La esfera resonó como una campana: la bomba había estallado en el interior, contenida sin peligro.

Pero aquel fue sólo el preludio de otras cosas aún más increíbles. El suelo tembló con una serie de explosiones discordantes, como una pelea de dioses titánicos.

«Bum... bum... bum...». Secuencial, cronometrado, programado.

Eran las demoliciones controladas del edificio 470.

Aun aislado en el hemisferio opuesto de la esfera, Gray sintió primero una leve succión de aire, y luego un fuerte fragor de volatilización cuando el edificio inspiró y espiró por última vez. Al derrumbarse despidió una densa nube de humo y escombros. Gray alzó la mirada a tiempo para ver una imponente columna de humo y polvo que ascendía en vertical, expandiéndose con el viento.

Pero con esa brisa no viajaba la muerte.

Una explosión final retumbó en el edificio moribundo, un estruendo de ladrillo y roca, una avalancha de piedra. El suelo retumbó bajo sus pies, y luego oyó un ruido nuevo, esta vez un chirrido metálico.

Con el empuje de la explosión y el temblor de los cimientos, dos de los soportes de la Bola Ocho reventaron y cedieron. Toda la estructura se inclinó hacia el lado opuesto al edificio, hacia la calle. Luego estallaron otros soportes.

La esfera de contención de un millón de litros volcó hacia la hilera de camiones de seguridad. Y Gray estaba justo debajo.

Se apartó a un lado y avanzó a tientas por la pasarela, intentando alejarse del impacto. Dio varias zancadas, pero la pendiente era cada vez mayor, a medida que se desplomaba la esfera. La pasarela se tornó en escalera. Clavó los dedos en el marco de metal y se impulsó apoyando las piernas en los puntales de soporte del enrejado. Intentaba no quedar debajo de la sombra del descomunal globo.

Hizo un último intento desesperado, aferrándose a un asidero y apoyándose en las puntas de los pies.

La Bola Ocho colisionó contra el césped del patio y se empotró en la marga impregnada de agua de lluvia. El impacto desplazó hacia arriba la pasarela y Gray salió despedido y aterrizó de espaldas a varios metros de allí, en el mullido césped. No cayó desde una gran altura.

Se incorporó y se sentó apoyado en un codo.

La hilera de camiones de seguridad se retiró cuando se aproximaba la bola. Pero no debían de andar lejos. Y él tenía que evitar que lo atrapasen. Se puso en pie con un gemido y comenzó a andar a trompicones envuelto en la cortina de humo del edificio derruido. Sólo entonces oyó las alarmas que sonaban en toda la base. Sin detenerse, se despojó del traje y sustituyó las etiquetas de identificación por el atuendo de civil que llevaba debajo. Después se dirigió presuroso al extremo opuesto del patio, al siguiente edificio, hasta el lugar donde había dejado la moto, que encontró intacta.

Pasó una pierna por encima del asiento y metió la llave en el contacto. El motor arrancó sin problemas. Cuando iba a poner la mano en el acelerador, se detuvo un instante al descubrir que el manillar tenía algo colgado. Lo soltó, lo observó un instante y luego se lo metió en un bolsillo. «Maldita sea…».

Aceleró y enfiló por un callejón cercano. La vía parecía despejada por el momento. Se encorvó, aceleró aún más y pasó como una bala entre los oscuros edificios. Al llegar a Porter Street realizó un brusco giro y dio la vuelta rápido, inclinando la rodilla izquierda hacia el exterior para mantener el equilibrio. En la calle había pocos coches, y aparentemente ninguno pertenecía a la policía militar.

Zigzagueó entre ellos y se alejó hacia la parte más rural de la base que rodeaba Nallin Pond, una zona ajardinada de ondulantes montículos y bosques.

Iba a esperar allí hasta que pasase lo peor del revuelo que sin duda se organizaría, con la idea de escabullirse después. Por el momento estaba a salvo. Aun así, sentía en el bolsillo el peso del objeto abandonado en su moto a modo de adorno.

Una cadena de plata… con un colgante en forma de dragón.

5.48
Washington D. C.

Painter se apartó del monitor del satélite. El técnico había captado la huida de Grayson en moto tras emerger de la nube de humo y polvo. Logan seguía al teléfono, transfiriendo información a través de una serie de canales ocultos, emitiendo la señal de fin de peligro. Desde las altas esferas se atribuiría la culpa de lo ocurrido en la base a un fallo de comunicación, al cableado deficiente, a las municiones defectuosas. Nunca se mencionaría a Sigma Force.

El técnico del satélite seguía con los auriculares puestos.

—Señor —informó—, tengo una llamada del director de DARPA.

—Pásemela aquí. —Painter descolgó otro auricular. Escuchó atentamente mientras se transmitía la comunicación cifrada.

El técnico le hizo gestos de satisfacción cuando la línea empezó a cobrar vida. Aunque no hablaba nadie, Painter casi notaba la presencia de su mentor y comandante.

—¿Director McKnight? —dijo, sospechando que el hombre llamaba para recibir un parte de la misión.

Su suposición resultó errónea.

Advirtió la tensión de la voz que se dirigía a él.

—Painter, acabo de recibir de Alemania un comunicado de los servicios secretos. Unas muertes muy extrañas en una catedral. Necesitamos disponer de un equipo sobre el terreno antes de que anochezca.

—¿Tan pronto?

—Dispondremos de más información dentro de un cuarto de hora. Pero vamos a necesitar a su mejor agente para que encabece el equipo.

Painter observó el monitor del satélite. Vio que la motocicleta surcaba las colinas, parpadeando entre la rala arboleda.

—Puede que tenga ya al hombre adecuado. Pero ¿puedo preguntar por qué hay tanta urgencia?

—Hemos recibido esta mañana una llamada en la que se nos solicitaba que Sigma investigue el asunto en Alemania. Su grupo ha sido designado especialmente para la misión.

—¿Designado? ¿Por quién?

Tenía que ser alguien tan importante como el presidente para que el doctor McKnight estuviera tan alterado. Pero una vez más la suposición de Painter resultó errónea. El director precisó:

—Por el Vaticano.

II
La Ciudad Eterna

24 de julio, mediodía
Roma

T odo por no llegar tarde a la comida.

La teniente Rachel Verona bajó corriendo las estrechas escaleras que conducían a la cripta de la basílica de San Clemente. Las excavaciones en los cimientos de la iglesia se habían iniciado dos meses antes, bajo la supervisión de un pequeño equipo de arqueólogos de la Universidad de Nápoles.

—*Lasciate ogni speranza…* —masculló Rachel.

Su guía, la profesora Lena Giovanna, directora del proyecto, se volvió para mirarla. Era una mujer alta, de unos cincuenta años, pero a causa de la permanente curvatura de su espalda parecía mayor y más baja. Dirigió a Rachel una sonrisa cansina y le dijo:

—Vaya, vaya, así que conoce a Dante Alighieri. *Lasciate ogni speranza, voi ch'entrate!* «Perded toda esperanza los que entráis aquí».

Rachel sintió una punzada de vergüenza. Según Dante, aquellas palabras se escribieron a las puertas del Infierno. No pretendía que la oyeran, pero la acústica del lugar hacía escasas concesiones a la privacidad.

—No pretendía ofender, *professoressa*.

—No me lo he tomado así, teniente —respondió entre risas la profesora Lena—. Sólo me ha extrañado encontrar en la policía militar a alguien que cite a Dante con tanta naturalidad. Aunque trabaje para los carabineros de la Tutela Patrimonio Culturale.

Rachel comprendió que había un error de base. Era bastante común medir con el mismo rasero a todos los cuerpos de los carabineros. La mayoría de los civiles sólo veía a los hombres y mujeres uniformados que vigilaban las calles y los edificios armados con rifles. Pero ella no entró en el cuerpo como soldado militar, sino con sus licenciaturas en psicología e historia del arte. La reclutaron en los carabineros en cuanto salió de la universidad y dedicó otros dos años a estudiar derecho internacional en el instituto universitario de formación de oficiales. Fue seleccionada por el general Rende, que dirigía la unidad especial dedicada a la investigación de robos de arte y antigüedades, la Tutela Patrimonio Culturale.

Al llegar abajo del todo, Rachel se encontró un charco de agua. La tormenta de los últimos días había inundado el nivel subterráneo. Lo observó contrariada. Al menos sólo le llegaba al tobillo. Iba calzada con unas botas de goma muy grandes, de talla masculina. En la mano izquierda llevaba los Ferragamo nuevos que le había regalado su madre por su cumpleaños. No se atrevió a dejarlos en las escaleras. Los ladrones merodeaban por todas partes. No quería ni pensar en la bronca que le echaría su madre si perdía los zapatos o se le ensuciaban.

La profesora Giovanna, por su parte, llevaba un mono muy práctico, un atuendo más adecuado para explorar ruinas inundadas que los pantalones azul marino y la blusa de seda con estampado de flores que lucía Rachel. Pero cuando a ésta le sonó el busca un cuarto de hora antes, iba camino del restaurante donde había quedado para comer con su madre y su hermana. No le daba tiempo a volver a casa para cambiarse y ponerse el uniforme de carabinero, si pretendía pese a todo no faltar a la cita. De modo que acudió directamente al lugar, donde se reunió con un par de carabineros locales. Rachel dejó a los policías militares en la basílica mientras ella efectuaba las primeras pesquisas sobre el robo.

En algunos aspectos, Rachel se alegraba del aplazamiento temporal. También había postergado en exceso el momento de comunicarle a su madre que Gino y ella habían roto. En realidad, hacía más de un mes que su ex novio se había mudado. Rachel ya imaginaba el gesto de decepción en los ojos de su madre, junto con los típicos ruidos vocales que daban a entender «Te lo advertí» sin expresarlo claramente con palabras. Y su hermana mayor, que llevaba tres años casada, empezaría a girar la alianza de diamantes en el dedo y asentiría prudentemente en silencio. A ninguna le convencía el camino profesional que había elegido Rachel.

«¿Cómo vas a conservar a un marido a tu lado, insensata? —le espetaría su madre, elevando los brazos al cielo—. Te rapas el pelo y duermes con un arma. No hay hombre que resista eso».

En consecuencia, Rachel raras veces salía de Roma para visitar a sus familiares, que vivían en la zona campestre de Castel Gandolfo, donde se asentaron tras la Segunda Guerra Mundial, al amparo de la residencia estival del Papa. Sólo se sentía comprendida por su abuela. Ambas compartían el mismo amor por las antigüedades y las armas de fuego. De niña, Rachel escuchaba con avidez sus historias de la guerra: relatos truculentos aderezados con humor negro. La *nonna* todavía guardaba una Luger P-08 nazi en la mesilla de noche, lubricada y bruñida, una reliquia robada a un guardia fronterizo durante la huida de su familia. No era la típica anciana que mataba el tiempo tejiendo patucos.

—Es allí delante —dijo la profesora. Salpicó con el pie para señalar una entrada brillante—. Mis alumnos están examinando el lugar.

Rachel siguió a su guía, llegó al vano de escasa altura y se agachó para franquearlo. Al otro lado había una especie de cueva donde pudo erguirse. La bóveda del techo, iluminada con linternas y focos, estaba construida con bloques de tufa volcánica sellada con yeso. Una gruta artificial. Sin duda alguna, un templo romano.

Mientras Rachel se adentraba en el cubículo, tenía muy presente el peso de la basílica sobre su cabeza. La iglesia, dedicada a san Clemente en el siglo XII, se había erigido a partir de una basílica anterior, construida en el siglo IV. Pero hasta esta antigua iglesia ocultaba un misterio más profundo: las ruinas de un patio de edificios romanos del siglo I, entre los que se incluía un templo pagano. En Roma no es raro encontrar edificios superpuestos de distintas religiones según una secuencia estratificada.

Rachel sintió en todo el cuerpo un escalofrío familiar al percibir la presión del tiempo con la misma solidez que el peso de la piedra. Aunque la arquitectura de un siglo sepultaba la de épocas anteriores, ésta no desaparecía. La historia antigua de la humanidad está escrita en piedra y silencio. Y en estas capas inferiores había una catedral tan suntuosa como la de arriba.

—Éstos son dos alumnos míos de la universidad —dijo la profesora—. Tia y Roberto.

En la penumbra, Rachel siguió la mirada de la profesora y bajó la vista para descubrir las formas acuclilladas de los dos jóvenes, ambos de pelo moreno y también vestidos con monos gastados. Habían estado etiquetando trozos de cerámica rota y en aquel momento se levantaron para saludar. Como llevaba todavía los zapatos en una mano, Rachel les tendió la otra. Aunque eran universitarios, no aparentaban más de quince años. Tal vez porque Rachel acababa de cumplir treinta, tenía la impresión de que todo el mundo rejuvenecía salvo ella.

—Por aquí —dijo la profesora, y guió a Rachel hasta una hornacina de la pared del fondo—. Los ladrones seguramente aprovecharon la tormenta de anoche para dar el golpe.

La profesora Giovanna enfocó con la linterna una figura de mármol empotrada en un nicho del fondo. Medía un metro de alto, o así sería si no le faltara la cabeza. Sólo quedaban el torso, las piernas y un protuberante falo de piedra. Un dios romano de la fertilidad.

—Una tragedia —dijo la profesora con gesto de contrariedad—. Era la única escultura intacta descubierta aquí.

Rachel comprendió la frustración de la mujer. Extendió la mano y la pasó por el cuello cercenado de la estatua. Su tacto percibió una rugosidad familiar.

—Sierra de arco —dijo entre dientes.

Era la herramienta de los ladrones de tumbas modernos, un objeto fácil de ocultar y manejar. Con ese simple instrumento, los ladrones habían robado, deteriorado y destrozado obras de arte en toda Roma. El robo se llevaba a cabo en unos instantes, muchas veces a plena luz del día, generalmente mientras el conservador estaba de espaldas. Y el botín compensaba con creces el riesgo. El tráfico de antigüedades robadas era un negocio lucrativo, sólo superado por los de narcóticos, blanqueo de dinero y armas. Por ello se había constituido desde 1992 el comando de carabineros de la Tutela Patrimonio Culturale, esto es, un cuerpo policial destinado a la protección del patrimonio cultural. En colaboración con la Interpol, el comando aspiraba a detener esa corriente.

Rachel se agachó delante de la estatua y sintió una quemazón familiar en la boca del estómago. Poco a poco, a retazos, se iba devastando la historia romana. Era un crimen contra el tiempo.

—*Ars longa, vita brevis* —susurró. Era una cita de Hipócrates, uno de sus autores predilectos. «La vida es breve, el arte eterno».

—Desde luego —dijo la profesora con voz abatida—. Era un hallazgo magnífico. El fino trabajo del cincel, los cuidados detalles son obra de un maestro artesano. Todo para que vengan unos vándalos y se lo carguen…

—¿Por qué no robaron la estatua entera esos brutos? —preguntó Tia—. Al menos se habría conservado intacta.

Rachel dio un golpecito en la protuberancia fálica de la estatua con uno de los zapatos.

—A pesar de este asidero tan cómodo, la pieza es demasiado grande. El ladrón debía de tener ya un comprador internacional. Es más fácil pasar por la frontera el busto solo.

—¿Hay alguna esperanza de encontrarlo? —inquirió la profesora Giovanna.

Rachel no le dio falsas esperanzas. De las seis mil obras de arte antiguas robadas el año anterior, sólo se habían recuperado unas pocas.

—Necesito fotografías de la estatua intacta para enviárselas a la Interpol, preferiblemente del busto.

—Tenemos una base de datos digital —dijo la profesora Giovanna—. Puedo enviarle las imágenes por correo electrónico.

Rachel asintió y siguió observando la estatua decapitada.

—También Roberto podría decirnos lo que hizo con la cabeza —comentó.

La profesora dirigió la mirada al chico. Roberto dio un paso atrás.

—¿Có-cómo? —El chico recorrió toda la sala con la mirada, hasta volver a fijarla en su profesora—. Profesora, de verdad, yo no sé nada. Esto es absurdo.

Rachel no dejaba de observar la estatua decapitada y la única pista de que disponía. Había sopesado las opciones de jugar ahora sus cartas o hacerlo más tarde en la comisaría. Esto último supondría entrevistar a todo el mundo, tomar declaración, un montón de papeleo. Cerró los ojos, pensando en la comida a la que ya llegaba tarde. Además, si tenía alguna posibilidad de recuperar la pieza robada, la velocidad era esencial.

Abrió los ojos y habló con la estatua.

—¿Sabían que el 64 por ciento de los robos arqueológicos los cometen los trabajadores del yacimiento? —Volvió la cabeza hacia el trío.

—Espero que no se te haya pasado por la cabeza, Roberto... —dijo la profesora Giovanna frunciendo el ceño.

—¿Cuándo descubrieron la estatua? —preguntó Rachel.

—Hace dos días. Pero anuncié nuestro descubrimiento en la página web de la Universidad de Nápoles. Mucha gente lo supo.

—Pero ¿cuántas personas sabían que el yacimiento estaría desprotegido durante la tormenta de anoche? —Rachel no perdía de vista a una persona—. Roberto, ¿tienes algo que decir?

Su rostro era una máscara pétrea de incredulidad.

—Yo... no... no tuve nada que ver en esto.

Rachel se sacó la radio del cinturón.

—Entonces no te importará que registremos tu habitación. Para encontrar tal vez una sierra de arco, algo con restos de mármol similar al de esta estatua.

En los ojos del chico se dibujó una conocida mirada de desesperación.

—Yo... yo... —Fue todo lo que pudo decir.

—La pena mínima es de cinco años de prisión —prosiguió Rachel, presionando al interrogado—. *Obbligatorio.*

Bajo la luz de la lámpara, el muchacho estaba visiblemente abatido.

—A no ser que estés dispuesto a colaborar. Entonces se podría arreglar algo.

El chico negó con la cabeza, pero no estaba claro qué era lo que negaba.

—Bien, has tenido tu oportunidad. —Se acercó la radio a la boca. Al presionar el botón, resonó un intenso silbido de electricidad estática en aquel espacio abovedado.

—¡No! —Roberto levantó la mano para impedir que Rachel iniciase la comunicación, tal como ella sospechaba. Luego bajó la mirada al suelo.

Se hizo un largo silencio. Rachel no lo interrumpió. Dejó que aumentara la gravedad del momento. Roberto al fin emitió un leve sollozo.

—Tenía... deudas... deudas de juego —confesó—. No me quedaba otra salida.

—*Dio mio* —exclamó la profesora, llevándose la mano a la frente—. Pero Roberto, ¿cómo es posible?

El alumno no supo responder.

Rachel conocía bien el peso que recaía sobre el joven. No era una circunstancia poco común. Él no era más que un minúsculo zarcillo en una organización mucho mayor, tan extendida y arraigada que nunca sería posible arrancarla por completo. La máxima aspiración de Rachel era seguir picoteando las semillas.

Se acercó la radio a los labios.

—Carabinero Gerard, tengo conmigo a alguien que dispone de más información.

—*Capito, tenente...*

Rachel apagó la radio. Roberto se llevó las manos a la cabeza. Había arruinado su carrera.

—¿Cómo lo sabía? —preguntó la profesora.

Rachel no se molestó en explicar que era común que los miembros del crimen organizado utilizasen, solicitasen o forzasen la colaboración de los trabajadores de los yacimientos. Tal corrupción era galopante, y solía captar a los desprevenidos, a los ingenuos.

Se apartó de Roberto. A menudo la solución consistía en dilucidar cuál era el punto flaco del equipo de investigación. En el caso de aquel chico, Rachel se limitó a hacer una cortés indagación y luego recurrió a la presión para comprobar si su hipótesis era correcta. Se arriesgó a jugar demasiado pronto su carta. ¿Y si hubiera sido Tía? Cuando Rachel hubiera averiguado que la pista inicial era falsa, Tía habría puesto ya sobre aviso a sus compradores. ¿Y si hubiera sido la profesora Giovanna, para complementar su sueldo universitario con la venta de sus propios hallazgos? La investigación podría haberse malogrado en diversos sentidos. Pero Rachel sabía que la recompensa requería un riesgo.

La profesora Giovanna continuaba mirándola fijamente, con la misma pregunta en los ojos. «¿Cómo sabía que debía acusar a Roberto?».

Rachel observó el falo pétreo de la estatua. Le bastó una pista, pero bastante prominente.

—En el mercado negro no sólo se venden bien las cabezas. Hay también una gran demanda de arte antiguo de naturaleza erótica. Vamos, de hecho la demanda es cuatro veces mayor que la de las obras más recatadas. Sospecho que ninguna de las dos habría tenido el menor reparo en serrar ese apéndice prominente, pero por algún motivo los hombres son más reacios. Se lo toman como algo demasiado personal. —Rachel hizo un gesto negativo con la cabeza y cruzó el umbral hasta las escaleras que subían a la basílica—. Si no capan ni a sus perros.

13.34

Se le había hecho tardísimo... Tras mirar la hora, Rachel cruzó apresuradamente la plaza de piedra, frente a la basílica de San Clemente. Tropezó en una losa suelta, trastabillándose unos instantes, pero logró mantenerse en pie. Miró la piedra del pavimento como si tuviera la culpa y luego se fijó en las puntas de los pies.

«Merda!». El lateral exterior del zapato tenía una enorme rozadura.

Continuó por la plaza, esquivando a un grupo de ciclistas que se dispersaba a su alrededor como palomas asustadas. Avanzó con mayor cautela, recordando las sabias palabras del emperador Augusto. *Festina lente*, «apresúrate despacio». Pero Augusto no tenía una madre capaz de pillar por banda hasta a un caballo y despellejarlo.

Al fin llegó a su Mini Cooper aparcado junto a la plaza. El sol de mediodía reflejaba en el vehículo rayos cegadores. Se le dibujó una sonrisa, la primera del día. El coche era otro regalo de cumpleaños, su propio regalo, un lujo que había querido permitirse. Sólo se cumplen treinta años una vez en la vida. Era un poco excesivo, especialmente por la elección de la tapicería de cuero y el modelo S descapotable. Pero era la ilusión de su vida. Ésa era quizá una de las razones de que Gino la hubiera abandonado el mes anterior. El coche le estimulaba mucho más que compartir la cama con un hombre. Había sido una buena compra. El coche era más accesible en el plano emocional. Y además… era descapotable. Era una mujer que apreciaba la flexibilidad, y si no la encontraba en su pareja, la obtenía a través del coche. Aunque ese día hacía demasiado calor para abrir la capota. Qué lástima.

Abrió la puerta, pero antes de entrar le sonó el teléfono móvil en el cinturón. ¿Y ahora qué? Sería probablemente el carabinero Gerard, a quien había encomendado que se hiciera cargo de Roberto. El estudiante iba camino de la comisaría de Parioli, donde iban a interrogarlo. Echó un vistazo al número que llamaba. Identificó el prefijo telefónico internacional, 39-06, pero no el número. ¿Por qué la llamaban desde el Vaticano? Se acercó el teléfono a la oreja.

—Al habla la teniente Verona.

La voz que respondió le resultaba familiar.

—¿Qué tal está hoy mi sobrina favorita? ¿Y qué hace… aparte de dedicarse a exasperar a su madre?

—¿Tío Vigor? —Se le dibujó una sonrisa. Su tío, más conocido como monseñor Vigor Verona, dirigía el Instituto Pontificio de Arqueología Cristiana. Pero no llamaba desde el despacho de la universidad.

—He llamado a tu madre, pensando que estarías con ella. Pero parece que el trabajo de carabinero no tiene horarios. Y tu madre, me temo, no lo comprende.

—Voy camino del restaurante justo ahora.

—Bueno, irías de camino… si no te hubiera interrumpido con mi llamada.

Rachel apoyó una mano en el coche.

—Tío Vigor, ¿qué estás...?

—Ya he transmitido tus disculpas a tu madre. Ella y tu hermana cenarán contigo esta noche temprano. En Il Matriciano. Pagarás tú, por supuesto, por las molestias causadas.

Desde luego que iba a tener que pagar, y no sólo en euros.

—¿De qué se trata, tío?

—Necesito que te reúnas conmigo aquí en el Vaticano. Inmediatamente. Te tendré preparado un pase en la puerta de Santa Ana.

Rachel miró la hora. Tenía que cruzar media Roma.

—Pero tengo que reunirme con el general Rende en mi comisaría para continuar una investigación abierta.

—Ya he hablado con tu comandante. Ha autorizado tu desplazamiento aquí. En realidad, dispongo de tus servicios durante toda una semana.

—¿Una semana?

—O más. Te lo explicaré todo cuando llegues. —Le dio más detalles sobre el lugar de la cita. Rachel frunció el ceño, pero antes de que pudiera preguntar nada más, su tío se despidió.

—Ciao, *bambina* mía.

Con un gesto de incredulidad, Rachel se metió en el coche. «¿Una semana o más?».

Al parecer, si el Vaticano llevaba la voz cantante, hasta los militares obedecían. Por otra parte, el general Rende era amigo de la familia desde hacía dos generaciones. Él y el tío Vigor eran casi como hermanos. No era casualidad que el general se hubiera fijado en Rachel en la Universidad de Roma y la hubiera reclutado. Su tío había velado por ella desde la muerte de su padre en un accidente de autobús quince años antes.

Bajo su tutela, Rachel había pasado varios veranos explorando los museos de Roma, alojada en el convento de Santa Brígida, cerca de la Universidad Gregoriana, más conocida como «il Greg», donde había estudiado y todavía impartía clases el tío Vigor. Y aunque éste habría preferido que su sobrina ingresase en el convento y siguiera sus pasos, comprendió que la chica era un poco diablillo para una profesión tan piadosa y la alentó a que desarrollase su pasión. También le infundió algún que otro don durante aquellos largos veranos: el respeto y el amor a la historia y el arte, donde se inmortalizaban las más excelsas manifestaciones de la humanidad en mármol y granito, óleo y lienzo, vidrio y bronce. Y ahora parecía que su tío no había terminado de formarla todavía.

Se puso unas gafas de sol Revo de cristales azules, arrancó y el coche salió por Via Labicano en dirección al Coliseo. El tráfico era denso en los alrededores del monumento, pero Rachel se desvió por callejones estrechos donde había coches mal aparcados a ambos lados de la calzada. Circulaba a toda velocidad, cambiando de marcha con la pericia de un corredor de carreras. Ralentizó al aproximarse a la entrada de una rotonda donde convergían cinco calles en un círculo demencial. Los visitantes consideraban que los conductores romanos eran ariscos, impacientes y torpes. A Rachel le parecían lentos.

Se metió entre un camión de plataforma sobrecargado y una furgoneta Mercedes G500. El Mini Cooper semejaba un gorrión entre dos elefantes. Rachel rodeó el Mercedes, ocupó el minúsculo hueco que quedaba delante de él y se ganó un bocinazo, pero para entonces ya se había alejado de aquel punto. Salió de la rotonda y desembocó en la calle principal que conducía al Tíber.

Al recorrer la ancha avenida, no perdía de vista el tráfico que circulaba por todos los carriles. Desplazarse con seguridad por las calles romanas requería más planificación estratégica que cautela. Gracias a su atenta conducción, Rachel observó que la seguían.

Un sedán negro BMW no la perdía de vista, a cinco coches de distancia.

¿Quién la seguía? ¿Y por qué?

14.05

Al cabo de un cuarto de hora, Rachel entró en un aparcamiento subterráneo situado en el exterior de las murallas del Vaticano. Al descender inspeccionó la calle que dejaba a sus espaldas. El BMW negro había desaparecido poco después de que Rachel cruzara el Tíber. Ya no había ni rastro del vehículo.

—Gracias —dijo por el teléfono móvil—. El coche ha desaparecido.

—¿Está a salvo? —Era el suboficial de su comisaría. Rachel había llamado y se había mantenido a la espera sin desconectar la línea.

—Eso parece.

—¿Quiere que le enviemos una patrulla?

—No es necesario. Hay carabineros de guardia en la plaza. A partir de aquí no habrá problema. *Ciao*.

No le avergonzaba llamar con una falsa alarma. No se exponía a hacer el ridículo. El cuerpo de los carabineros fomentaba cierto grado de sana paranoia entre sus miembros.

Encontró una plaza de aparcamiento, salió del vehículo y lo cerró. Aun así, llevaba el móvil en la mano. Habría preferido tener la 9 milímetros.

Subió por la rampa, salió del aparcamiento y cruzó hacia la plaza de San Pedro. Aunque se acercaba a una de las obras arquitectónicas más importantes del mundo, no perdía de vista las calles y los callejones aledaños.

Ni rastro del BMW.

Los ocupantes del coche probablemente eran meros turistas que contemplaban los monumentos de la ciudad desde un lujoso cubículo con aire acondicionado, en lugar de recorrer a pie las calles bajo el sol abrasador de mediodía. El verano era temporada alta, y todos los turistas acababan en el Vaticano. Aquélla le parecía la explicación más plausible de la presunta persecución. ¿No dicen que todos los caminos conducen a Roma? O al menos, en ese caso, todo el tráfico.

Satisfecha, se metió el móvil en el bolsillo y cruzó hacia el fondo de la plaza de San Pedro. Como de costumbre, se quedó hechizada por sus dimensiones. Al otro lado de la extensión de travertino, se alzaba la basílica de San Pedro, construida sobre la tumba del santo mártir. Su cúpula, diseñada por Miguel Ángel, era el punto más elevado de Roma. A ambos lados se desplegaba la doble columnata de Bernini, que con dos arcos encuadraba la plaza en un espacio con forma de ojo de cerradura. Bernini pretendía representar con la columnata los símbolos de San Pedro, que abarcaban a los fieles en su pliegue. En la parte superior, se alzaban 140 santos de piedra que contemplaban el espectáculo de la plaza. Y era todo un espectáculo.

Lo que otrora fue el circo de Nerón seguía siendo un circo. Por todas partes se oían voces en francés, árabe, polaco, hebreo, neerlandés, chino. Los grupos organizados se congregaban en islotes alrededor de los guías; los turistas posaban cogidos por el hombro, exhibiendo falsas sonrisas mientras se sacaban la foto; unos pocos oraban al sol, con la cabeza inclinada y la Biblia abierta en las manos. Un grupo de suplicantes coreanos vestidos de amarillo se arrodillaba en las losas de piedra. Por toda la plaza pululaban vendedores ambulantes que ofrecían a la multitud monedas papales, rosarios de pétalos de rosa y crucifijos bendecidos.

Rachel llegó al extremo opuesto de la plaza y se aproximó a una de las cinco entradas del edificio principal, la puerta de Santa Ana, la más cercana a su lugar de destino.

Se dirigió a un hombre de la Guardia Suiza. Como marcaba la tradición, iba vestido con uniforme azul oscuro de cuello blanco y boina negra. Le preguntó su nombre, comprobó su identificación y examinó de arriba abajo su esbelta figura, como si no creyera que fuera una teniente de los carabineros. Una vez convencido, le indicó mecánicamente que pasase al puesto de al lado, el de la Vigilanza, la policía del Vaticano, donde le entregaron un pase plastificado.

—Llévelo consigo en todo momento —advirtió el policía.

Pertrechada con el pase, se puso a la cola de los turistas que cruzaban la puerta y bajaban por la Via del Pellegrino.

Estaba prohibido el acceso a la mayoría de edificios de la ciudad-estado. Los únicos espacios públicos eran la basílica de San Pedro, los Museos Vaticanos y los jardines. Las cuatro mil hectáreas restantes eran de acceso restringido, salvo si se disponía de un permiso especial. Pero el pase a una parte del territorio estaba completamente vedado salvo para unos pocos: el palacio apostólico, la residencia del Papa. Su lugar de destino.

Rachel caminó entre los barracones de ladrillo amarillo de la Guardia Suiza y los escarpados muros grises de la iglesia de Santa Ana, donde no había ni rastro de la majestuosidad de los santos lugares, sino una acera y una densa cola de coches: atascos en el interior de la Ciudad del Vaticano. Después de pasar por la imprenta y la oficina de correos papal, cruzó hacia la entrada del palacio apostólico.

Al acercarse, observó la estructura de ladrillo gris. Parecía más un funcional edificio gubernamental que la Santa Sede. Pero la apariencia era engañosa. Hasta el propio tejado parecía plano y anodino, insignificante. Sin embargo, Rachel sabía que en la parte superior del palacio apostólico había un jardín secreto, con fuentes, senderos con espaldares y setos bien cuidados. Todo estaba oculto bajo una falsa techumbre, que protegía a Su Santidad de la mirada de los curiosos de la plaza, así como del alcance de un francotirador desde cualquier punto de la ciudad.

Para ella representaba la esencia del Vaticano: misterioso, secreto, ligeramente paranoide incluso, pero lugar de piedad y sencilla belleza en su núcleo más íntimo.

Y tal vez podría decirse lo mismo de ella. Aunque era católica no practicante y sólo oía misa en las grandes ocasiones, no había perdido la fe.

Al llegar al control de seguridad del palacio, Rachel mostró el pase tres veces más a la Guardia Suiza. Se preguntaba si aquello no era una referencia implícita a la triple negación de Pedro antes del canto del gallo.

Por fin accedió al palacio, donde la esperaba un guía, un seminarista estadounidense llamado Jacob. Era un veinteañero enjuto, rubio y con una incipiente calvicie, vestido con pantalones de lino negro y una camisa blanca abotonada hasta el cuello.

—Si tiene la amabilidad de seguirme, me han ordenado que la lleve a ver a monseñor Verona. —Con un cómico ademán al cogerle dos veces el pase de visitante, farfulló extrañado—: ¿Teniente Verona? ¿Es... es pariente de monseñor?

—Es mi tío.

El guía hizo un nervioso gesto de asentimiento mientras trataba de serenarse.

—Disculpe. Sólo me dijeron que esperara a un oficial de los carabineros. —Le hizo señas de que lo siguiera—. Soy alumno y ayudante de monseñor en el Greg.

Rachel asintió. Los alumnos de su tío solían venerarlo. Era un hombre profundamente entregado a la Iglesia, pero, aun así, conservaba una fuerte inclinación científica. En la puerta de su despacho universitario había un cartel con la misma inscripción que adornaba la puerta de Platón: «Que no entre nadie que no sepa geometría».

Acompañada por el guía, Rachel entró en el palacio. Enseguida se desorientó. Sólo había estado allí en una ocasión, cuando su tío ascendió a director del Instituto Pontificio de Arqueología Cristiana. Había asistido a la audiencia papal privada. Pero el edificio era gigantesco, con mil quinientas habitaciones, un millar de escaleras y veinte patios. Y además, ahora, en lugar de subir a la residencia del Papa en el piso superior, descendían.

Rachel no entendía por qué su tío la había citado allí y no en su despacho universitario. ¿Se habría perpetrado algún robo, quizá? En tal caso, ¿por qué no se lo comunicó por teléfono? Bueno, ella era consciente del estricto código de silencio del Vaticano. La Santa Sede sabía guardar secretos.

Al fin llegaron a una portezuela sin distintivos. Jacob la abrió para que pasara. Rachel entró en una extraña cámara, casi kafkiana.

Era un espacio estrecho y alargado, de techos altos, con muy escasa iluminación. Las paredes estaban forradas de archivadores de acero grises desde el suelo hasta el techo. En una de las paredes había una escalera de mano muy alta, necesaria para llegar a los cajones superiores. Aunque todo estaba impoluto, olía a viejo y a polvo.

—¡Rachel! —exclamó su tío desde un rincón. Estaba con un sacerdote en el escritorio de una de las esquinas. La saludaron—. Has llegado muy rápido, querida. Bueno, ya he ido contigo en el coche. ¿Alguna víctima?

Ella le sonrió y se acercó a la mesa. Observó que su tío no iba vestido con los habituales vaqueros, camiseta y chaqueta de punto, sino que llevaba un atuendo más formal, más adecuado a su condición: una sotana negra abotonada, con ribetes morados. Hasta se había peinado con cuidado los rebeldes rizos del cabello canoso y se había recortado la perilla.

—Te presento al padre Torres —dijo su tío—. El encargado de la custodia de los huesos.

El anciano se puso en pie. Era bajo y robusto, e iba vestido de negro, con alzacuello. Un atisbo de sonrisa se dibujó en su cara.

—Prefiero el título de «rector de las *reliquiae*» —precisó.

Rachel observó los altísimos archivadores de las paredes. Conocía la existencia de aquel lugar, el depósito de reliquias del Vaticano, pero nunca había estado allí. Reprimió un escalofrío de repulsión. En los estantes y cajones había restos de santos y mártires: falanges, mechones de pelo, frascos de cenizas, retazos de piel momificada, recortes de uñas, sangre. Pocas personas saben que, según el derecho canónico, todos los altares católicos deben poseer una reliquia santa. Y con la constante construcción de nuevas capillas o iglesias en todo el mundo, la labor del sacerdote consistía en embalar y enviar por mensajero huesos u otros restos terrenales de diversos santos.

Rachel no comprendía la obsesión de la Iglesia por las reliquias. Era una cosa que le ponía los pelos de punta. Pero si algo abundaba en Roma eran precisamente las reliquias. En la Ciudad Eterna se conservaban algunas de las más raras y espectaculares: el pie de María Magdalena, las cuerdas vocales de san Antonio, la lengua de san Juan Nepomuceno, los cálculos biliares de santa Clara. Hasta el cuerpo entero del papa san Pío X yacía en la iglesia de San Pedro, revestido de bronce. La más inquietante, con todo, era la que se conservaba en un relicario de Calcata: el supuesto prepucio de Jesucristo.

—¿Ha... habido algún robo aquí? —preguntó Rachel en cuanto recuperó la voz.

El tío Vigor hizo una seña al estudiante.

—Jacob, ¿podrías traernos unos capuchinos?

—Claro, monseñor.

El tío Vigor esperó a que Jacob se marchase y cerrase la puerta. Luego dirigió la mirada a Rachel.

—¿Te has enterado de la masacre de Colonia?

A Rachel le pilló desprevenida la pregunta. Había estado todo el día de la ceca a la meca, sin un minuto libre para ver las noticias, pero era imposible no haberse enterado de los asesinatos ocurridos el día anterior a medianoche en Alemania. Los detalles de la noticia eran todavía imprecisos.

—Sólo lo que han dicho en la radio —respondió.

Vigor asintió.

—La curia —comentó— ha estado recibiendo informaciones secretas que van por delante de lo que se difunde en los medios. Han muerto 84 personas, incluido el arzobispo de Colonia. Pero lo que se oculta al público por el momento es la forma en que murieron.

—¿Qué quieres decir?

—Algunas murieron por arma de fuego, pero la gran mayoría parece haberse electrocutado.

—¿Electrocutado?

—Es el análisis provisional. Todavía faltan los resultados de las autopsias. Algunos cadáveres humeaban todavía cuando llegaron las autoridades.

—¡Dios! ¿Cómo...?

—Esa respuesta tendrá que esperar. En este momento la catedral es un enjambre de investigadores de todo jaez: criminólogos, detectives, científicos forenses y hasta electricistas. Hay equipos de la BKA alemana, expertos terroristas de Interpol y agentes de Europol. Pero dado que el crimen se produjo en una catedral católica romana, territorio sagrado, el Vaticano ha invocado su «omertá».

—Su código de silencio.

Vigor asintió con un sonido gutural.

—La iglesia está cooperando con las autoridades alemanas —prosiguió—, pero también procura limitar el acceso, con el fin de evitar que el lugar del crimen se convierta en un circo.

—Pero ¿qué tiene que ver todo esto con que me hayas citado aquí? —inquirió Rachel, moviendo la cabeza.

—Según las investigaciones preliminares parece que sólo hay un móvil. Han destrozado el relicario de oro de la catedral.

—Así que robaron el relicario.

—No, ahí está la clave. La caja de oro macizo la dejaron. Un objeto de valor incalculable. Sólo robaron su contenido: las reliquias.

—Y no una reliquia cualquiera —terció el padre Torres—, sino los huesos de los Reyes Magos.

—¿Los tres Reyes Magos de la Biblia? —Rachel no podía disimular la incredulidad—. Roban los huesos, pero dejan la caja de oro. Sin duda el relicario se vendería mejor que los huesos en el mercado negro.

El tío Vigor suspiró.

—A petición del secretario de Estado —comentó— he venido a evaluar la procedencia de las reliquias. Tienen un pasado ilustre. Los huesos llegaron a Europa gracias al afán coleccionista de reliquias de santa Elena, la madre del emperador Constantino. El primer emperador cristiano envió a su madre en peregrinaje para que coleccionara reliquias santas. La más famosa es, por supuesto, la Vera Cruz de Cristo.

Rachel había estado en la basílica romana de la Santa Cruz en Jerusalén, en la colina laterana. En una sala del fondo, tras un cristal, se conservaban las reliquias más famosas reunidas por santa Elena: un travesaño de la Vera Cruz, un clavo utilizado para crucificar a Cristo y dos espinas de la punzante corona. Persistía mucha controversia sobre la autenticidad de las reliquias. La mayoría creía que todo era un engaño de santa Elena.

—Pero no es tan conocido —continuó su tío— que la emperatriz Elena efectuó otro viaje más allá de Jerusalén. Cuando regresó, en misteriosas circunstancias, con un gran sarcófago de piedra, aseguró haber encontrado los cuerpos de los Reyes Magos. Las reliquias se conservaron en Constantinopla, pero tras la muerte de Constantino fueron trasladadas a Milán y enterradas en una basílica.

—Pero pensaba que habías dicho Alemania...

El tío Vigor levantó una mano.

—En el siglo XII —señaló— el emperador Federico Barbarroja de Alemania saqueó Milán y robó las reliquias. Las circunstancias que rodearon estos hechos están envueltas en un cúmulo de rumores. Pero todas las versiones coinciden en que al final las reliquias fueron depositadas en Colonia.

—Hasta los acontecimientos de anoche —añadió Rachel. El tío Vigor asintió.

Rachel cerró los ojos. Los demás la dejaron reflexionar en silencio. Ella oyó que se abría la puerta del depósito. Mantuvo los ojos cerrados para no perder el hilo de sus pensamientos.

—¿Y los homicidios? —preguntó Rachel—. ¿Por qué no robaron los huesos cuando la iglesia estaba vacía? Ese acto supone también un ataque directo contra la Iglesia. La violencia contra la congregación indica que había un segundo móvil de venganza, no únicamente un hurto.

—Muy bien —dijo una nueva voz desde la puerta.

Rachel abrió los ojos sobresaltada. Inmediatamente reconoció el atuendo del recién llegado: la sotana negra con una capa sobre los hombros y un ancho fajín escarlata alrededor de la cadera, a juego con el solideo. También reconoció al hombre que llevaba ese atuendo.

—Cardenal Spera —le dijo, inclinando la cabeza en señal de reverencia.

Él la saludó con la mano, en cuyos dedos brillaba el anillo de oro propio del rango cardenalicio. En la otra mano llevaba un segundo anillo, gemelo del anterior, como símbolo de su condición de secretario de Estado del Vaticano. Era siciliano, de tez y cabello oscuros. Aún no había cumplido los cincuenta años, por lo que era bastante joven para una posición tan codiciada. Mostraba una cálida sonrisa.

—Veo, monseñor Verona, que no se equivocaba con su sobrina.

—Habría sido impropio de mí mentir a un cardenal, máxime si se trata, además, de la mano derecha del Papa. —Su tío atravesó la sala y, en lugar de besar castamente cualquiera de los dos anillos del hombre, le dio un fuerte abrazo—. ¿Cómo está encarando la noticia Su Santidad?

El cardenal se puso tenso y movió la cabeza en señal de contrariedad.

—Después de nuestra reunión de esta mañana —señaló—, me puse en contacto con Su Eminencia en San Petersburgo. Regresará mañana por la mañana.

«Después de nuestra reunión…». Rachel comprendía ahora el atuendo formal de su tío. Se había reunido con el secretario de Estado.

—Voy a preparar la respuesta papal oficial junto con el sínodo de obispos y el colegio cardenalicio —continuó el cardenal Spera—. Después tengo que organizar el funeral de mañana. Será al atardecer.

Rachel estaba abrumada. Aunque el Papa era la cabeza visible del Vaticano, su monarca absoluto, el verdadero poder del Estado recaía en ese hombre, el primer ministro oficial. Advirtió el cansancio de su mirada, la tensión de sus hombros. Se encontraba visiblemente agotado.

—¿Y ha averiguado algo en sus pesquisas? —preguntó el cardenal.

—Sí —dijo el tío Vigor con aspereza—. Los ladrones no se han apoderado de todos los huesos.

—¿Hay más? —preguntó Rachel, inquieta.

—Eso es lo que hemos venido a esclarecer aquí —repuso su tío, dirigiéndose a ella—. Parece que la ciudad de Milán, desde el saqueo de Barbarroja, se pasó varios siglos reclamando la devolución de los huesos robados. Para resolver por fin el conflicto, en 1906 se trasladó una parte de los huesos de los Reyes Magos a la basílica de San Eustorgio de Milán.

—Gracias a Dios —dijo el cardenal Spera—. De manera que no se han perdido del todo.

—Deberíamos solicitar —sugirió el padre Torres— que los envíen aquí de inmediato para guardarlos en el depósito.

—Antes de organizar el traslado, debo encargarme de reforzar la seguridad de la basílica —dijo el cardenal. Hizo señas al tío Vigor—. Cuando regreses de Colonia deberás pasar por Milán para recoger los huesos.

El tío Vigor asintió con la cabeza.

—Ah, y también he decidido adelantar el vuelo —continuó el cardenal—. El helicóptero os llevará a los dos al aeródromo dentro de tres horas.

«¿A los dos?».

—Mucho mejor. —El tío Vigor se dirigió a Rachel—. Parece que vamos a enfadar a tu madre una vez más. No habrá cena familiar, me temo.

—¿Voy… vamos a Colonia?

—Como nuncios del Vaticano —dijo su tío.

Rachel intentaba no perder el hilo de la conversación. Los nuncios eran los embajadores del Vaticano en el extranjero.

—Nuncios de emergencia —precisó el cardenal Spera—. Provisionales, para afrontar esta tragedia concreta. Se os presentará como observadores pasivos, destinados a representar los intereses del Vaticano e informar sobre la situación. Necesito ojos perspicaces en la zona. Alguien familiarizado con los robos de antigüedades. —Se volvió hacia Rachel—. Y alguien con amplios conocimientos sobre antigüedades, precisamente.

—Ésa es nuestra tapadera, en todo caso —dijo el tío Vigor.

—¿Tapadera?

El cardenal Spera frunció el ceño y con un tono de reprobación dijo:

—Vigor...

Éste se volvió al secretario de Estado.

—Ella tiene derecho a saberlo —replicó—. Pensaba que eso ya se había decidido.

—Lo has decidido *tú*.

Los dos hombres se miraron. Al fin, el cardenal Spera suspiró e hizo un gesto de transigencia con la mano.

El tío Vigor se dirigió a Rachel.

—La función de nuncio —le dijo— no es más que una cortina de humo.

—¿Entonces qué somos?

Vigor se lo dijo.

15.35

Todavía atónita, Rachel esperó a que concluyera una breve conversación privada entre su tío y el cardenal Spera en el pasillo. Entretanto, el padre Torres se dedicó a colocar en los estantes varios volúmenes que estaban apilados en su mesa.

Al fin regresó su tío.

—Esperaba tomarme un *brioche* contigo —le dijo—, pero con el horario tan acelerado, debemos prepararnos. Tendrás que llevarte una pequeña bolsa de viaje, tu pasaporte y cualquier otra cosa que necesites para pasar un día o dos en el extranjero.

Rachel miró al suelo.

—¿Espías del Vaticano? —inquirió—. ¿Vamos como *espías* del Vaticano?

El tío Vigor arqueó las cejas.

—¿De verdad te sorprende? El Vaticano, país soberano, siempre ha tenido unos buenos servicios secretos, con agentes y empleados a tiempo completo. Los utiliza para infiltrarse en grupos de incitación al odio, sociedades secretas, países hostiles o cualquier otro lugar donde se vean amenazados sus intereses. Walter Ciszek, sacerdote que opera bajo el alias de Vladimir Lipinski, jugó al gato y al ratón con la KGB durante años, hasta que fue capturado y pasó dos décadas en una prisión soviética.

—¿Y nos acaban de reclutar para este servicio?

—*A ti* te acaban de reclutar. Yo llevo quince años trabajando para los servicios secretos.

—¿Qué? —Rachel casi se atragantó con la palabra.

—¿Qué mejor tapadera para un agente que ser un arqueólogo culto y respetado que presta sus humildes servicios al Vaticano? —Vigor le hizo señas para que saliera de la sala—. Ven. Vamos a intentar poner todas las cosas en orden.

Rachel avanzó detrás de su tío, mientras intentaba verlo con otros ojos.

—Nos reuniremos allí con un grupo de científicos estadounidenses. Al igual que nosotros, van a investigar en secreto el atentado, centrándose más en las muertes, mientras que nosotros nos encargaremos del robo de las reliquias.

—No entiendo. —La frase era un eufemismo.— ¿A qué viene todos estos subterfugios?

Su tío se detuvo y condujo a Rachel a una capilla lateral. No era mayor que un armario y en ella se respiraba un aire viciado con olor a incienso rancio.

—Muy pocas personas lo saben —dijo—, pero hay un superviviente del atentado. Un chico. Se encuentra todavía en estado de *shock*, pero va recuperándose lentamente. Está en el hospital de Colonia, bajo vigilancia.

—¿Presenció el atentado?

La respuesta fue un gesto afirmativo.

—Lo que él describió —comentó Vigor— parece una locura, pero no se puede desestimar sin más. Todas las muertes, o mejor dicho, las de los que sucumbieron a la electrocución, se produjeron en el mismo momento. Los moribundos se desmoronaron en el lugar donde estaban sentados o arrodillados. El chico no se explicaba *cómo* ocurrió, pero fue categórico en lo que respecta al *quién*.

—¿Quién mató a los feligreses?

—No, quiénes sucumbieron, qué miembros de la congregación murieron de un modo tan espantoso.

Rachel aguardaba una respuesta.

—Los que murieron electrocutados, a falta de una palabra mejor, fueron sólo los que comulgaron.

—¿Cómo?

—Fue la hostia eucarística lo que los mató.

Rachel sufrió un escalofrío. Si se corría la voz de que las obleas habían sido la causa de la muerte, la noticia tendría repercusiones en todo el mundo. El sacramento de la eucaristía estaría en peligro.

—¿Estaban envenenadas o manipuladas de algún modo las obleas?

—No se sabe todavía. Pero el Vaticano quiere respuestas inmediatas. Y la Santa Sede quiere ser la primera en conocerlas. Como carecemos de los recursos necesarios para ese nivel de investigación clandestina, especialmente en territorio extranjero, he pedido un favor a un amigo que pertenece a la inteligencia militar estadounidense, alguien en quien confío plenamente. Antes del final del día tendrá un equipo desplegado en la zona.

Rachel, conturbada por las revelaciones de las últimas horas, no podía articular palabra.

—Creo que tenías razón, Rachel —dijo el tío Vigor—. Los crímenes de Colonia son un ataque directo contra la Iglesia. Pero tengo la impresión de que es sólo una estrategia inicial dentro de un juego de mayor envergadura. Pero ¿de qué juego se trata?

—¿Y qué tienen que ver los huesos de los Reyes Magos con todo esto? —preguntó.

—Exactamente. Mientras recoges tus cosas, voy a pasarme por las bibliotecas y los archivos. Ya tengo un equipo de investigadores rastreando todas las referencias a los Tres Reyes. Cuando despegue el helicóptero, tendré un *dossier* completo sobre los Reyes Magos.

—El tío Vigor se acercó a Rachel, la abrazó fuerte y le susurró al oído—: Aún estás a tiempo de echarte atrás. No te tendría en menor consideración si lo hicieras.

Rachel negó con la cabeza, retirándose.

—Como dice el refrán, *fortes fortuna adiuvat* —replicó.

—La fortuna favorece a los valientes. —Vigor la besó con ternura en la mejilla—. Si tuviera una hija como tú...

—Te excomulgarían. —Rachel le besó la otra mejilla—. Y ahora vamos.

Vigor la acompañó hasta la salida del palacio apostólico y luego se separaron, él hacia las bibliotecas, ella hacia la puerta de Santa Ana.

En breve y sin apenas percatarse del paso del tiempo, Rachel llegó al aparcamiento y entró en su coche. Una vez en la calle, repasó todo lo que necesitaba, intentando mantener la serenidad.

Cruzó a gran velocidad el Tíber en dirección al centro urbano. Como conducía con la mente en piloto automático, no pudo detectar en qué momento volvían a perseguirla. Sólo observó que el coche estaba de nuevo ahí. Se le aceleró el pulso.

El BMW negro iba a cinco coches de distancia, remedando todos sus movimientos cuando esquivaba vehículos lentos o peatones. Rachel dio un par de volantazos bruscos, no hasta el punto de alertar a su perseguidor de que había sido descubierto, sino con su habitual imprudencia controlada. Necesitaba salir de dudas.

El BMW seguía el mismo ritmo. Ahora estaba claro. «Maldita sea».

Se metió por estrechas calles y callejones. Todos estaban congestionados. Era como una persecución a cámara lenta.

Se subió a la acera para esquivar un atasco. Giró en la siguiente bocacalle, que era peatonal. Los transeúntes, sobresaltados, se apartaron corriendo para no ser atropellados. Volcaron algunos puestos callejeros. Se oían juramentos y maldiciones. Una matrona especialmente airada le arrojó un pan contra el parabrisas trasero.

En la calle siguiente, redujo a segunda y recorrió una manzana, luego giró de nuevo y, de inmediato, volvió a torcer. Esta parte de Roma era un laberinto de callejuelas. No había manera de que el BMW le siguiese el ritmo.

Al desembocar en Via Aldrovandi, bordeó el parque zoológico. No quitaba ojo a los espejos retrovisores. Había escapado de la persecución… al menos por el momento.

Al fin disponía de una mano libre para coger el teléfono móvil. Marcó automáticamente el número de la comisaría de Parioli. Necesitaba refuerzos.

Mientras se establecía la conexión, salió de la calle principal y se adentró de nuevo en las callejuelas, para no correr riesgos innecesarios. ¿Quién se la tendría jurada? Por ser miembro del cuerpo policial de protección del patrimonio cultural tenía numerosos enemigos entre las familias del crimen organizado que traficaban con antigüedades robadas.

Por la línea telefónica se oyeron chasquidos, zumbidos y al fin silencio absoluto. Echó un vistazo a la pantalla del móvil. Se encontraba en una zona de escasa cobertura. Las siete colinas de Roma y su abundancia de mármol y ladrillo causaban estragos en la potencia de la señal.

Pulsó el botón de rellamada. Mientras rezaba al santo patrón de la telefonía móvil, dedicó un tiempo a pensar si volvía a casa, pero decidió que no. Estaría más segura en el Vaticano hasta el momento de marcharse a Alemania.

Al confluir con la Via Salaria, el antiguo camino de la sal y arteria principal de Roma, al fin logró comunicarse.

—Recepción.

Antes de que lograra responder, Rachel vislumbró un coche negro. El BMW circulaba en paralelo al Mini Cooper. Un segundo coche apareció al otro lado. Idéntico, pero de color blanco. No la perseguía uno, sino *dos*. Tan atenta estaba a la notoria presencia del coche negro que no se fijó en el blanco. Fatídico error.

Los dos coches la embistieron, inmovilizándola entre ambos con un chirrido de metal y pintura. Por las ventanillas traseras abiertas asomaban ya los cañones romos de las metralletas.

Rachel pisó el freno, el metal chirrió, pero estaba aprisionada. No había escapatoria.

III
SECRETOS

T enía que salir de allí.

En el vestuario del gimnasio cogió un par de culotes de ciclista y se puso una holgada camiseta de fútbol de nailon. Se sentó en el banco y se ató las zapatillas deportivas.

A sus espaldas se abrió la puerta del vestuario. Al volverse vio que entraba Monk Kokkalis, con un balón de baloncesto debajo del brazo y una gorra de béisbol con la visera hacia atrás. Con sólo un metro sesenta de estatura, Monk parecía un pitbull con un pantalón de chándal. Aun así, era un baloncestista ágil e imbatible. La mayoría de la gente lo infravaloraba, pero él tenía un talento asombroso para adivinar las intenciones del adversario, para burlar las defensas, y raras veces fallaba sus ganchos.

Con un tiro perfecto, Monk lanzó el balón al cesto del equipo y luego se dirigió a su taquilla. Se quitó la sudadera, hizo un ovillo con ella y la guardó dentro.

Miró a Gray de arriba abajo.

—¿Eso es lo que te pones para reunirte con el comandante Crowe? —preguntó.

Gray no se inmutó.

—Me piro a casa de mis padres.

—Pensaba que el director de operaciones había dicho que no nos moviésemos de aquí.

—Es igual, me la suda.

Monk arqueó una ceja. Su poblado entrecejo era el único pelo que tenía en la afeitada cabeza. Prefería aferrarse a la estética que le

75

habían inculcado los boinas verdes. El hombre conservaba otros atributos físicos de su vida militar anterior, como tres cicatrices de heridas de bala: en el hombro, el muslo y el pecho. Había sido el único superviviente de su unidad en una emboscada en Afganistán. Durante su recuperación en Estados Unidos, Sigma lo reclutó por su elevado cociente intelectual y lo recicló a través de un programa doctoral en medicina forense.

—¿Ya te han dado de alta? —preguntó Monk.

—Sólo tengo contusiones y magulladuras en un par de costillas. —«Además del ego herido», pensó mientras se palpaba el punto sensible bajo la séptima costilla.

Gray ya había grabado en vídeo el parte de su misión. Había puesto a buen recaudo la bomba pero no a la Dama del Dragón. La única pista que conducía a una gran organización de tráfico de armas biológicas había logrado escapar. Gray había enviado el colgante del dragón a los forenses para que comprobasen si contenía alguna huella. No esperaba que apareciera nada.

Cogió la mochila que tenía en el banco.

—Me llevo el busca —dijo—. Estaré a un cuarto de hora en metro.

—¿Vas a dar plantón al director?

Gray se encogió de hombros. Ya estaba harto: el parte posterior a la misión, el examen médico exhaustivo y ahora esta misteriosa cita con el director Crowe. Sabía que le esperaba una bronca. No debía haber ido solo a Fort Detrick. Fue una mala decisión. Lo sabía.

Pero mientras asimilaba todavía la descarga de adrenalina de aquella mañana, que casi acaba en catástrofe, no podía cruzarse de brazos y sentarse a esperar. El director Crowe había salido a una reunión en la sede de DARPA en Arlington. No se sabía cuándo iba a regresar. Entretanto, Gray necesitaba moverse, desahogarse un poco.

Se colgó a la espalda la mochila de ciclista.

—¿A que no sabes a quién más han convocado a la reunión con el director? —preguntó Monk.

—¿A quién?

—A Kat Bryant.

—¿En serio?

Monk asintió.

La capitana Kathryn Bryant llevaba sólo diez meses en Sigma, pero ya había concluido el primer programa acelerado de geología. Corrían rumores de que también estaba cursando una disciplina de ingeniería. Iba a ser la segunda agente con doble titulación. Grayson era el primero.

—Entonces no creo que la reunión sea para asignar una misión —dijo Gray—. No van a enviar a alguien tan verde.

—Ninguno de nosotros está *tan* verde. —Monk cogió una toalla y se dirigió hacia las duchas—. Kat viene de la rama de los servicios secretos de la Marina. Dicen que ha trabajado al más alto nivel.

—Se dicen muchas cosas —masculló Gray, y atravesó el vestuario hacia la puerta.

A pesar de la elevada concentración de miembros con alto cociente de inteligencia, Sigma era un avispero de rumores, como cualquier otra organización. Hasta las citas de aquella mañana habían dado lugar a un aluvión de informes y una retirada masiva de agentes. Por supuesto, parte de esta actividad era consecuencia directa de la misión de Gray. El Guild había atacado a uno de sus miembros. Abundaban las especulaciones. ¿Hubo una nueva filtración, o se planeó la emboscada a partir de información anticuada, anterior al traslado de Sigma a Washington desde la sede de DARPA en Arlington y la purga de sus operaciones allí?

En cualquier caso, persistía otro rumor en los pasillos de Sigma: se planificaba una nueva misión, de interés vital para el país, dirigida por las altas instancias.

Gray se negaba a entrar en el juego de los rumores. Prefería esperar a tener noticias directas del comandante. Además, no parecía que él fuera a marcharse a ningún lado en breve. Todavía iba a estar calentando la silla durante cierto tiempo. Así que consideró que no era mala idea ocuparse de sus otras obligaciones.

Al salir del gimnasio, Gray recorrió el laberinto de pasillos hacia el ascensor. El espacio olía todavía a pintura fresca y cemento viejo.

El bastión subterráneo del comando central de Sigma era un antiguo búnker y refugio antiatómico excavado en el subsuelo. Se había diseñado durante la Segunda Guerra Mundial para proteger un importante gabinete estratégico, pero posteriormente fue abandonado y clausurado. Pocos sabían de la existencia de aquel lugar recóndito, soterrado bajo el epicentro científico de Washington: el campus de museos y laboratorios que conformaba la Smithsonian Institution.

Ahora la guarida subterránea tenía nuevos inquilinos. Para el mundo en general, era un gabinete estratégico como tantos otros. Muchos de sus miembros trabajaban en diversos laboratorios de la

Smithsonian, investigando y utilizando los recursos disponibles. La nueva sede de Sigma se eligió por su proximidad a todos los laboratorios de investigación, que abarcaban una amplia gama de disciplinas. Habría sido demasiado costoso duplicar todas aquellas instalaciones, de modo que se decidió sumergir a Sigma en el corazón de la comunidad científica de Washington. La Smithsonian se convirtió en un recurso y al mismo tiempo en una tapadera.

Gray puso la mano sobre la pantalla de seguridad de la puerta del ascensor. Una línea azul le escaneó la huella de la palma. Las puertas se abrieron con un zumbido. Entró y pulsó el botón de arriba, que ponía «vestíbulo». El ascensor subió en silencio desde la cuarta planta.

Más que sentir, percibió el escaneo de su cuerpo, un registro patentado de datos electrónicos ocultos. Contribuía a la prevención del robo de información en el centro del comando. Tenía sus inconvenientes. Durante la primera semana desde el traslado a esta sede, Monk había hecho saltar todas las alarmas tras introducir por despiste un reproductor digital MP3 no autorizado una tarde que salió a pasear.

Las puertas se abrieron y accedió a una típica zona de recepción, vigilada por dos guardias armados y una recepcionista. Parecía el vestíbulo de un banco. Pero el nivel de vigilancia y las contramedidas de última generación eran comparables a los de Fort Knox. Una segunda entrada al búnker —un amplio acceso de servicio, asimismo vigilado— estaba oculta en un complejo de talleres, a 800 metros de distancia. Allí se encontraba su motocicleta en reparación. Por ello iba a pie a la estación de metro, donde guardaba una bicicleta de montaña para emergencias.

—Buenos días, doctor Pierce —dijo la recepcionista.

—Hola, Melody.

La joven no sabía lo que se ocultaba en las plantas inferiores; tan sólo creía la historia del gabinete estratégico, también llamado Sigma. Sólo los guardias conocían la verdad. Saludaron a Gray con la cabeza.

—¿Ya no vuelve hoy? —preguntó Melody.

—Sí, sólo estaré fuera una hora o así. —Introdujo su tarjeta de identificación holográfica en el lector y a continuación puso el pulgar sobre la pantalla para registrar su salida del centro. Antes consideraba excesivas las contramedidas de seguridad, pero había cambiado de opinión.

La cerradura de la puerta exterior se abrió. Uno de los guardias abrió la puerta y la sostuvo mientras Gray salía.

—Que tenga buen día, señor —dijo el vigilante.

Difícilmente podía describirse como *bueno* lo que llevaba de día.

Al fondo se iniciaba un largo pasillo revestido con paneles, seguido de un único tramo de escaleras que conducía a las zonas públicas del edificio. Al llegar a un amplio vestíbulo, se cruzó con un grupo de visitantes japoneses, un traductor y un guía. Nadie prestó atención a su presencia. A eso se le llamaba ocultarse a plena luz.

Mientras cruzaba el suelo de baldosa, oyó el discurso del guía, recitado de memoria como tantas otras veces. «El Smithsonian Castle se terminó en 1855. La primera piedra la puso el presidente James Polk. Es la estructura más amplia y antigua de la institución. Antiguamente albergaba el Museo de la Ciencia y los laboratorios de investigación, pero ahora es la oficina administrativa y el centro de información de los quince museos de la institución, el Zoo Nacional y muchos centros de investigación y galerías. Si me siguen, a continuación…».

Gray llegó a las puertas exteriores, una salida secundaria del Smithsonian Castle, y por fin vio la libertad. Entrecerró los ojos y se los tapó con la mano para protegerlos del exceso de luz solar. Al levantar el brazo, sintió una punzada de protesta en las costillas. Empezaban a pasarse los efectos del tilenol con codeína.

Al llegar al final de los cuidados jardines, volvió la vista atrás para contemplar el castillo. Este edificio, así llamado por sus torres, agujas, torreones y parapetos de ladrillo rojo, se consideraba una de las mejores estructuras neogóticas de Estados Unidos y constituía el núcleo de la Smithsonian. El búnker se excavó bajo el edificio después de 1866, cuando se derrumbó la torre suroeste a causa de un incendio y fue preciso reconstruirla desde cero. El laberinto secreto se incorporó durante las obras de rehabilitación, y con el tiempo se convirtió en refugio antiatómico subterráneo, pensado para proteger a las mentes más brillantes de su generación… o al menos las que residían en Washington. Ahora ocultaba al comando central de Sigma.

Tras echar un último vistazo a la bandera estadounidense que ondeaba sobre la torre más alta, Gray cruzó el Mall y se dirigió a la estación de metro.

Tenía otras responsabilidades aparte de velar por la seguridad de Estados Unidos. Algo que había descuidado durante mucho tiempo.

16.25
Roma

Los dos BMW seguían inmovilizando el Mini Cooper. Rachel forcejeaba, pero no lograba zafarse. Las armas de los asientos traseros viraron hacia delante. Antes de que los asaltantes abrieran fuego, Rachel apagó el coche y tiró del freno de emergencia. El coche pegó una sacudida con un chirrido metálico. El espejo retrovisor se rompió. El impulso despistó a los hombres armados, pero no bastó para liberar el coche atrapado. El BMW seguía arrastrando el coche de Rachel hacia delante.

Con el Mini Cooper inutilizado, Rachel se escondió en el suelo del vehículo, con la palanca de cambio pegada a su costado izquierdo. Un tiroteo de metralleta destrozó la ventanilla del conductor, pasando por el asiento de Rachel.

A medida que disminuía la velocidad de los vehículos, Rachel pulsó los controles del techo descapotable. Las ventanas empezaron a abrirse y el techo de tela se plegó. El viento silbó en el interior.

Rezó para que la distracción momentánea le concediera el tiempo que necesitaba. Encogiendo las piernas, dio un salto desde el centro del salpicadero y utilizó el borde de la puerta del copiloto para atravesar el techo medio abierto. El sedán blanco presionaba todavía por ese lado. Rachel aterrizó en el techo del coche blanco y rodó acurrucada.

En aquel momento, la velocidad era inferior a 30 kilómetros por hora. Las balas retumbaban desde abajo. Se tiró desde el techo del vehículo y voló hacia una fila de coches aparcados en el borde de la calle. Se golpeó contra el techo alargado de un Jaguar y desde allí resbaló bocabajo hasta aterrizar al otro lado con una seca sacudida.

Quedó inmóvil en el suelo, aturdida. La hilera de coches aparcados la protegía de la calzada. A media manzana de distancia, los BMW, incapaces de frenar a tiempo, aceleraron de súbito con gran estruendo y un fuerte chirrido de neumáticos.

Rachel oyó a lo lejos el sonido de las sirenas policiales. Se puso boca arriba para buscar el teléfono móvil en el cinturón. La funda estaba vacía. Recordó que estaba llamando cuando la embistieron los atacantes. Se levantó con gran dificultad. No temía el regreso de los asesinos. Ya había en la calle numerosos coches parados a causa del Mini, que bloqueaba la calzada. Tenía una preocupación más importante. A diferencia de la primera vez, ahora había visto la matrícula del BMW negro: SCV 03681.

No necesitaba comprobar nada para saber de dónde era. Las matrículas especiales sólo pertenecen a una jurisdicción. SCV significaba *Stato della Città del Vaticano*. La Ciudad del Vaticano.

Rachel logró ponerse en pie, con un intenso dolor de cabeza. Notó el sabor de la sangre que brotaba de su labio rasgado. No importaba. La había atacado alguien con contactos en el Vaticano…

Ya en pie, le palpitó con fuerza el corazón. Un impulso le infundió fuerzas. Otro objetivo debía de estar en peligro.

«Tío Vigor…».

11.03
Takoma Park (Maryland)

—¡Gray! ¿Eres tú?

Grayson Pierce se colgó la bicicleta al hombro y subió los escalones de entrada de la casa paterna, un *bungalow* con un porche de madera y un hastial muy prominente.

Llamó a través de la mosquitera:

—¡Hola mamá!

Apoyó la cabeza en la verja del porche, lo que le valió una nueva protesta de las costillas. Había llamado a casa desde la estación de metro para advertir a su madre de su llegada.

—Tengo casi lista la comida.

—¿Qué? ¿Estás cocinando? —Abrió la puerta con un chirrido de las bisagras de muelles—. ¿Nunca vas a dejar de maravillarme?

—No te quedes conmigo, jovencito. Soy perfectamente capaz de preparar unos sándwiches de jamón y queso.

Recorrió la sala de estar, con sus muebles Craftsman de roble, una mezcla de muy buen gusto de elementos antiguos y modernos. Reparó en la fina capa de polvo. Su madre no había sido nunca una mujer hacendosa, pues siempre dedicó la mayor parte del tiempo a la enseñanza, primero en un instituto de jesuitas en Texas y ahora como profesora asociada de biología en la Universidad George Washington. Hacía tres años que sus padres se habían trasladado allí, al tranquilo distrito histórico de Takoma Park, con sus pintorescas viviendas victorianas y otras casas más antiguas con buhardillas. Gray tenía un apartamento a escasos kilómetros de allí, en Piney Branch Road. Quería estar cerca de sus padres para ayudarles en lo que pudiera. Sobre todo ahora.

—¿Dónde está papá? —preguntó al entrar en la cocina y observar que su padre no estaba presente.

—Fuera, en el garaje. Haciendo otra pajarera.

—¿Otra más?

La madre le puso mala cara.

—Le gusta. Le libera de los problemas. Su terapeuta dice que le viene bien tener una afición. —Cruzó la cocina con dos bandejas de sándwiches.

La madre acababa de llegar del despacho universitario. Todavía llevaba la americana azul y una camisa blanca, con el cabello rubio recogido con una horquilla. Tenía un aire muy competente y profesional. Pero Gray observó sus ojeras. Parecía demacrada, más delgada.

El joven cogió las bandejas.

—Puede que le siente bien el trabajo de carpintería, pero ¿tienen que ser siempre pajareras? Ni que hubiera tantos pájaros en Maryland.

La madre sonrió.

—Cómete los sándwiches. ¿Quieres pepinillos?

—No. —Siempre hablaban así. Una charla intrascendente para evitar los asuntos importantes. Pero algunas cosas no podían posponerse indefinidamente—. ¿Dónde lo encontraron?

—Por el 7-Eleven de Cedar. Estaba desorientado. No sabía volver. Pero tuvo suficiente presencia de ánimo para llamar a John y Suz.

Los vecinos debieron de llamar a la madre de Gray, quien a su vez llamó a su hijo, preocupada, casi presa del pánico. Pero cinco minutos después volvió a llamarle. Su padre ya estaba en casa y se encontraba bien. Aun así, Gray sabía que debía pasarse por allí, aunque fuera una visita breve.

—¿Sigue tomando el Aricept? —preguntó Gray.

—Claro. Todas las mañanas me aseguro de que lo toma.

A su padre le habían diagnosticado Alzheimer, en las primeras fases, poco después del traslado a Washington. Todo empezó con pequeños olvidos concretos: el lugar en el que había dejado las llaves, algunos números de teléfono, los nombres de los vecinos. Los médicos dijeron que el traslado desde Texas probablemente provocó la aparición de síntomas que estaban ya latentes. Tenía serias dificultades para catalogar toda la información nueva desde su mudanza a la otra punta del país. Pero por su obcecación se resistía a volver. Con el tiempo, además de las pérdidas de memoria empezaron a manifestarse brotes de rabia contenida. Y, aún cuando estaba bien, su padre se había caracterizado, precisamente, por su capacidad para controlar su temperamento.

—¿Por qué no le llevas la bandeja? —sugirió su madre—. Tengo que llamar al despacho.

Gray cogió los sándwiches y posó su mano en la de su madre un instante.

—Tendríamos que hablar sobre lo de la enfermera a tiempo completo.

La madre hizo un gesto negativo, no porque cuestionase la necesidad, sino porque rehusaba comentarlo. Retiró la mano. Gray ya había intentado tocar este punto en otras ocasiones. Su padre no lo permitiría, y su madre consideraba que era responsabilidad suya atenderlo. Pero esto suponía que el peso del hogar, de toda la familia, recaía sobre ella.

—¿Cuándo vino Kenny por última vez? —preguntó Gray. Su hermano menor dirigía una nueva empresa informática en el vecino Estado de Virginia, cerca de la frontera, donde seguía los pasos profesionales de su padre, pues también había estudiado ingeniería, si bien optó, en su caso, por una especialidad electrónica en lugar de dedicarse al petróleo.

—Ya conoces a Kenny… —dijo su madre—. Espera que coja un pepinillo para tu padre.

Gray negó con la cabeza. Hacía poco, Kenny había hablado de la posibilidad de trasladarse a Cupertino, en California. Aducía ciertas excusas para justificar el traslado, pero Gray conocía los verdaderos motivos. Su hermano quería escapar, alejarse de allí. Al menos Gray comprendía aquel sentimiento. Él también huyó cuando ingresó en el ejército. Tal vez era un rasgo de la familia Pierce.

Su madre le pasó el tarro de pepinillos para que lo abriera.

—¿Cómo va todo en el laboratorio?

—Muy bien —dijo. Abrió la tapa, cogió un pepinillo y lo colocó en el plato.

—He leído algo sobre los recortes presupuestarios de DARPA.

—Mi trabajo no peligra —replicó Gray, tranquilizándola. En su familia nadie sabía cuál era su función en Sigma. Pensaban que sólo desarrollaba investigaciones de bajo nivel para el ejército. No tenía autorización para decir la verdad.

Con la bandeja en la mano, Gray se dirigió a la puerta trasera de la casa. Su madre lo miraba.

—Se alegrará de verte —le dijo.

«Ojalá pudiera decir yo lo mismo…».

Gray salió al garaje trasero. A través de la puerta abierta oyó el sonido de una emisora de música *country*. Le trajo recuerdos de los bailes folclóricos de Muleshoes. Y otras remembranzas menos gratas.

Se quedó de pie en la entrada. Su padre estaba agachado sobre un trozo de madera sujeto en un torno, cepillando a mano uno de los extremos.

—Papá —dijo Gray.

Su padre se incorporó y se volvió. Era tan alto como Grayson, pero fornido, con la espalda y los hombros más anchos. Había trabajado en los campos petrolíferos mientras estudiaba en la universidad, lo cual le dio una buena formación práctica en ingeniería petrolífera. Le fue muy bien hasta que un accidente industrial en un pozo le segó la pierna izquierda a la altura de la rodilla. La indemnización y la invalidez le permitieron retirarse a los cuarenta y siete años. Desde entonces habían pasado quince años. Media vida de Grayson. La peor mitad.

El padre se dirigió a Gray:

—¿Gray? —Se limpió el sudor de la frente, embadurnándola de serrín. Puso cara de desagrado—. No hacía falta que vinieras hasta aquí.

—¿Y entonces cómo iban a llegar los sándwiches? —Gray levantó la bandeja.

—¿Los ha hecho tu madre?

—Ya conoces a mamá. Ha puesto todo su empeño.

—Entonces será mejor que me los coma. No quiero que pierda la costumbre. —Se alejó del banco de trabajo y fue cojeando con la pierna rígida, apoyado en la prótesis, hasta un pequeño frigorífico del fondo—. ¿Cerveza?

—Tengo que volver a trabajar dentro de un rato.

—Una cerveza no te hará daño. Tengo esa aguachirle Sam Adams que tanto te gusta.

Su padre era de los que preferían Budweiser y Coors. El hecho de que llenase la nevera de Sam Adams era el equivalente a una palmadita en la espalda. O tal vez incluso un abrazo. No podía negarse.

Gray cogió la botella y la destapó con el abridor que colgaba del borde de la mesa. Su padre se desplazó sigiloso y apoyó la cadera en un taburete. Alzó su botella, Budweiser, a modo de brindis.

—Envejecer es un coñazo… pero siempre nos quedará la cerveza.

—Es cierto. —Gray bebió un trago largo. No estaba seguro de si debía mezclar codeína y alcohol, pero al fin y al cabo había sido una mañana muy larga.

Su padre lo miró fijamente. El silencio amenazaba con tornar incómoda la situación.

—Así que ya no sabes volver a casa solo —dijo Gray.

—Anda ya, que te follen —respondió su padre con falsa irritación, atenuada por una sonrisa y una negación gestual. Su padre apreciaba las conversaciones sinceras. «Disparo directo», como solía decir—. Al menos yo no he sido un delincuente cabrón.

—No has olvidado el tiempo que pasé en Leavenworth. Para *eso* sí que tienes buena memoria.

El padre inclinó su botella de cerveza hacia Gray.

—Lo recordaré mientras pueda —sentenció.

Se miraron. Gray percibió, más allá de las bromas, un brillo especial en sus ojos, algo que no había visto nunca: miedo.

Nunca fue fácil la relación entre ambos. El padre empezó a beber después del accidente y tuvo varios episodios depresivos. Era duro para un trabajador de la industria petrolífera de Texas asumir la función de amo de casa, criar a dos chicos mientras su esposa se iba a trabajar. Para compensar, decidió imponer disciplina en casa como si fuera un campo de entrenamiento de reclutas. Y Gray siempre tuvo tendencia a franquear los límites, era un rebelde nato. Hasta que al fin, a los dieciocho años, Gray hizo las maletas y se fugó en plena noche para ingresar en el ejército.

A partir de entonces, padre e hijo dejaron de hablarse durante dos años. Poco a poco su madre propició la reconciliación. Aun así, perduró una incómoda distensión. La madre dijo en una ocasión: «Vosotros dos tenéis más cosas en común que diferencias». Grayson nunca había oído palabras más espeluznantes.

—Esto es una mierda… —dijo el padre, rompiendo el silencio.

—La Budweiser desde luego. —Grayson levantó su botella—. Por eso sólo bebo Sam Adams.

Su padre sonrió.

—Eres un gilipollas.

—Me has criado tú.

—Y supongo que cree el ladrón que todos son de su condición.

—Yo nunca he dicho eso.

El padre puso los ojos en blanco.

—¿Y por qué te molestas en venir?

«Porque no sé cuánto tiempo me recordarás», pensó, pero no se atrevió a decirlo en alto. Persistía un punto tenso, un viejo resentimiento que no podía borrar del todo. Había palabras que quería decir, que quería oír... y, en una parte de su ser, sabía que se le acababa el tiempo.

—¿De dónde has traído estos sándwiches? —preguntó su padre, mientras daba un mordisco y hablaba con la boca llena—. Están buenísimos.

Gray no se inmutó.

—Los ha hecho mamá.

El padre parpadeó confuso.

—¡Ah, sí! —replicó.

Volvieron a mirarse a los ojos. El miedo brillaba aún más en las retinas de su padre... miedo y vergüenza. Perdió parte de su virilidad quince años antes y ahora se enfrentaba a la pérdida de su condición humana.

—Papá... yo...

—Bébete la cerveza. —Percibió un tono de ira bien conocido y tras reflexionar un instante lo rehuyó.

Se bebió la cerveza, sentado en silencio, sin que ninguno de los dos se atreviera a hablar. Tal vez su madre tenía razón. Se parecían demasiado.

Al fin le sonó el busca que llevaba en el cinturón. Gray lo cogió al instante. Vio el número de Sigma.

—Es de la oficina —masculló Gray—. Tengo... tengo una reunión esta tarde.

Su padre asintió con la cabeza y dijo:

—Tengo que ponerme otra vez con esta maldita pajarera.

Se dieron la mano como dos incómodos adversarios que aceptan la suspensión del combate.

Gray volvió a la casa, se despidió de su madre, recogió la bicicleta y pedaleó rápido hacia el metro. El número de teléfono del busca iba seguido de un código alfanumérico.

Σ911. Una emergencia. Gracias a Dios.

17.03
Ciudad del Vaticano

La búsqueda de la verdad oculta tras los Reyes Magos se convirtió en una minuciosa excavación arqueológica, pero en lugar de sacar tierra y piedras, monseñor Vigor Verona y su equipo de archivistas se dedicaban a escarbar pergaminos y libros desvencijados. El equipo de *scrittori* había realizado el trabajo preparatorio en la principal Biblioteca Vaticana; ahora Vigor rebuscaba pistas sobre los Reyes Magos en una de las zonas más vigiladas de la Santa Sede: los Archivos Secretos del Vaticano.

Vigor caminó a grandes zancadas por el largo pasillo subterráneo. Las lámparas se encendían a su paso y se apagaban a continuación, manteniendo una zona iluminada en torno a él y su joven alumno, Jacob. Recorrió longitudinalmente el depósito de manuscritos, llamado el *carbonile*, o búnker. Este pasillo de hormigón, construido en 1980, tenía dos pisos de altura, cada uno de ellos separado por un suelo de malla metálica, comunicado con escaleras de fuerte pendiente. En uno de los lados había kilómetros de estantes de acero que contenían diversos *regestra* archivísticos: resmas encuadernadas de pergaminos y papeles. El muro opuesto tenía idénticos estantes metálicos, pero precintados y cerrados con puertas de alambre, que protegían el material más sensible.

De la Santa Sede se decía que albergaba demasiados secretos, pero no bastantes. Vigor dudaba de esto último mientras recorría el vasto depósito. El Vaticano ocultaba demasiados secretos, incluso de sí mismo.

Jacob llevaba un ordenador portátil donde almacenaba una base de datos sobre el tema.

—¿Así que no eran sólo *tres* Reyes Magos? —dijo mientras se dirigían a la salida del búnker.

Fueron allí para digitalizar una fotografía de una vasija conservada en el Museo Kircher. Representaba no sólo tres reyes, sino *ocho*. Pero la cifra variaba mucho. Una pintura del cementerio de San Pedro mostraba *dos*, y en otra de la cripta de Domitilla aparecían *cuatro*.

—Los evangelios no son muy precisos en lo que respecta al número de Reyes Magos —dijo Vigor, que acusaba ya el cansancio del largo día. Le parecía útil comentar con alguien gran parte de sus pensamientos, pues era un firme creyente en el método socrático—. Sólo el evangelio de san Mateo alude directamente a ellos, pero sólo de un modo impreciso. La presuposición general del número *tres* proviene del número de regalos entregados por los Reyes Magos: oro, incienso y mirra. En realidad, tal vez no eran ni siquiera reyes. El adjetivo con que se los designa en latín, *magi*, viene del griego *magoi*, que significaba «mago».

—¿Eran magos?

—No en el sentido actual de la palabra. Las connotaciones de *magoi* no guardan relación con la hechicería, sino con los conocimientos ocultos. De ahí la referencia a los sabios. La mayor parte de los investigadores bíblicos actuales cree que eran astrólogos zoroástricos de Persia o Babilonia. Interpretaban las estrellas y previeron el nacimiento de un rey por el oeste, a partir de los presagios de un cuerpo celeste.

—La estrella de Belén.

Vigor asintió.

—A pesar de las representaciones pictóricas —precisó—, la estrella no fue un acontecimiento muy llamativo. Según la Biblia, en Jerusalén nadie reparó en ella hasta que los Magos se la mostraron al rey Herodes. Los Magos supusieron que un rey recién nacido, tal como presagiaban las estrellas, debería pertenecer a la realeza. Pero el rey Herodes se sorprendió al recibir la noticia y les preguntó dónde habían visto la estrella. Luego recurrió a los libros santos hebreos de profecías para mostrarles el lugar donde debía nacer ese rey. Dirigió a los Magos a Belén.

—De modo que Herodes les dijo adónde debían ir.

—En efecto, los envió como espías. Camino de Belén, según Mateo, la estrella reapareció y guió a los Magos hasta el lugar donde había nacido el niño. Después, gracias a la advertencia de un ángel, se marcharon sin comunicar a Herodes quién era el niño y dónde estaba. Ése fue el origen de la matanza de los inocentes.

Jacob intentaba no perder el hilo del relato de Vigor.

—Pero María, José y el recién nacido ya habían huido a Egipto, alertados también por el ángel. ¿Y qué fue de los Magos?

—Eso es, ¿qué fue de ellos? —Vigor había pasado casi toda la última hora rastreando textos gnósticos y apócrifos con referencias a los Reyes Magos, desde el protoevangelio de Santiago al libro de Set. ¿El robo de los huesos tenía otros móviles más allá de los meramente lucrativos? La mejor arma en este caso era el conocimiento.

Vigor miró la hora. No le quedaba mucho tiempo, pero el prefecto de los archivos iba a continuar la investigación y a elaborar la base de datos junto con Jacob, que le enviaría los resultados por correo electrónico.

—¿Y los nombres históricos de los Magos? —preguntó Jacob—. Melchor, Gaspar y Baltasar.

—Es una mera suposición. Los nombres aparecen por primera vez en los *Excerpta Latina Barbari,* del siglo VI. Hay otras referencias posteriores, pero creo que se trata más de invenciones que de hechos reales; con todo, vale la pena rastrearlas. Dejo esa investigación en tus manos y en las del prefecto Alberto.

—Haré lo que pueda.

Vigor frunció el ceño. Era una labor ingente. Además, ¿tenía alguna importancia todo aquello? ¿Por qué habían robado los huesos de los Magos?

La respuesta se le escapaba. Y Vigor no estaba seguro de que la verdad fuera a aparecer en los cuarenta kilómetros de estantes que constituían los Archivos Secretos. Pero todas las pistas apuntaban en una misma dirección. Los relatos de los Magos, veraces o no, indicaban la existencia de un cúmulo de conocimientos ocultos, sólo accesibles para una secta de magos.

Pero ¿quiénes eran en realidad? ¿Magos, astrólogos o sacerdotes?

Vigor pasó por la Sala de Pergaminos, donde percibió un intenso olor a insecticida y fungicida. Seguramente acababan de estar allí los encargados de mantenimiento. Vigor sabía que algunos documentos raros de aquella sala estaban adquiriendo un color violeta, a causa de un hongo muy resistente que ponía en peligro su conservación y amenazaba con destruirlos para siempre.

En esta zona muchas otras cosas corrían peligro, y no sólo por el riesgo de incendio, hongos o negligencia, sino por su ingente volumen. Sólo la mitad del material almacenado estaba catalogada. Y cada año se recibía infinidad de nuevos documentos procedentes de los embajadores vaticanos, las sedes metropolitanas y las parroquias individuales. Era imposible dar abasto.

Los Archivos Secretos se extendían como un cáncer maligno desde las salas originarias a los antiguos áticos, criptas subterráneas y celdas vacías de algunas torres. Vigor había dedicado medio año a investigar los archivos de los espías anteriores del Vaticano, agentes que ocuparon puestos gubernamentales en todo el mundo. Aquellos documentos, en muchos casos cifrados, abarcaban mil años de intrigas políticas.

Vigor sabía que el Vaticano era una entidad espiritual y política. Y los enemigos en ambos frentes intentaban acabar con la Santa Sede. Todavía en la actualidad. Algunos sacerdotes como Vigor mediaban entre el Vaticano y el mundo. Eran guerreros secretos que defendían el frente. Y aunque Vigor no estaba de acuerdo con todas las acciones emprendidas en el pasado o incluso en la actualidad, su fe era inquebrantable, al igual que lo era el Vaticano.

Se sentía orgulloso del servicio que prestaba al papado. Los imperios surgen y caen, las filosofías van y vienen, pero a fin de cuentas el Vaticano persistía, perduraba, resistía impasible e incólume. La historia, el tiempo y la fe estaban grabados en sus piedras.

Muchos de los tesoros más importantes del mundo estaban protegidos en las cámaras acorazadas, cajas fuertes, armarios y archivadores de madera oscura llamados *armadi*. En un cajón se conservaba una carta de María Estuardo escrita la víspera de su decapitación; en otro, las cartas de amor entre el rey Enrique VIII y Ana Bolena. Había documentos relativos a la Inquisición, a los juicios por brujería, a las cruzadas, las cartas de un kan de Persia y una emperatriz Ming.

Pero lo que buscaba Vigor no estaba tan custodiado. Sólo requería una larga escalada. Quería investigar otra pista antes de marcharse a Alemania con Rachel.

Se dirigió al pequeño ascensor que conducía a las plantas superiores de los archivos, denominadas *piani nobli*, o plantas nobles. Sostuvo la puerta para dejar pasar a Jacob, la cerró y pulsó el botón. El ascensor pegaba bandazos y rebotes al subir.

—¿Adónde vamos ahora? —preguntó Jacob.

—A la Torre dei Venti.

—¿La Torre de los Vientos? ¿Por qué?

—Allí se conserva un antiguo documento. Una copia de *La descripción del mundo*, del siglo XVI.

—¿El libro de Marco Polo?

Vigor asintió con la cabeza mientras el ascensor se detenía con un brusco bamboleo. Desembocaron en un largo corredor.

Jacob intentaba no perder el hilo.

—¿Qué tienen que ver las aventuras de Marco Polo con los Reyes Magos?

—En ese libro relata mitos de la antigua Persia, relativos a los Reyes Magos y a sus avatares posteriores. Se centra en un regalo que les hizo el Niño Jesús: una piedra de grandes poderes. Sobre esa piedra los Reyes Magos erigieron, al parecer, una hermandad mística de conocimientos arcanos. Me gustaría rastrear ese mito.

El corredor terminaba en la Torre de los Vientos. Las salas vacías de la torre formaban parte de los Archivos Secretos. Por desgracia, la estancia que buscaba Vigor estaba arriba del todo. Lamentó la falta de ascensor y entró en la oscura escalera.

Enseguida dejó de hablar, guardándose las energías para el prolongado ascenso. La escalera de caracol no cesaba de girar. Continuaron en silencio hasta que al fin las escaleras terminaron en una de las cámaras más históricas y exclusivas del Vaticano: la Sala Meridiana.

Jacob se estiró para ver los frescos que adornaban las paredes y techos circulares, donde se representaban escenas bíblicas con un fondo de nubes y querubines. Por un agujero de la pared, no mayor que una moneda, penetraba un único resplandor, que horadaba el aire polvoriento y se proyectaba sobre el enlosado de mármol de la habitación, que tenía grabados los signos del zodiaco. Una línea marcaba el meridiano en el suelo. La sala era el observatorio solar del siglo XVI utilizado para definir el calendario gregoriano, el lugar donde Galileo quiso demostrar su teoría de que la Tierra giraba alrededor del sol.

Por desgracia no le escucharon: aquél fue, sin duda, un momento de máxima tensión entre la Iglesia católica y la comunidad científica. A partir de entonces, la Iglesia siempre ha intentado compensar ese error.

Vigor paró un momento para recuperar el resuello después de la larga subida. Se secó el sudor de la frente y guió a Jacob hasta una cámara contigua a la Sala Meridiana. La pared negra estaba recubierta con una estantería maciza repleta de libros y *regestra* encuadernados.

—Según el catálogo, el libro que buscamos debería estar en el tercer estante.

Jacob dio un traspié y tropezó con el alambre que protegía el umbral. Vigor oyó el tañido. Era ya tarde para advertírselo.

El dispositivo incendiario se disparó, lanzando por la puerta el cuerpo de Jacob, que chocó contra Vigor.

Ambos cayeron mientras un muro de fuego avanzaba con gran estruendo, revolcándolos, como el aliento ígneo de un dragón.

IV
POLVO ERES Y EN POLVO TE CONVERTIRÁS

24 de julio, 12.14
Washington D. C.

L a misión se definió con prioridad carmesí, asignación negra y protocolos de seguridad plata. El director Painter Crowe observó con desconcierto los códigos de colores. Algún burócrata debía de tener una afición desmesurada a los muestrarios de papel pintado.

Todas las indicaciones se resumían en una orden final: «Sin fallos». Cuando estaba en juego la seguridad nacional, no había segundo puesto ni medalla de plata ni finalista.

Painter revisaba en su mesa de trabajo el informe del director de operaciones. Todo parecía en orden: definición de credenciales, actualización de los códigos de seguridad, equipamientos en regla, coordinación de horarios de satélites, y otros mil detalles perfectamente planificados. Painter recorrió con el dedo el análisis de costes previstos. Tenía una reunión presupuestaria la semana siguiente con la Junta de Jefes del Estado Mayor.

Se frotó los ojos. De un tiempo a esta parte, su vida se reducía a papeleos, hojas de cálculo y estrés. Había sido un día agotador. Primero, la emboscada del Guild, ahora el lanzamiento de una operación internacional. Aun así, una parte de su ser se entusiasmaba con los nuevos retos y responsabilidades. Había heredado Sigma de su fundador, Sean McKnight, ahora director general de DARPA. Painter no quería decepcionar a su mentor. Durante toda la mañana ambos habían comentado la emboscada de Fort Detrick y la siguiente misión, definiendo la estrategia como en los viejos tiempos. A Sean le sorprendió la elección del equipo propuesta por Painter, pero al fin y al cabo él tenía la última palabra.

De modo que la misión estaba preparada para empezar. Sólo faltaba dar instrucciones a los agentes. La hora de vuelo prevista eran las dos de la madrugada. No quedaba mucho tiempo. Ya estaban abasteciendo de combustible y cargando un avión privado en Dulles, por cortesía de Kensington Oil, la tapadera perfecta. Painter había organizado por su cuenta esta parte del plan, para la cual había solicitado un favor personal a lady Kara Kensington, que se había mostrado encantada de colaborar de nuevo con Sigma.

—¿Es que los americanos no pueden hacer nada por sus propios medios? —le reprendió lady Kensington.

Sonó el interfono de su mesa. Painter apretó el botón.

—Adelante —dijo.

—Director Crowe, están aquí los doctores Kokkalis y Bryant.

—Que pasen.

Sonó una campanilla cuando se abrió la cerradura de la puerta. Monk Kokkalis pasó primero, pero mantuvo la puerta abierta mientras entraba Kathryn Bryant. La mujer era una cabeza más alta que el achaparrado ex boina verde. Se movía con la misma gracia de un felino sólo aparentemente domesticado. Llevaba recogida en una trenza la media melena lisa de color caoba, un peinado tan conservador como el resto de su atuendo: traje azul marino, blusa blanca, zapatillas de piel. El único destello de color era un broche con forma de rana prendido en la solapa, de oro esmaltado y esmeralda. Hacía juego con el brillo de sus ojos verdes.

Painter sabía por qué llevaba el broche de oro. La rana había sido un regalo de un equipo anfibio al que había pertenecido durante una operación de reconocimiento de la Marina para los servicios secretos navales. En aquella ocasión salvó a dos hombres, demostrando así su destreza con el puñal. Pero un miembro del equipo nunca regresó. Llevaba el broche en su memoria. Painter creía que había algo más, pero los expedientes de la chica no aportaban más información al respecto.

—Siéntense, por favor —dijo Painter, saludándolos con la cabeza—. ¿Dónde está el comandante Pierce?

Monk se movió en el asiento.

—Gray… El comandante Pierce ha tenido una emergencia familiar. Acaba de regresar. Vendrá dentro de un momento.

«Está encubriéndole», pensó Painter. Bien. Uno de los motivos de haber elegido a Monk Kokkalis para esta misión era emparejarlo con Grayson Pierce. Sus habilidades eran complementarias, pero lo más importante es que sus personalidades se compenetraban bien. Monk era un tanto formal, muy sujeto a las normas, mientras que Grayson era más contestatario. Aun así, Grayson escuchaba a Monk más que a ningún otro miembro de Sigma. Monk moderaba la rigidez de Gray. Tenía un sentido del humor que resultaba tan convincente como cualquier argumento bien aducido. Hacían buena pareja. Por otra parte...

Painter observaba la rigidez con que se sentaba Kat Bryant, inmóvil y atenta. No parecía nerviosa, sino precavida y con una chispa de emoción. Irradiaba seguridad. Tal vez excesiva. Decidió incluirla en la misión por su experiencia en los servicios secretos, más que por sus actuales estudios de ingeniería. Conocía bien los protocolos de la Unión Europea, sobre todo en la zona del Mediterráneo. Estaba familiarizada con la contrainteligencia y la vigilancia microelectrónica. Pero lo más importante es que tenía relación con uno de los agentes del Vaticano que iba a supervisar la investigación, monseñor Verona. Habían colaborado en la investigación de una red internacional de tráfico de obras de arte robadas.

—¿Qué les parece si nos ventilamos el papeleo mientras esperamos al comandante Pierce? —Painter les pasó dos gruesos *dossieres* encuadernados en negro, uno a cada uno. El tercero era para Pierce.

Monk observó la Σ plateada de la portada.

—Ahí están todos los detalles de esta operación. —Painter pulsó la pantalla táctil integrada en su mesa. Tres pantallas planas Sony (una detrás de su hombro, otra a la izquierda y otra a la derecha) sustituyeron las vistas panorámicas de paisajes montañosos de alta definición por la misma Σ plateada—. Me encargaré personalmente de la misión, en lugar del director de operaciones habitual.

—Compartimentación de la inteligencia —dijo Kat en bajo, con un acento sureño que suavizaba el contorno de sus consonantes. Painter sabía que la chica podía eliminar por completo su acento en cuanto fuera necesario—. A causa de la emboscada.

—Se ha decidido restringir la información mientras no concluya la revisión exhaustiva de nuestros protocolos de seguridad —asintió Painter.

—¿Y aun así seguimos adelante con la misión? —preguntó Monk.

—No tenemos elección. Son órdenes de...

El interfono interrumpió la frase. Painter pulsó el botón.

—Director Crowe —anunció su secretaria—. Ha llegado el doctor Pierce.

—Que pase.

Sonó la puerta al abrirse y entró Grayson Pierce. Llevaba unos vaqueros Levi's negros, a juego con los zapatos negros de piel, y una camisa blanca almidonada. Tenía el pelo repeinado y húmedo, recién salido de la ducha.

—Lo lamento —dijo Grayson, deteniéndose entre los otros dos agentes. La dureza de sus ojos no dejaba traslucir ningún pesar verdadero. Mantenía una pose rígida, preparada para las reprimendas.

Y se las merecía. Ahora que estaba en peligro la seguridad, no era el momento de mofarse del comando. Sin embargo, en el comando Sigma siempre se había tolerado cierto grado de insubordinación. Estos hombres y mujeres eran lo mejor de lo mejor. No se les podía pedir que actuasen con total independencia sobre el terreno y luego se plegaran a la autoridad en la base. Se requería mucha mano izquierda para equilibrar las dos cosas.

Painter miró fijamente a Grayson. Con el incremento de las medidas de seguridad, Painter comprendió que el hombre había tenido que recibir una llamada urgente de su madre para atreverse a salir del centro del comando. Tras la mirada impasible del agente, Painter apreció el brillo vidrioso del cansancio. ¿Era por la emboscada o por su situación familiar? ¿Estaba preparado para la nueva misión?

Grayson no apartó la mirada. Se limitó a esperar.

La reunión tenía otro fin aparte de la mera información. Era también una prueba. Painter hizo señas a Grayson para que se sentara.

—La familia es importante —dijo, sin dar más importancia a la cuestión—. Pero no permita que su impuntualidad se convierta en hábito.

—No, señor. —Grayson tomó asiento, pero sus ojos saltaron de las pantallas planas con el símbolo del comando a los *dossieres* que tenían los otros agentes sobre las rodillas. Arrugó el entrecejo. La falta de reprimenda le desconcertó. Bien.

Painter le pasó a Grayson el tercer *dossier*.

—Acabamos de empezar con las instrucciones de la misión.

Tomó la carpeta. En sus ojos se reflejaba una cautelosa perplejidad, pero guardó silencio.

Painter se inclinó hacia atrás y pulsó la pantalla de su escritorio. Apareció una catedral gótica en el monitor izquierdo, una perspectiva exterior. La imagen del interior se mostró a la derecha. Los cadáveres estaban esparcidos por todas partes. Detrás de su hombro se veía la imagen de un contorno dibujado en tiza, junto a un altar todavía ensangrentado, que marcaba el cuerpo tendido de un cura asesinado. El padre Georg Breitman.

Painter observó a los agentes, que recorrían las imágenes con la mirada.

—La masacre de Colonia —dijo Kat Bryant.

Painter asintió con la cabeza.

—Ocurrió casi al final de una misa de medianoche. Murieron 85 personas. Al parecer, el móvil era el robo. Rompieron un relicario de valor incalculable. —Painter pasó las imágenes adicionales del sarcófago de oro y los añicos de la caja de seguridad—. Los únicos objetos robados son los que se conservaban en el sepulcro. Los supuestos huesos de los Reyes Magos bíblicos.

—¿Huesos? —preguntó Monk—. ¿Dejan la caja de oro macizo y se llevan un puñado de huesos? ¿A quién se le ocurre algo así?

—Eso no se sabe por ahora. Sólo hay un superviviente de la masacre. —Painter mostró una imagen de un joven trasladado en camilla, otra del mismo hombre en una cama de hospital, con los ojos abiertos pero en estado de conmoción—. Jason Pendleton. Norteamericano. Veintiún años de edad. Apareció escondido en un confesionario. Cuando lo descubrieron no era capaz de articular palabras coherentes, pero tras administrarle unos tranquilizantes, hizo una declaración provisional. El grupo atacante llevaba ropas y hábitos de monje. No se han identificado las caras. Irrumpieron en la catedral armados con rifles. Dispararon a varias personas, incluidos el sacerdote y el arzobispo.

Las pantallas mostraron más fotografías: heridas de bala, más perfiles dibujados con tiza, una red de hilos rojos que marcaba la trayectoria de los disparos. Parecía el típico escenario de un crimen, pero con un telón de fondo inusual.

—¿Y para qué se requiere la participación de Sigma? —preguntó Kat.

—Hubo otras muertes inexplicables. Para romper el dispositivo de seguridad, los asaltantes emplearon un sistema que no sólo quebró la caja de cristal blindado y metal, sino que además provocó, al menos según el superviviente, una oleada de muertes en toda la catedral.

Painter pulsó una tecla. En las tres pantallas se mostraron imágenes de varios cadáveres. El semblante de los agentes seguía impertérrito. Todos estaban habituados a la visión de la muerte. Los cadáveres estaban contraídos, con la cabeza inclinada hacia atrás. Una imagen era un primer plano de una de las caras, con los ojos abiertos, las córneas opacas y un reguero negro de lágrimas sanguinolentas que se filtraban por el rabillo. Los labios estaban fruncidos, congelados en un rictus de agonía, con los dientes al aire y las encías sangrando. La lengua estaba hinchada, resquebrajada, negruzca en los bordes.

Monk, con su formación médica y forense, puso la espalda más recta y entrecerró los ojos. A veces se hacía el distraído, pero era un agudo observador, su mejor baza.

—Los informes completos de las autopsias figuran en sus *dossieres* —dijo Painter—. La conclusión preliminar de los forenses es que las muertes se produjeron a causa de cierto tipo de ataque epiléptico. Un episodio convulso extremo asociado a una severa hipertermia, que incrementó la temperatura corporal, provocando la total licuación de la superficie exterior del cerebro. Todos murieron con el corazón contraído, tan aplastado que no se halló sangre en los ventrículos. A un hombre le estalló el marcapasos dentro del pecho. Una mujer con un clavo de metal en el fémur apareció con la pierna ardiendo, horas después, en una combustión que surgía del interior.

Los agentes mantenían una expresión estoica, pero Monk volvió a entrecerrar los ojos y Kat palideció. Hasta Grayson contemplaba las imágenes con la vista demasiado fija, sin parpadear. Él fue el primero en hablar.

—Y estamos seguros de que las muertes guardan relación con el sistema empleado por los ladrones.

—Todo lo seguros que podemos estar —respondió Painter—. El superviviente declaró que sintió una intensa presión en la cabeza mientras el sistema utilizado estaba en funcionamiento. Lo describió como un descenso en avión. Una sensación en los oídos. Las muertes se produjeron en ese momento.

—Pero Jason sobrevivió —dijo Kat. Y respiró hondo.

—No fue el único. Pero los ilesos murieron acribillados por los atacantes. Asesinados a sangre fría.

Monk empezó a inquietarse.

—Así que algunos sucumbieron y otros no —dijo—. ¿Por qué? ¿Había algún elemento en común entre las víctimas de los ataques?

—Sólo uno. Un hecho que advirtió incluso Jason Pendleton. Al parecer, los únicos que sufrieron ataques fueron los que comulgaron.

Monk pestañeó.

—Por ese motivo, el Vaticano se ha puesto en contacto con las autoridades estadounidenses. Y la cadena de mando ha recaído en nosotros.

—El Vaticano —dijo Kat.

Painter leyó en sus ojos una señal de comprensión. Kat entendía ahora por qué la habían seleccionado para esta misión, a pesar de que tenía que interrumpir su programa de estudios de ingeniería.

—El Vaticano —prosiguió Painter— teme la repercusión de la noticia si se difunde que un grupo ha atentado contra el sacramento de la comunión, posiblemente envenenando las hostias. Quieren obtener respuestas lo antes posible, aunque ello requiera el incumplimiento del derecho internacional. Este equipo colaborará con dos agentes secretos vinculados a la Santa Sede que pretenden esclarecer por qué se cometió toda esta masacre para encubrir el robo de los huesos de los Reyes Magos. ¿Es un gesto puramente simbólico? ¿O había algo más importante que el robo?

—¿Y nuestro objetivo final? —preguntó Kat.

—Averiguar quién cometió el crimen y qué sistema emplearon. Si el mecanismo sirvió para matar de un modo tan específico y controlado, necesitamos saber de qué se trata y en manos de quién está.

Grayson permanecía en silencio, contemplando las imágenes truculentas con algo más que una mirada aséptica.

—Veneno binario —masculló al fin.

Painter se volvió hacia Grayson. Ambos se miraron a los ojos, reflejándose uno en el otro, en el tempestuoso azul de sus iris.

—¿Qué era eso? —preguntó Monk.

—Las muertes —dijo Grayson, dirigiéndose a él— no fueron provocadas por un único acontecimiento. La causa tuvo que ser doble, pues se requiere un factor intrínseco y otro extrínseco. El sistema utilizado, factor extrínseco, desencadenó el ataque masivo. Pero sólo afectó a los que comulgaron. De modo que debe de haber un factor intrínseco todavía desconocido. —Grayson se volvió hacia Painter—. ¿Se repartió vino durante la comunión?

—Sólo a unos pocos feligreses. Pero éstos también consumieron el pan de la comunión. —Painter aguardaba, observando el extraño cambio de marcha en la cabeza de su hombre, la vía por la que llegaba a una conclusión en mucho menos tiempo que los expertos. Al margen de los músculos y reflejos, existían otros motivos por los que Painter se había fijado en Grayson.

—*Puede* que estuviera envenenado el pan de la comunión —dijo Grayson—. No hay otra explicación. Se depositó algo intrínsecamente en las víctimas a través del consumo de las hostias. Una vez contaminados, eran vulnerables a cualquier fuerza generada por el otro sistema. —Los ojos de Grayson y Painter volvieron a encontrarse—. ¿Se han examinado las hostias para comprobar si estaban contaminadas?

—En el estómago de las víctimas no han quedado suficientes restos para analizarlos adecuadamente, pero sobraron algunas hostias de la comunión que han sido remitidas a diversos laboratorios de la Unión Europea.

—¿Y?

Por aquel entonces, la fatiga vítrea se había borrado de los ojos de Grayson y había sido sustituida por una atención absoluta. Era evidente que se encontraba en condiciones adecuadas para desarrollar su trabajo. Pero la prueba no había concluido.

—No se ha encontrado nada —prosiguió Painter—. Los análisis no reflejan más que harina, agua y los demás ingredientes de panadería con que se elaboran las obleas de pan ázimo.

—Es imposible —dijo Grayson arrugando aún más el entrecejo.

Painter percibió el tono obcecado de su voz, casi beligerante. El hombre estaba completamente seguro de su teoría.

—Tiene que haber algo —insistió Grayson.

—También han consultado a los laboratorios de DARPA. Los resultados son los mismos.

—Se habrán equivocado.

Monk le hizo señas para que se contuviera.

—Entonces tiene que haber otra explicación —dijo Kat, con los brazos cruzados, para dirimir la cuestión.

—Eso es una chorrada —dijo Grayson, interrumpiéndola—. Los laboratorios se han equivocado.

Painter reprimió una sonrisa. Ahí estaba el líder agazapado en el hombre, esperando el momento de salir: perspicacia, seguridad obstinada, disposición a escuchar pero dificultad para cambiar de parecer en cuanto se formaba una opinión.

—Tiene razón —dijo Painter al fin.

Monk y Kat se quedaron atónitos, mientras que Grayson se limitó a inclinarse hacia atrás.

—Nuestros laboratorios de aquí han encontrado algo.

—¿Qué?

—Carbonizaron la muestra hasta sus mínimos elementos y separaron todos los componentes orgánicos. Luego retiraron cada uno de los oligoelementos a medida que el espectrómetro los medía. Pero después de eliminarlo todo, todavía quedaba en la báscula un cuarto del peso seco de la oblea. Un polvo blanquecino seco.

—No entiendo —dijo Monk.

—El polvo restante —le explicó Grayson— no pudo ser detectado por los sistemas de análisis.

—Se quedaba en las básculas, pero las máquinas informaban a los técnicos de que allí no había nada.

—Es imposible —dijo Monk—. Tenemos los mejores sistemas del mundo.

—Pero aun así no han podido detectarlo.

—La sustancia pulverulenta debe de ser totalmente inerte —dijo Grayson.

Painter asintió.

—De modo que los chicos del laboratorio siguieron examinándola. La calentaron hasta su punto de fusión, a 625 grados. Se derritió y formó un líquido claro que, al descender la temperatura, se solidificó en un cristal ámbar claro. Al moler el cristal en un mortero, volvió a formar el polvo blanco. Pero en todas las fases seguía inerte, imperceptible para los sistemas más avanzados.

—¿Qué puede dar lugar a eso? —preguntó Kat.

—Algo que todos conocemos, pero en un estado que no se ha descubierto hasta las últimas décadas. —Painter mostró la siguiente imagen: un electrodo de carbono en una cámara de gas inerte—. Uno de los técnicos trabajó en la Universidad de Cornell, donde se desarrolló este experimento. Efectuaron una vaporización fraccionaria del polvo junto con una espectroscopia de la emisión. A través de una técnica electrolítica, lograron que el polvo recuperara su estado más común.

Mostró la última imagen. Era un primer plano del electrodo negro, con la peculiaridad de que ya no era *negro*.

—Consiguieron que la sustancia convertida se adhiriera a la varilla de carbono.

El electrodo negro, ahora de color metálico, brillaba bajo la lámpara, inconfundible. Grayson se inclinó hacia delante en el asiento y murmuró:

—Oro.

18.24
Roma

La sirena del coche resonaba en los oídos de Rachel. Se sentó en el asiento del copiloto de la patrulla de los carabineros, con el cuerpo dolorido por las magulladuras y fuertes latidos en la cabeza. Pero lo único que sentía era la gélida corazonada de que el tío Vigor había muerto. El miedo amenazaba con estrangularla, le impedía respirar y le dificultaba la visión.

Rachel entreoyó la conversación del policía por radio. Su vehículo fue el primero en llegar al escenario de la emboscada callejera. Ella rechazó la asistencia médica y recurrió a su autoridad de teniente para ordenar al hombre que la llevase al Vaticano.

El coche llegó al puente sobre el Tíber. Rachel no apartaba la mirada de su lugar de destino. Al otro lado del canal apareció la cúpula relumbrante de San Pedro, que sobresalía entre los restantes edificios. El sol de poniente proyectaba sus tonos dorados y argénteos. Pero lo que vislumbró detrás de la basílica la hizo saltar del asiento. Se agarró al borde del salpicadero.

Una columna de humo negro se alzaba en volutas bajo el cielo añil.

—Tío Vigor…

Rachel oyó otras sirenas que resonaban río arriba. Coches de bomberos y otros vehículos de emergencia.

Agarró al policía del brazo. Deseaba a toda costa apartar al hombre para conducir ella, pero todavía se encontraba muy conmocionada.

—¿No puede ir un poco más rápido?

El carabinero asintió con la cabeza. Era joven, nuevo en el cuerpo. Llevaba el uniforme negro con la lista roja en las piernas y banda plateada en el pecho. Giró el volante y se subió a una acera para esquivar un atasco. Cuanto más se acercaban al Vaticano, mayor era la congestión. La confluencia de los vehículos de emergencia paralizó todo el tráfico de la zona.

—Diríjase a la puerta de Santa Ana —le ordenó.

El conductor giró el volante y atajó por un callejón que desembocaba a tres manzanas de la puerta. Al fondo se veía claramente el origen del incendio. Después de las murallas, la Torre de los Vientos era el segundo punto más alto de la Ciudad del Vaticano. Sus pisos superiores eran pasto de las llamas, cual antorcha de piedra. «Oh, no…».

La torre albergaba una parte de los Archivos Secretos del Vaticano. Sabía que su tío había estado rastreando las bibliotecas de la Santa Sede. Después del ataque contra ella, el incendio no podía ser un mero accidente.

El coche pegó un brusco frenazo que la empujó hacia el parabrisas. Rachel apartó la mirada de la torre en llamas.

El tráfico estaba paralizado. Rachel no podía esperar más. Tiró de la manilla y se dispuso a salir del coche.

Unos dedos la agarraron por el hombro, deteniéndola.

—Teniente Verona —dijo el carabinero Norre—. Aquí tiene. Puede necesitarla.

Rachel vio la pistola negra, una Beretta 92, el arma de servicio del hombre. Ella la aceptó y le dio las gracias con un gesto.

—Avise a la comisaría —le dijo—. Dígale al general Rende de la TPC que he regresado al Vaticano. Puede localizarme a través de la Oficina de la Secretaría.

En medio del estruendo de las sirenas, Rachel continuó a pie. Se metió la pistola en la pretina del cinturón y se soltó la blusa por fuera para que ocultara la Beretta. Sin uniforme, no era conveniente que la vieran acudir a una situación de emergencia con un arma a la vista.

Las aceras estaban abarrotadas. Rachel esquivó los vehículos atascados en las calles e incluso saltó por encima del capó de un coche para abrirse camino. Al fondo vio un camión de bomberos rojo que atravesaba la puerta de Santa Ana. Casi no cabía. Un contingente de la Guardia Suiza formó barricadas a cada lado, en alerta máxima, sin las solemnes alabardas. Cada hombre llevaba un rifle de asalto en la mano.

Rachel avanzó hacia la fila de guardias.

—¡La teniente Verona del cuerpo de carabineros! —gritó, con los brazos en alto y la identificación en la mano—. ¡Tengo que reunirme con el cardenal Spera!

Los rostros de los guardias ni se inmutaron. Era evidente que tenían órdenes de bloquear todas las entradas de la Santa Sede a todo el mundo excepto al personal de emergencia. Un teniente de los carabineros no tenía autoridad sobre la Guardia Suiza.

Pero del fondo de la fila salió un guardia vestido de negro azulado. Rachel lo reconoció: era el mismo con quien había hablado antes. El hombre se abrió paso a través de la fila y se le acercó.

—Teniente Verona —le dijo—. Tengo órdenes de escoltarla por el interior. Venga conmigo.

Dio media vuelta y guió a Rachel. Ella se afanaba por seguir el ritmo del guardia mientras atravesaban la puerta.

—Mi tío… monseñor Verona… —farfulló.

—Yo sólo sé que tengo que escoltarla hasta el *eliporto*. —La condujo hasta un carro eléctrico de mantenimiento, que estaba aparcado al otro lado de la puerta—. Órdenes del cardenal Spera.

Rachel se montó en el vehículo. El pesado coche de bomberos circulaba muy despacio delante de ellos y entró en el patio que precede a los Museos Vaticanos. Se juntó con los restantes vehículos de emergencia, entre los que había un par de coches militares provistos de metralletas.

Ya con vía libre, el hombre giró el carro a la derecha, para sortear el atasco de vehículos de emergencia que había delante de los museos. Arriba, la torre seguía ardiendo. Desde algún punto situado en el extremo opuesto saltó un chorro de agua que apuntaba hacia los pisos más altos. Las llamas asomaban por las ventanas de las tres plantas superiores, junto con densas nubes de humo negro. La torre ardía como la yesca, debido al volumen de libros, pergaminos y manuscritos que almacenaba en su interior.

Era una catástrofe de gran magnitud. Lo que no destruyese el fuego se echaría a perder con el agua y el humo. Desaparecían para siempre varios siglos de archivos, reflejo de la historia de Occidente.

Aun así, todos los temores de Rachel tenían un único motivo de preocupación: el tío Vigor.

El carro pasó como una flecha por el garaje de la ciudad y continuó por una calle adoquinada, en paralelo a las Murallas Leoninas, la fortaleza de piedra y mortero que cercaba la Ciudad del Vaticano. Rodearon los edificios del museo y llegaron a los vastos jardines que ocupaban la parte de atrás de la ciudad-estado. Las fuentes bailaban a lo lejos. El mundo emergía en tonos verdes, una imagen demasiado bucólica en comparación con el paisaje infernal de humo, fuego y sirenas que dejaban a sus espaldas. Continuaron en silencio hasta el final de los jardines.

El lugar de destino apareció a la vista. En el seno de un recinto amurallado se hallaba el helipuerto. El aeródromo, antigua pista de tenis, ocupaba poco más de media hectárea de hormigón y edificios anexos.

En el asfalto, un único helicóptero aguardaba apoyado sobre los patines, aislado del tumulto. Las aspas empezaron a rotar lentamente, adquiriendo velocidad. El motor gemía. Rachel conocía el sólido aparato blanco. Era el helicóptero privado del Papa.

También reconoció la sotana negra y el fajín rojo del cardenal Spera. Estaba de pie junto a la puerta abierta de la cabina de pasajeros, con la cabeza ligeramente agachada para no tropezar con las aspas giratorias. Con una mano se sujetaba el solideo en la cabeza.

Se volvió, atraído por el movimiento del carro, y saludó con el brazo. El carro motorizado frenó a escasa distancia. Rachel estaba deseando que se detuviera para saltar. Corrió hacia el cardenal: si alguien conocía la suerte de su tío, era el cardenal. O bien otro...

De la parte trasera del helicóptero salió una figura que corrió hacia Rachel. Ésta se apresuró a encontrarse con él y le dio un fuerte abrazo bajo las aspas giratorias del helicóptero.

—Tío Vigor... —Las lágrimas rodaron por su rostro, cálidas, al derretirse el hielo que le rodeaba el corazón.

Él se incorporó.

—Llegas tarde, muchacha —le dijo.

—Me han entretenido —repuso ella.

—Eso me han dicho. El general Rende nos ha informado del ataque contra ti.

Rachel se volvió para contemplar la torre en llamas. Percibió un olor a humo en el pelo de su tío, vio que tenía las cejas chamuscadas.

—Parece que no sólo me han atacado a mí. Gracias a Dios, estás bien.

El semblante de su tío se ensombreció, la voz se le tensó.

—Por desgracia, no todos han tenido tanta suerte —dijo.

Ella le miró a los ojos.

—Jacob ha muerto con la explosión. Me ha protegido con su cuerpo, me ha salvado. —Rachel captó la angustia de sus palabras, a pesar del rugido del helicóptero—. Venga, tenemos que irnos.

El cardenal Spera asintió con la cabeza, mirando a Vigor.

—Hay que detenerlos —dijo crípticamente.

Rachel entró con su tío en el helicóptero. El aislamiento acústico amortiguaba gran parte del ruido del motor, pero Rachel oyó la aceleración del helicóptero, que despegó los patines del suelo y ascendió suavemente.

El tío Vigor se apoyó en el respaldo con la cabeza gacha y los ojos cerrados. Le temblaban los labios, rezaba en silencio. Por Jacob... y tal vez por ellos dos.

Rachel esperó a que abriera los ojos. Para entonces ya se alejaban del Vaticano y sobrevolaban el Tíber.

—Los atacantes —dijo Rachel— iban en coches con matrículas del Vaticano.

Su tío asintió con la cabeza, como si la noticia no le pillara por sorpresa.

—Parece que el Vaticano no sólo tiene espías en el extranjero —dijo Vigor—, sino que también hace contraespionaje en su propio medio.

—¿Quién…?

Vigor la interrumpió con un quejido. Se sentó más erguido, abrió su carpeta, cogió un papelito doblado y se lo pasó a Rachel.

—El superviviente de la masacre de Colonia describió esto a un dibujante de la policía. Lo vio bordado en el pecho de uno de los atacantes.

Rachel abrió el papel. Apareció el dibujo detallado de un dragón rojo enroscado, con las alas desplegadas, la cola retorcida y serpenteante, enrollada alrededor del cuello.

Rachel dejó el dibujo y miró a su tío.

—Un símbolo antiguo —dijo Vigor—. Data del siglo XIV.

—¿Símbolo de qué?

—De la Corte del Dragón.

Rachel negó con la cabeza para indicar que no conocía el nombre.

—Es un culto alquímico medieval creado por un cisma en la Iglesia primitiva, el mismo cisma que dio origen a los papas y antipapas.

Rachel estaba familiarizada con el dominio de los antipapas del Vaticano, hombres que se erigieron en jefes de la Iglesia católica, pero cuya elección se declaró posteriormente anticanónica. Se sublevaron por diversas razones, pero la más común era la usurpación y el exilio del Papa legítimamente elegido, por lo general a causa de la intervención de una facción militante respaldada por un rey o emperador. Entre los siglos XIII y XV, cuarenta antipapas ocuparon el trono papal. El periodo más tumultuoso, no obstante, fue el siglo XIV, cuando el papado legítimo fue expulsado de Roma y se exilió en Francia. Durante setenta años los papas reinaron en el exilio, mientras que el gobierno de Roma estaba en manos de una serie de antipapas corruptos.

—¿Qué tiene que ver ese culto antiguo con la situación actual?

—La Corte del Dragón sigue activa. Su soberanía se reconoce hasta en Estados Unidos, a semejanza de los caballeros de Malta, que tienen estatus de observadores en la ONU. La misteriosa Corte del Dragón guarda relación con el Consejo Europeo de Príncipes, los caballeros templarios y los rosacruces. La Corte del Dragón también reconoce abiertamente que tiene miembros en la Iglesia católica. Incluso aquí, en el Vaticano.

—¿Aquí? —Rachel no salía de su asombro y se le notaba en la voz. Vigor y ella estaban en el punto de mira de alguien dentro del Vaticano.

—Hace unos años hubo un escándalo —prosiguió el tío Vigor—. Un ex sacerdote jesuita, el padre Malachi Martin, dio a conocer una «Iglesia secreta» en el seno de la Iglesia. Era un investigador que hablaba diecisiete lenguas, había escrito muchos textos académicos y era un estrecho colaborador del papa Juan XXIII. Trabajó aquí en el Vaticano durante veinte años. Su último libro, escrito poco antes de su muerte, trataba sobre un culto alquímico desarrollado en el Vaticano, en el cual se celebraban ritos secretos.

Rachel sintió en el estómago una sacudida que no tenía nada que ver con el ladeo del helicóptero en dirección al aeropuerto internacional de la cercana localidad de Fiumicino.

—Una Iglesia secreta dentro de la Iglesia —comentó Rachel—. ¿Son ellos los que perpetraron la masacre de Colonia? ¿Por qué? ¿Con qué fin?

—¿Para robar los huesos de los Reyes Magos? No tengo ni idea.

Rachel dejó que esta revelación se fuera filtrando en su mente. Para atrapar a un criminal se requería conocerlo. El esclarecimiento de los móviles solía aportar más información que las pruebas físicas.

—¿Qué más sabes de la Corte del Dragón? —preguntó Rachel.

—A pesar de su larga historia, no mucho. En el siglo VIII, el emperador Carlomagno conquistó la antigua Europa en nombre de la Santa Iglesia, destruyó las religiones de culto pagano y las sustituyó por el catolicismo.

Rachel asintió con la cabeza, pues conocía bien las tácticas brutales de Carlomagno.

—Pero las corrientes cambian —continuó Vigor—. Lo anticuado vuelve a ponerse de moda. En el siglo XII resurgió la creencia gnóstica o mística, y fue adoptada por los mismos emperadores que la habían erradicado. Poco a poco surgió un cisma a medida que evolucionó la Iglesia hacia el catolicismo tal como hoy lo conocemos, mientras que los emperadores continuaban paralelamente con sus prácticas gnósticas. El cisma alcanzó su punto culminante a finales del siglo XIV. El papado acababa de regresar del exilio francés. Para lograr la paz, el emperador del Sacro Imperio Romano Germánico, Segismundo de Luxemburgo, respaldó políticamente al Vaticano y aparentemente abolió las prácticas gnósticas en las clases inferiores.

—¿Sólo en las clases inferiores?

—Se eximía a la aristocracia. El emperador, al tiempo que erradicaba las creencias místicas en el pueblo llano, constituía una sociedad secreta entre las familias reales europeas, una sociedad dedicada a fines alquímicos y místicos. La Ordinis Draconis. La Corte del Dragón Imperial. En la actualidad continúa activa, si bien dividida en numerosas sectas de diversos países; algunas son benéficas, meramente ceremoniales o fraternales, pero han surgido otras que están encabezadas por líderes insidiosos. No me extrañaría que la Corte del Dragón estuviera implicada en la masacre. Es una de esas subsectas virulentas.

Rachel pasó instintivamente al modo interrogatorio. «Conoce a tu enemigo».

—¿Y cuál es la finalidad de estas sectas más crueles? —preguntó.

—Por tratarse de un culto aristocrático, estos líderes extremos creen que ellos y sus miembros son los dirigentes selectos y legítimos de la humanidad. Creen que nacieron para gobernar por la pureza de su sangre.

—El síndrome de la raza superior de Hitler.

—Pero persiguen algo más —replicó Vigor, con un gesto de asentimiento—. No sólo la realeza. Indagan todas las formas del conocimiento antiguo para impulsar su causa de dominación y apocalipsis.

—Para explorar vías en las que ni Hitler se atrevió a penetrar —masculló Rachel.

—Por lo general han mantenido una apariencia de austera superioridad mientras manipulaban la política tras una pantalla de ritual y secretismo y colaboraban con grupos de élite, como Skull and Bones en Estados Unidos y el gabinete estratégico Bilderburg en Europa. Pero ahora alguien se atreve a mostrar abiertamente su mano a sangre y fuego.

—¿Y eso qué significa?

Vigor hizo un gesto negativo con la cabeza.

—Me temo que esta secta ha descubierto algo de suma importancia, algo que les impulsa a salir a la luz.

—¿Y las muertes?

—Es una advertencia dirigida a la Iglesia, al igual que los ataques contra nosotros. Los intentos simultáneos de asesinato no son una coincidencia. Tienen que ser designios de la Corte del Dragón para entorpecernos, para asustarnos. Todo esto no puede ser casual. La Corte empieza a enseñar sus colmillos: gruñe a la Iglesia para que retroceda, al tiempo que se despoja de la piel de cordero que ha tenido durante siglos.

—Pero ¿con qué fin?

El tío Vigor se inclinó hacia atrás con un suspiro.

—Para lograr el objetivo de todos los dementes —dijo.

Rachel no le quitaba ojo. Vigor respondió con una palabra:

—Armagedón.

16.04, hora estadounidense
Sobrevolando el Atlántico

El hielo tintineaba en el vaso de Gray. Kat Bryant le lanzó una mirada desde su asiento, en el lado opuesto de la lujosa cabina del avión privado. No dijo nada, pero su ceño fruncido era sumamente explícito. Se había concentrado en el *dossier* de la misión por segunda vez. Gray ya lo había leído de cabo a rabo. No veía la necesidad de revisarlo. En cambio, se dedicó a estudiar el tono gris azulado del océano Atlántico, intentando averiguar por qué lo habían designado para la misión. A 15.000 metros de altura, seguía sin respuesta.

Giró la silla, se levantó y se dirigió al bar de caoba antigua de la cabina. Le impresionó la opulencia: cristal Waterford, madera de castaño veteado, asientos de cuero. Parecía un *pub* inglés aristocrático. Pero al menos conocía al camarero.

—¿Otra cocacola? —preguntó Monk.

—Creo que he llegado al límite —dijo Gray después de dejar el vaso en la barra.

—Qué poco aguante —farfulló su amigo.

Gray se volvió y observó la cabina. Su padre le dijo en una ocasión que representar un papel era la condición previa para identificarse con él. Por supuesto, se refería a la etapa en que Gray trabajaba de obrero en una planta petrolífera, bajo la supervisión de su padre, ingeniero. Sólo tenía dieciséis años, y se pasó todo el verano bajo el tórrido sol del este de Texas. Era un trabajo extenuante, mientras que sus compañeros del instituto veraneaban en las playas de la isla de South Padre. La advertencia de su padre todavía resonaba en su mente. «Para ser hombre, primero tienes que actuar como tal». Tal vez podría decirse lo mismo de un líder.

—Vale, ya basta de libros —dijo, mientras captaba la atención de Kat. Luego miró a Monk y añadió—: Y me parece que tú ya has explorado bastante las profundidades de este mueble-bar.

Monk se encogió de hombros y se acercó a la zona central de la cabina.

—Nos quedan menos de cuatro horas —dijo Gray. Con aquel avión, un Citation X hecho por encargo, que alcanzaba casi velocidades supersónicas, aterrizarían a las dos de la madrugada, hora alemana, en plena noche—. Sugiero que intentemos dormir algo. En cuanto lleguemos allí saldremos corriendo.

Monk bostezó.

—No me lo digas dos veces, comandante —replicó.

—Pero primero tenemos que cambiar impresiones. Nos ha caído un buen muerto encima.

Gray señaló los asientos. Monk se desplomó en uno. Gray se reunió con ellos y se sentó enfrente de Kat, con una mesa en medio.

Gray conocía a Monk desde que entró en Sigma, pero la capitana Kathryn Bryant seguía siendo relativamente desconocida. Estaba tan inmersa en sus estudios que casi nadie la conocía bien. Desde que la reclutaron solían definirla por su reputación. Un agente la describía como un ordenador andante. Pero su reputación estaba también empañada por la función que había desempeñado cuando era agente de los servicios secretos. Supervisaba operaciones negras, según se rumoreaba. Pero nadie lo sabía con seguridad. Su pasado era inclasificable, incluso para sus colegas de Sigma. Tal secretismo sólo contribuía a aislarla más entre los compañeros que habían ascendido de rango en unidades, equipos y secciones.

Gray ya arrastraba sus problemas con ella en lo que respecta al pasado. Por motivos personales le desagradaban los miembros de los servicios secretos. Operaban a distancia, lejos del campo de batalla, más lejos aún que los pilotos de los bombarderos, pero con un riesgo mayor. Gray tenía las manos manchadas de sangre a causa de una información incorrecta. Sangre inocente. No podía evitar cierto grado de desconfianza.

Clavó la mirada en Kat. Sus ojos verdes eran inflexibles. Todo su cuerpo parecía almidonado. Gray quiso dejar a un lado el pasado de la capitana. Ahora era una compañera de equipo. Respiró hondo. Él era el líder. «Representa el papel…».

Carraspeó. Era el momento de ponerse a trabajar. Levantó un dedo.

—Veamos, lo primero, ¿qué sabemos?

—No gran cosa —respondió Monk, con extrema seriedad.

—Sabemos que los autores del crimen —dijo Kat con su expresión inmutable— guardan alguna relación con una sociedad de cultos secretos llamada Corte del Dragón Imperial.

—Eso es tanto como decir que guardan relación con los Hare Krishnas —replicó Monk—. Es un grupo tan inabarcable y tan extendido como la maleza. No tenemos ni idea de quién está detrás de todo esto.

Gray asintió. Les habían enviado por fax esa información cuando ya estaban de camino. Pero lo más inquietante era otra noticia en la que se les comunicaba que habían atacado a sus homólogos del Vaticano. Tenía que ser obra de la Corte del Dragón. Pero ¿por qué? ¿En qué clase de zona de guerra secreta iban a intervenir? Necesitaba respuestas.

—Analicemos la cuestión —dijo Gray, percatándose de que hablaba como el director Crowe. Los otros dos lo miraron expectantes. Carraspeó de nuevo—. Volvamos a los asuntos fundamentales. Medio, móvil y oportunidad.

—Oportunidades no les faltaron —dijo Monk—. Atacaron después de medianoche, cuando las calles estaban casi vacías. Pero ¿por qué no esperaron a que la catedral estuviera también vacía?

—Para lanzar un mensaje —respondió Kat—. Un golpe contra la Iglesia católica.

—No podemos asumir tal presuposición —dijo Monk—. Veámoslo desde una perspectiva más amplia. A lo mejor todo fue un juego de prestidigitación para despistar: cometer una masacre para que pasara desapercibido el robo insignificante de unos huesos llenos de polvo.

A Kat no le parecía muy convincente, pero era difícil saber qué pensaba, pues no soltaba prenda. Como si se hubiera formado para eso.

Gray dirimió la cuestión:

—En cualquier caso, por ahora, elucubrar sobre la oportunidad no nos da ninguna pista sobre quién cometió la masacre. Pasemos a los móviles.

—¿Por qué robaron huesos? —preguntó Monk mientras movía la cabeza y se acomodaba en el asiento—. A lo mejor pretenden exigir a la Iglesia católica el pago de un rescate a cambio de su devolución.

—Si fuera sólo cuestión de dinero —dijo Kat negando con la cabeza—, habrían robado el relicario de oro. Por lo tanto, tiene que ser otra cosa relacionada con los huesos. Algo sobre lo que no tenemos ninguna pista. Así que será mejor que dejemos este cabo suelto en manos de nuestros contactos del Vaticano.

Gray frunció el ceño. Todavía le incomodaba la idea de colaborar con una organización como el Vaticano, institución erigida sobre la base del secretismo y el dogma religioso. Él había recibido una educación católica romana, y aunque todavía sentía el impulso de la fe, había estudiado otras religiones y filosofías: budismo, taoísmo, judaísmo. Había aprendido mucho, pero en sus estudios nunca había obtenido respuesta a una pregunta: ¿qué buscaba?

Negó con la cabeza.

—Por el momento —dijo— marcaremos los móviles del crimen con otro gran interrogante. Lo analizaremos con mayor profundidad cuando nos reunamos con los demás. Sólo nos quedan por comentar los medios.

—Lo cual nos lleva otra vez a la cuestión financiera —dijo Monk—. Esta operación estaba bien planificada y se ejecutó con celeridad. Ya sólo en recursos humanos, fue una operación muy cara. El robo requería un fuerte respaldo económico.

—Y un nivel tecnológico que no comprendemos —dijo Kat. Monk asintió.

—Pero ¿y ese misterioso oro que había en el pan consagrado? —preguntó.

—Oro monoatómico —masculló Kat, frunciendo los labios.

Gray imaginó el electrodo de oro plateado. El *dossier* contenía multitud de datos acerca de este misterioso oro, procedentes de laboratorios de todo el mundo: British Aerospace, Laboratorios Nacionales de Argonne, Boeing Labs de Seattle, el Instituto Niels Bohr de Copenhague.

La sustancia no era un polvo áureo corriente, la forma laminar de oro metálico. Era un estado elemental completamente nuevo, clasificado como «estado-m». En lugar de su matriz metálica habitual, el polvo blanco era oro subdividido en átomos individuales. Monoatómico, o estado-m. Hasta muy recientemente, los científicos ignoraban que el oro pudiera transformarse, por procedimientos naturales y artificiales, en una forma de polvo blanco inerte.

Pero ¿qué significaba todo eso?

—De acuerdo —dijo Gray—, todos hemos leído los documentos. Analicemos por turnos este punto. Veamos si nos lleva a alguna parte.

—En primer lugar —dijo Monk—, el oro no es el único metal con el que se puede hacer esto. Debemos tenerlo en cuenta. Parece que cualquiera de los metales de transición de la tabla periódica (platino, rodio, iridio y demás) puede disolverse también en polvo.

—No se disuelven —precisó Kat. Bajó la vista al *dossier*, donde figuraban artículos fotocopiados de *Platinum Metals Review*, *Scientific American* y *Jane's Defense Weekly*, la revista del Ministerio de Defensa británico. Parecía ansiosa por abrir la carpeta—. El término es *desagregarse*. Estos metales en estado-m se subdividen en átomos individuales y microgrupos. Desde un punto de vista físico, este estado surge cuando los electrones de adelanto o retroceso temporal se funden alrededor del núcleo del átomo, provocando que cada átomo ceda su reactividad química al átomo contiguo.

—Quieres decir que dejan de *adherirse* unos a otros. —Los ojos de Monk bailaban de acá para allá con regocijo.

—Dicho llanamente —continuó Kat con un suspiro—. Esa falta de reactividad química es lo que provoca que el metal pierda su apariencia metálica y se desagregue formando un polvo. Un polvo imperceptible para los sistemas de análisis de los laboratorios.

—¡Ah! —exclamó Monk.

Gray frunció el ceño mirando a Monk. Éste se encogió de hombros. Gray sabía que su amigo se estaba haciendo el tonto.

—Me parece —prosiguió Kat, ajena a aquel intercambio gestual— que los autores del crimen conocían la falta de reactividad química y confiaban en que el polvo de oro no se descubriese nunca. Fue su segundo error.

—¿El segundo? —preguntó Monk.

—Dejaron vivo a un testigo. El joven Jason Pendleton. —Kat abrió la carpeta. Al parecer no pudo resistir la tentación—. Volviendo al asunto del oro, ¿y este artículo sobre la superconductividad?

Gray asintió. Tenía que reconocer la relevancia de lo que decía Kat, pues apuntaba el aspecto más enigmático de estos metales en estado-m. Incluso Monk estaba más atento.

—Aunque el polvo parece inerte para los sistemas de análisis —continuó Kat—, el estado atómico dista mucho de ser una forma de baja energía. Es como si cada átomo tomase toda la energía utilizada para reaccionar ante el átomo contiguo y la retuviese en su interior. La energía deforma el núcleo del átomo, estirándolo hasta dejarlo con una forma alargada, llamada… —Revisó el artículo con el dedo índice. Gray observó que había marcado el texto con un rotulador fluorescente—. Un estado asimétrico de alto *spin* —precisó—. Los físicos saben que los átomos de alto *spin* pueden pasar energía de un átomo al siguiente sin pérdida de energía neta.

—Superconductividad —dijo Monk, ya sin disimulos.

—La energía transferida a un superconductor continuaría fluyendo por el material sin pérdida de potencia. Un superconductor perfecto permitiría que esta energía fluyese hasta el infinito, hasta el fin del tiempo.

Se hizo el silencio mientras sopesaban aquellos sorprendentes hallazgos.

—Estupendo —dijo Monk al fin, desperezándose—. Hemos analizado el misterio hasta el nivel del núcleo atómico. Volvamos al principio. ¿Qué tiene que ver todo esto con los asesinatos de la catedral? ¿Por qué envenenaron las obleas con este misterioso polvo de oro? ¿Qué efecto mortal provocó ese polvo?

Eran buenas preguntas. Kat cerró el *dossier*, consciente de que no encontraría allí las respuestas.

Gray empezaba a comprender por qué le había asignado el director a esos dos compañeros. No era sólo por sus respectivos currículos de especialista de los servicios secretos y experto forense. Kat tenía una meticulosa capacidad para concentrarse en las minucias, para detectar detalles que pasaban desapercibidos a los demás. Pero Monk, no menos agudo, prestaba atención al panorama general y observaba las tendencias en un escenario más amplio. Pero ¿adónde conducía todo aquello?

—Parece que tenemos mucho que investigar —concluyó sin convicción.

—Como he dicho desde el principio —recordó Monk arqueando una ceja—, no tenemos mucho con que empezar.

—Por eso nos han llamado. Para resolver lo imposible. —Gray miró la hora, ahogando un bostezo—. Y por eso deberíamos aprovechar todo el tiempo de descanso que podamos hasta que aterricemos en Alemania.

Los otros dos asintieron. Gray se levantó y se dirigió a un asiento cercano. Monk cogió almohadas y mantas. Kat cerró los estores de las ventanas para atenuar la luz de la cabina. Gray los observó. Su equipo. Su responsabilidad.

«Para ser hombre, primero tienes que actuar como tal».

Gray tomó la almohada que le ofrecía su compañero y se sentó. No reclinó el respaldo. A pesar del cansancio, no contaba con dormir gran cosa. Monk apagó las luces interiores. Se hizo la oscuridad.

—Buenas noches, comandante —dijo Kat desde el lado opuesto de la cabina.

Mientras los demás se acomodaron, Gray permaneció sentado en la oscuridad, preguntándose cómo había llegado hasta allí. El tiempo se alargaba, los motores retumbaban con un ruido uniforme. Aun así, no pudo pegar ojo.

En la privacidad de aquel momento, Gray metió la mano en el bolsillo de sus vaqueros y sacó un rosario, agarrando tan fuerte el crucifijo del extremo que se hizo daño en la palma. Era un regalo de licenciatura de su abuelo, que había muerto dos meses después. Gray se encontraba entonces en un campamento de reclutas de la Marina, de modo que no pudo asistir al funeral. Se apoyó en el respaldo. Después de la reunión informativa de aquel día, llamó a sus padres y, para justificar su ausencia, les contó que a última hora había surgido un viaje de negocios imprevisto. «Otra vez corriendo…».

Con los dedos iba pasando las cuentas del rosario.

No rezó ninguna oración.

22.24
Lausana (Suiza)

El Château Sauvage se ocultaba, cual gigante de piedra, en un puerto de montaña de los Alpes de Saboya. Sus almenas tenían tres metros de grosor. Una sola torre cuadrada coronaba las murallas. El único acceso a sus puertas era a través de un puente de piedra que cruzaba el puerto. Aunque no era el castillo más grande de ese cantón suizo, sí se trataba de uno de los más antiguos: se había construido en el siglo XII. Los cimientos eran aún más antiguos. Se erigió sobre las ruinas de un campamento romano, una antigua fortificación militar del siglo I.

Era asimismo uno de los castillos más antiguos de propiedad privada, perteneciente a la familia Sauvage desde el siglo XV, cuando el ejército bernés arrebató el poder de Lausana a los decadentes obispos durante la Reforma. Desde sus parapetos se dominaba el lago Leman, a lo lejos, y la bella ciudad montañosa de Lausana, antiguo pueblo pesquero, hoy ciudad cosmopolita, con numerosos parques a orillas del lago, museos, enclaves turísticos, clubes y cafés.

El actual propietario del castillo, el barón Raoul de Sauvage, ignoró la vista iluminada de la oscura ciudad y bajó las escaleras que conducían a la parte inferior del castillo. Tenía una cita. Le seguía un enorme perro peludo, de setenta kilos de peso. El tupido pelaje negro y marrón del perro de montaña bernés rozaba los antiguos escalones de piedra.

El barón también tenía un criadero de perros de pelea, recias bestias de cien kilos procedentes de Gran Canaria, de pelo corto, cuello grueso, torturadas hasta extremos salvajes. Criaba campeones para ese deporte encarnizado. Pero en este preciso instante, tenía otros asuntos más sangrientos de los que ocuparse.

Pasó por la planta de las mazmorras del castillo, con sus cavernas de piedra. Las celdas albergaban ahora una extensa colección de vinos, una bodega perfecta, pero una parte recordaba todavía los viejos tiempos. Cuatro celdas de piedra se habían remozado con puertas de acero inoxidable, cerraduras electrónicas y sistemas de videovigilancia. Cerca de ellas, una sala grande contenía todavía antiguos aparatos de tortura, así como otros más modernos. Su familia había ayudado a varios líderes nazis a escapar de Austria después de la Segunda Guerra Mundial, familias vinculadas a los Habsburgo. Se habían escondido allí. Como recompensa, el abuelo de Raoul aceptaba una asignación o «tributo», como él lo denominaba, que le había permitido mantener el castillo en el seno de la familia.

Pero ahora Raoul, a sus treinta y tres años de edad, iba a sobrepasar a su abuelo. Hijo bastardo, heredó los títulos de propiedad a los dieciséis años, cuando murió su progenitor. Era el único descendiente varón vivo. Y en la familia Sauvage, los vínculos genéticos tenían prioridad sobre los matrimoniales. Hasta su nacimiento se organizó por conveniencia. Otra cosa que debía a su abuelo.

El barón de Sauvage siguió descendiendo a zonas más profundas de la ladera, encorvándose para no tropezar con el techo, siempre seguido de su perro. Una hilera de luces eléctricas iluminaba el camino.

Los escalones de piedra eran ya rocas talladas por la erosión natural. Por aquí habían desfilado en la antigüedad los legionarios romanos, a menudo con una cabra o toro expiatorios, hasta la cueva subterránea. La cámara fue transformada por los romanos en un mitreo, un templo dedicado al dios Mitra, divinidad solar importada de Irán y muy venerada por los soldados del Imperio. El mitraísmo es anterior al cristianismo, aunque ambos cultos presentan asombrosas similitudes. El nacimiento de Mitra se celebraba el 25 de diciembre. En el culto al dios se celebraban ritos bautismales y el consumo de una comida sagrada de pan y vino. Mitra tenía también doce discípulos, consideraba sagrado el domingo y describía un cielo y un infierno. Tras su muerte, fue enterrado en una tumba y resucitó tres días después.

Estos indicios han llevado a algunos investigadores a sostener que el cristianismo incorporó la mitología mitraica en sus rituales. Algo similar sucedía en este castillo, donde lo nuevo se erigía sobre lo antiguo, lo fuerte superaba a lo débil. Raoul no veía nada malo en todo esto; es más, lo respetaba. Era el orden natural.

Bajó los últimos escalones y entró en la ancha gruta subterránea. El techo de la cueva era una cúpula de piedra natural, con rudimentarios bajorrelieves que representaban estrellas y un sol estilizado. Al fondo había un antiguo altar mitraico, donde se sacrificaban los toros jóvenes. Detrás de él corría un profundo manantial de agua fría. Raoul suponía que los cuerpos sacrificados se arrojaban al agua para que ésta se los llevase. Así se había deshecho él de algunos cadáveres también... los que no empleaba para alimentar a sus perros.

A la entrada, Raoul se quitó el abrigo de piel. Debajo llevaba una vieja camisa de hilo rugoso con un dragón bordado, símbolo de la Ordinis Draconis, a la que pertenecía su familia desde hacía varias generaciones.

—Quieto, *Drakko* —ordenó al perro. Éste se sentó sobre sus cuartos traseros. Sabía que era mejor no desobedecer. Al igual que su propietario...

Raoul saludó al ocupante de la cueva con una ligera reverencia y luego siguió adelante.

El gran emperador soberano de la Corte lo esperaba delante del altar, vestido con un traje de cuero negro de motociclista. Aunque era veinte años mayor, el hombre tenía la misma estatura y anchura de hombros que Raoul. No acusaba el desgaste de la edad, sino que conservaba la resistencia y firmeza muscular de la juventud. Llevaba puesto el casco, con la visera bajada.

El líder había entrado por la puerta trasera secreta de la gruta... en compañía de un extraño.

Estaba prohibido que alguien ajeno a la Corte viera la cara del emperador. El extraño llevaba los ojos vendados como medida de precaución.

Raoul observó también la presencia de cinco guardaespaldas al fondo de la caverna, todos provistos de armas automáticas, la guardia de élite del emperador. Avanzó con el brazo derecho cruzado en el pecho y se postró ante el soberano. Raoul era el jefe de los infames *adepti exempti* de la Corte, la orden militar, honor que se remontaba a Vlad *el Empalador,* antepasado de la familia Sauvage. Pero todos reverenciaban al emperador, cargo que Raoul aspiraba a ocupar algún día.

—En pie —se le ordenó.

Raul se incorporó.

—Los americanos ya están en camino —dijo el emperador. Su voz, atenuada por el casco, era firme y categórica—. ¿Sus hombres están preparados?

—Sí, señor. He escogido a una docena. Esperamos sus órdenes.

—Muy bien. Nuestros aliados nos han prestado a alguien que colaborará en esta operación. Alguien que conoce a esos agentes americanos.

Raoul puso mala cara. No necesitaba ayuda.

—¿Le incomoda esta decisión?

—No, señor.

—Les está esperando un avión a usted y a sus hombres en el aeródromo de Yverdon. No se tolerará un segundo fallo.

Raoul se avergonzó interiormente. Fue él quien había liderado la misión del robo de huesos en Colonia, pero no logró purgar el santuario. Hubo un superviviente, alguien que aportó pistas sobre la autoría del atentado. Raoul había quedado desacreditado.

—No fallaré —aseguró a su líder.

El emperador lo observó fijamente, con una mirada desconcertante que penetraba a través de la visera.

—Ya sabe cuál es su responsabilidad —repuso el líder.

Un último asentimiento.

El emperador se puso en marcha y pasó por delante de Raoul, acompañado por sus guardaespaldas. Se dirigía al castillo, pues preveía ocupar el edificio hasta que concluyese el juego final. Pero antes Raoul tenía que acabar de resolver aquel desaguisado, lo cual requería otro viaje a Alemania.

Esperó a que se marchase el emperador. *Drakko* trotaba detrás de los hombres, como si captase dónde estaba el verdadero poder. No en vano el líder había visitado el castillo con frecuencia durante los diez últimos años, desde que recayeron en ellos las llaves de la condena y la salvación.

Y todo por un descubrimiento fortuito en el Museo de El Cairo… Ahora estaban muy cerca.

Al marcharse el líder, Raoul miró por fin al extraño. Lo que vio le decepcionó, y no quiso ocultarlo en su semblante. Pero al menos su atuendo, completamente negro, era adecuado. Al igual que los adornos de plata.

Un dragón de plata pendía del cuello de la mujer.

Día dos

V

DESESPERACIÓN

25 de julio, 2.14
Colonia

Para Gray, las iglesias por la noche siempre tenían cierto aire fantasmal. Pero ninguna tanto como aquel templo. Con los recientes asesinatos, la estructura gótica rezumaba un terror palpable.

Mientras su equipo cruzaba la plaza, Gray observó la catedral de Colonia, el Dom, como se denominaba allí. Estaba iluminada con focos exteriores que proyectaban sombras y luces argénteas sobre el edificio. La mayor parte de la fachada oeste estaba constituida por dos torres macizas gemelas que se elevaban en paralelo, a cada lado de la entrada principal, con escasos metros de separación entre una y otra en gran parte de su recorrido, hasta que se estrechaban a partir de un punto, formando agujas rematadas en sendas cruces diminutas. Cada nivel de la estructura, de 150 metros de altura, estaba decorado con intrincados relieves. Las ventanas de arcos góticos se sucedían a diversas alturas de las torres, siempre apuntando hacia el cielo nocturno y la luna que lo presidía.

—Parece que nos han dejado las luces encendidas —comentó Monk, boquiabierto ante la catedral iluminada. Se colgó la mochila más alta en el hombro.

Todos iban vestidos de civiles con ropas oscuras para no llamar la atención. Pero debajo, cada miembro del equipo llevaba ropa interior ceñida de armadura líquida. Las mochilas negras Arcteryx iban cargadas de herramientas del oficio, entre ellas las armas que les había dado un contacto de la CIA con el que se habían encontrado en el aeropuerto: pistolas compactas Glock M-27 con balas de punta hueca del calibre 40, dotadas de visor nocturno de tritio.

Monk llevaba también una escopeta de doble cañón Scattergun atada al muslo izquierdo, oculta bajo una chaqueta larga. El arma estaba diseñada específicamente para este servicio, pues era compacta y corta, como el propio Monk, con mira Ghost Ring, que permitía obtener la precisión de un rifle en condiciones de escasa luminosidad. Kat optó por un equipamiento de baja tecnología. Se escondió ocho puñales en el cuerpo. En cualquier postura siempre tenía un cuchillo al alcance de la mano.

Gray miró la hora en su reloj de buceo Breitling. Las manecillas luminosas marcaban las dos y cuarto. Habían tardado muy poco.

Cruzaron la plaza. Gray registró los rincones oscuros por si había algo sospechoso. Parecía todo en calma. A esa hora, en un día de semana, la plaza estaba casi desierta. Sólo se veían unos cuantos noctámbulos que en muchos casos zigzagueaban al caminar, ahora que los bares estaban ya cerrados. Pero había indicios de que por allí habían pasado multitudes a otras horas del día. Se podían ver montones de flores dispersas por los extremos de la plaza, junto con las botellas de cerveza desechadas por los crápulas. Un gran número de velas de cera derretida marcaban las ofrendas fúnebres, en algunos casos con fotografías de los familiares muertos. Todavía ardían algunas, tenues destellos en medio de la noche, solos y desamparados.

En la iglesia contigua se celebraba una vigilia a la luz de las velas, un funeral nocturno ininterrumpido, con mensajes en directo del Papa. Se había organizado así para dejar vacía la plaza aquella noche.

Con todo, Gray observó que sus compañeros, precavidos, no quitaban ojo a lo que sucedía a su alrededor. No querían correr ningún riesgo.

Delante de la catedral había una furgoneta con el logo de la Polizei municipal. Se utilizaba como base de operaciones para los equipos forenses. Al aterrizar, Gray fue informado por el director de operaciones de su misión, Logan Gregory, el número dos de Sigma, de que todos los equipos de investigación locales se habían retirado a medianoche pero regresarían por la mañana a las seis. Hasta entonces tenían la iglesia a su disposición. Bueno, no totalmente.

Una de las puertas laterales de la catedral se abrió cuando se acercaron. A contraluz apareció una figura alta y delgada, de pie, con un brazo levantado.

—Monseñor Verona —susurró Kat entre dientes, confirmando la identidad.

El sacerdote avanzó hacia el cordón policial dispuesto alrededor de la catedral. Habló con uno de los dos guardias de servicio, apostados allí para apartar a los curiosos del escenario del crimen, y luego hizo señas al trío a través de la barricada.

Le siguieron hasta la entrada abierta.

—Capitana Bryant —dijo monseñor, con una sonrisa cordial—. A pesar de las trágicas circunstancias, me congratulo de volver a verla.

—Gracias, profesor —dijo Kat, devolviéndole una sonrisa afectuosa. Sus facciones se suavizaron con un gesto de sincera amistad.

—Por favor, llámame Vigor.

Entraron en el vestíbulo principal de la catedral. Monseñor cerró la puerta con llave y escudriñó a los dos compañeros de Kat.

Gray percibió la intensidad de su mirada. El hombre era casi de su misma estatura, pero de constitución más enjuta. Tenía el pelo grisáceo repeinado hacia atrás, ensortijado en leves ondulaciones. Llevaba una perilla recortada y un atuendo informal: vaqueros de color negro azulado y un jersey negro de cuello en pico, que mostraba el alzacuello propio de su condición.

Pero lo que más sorprendió a Gray fue la dureza de su mirada. A pesar de sus ademanes cordiales, el hombre tenía cierta apariencia rígida. Incluso Monk enderezó los hombros bajo la atenta observación del sacerdote.

—Entrad —dijo Vigor—. Debemos empezar lo antes posible.

Monseñor los condujo hacia las puertas cerradas de la nave, las abrió e hizo señas al grupo para que pasara. Cuando entraron a la iglesia, a Gray le sorprendieron de inmediato dos cosas. La primera, el olor. En el aire, aunque todavía perduraba el olor a incienso, también se percibía un hedor a quemado.

Pero eso no fue lo único que le llamó la atención. Una mujer se levantó de un banco de la iglesia para saludarles. Se parecía a Audrey Hepburn de joven: piel nívea, cabello corto y negro como el ébano, peinado con raya y sujeto detrás de las orejas y ojos de color caramelo. No sonreía. Observó meticulosamente a los recién llegados y se fijó algo más en Gray.

Él percibió la semejanza familiar entre la chica y monseñor, más por la intensidad de la mirada que por los rasgos físicos.

—Es mi sobrina —dijo Vigor—. La teniente Rachel Verona.

Concluyeron pronto las presentaciones. Y a pesar de que no había animadversión aparente, los dos bandos se mantuvieron separados. Rachel conservaba una cautelosa distancia, como si estuviera preparada para coger el arma en caso necesario. Gray se percató de que llevaba una pistola enfundada debajo del chaleco abierto. Una Beretta de 9 milímetros.

—Deberíamos empezar ya —dijo Vigor—. El Vaticano ha logrado concedernos cierta privacidad, con el pretexto de que se requería tiempo para santificar y bendecir la nave tras la retirada del último cadáver.

Monseñor guió al grupo por el pasillo central.

Gray observó que algunas zonas de los bancos estaban delimitadas con cinta adhesiva y con tarjetas que indicaban los nombres de los fallecidos. Anduvo alrededor de los contornos de tiza pintados en el suelo. Habían limpiado la sangre, pero las manchas se habían impregnado en el mortero del suelo de piedra. También había marcadores de plástico amarillos en las posiciones donde se encontraron los casquillos de bala que ya estaban analizando los forenses.

Echó un vistazo por toda la nave, imaginando el aspecto que pudo haber tenido el segundo después de la masacre. Cadáveres esparcidos por todas partes: el olor a sangre quemada, aún más intenso. Casi podía sentir un eco del dolor atrapado en la piedra y en el hedor. Sentía escalofríos. Por su origen católico, en parte todavía vivo, percibía los asesinatos como algo más inquietante que la mera violencia. Era una afrenta contra Dios. Una afrenta satánica. ¿Era parte del móvil? Convertir una fiesta católica en una misa negra.

—Allí apareció el chico escondido —dijo monseñor, tras reclamar de nuevo su atención. Señaló un confesionario de la pared norte, hacia la mitad de la larga nave.

Jason Pendleton. El único superviviente.

Gray sintió cierto alivio tétrico al recordar que no murieron todos aquella noche macabra. Los atacantes cometieron un error. Eran falibles. Humanos. Se concentró en este pensamiento. Aunque el acto era demoniaco, la mano que lo había cometido era tan humana como cualquiera. No eran demonios con forma humana. A los humanos se les podía atrapar y castigar.

Llegaron al santuario, donde se encontraba el altar de placas de mármol y la *cathedra* de alto respaldo, el asiento del obispo. Vigor y su sobrina se persignaron. Monseñor se postró un instante y luego se levantó. Los condujo por una puerta que había en la reja del presbiterio. Tras la reja, el altar estaba también marcado con tiza, y se veían manchas en el mármol de travertino. La parte de la derecha estaba aislada con un cordón policial.

En uno de los lados de esa zona se encontraba el sarcófago de oro, que al caer al suelo había roto las baldosas de piedra. La tapa se hallaba a dos pasos de distancia. Gray se quitó la mochila y se arrodilló.

El relicario de oro, cuando estaba entero, formaba una iglesia en miniatura, con ventanas de grandes arcos y escenas talladas en oro, rubíes y esmeraldas que representaban la vida de Cristo, desde la adoración de los Reyes Magos hasta la cruel crucifixión final.

Gray se puso unos guantes de látex.

—¿Es aquí donde se conservaban los huesos? —preguntó.

Vigor asintió.

—Desde el siglo XIII —precisó.

—Veo que ya lo han espolvoreado en busca de huellas —dijo Kat, siguiendo el ejemplo de Gray. Señaló el fino polvo blanco adherido a las rendijas y hendiduras de los relieves.

—No se ha hallado ninguna —dijo Rachel.

—¿Y no se llevaron nada más? —preguntó Monk, mientras echaba un vistazo por toda la catedral.

—Se ha realizado un inventario completo —prosiguió Rachel—. Ya hemos tenido ocasión de entrevistar a todo el personal, incluidos los sacerdotes.

—Me gustaría hablar con ellos personalmente —masculló Gray, que continuaba examinando la caja.

—Sus habitaciones están al otro lado del claustro —repuso Rachel, con voz más segura—. Nadie ha visto ni oído nada. Pero si queréis perder el tiempo, adelante.

Gray le lanzó una mirada.

—Sólo he dicho que me *gustaría* hablar con ellos —puntualizó.

—Y yo creía que esta investigación era un esfuerzo *conjunto* —dijo Rachel, sin rehuir la mirada de Gray—. Si vamos a verificar el trabajo de los demás a cada paso, no llegaremos a ningún lado.

Gray respiró hondo para tranquilizarse. Sólo llevaban unos minutos de investigación y ya había interferido en la jurisdicción ajena. Debió haber interpretado mejor los recelos de la chica y haber sido más sutil.

—Os aseguro que el interrogatorio fue minucioso —dijo Vigor, apoyando la mano en el hombro de su sobrina—. Entre mis colegas, cuya prudencia verbal suele ser excesiva, dudo que se pueda obtener más información, sobre todo si los entrevista alguien que no lleva alzacuello.

—Todo eso está muy bien —terció Monk—. Pero ¿podemos retomar lo que yo decía? —Todas las miradas se volvieron hacia él, que mostraba en su semblante una mueca de contrariedad—. Creo que he preguntado si se habían llevado algo más.

Gray sintió que dejaba de ser el centro de atención. Como de costumbre, Monk le respaldaba. Un diplomático con armadura.

—Como ya he dicho, no se ha… —reiteró Rachel, clavando en Monk su mirada inflexible.

—Sí, gracias, teniente. Pero me preguntaba si se conserva alguna otra reliquia en la catedral. Alguna otra reliquia que *no* se hayan llevado los ladrones.

Rachel frunció el ceño, confusa.

—Me figuro —explicó Monk— que lo que no se llevaron los ladrones puede aportarnos tanta información como lo que se llevaron. —Se encogió de hombros. El semblante de la mujer se relajó un poco mientras sopesaba este punto de vista. La ira se disipó.

Gray discrepaba interiormente. ¿Cómo se le ocurría a Monk plantear las cosas así?

—Hay una cámara apostólica detrás de la nave —respondió monseñor a Monk—. Allí se conservan los relicarios de la iglesia románica originaria: el báculo y la cadena de san Pedro, junto con un par de fragmentos de la cruz de Cristo. También hay un báculo pastoral gótico del siglo XIV y una espada de elector con incrustaciones de pedrería del siglo XV.

—Y no han robado nada de la cámara apostólica.

—Estaba todo inventariado —respondió Rachel con la mirada fija, concentrada—. No han robado nada más.

Kat se agachó junto a Gray, pero no perdía de vista a los que seguían de pie.

—Así que sólo se llevaron los huesos —comentó—. ¿Por qué?

Gray se fijó en el sarcófago abierto. Sacó de la mochila una linterna y examinó el interior. Carecía de revestimiento. Eran meras superficies de oro planas. Observó restos de polvo blanco adheridos a la base. ¿Más polvo latente? ¿Cenizas? Sólo había una forma de averiguarlo.

Volvió a coger la mochila y sacó un kit de recogida de muestras. Empleó una pequeña aspiradora inalámbrica para recoger una muestra de polvo en un tubo de ensayo.

—¿Qué haces? —preguntó Rachel.

—Si esto es polvo de huesos, nos dará respuesta a varias preguntas.

—¿Como qué?

Gray se sentó con la espalda recta y examinó el tubo. No eran más que un par de gramos de polvo gris.

—Podemos verificar la antigüedad del polvo, averiguar si los huesos robados pertenecían a alguien que vivió en tiempos de Jesucristo. O no. Puede que el crimen sirviera para recuperar los huesos de algún pariente de alguien vinculado a la Corte del Dragón.

Gray cerró el tubo de ensayo y guardó la muestra.

—También me gustaría tomar muestras del cristal roto de la urna blindada. Tal vez nos aporte alguna pista sobre cómo actuó el sistema utilizado para reventar el cristal antibalas. Nuestros laboratorios pueden examinar las fracturas de la microestructura cristalina.

—Ya me encargo yo —dijo Monk mientras se quitaba la mochila.

—¿Y los sillares de piedra? —preguntó Rachel—. ¿O los demás materiales del interior de la catedral?

—¿A qué te refieres? —preguntó Gray.

—Lo que provocó la muerte de los feligreses tuvo que afectar también a la piedra, el mármol, la madera, el plástico. Algo que a lo mejor no se aprecia a simple vista.

Gray no había contemplado esa posibilidad. Debería haberlo pensado. Monk le miró a los ojos y frunció el entrecejo. La teniente de los carabineros era algo más que un bello adorno.

Gray se dirigió a Kat para organizar una recogida de muestras. Pero parecía preocupada. Por el rabillo del ojo Gray observó su interés por el relicario, cómo acercaba la cabeza casi hasta el interior del receptáculo para investigarlo. Ahora estaba agachada en el suelo de mármol, inclinada sobre algo en lo que estaba trabajando.

—¿Kat?

—Un momento —dijo, mostrando en la mano un pequeño cepillo de visón. En la otra sostenía un encendedor de pistola de butano. Apretó el gatillo y en el extremo silbó una tenue llama azulada. Acercó la llama a un montoncito de polvo que había recogido del relicario con el cepillo.

Al cabo de unos segundos, el polvo grisáceo se derritió, dando lugar a un líquido ámbar translúcido que borboteaba y hacía espuma. Tras desparramarse por el mármol frío, cristalizó. El brillo sobre el mármol blanco era inequívoco.

—Oro —dijo Monk. Todas las miradas se fijaron en el experimento.

Kat se incorporó y apagó el mechero.

—El polvo residual del relicario —comentó— es el mismo que ha aparecido en las obleas envenenadas. Oro monoatómico, o en estado-m.

Gray recordaba la explicación del director Crowe sobre los experimentos de laboratorio en los que se había derretido el polvo formando una escoria. Un cristal formado por oro sólido.

—¿Eso es oro? —preguntó Rachel—. ¿Como el metal precioso?

Sigma había proporcionado al Vaticano un escueto informe sobre las obleas contaminadas, para que investigaran en las panaderías y redes de suministro si se registraban otros casos de manipulación. Los dos espías estaban informados, pero tenían sus dudas.

—¿Estáis seguros? —insistió Rachel.

Kat ya estaba intentando probar su afirmación. Tenía en la mano un cuentagotas y volcó su contenido sobre el cristal. Gray sabía que aquel líquido era un compuesto de cianuro suministrado por los laboratorios de Sigma para este fin. Durante años los mineros utilizaron un proceso de filtración de cianuro para disolver el oro de antiguas escorias.

Allí donde caía la gota, el cristal se iba grabando como quemado por un ácido. Pero en lugar de carcomer el cristal, el cianuro trazaba un reguero de oro puro, una veta de metal en el cristal. No cabía duda.

Monseñor Verona miraba fijamente, sin parpadear, con una mano en el alzacuello.

—Y las calles de Nueva Jerusalén —masculló— serán de oro puro, como vidrio transparente.

Gray echó una mirada socarrona al sacerdote.

—Del Apocalipsis… no me hagáis mucho caso —dijo Vigor, mientras hacía un gesto negativo con la cabeza.

Pero Gray vio cómo el hombre se retraía y se apartaba un poco, enfrascado en pensamientos más profundos. ¿Sabía algo más? Gray se percató de que el sacerdote no ocultaba nada, sino que necesitaba tiempo para reflexionar sobre algo.

—Creo que aquí puede haber algo más que oro —interrumpió Kat. Estaba inclinada sobre la muestra con una lupa y una lámpara ultravioleta—. Veo pequeñas incrustaciones de plata en el oro.

Gray se aproximó más. Kat le dejó echar un vistazo con la lupa y le hizo sombra con la mano en el cristal para que el azul intenso de la luz ultravioleta iluminara mejor la muestra. Las vetas de oro metálico contenían, en efecto, pequeños puntos de impurezas de plata.

—Podría ser platino —dijo Kat—. Recordad que el estado monoatómico no se da sólo en el oro sino en cualquier metal de transición de la tabla periódica. Incluido el platino.

Gray asintió.

—El polvo puede no ser oro puro —conjeturó—, sino una mezcla de varias series de platino. Una amalgama de varios metales en estado-m.

—¿El polvo podría provenir del desgaste del antiguo sarcófago? —preguntó Rachel, que continuaba observando el vidrio entreverado. ¿Puede que el oro se haya desmenuzado con el tiempo o algo así?

Gray negó con la cabeza.

—El proceso de transformación del oro metálico a su estado-m es complicado —precisó—. No ocurre sólo por efecto del tiempo.

—Pero quizá la teniente no vaya desencaminada —dijo Kat—. Puede que el sistema empleado afectase al oro del relicario y provocase la transmutación de parte del oro. Todavía no sabemos con qué mecanismo operó el sistema…

—Creo que tengo una pista —dijo Monk, interrumpiéndola.

Estaba de pie junto a la caja de seguridad, donde había estado recogiendo fragmentos. Avanzó hacia una voluminosa cruz de hierro que descansaba en un montante a escasa distancia de la caja.

—Parece que uno de nuestros expertos forenses se olvidó un proyectil —dijo Monk. Extrajo entonces un casquillo situado debajo de los pies de la figura de Cristo crucificado. Dio un paso atrás, sostuvo el casquillo orientado hacia la cruz y lo soltó. La bala recorrió quince centímetros por el aire y con un *tin* metálico se adhirió de nuevo a la cruz.

—Está magnetizado —dijo Monk.

Sonó otro *tin*. Más fuerte. Más agudo. La cruz giró media vuelta sobre su pedestal.

Monk se tiró debajo del altar.

—¡Al suelo! —gritó.

Sonaron otros disparos.

Gray sintió una patada en el hombro que le hizo perder el equilibrio, pero la armadura evitó que sufriera lesiones. Rachel lo agarró por el brazo y tiró de él para arrastrarlo bajo una fila de bancos. Las balas mordisqueaban la madera, provocaban chispas en el mármol y la piedra.

Kat se escondió con monseñor, protegiéndolo con su cuerpo. Sufrió un disparo de refilón en el muslo y a punto estuvo de desmoronarse, pero ambos cayeron juntos detrás del altar con Monk.

Gray sólo vislumbró un instante a los atacantes. Hombres encapuchados y vestidos con túnicas.

Se oyó un fuerte estallido. Alzó la mirada y vio un objeto negro del tamaño de un puño que atravesaba la iglesia en sentido transversal, en una trayectoria elíptica.

—¡Una granada! —gritó.

Recogió su mochila y empujó a Rachel debajo del banco. Luego avanzaron a gatas a toda prisa hacia el muro sur.

3.20

Monk apenas tuvo tiempo de reaccionar cuando Gray gritó. Se agarró a Kat y a monseñor y se tendió en el suelo pegado a ellos detrás del altar.

La granada cayó en el extremo opuesto y explotó con un estruendo de mortero. Se desencadenó una lluvia de mármol en todas las direcciones, que recaía sobre los bancos de madera, formando remolinos de humo.

Monk, casi ensordecido por la explosión, ayudó a Kat y a Vigor a ponerse en pie.

—¡Seguidme! —les decía.

Era temerario permanecer allí al raso. Si lanzaban una granada detrás del altar, los haría a todos papilla. Necesitaban una posición más resguardada.

Monk corrió hacia el muro norte. A sus espaldas no cesaban los disparos. Gray intentaba llegar al muro opuesto. En cuanto estuvieran posicionados, podrían abrir fuego cruzado por el centro de la iglesia.

Al alejarse del altar, Monk corrió por el santuario. Buscaba el refugio más cercano cuando divisó un portal de madera. Los pistoleros advirtieron su huida. Los disparos que salpicaban el suelo de mármol rebotaron en una columna y perforaron los bancos. Se tiroteaba en todas las direcciones. Más asaltantes tomaron posiciones al fondo de la iglesia, entraron por otras puertas, interceptaron las salidas y los rodearon. Necesitaban refuerzos.

Monk sacó el arma de la correa que la sujetaba. La escopeta de cañón corto. Rápidamente apoyó el cañón en el pliegue del codo izquierdo y apretó el gatillo. Junto con la descarga, oyó un agudo chillido a varios bancos de distancia. No se requería precisión con una Scattergun.

Apuntó el cañón al frente y fijó su objetivo en el picaporte. Sería demasiada suerte que hubiera una salida al exterior por allí, pero al menos les permitiría salir de la nave central. A unos pasos de distancia, apretó el gatillo mientras oía una leve protesta de monseñor Verona. No quedaba tiempo para controversias.

La explosión abrió un agujero del tamaño de un puño en la puerta, eliminando de golpe el picaporte y la cerradura. Sin dejar de correr, Monk embistió la puerta y ésta se abrió de golpe bajo su hombro. Cayó al interior, seguido de Kat y de monseñor. Kat se volvió renqueante y cerró con un portazo.

—No —dijo el sacerdote.

Monk comprendió entonces el motivo de su protesta.

La sala abovedada tenía el tamaño de un garaje de una sola plaza. Observó las urnas de cristal abarrotadas de viejas túnicas e insignias y fragmentos de escultura. En algunas de las urnas brillaba el oro.

Era la cámara apostólica de la catedral. No había salida. Estaban atrapados.

Kat tomó posición, con el Glock en la mano, y asomó el cañón por el hueco de la puerta.

—Ahí vienen —dijo.

3.22

Rachel llegó al final del banco sin resuello. El pulso le retumbaba en los oídos. Los atacantes continuaban disparando contra la posición donde ambos se encontraban, desde todas las direcciones, arrancando trozos de madera de los bancos que los flanqueaban.

Aunque todavía retumbaba en su mente el estallido de la granada, poco a poco recuperó la capacidad auditiva. Sin duda los sacerdotes y los residentes de las dependencias rectorales habrían oído la explosión y habrían llamado a la policía.

El tiroteo se interrumpió por un instante mientras los asaltantes con sotana se recolocaban para rodear el pasillo central.

—Corre hacia aquella pared —le exhortó Gray—. Detrás de los pilares. Yo te cubriré.

Rachel avistó la columnata que sustentaba el techo abovedado. Parecía un refugio mejor que las filas de bancos. Se volvió para mirar al americano.

—En cuanto yo te diga —dijo Gray, agachándose. Se miraron a los ojos. Ella percibió un atisbo de temor, pero también una concentración decidida. Le hizo señas con la cabeza, giró alrededor, se preparó y gritó—: ¡Ya!

Rachel salió del escondrijo del banco mientras a sus espaldas estallaba un tiroteo más estruendoso que el de los asaltantes. Las armas del comandante no tenían silenciadores.

Se tiró al suelo de mármol y rodó detrás del trío de pilares. Inmediatamente se puso en pie, de espaldas al pilar gigantesco. Asomándose a hurtadillas por la columna, vio al comandante Pierce caminando de espaldas hacia ella, disparando sin tregua con sus dos pistolas.

Un hombre con sotana cayó de espaldas desde el borde del mismo banco, tras ser alcanzado por las balas. Otro, en el pasillo central, gritó y se agarró el cuello en medio de una ráfaga rojiza. Los demás se agacharon para evitar el ataque del americano. Al otro lado de la iglesia, Rachel vio a cinco o seis hombres que se dirigían hacia la puerta de la cámara apostólica de la catedral, disparando sin cesar.

Mientras el comandante Pierce se aproximaba jadeante a la posición de Rachel, ésta se volvió para comprobar qué ocurría al otro lado de la columna, a lo largo del muro. Hasta ese momento nadie había rodeado todavía esa vía, pero suponía que lo harían en breve.

—¿Y ahora qué? —preguntó mientras sacaba la pistola de la funda del hombro, la Beretta que le entregó el conductor de los carabineros en Roma.

—Esta columnata va paralela al muro. Vamos a pegarnos a ella para cubrirnos. Dispara a todo lo que se mueva.

—¿Y el objetivo?

—Largarnos de esta trampa mortal.

Rachel frunció el ceño. ¿Y los demás? El americano debió de advertir su preocupación.

—Vamos a salir a la calle. Así sacaremos de aquí a tantos de estos tíos como podamos.

Rachel asintió. Servirían de señuelo.

—De acuerdo, vamos —dijo.

Las columnas paralelas al muro sur distaban entre sí dos metros. Avanzaron con rapidez, agachados, utilizando las filas de los bancos más próximos de la nave como protección adicional. El comandante Pierce disparaba alto, mientras que Rachel disuadía a los asaltantes de que interceptasen el pasillo comprendido entre el muro y las columnas, eliminando a todas las sombras que se movían.

El truco había funcionado. Los tiroteos se concentraron en la posición que ambos ocupaban. Pero también ralentizaban su avance y existía el riesgo de que les lanzaran una segunda granada. Sólo habían recorrido la mitad de la nave cuando se hizo imposible saltar de una columna a otra.

El americano recibió en la espalda un impacto de bala que lo derribó. Rachel dio un grito ahogado. Pero Gray consiguió ponerse en pie.

Rachel continuó por el pasillo, pegándose al muro y apuntando su arma hacia atrás y hacia delante. Con la atención volcada en el exterior, cometió el mismo error que los asaltantes la noche anterior.

La puerta del confesionario se abrió a sus espaldas. Y antes de que pudiera zafarse, un brazo la atacó y la agarró por el cuello. El arma se le cayó de las manos. Notó en el cuello la presión del acero frío de un cañón de fusil.

—No te muevas —le ordenó una voz grave y profunda mientras el comandante se tambaleaba. El brazo del atacante parecía un tronco de árbol que le cortaba la respiración. Era un hombre alto, gigantesco, y la levantaba por el cuello con tal fuerza que Rachel estaba casi de puntillas—. Soltad las armas.

Cesó el tiroteo. Ahora era evidente por qué no les habían lanzado una segunda granada. Aunque los dos creían que estaban escapando, los asaltantes los habían atraído hacia aquella trampa.

—Yo que tú haría lo que dice —dijo dulcemente una nueva voz proveniente del reclinatorio contiguo al confesionario. Entonces se abrió la puerta y salió una segunda figura, vestida de cuero negro. No era un monje, sino una mujer. Esbelta, euroasiática.

La mujer alzó la pistola, una Sig Sauer negra y apuntó a la cara de Gray.

—¿*Déjà vu*, comandante Pierce?

3.26

La puerta era un problema. Al haber volado la cerradura, podía abrirse de golpe con cualquier disparo. Y no se atrevían a pegarse a ella para sujetarla con el hombro. La mayor parte de los tiros eran amortiguados por las tablas de madera, pero algunos hallaban puntos débiles y penetraban al otro lado, de modo que la puerta se parecía cada vez más a un queso gruyer.

Monk presionaba el marco con una bota y sujetaba la hoja con el talón, mientras mantenía el resto del cuerpo apartado. Las balas rebotaban contra la puerta y él sentía la vibración del impacto hasta la altura de la rodilla.

—¡Venga, daos prisa! —ordenó.

Apuntó el arma por el agujero de la puerta y disparó a ciegas. El proyectil humeante salió de la recámara, golpeó en una de las cajas alargadas de cristal que albergaban los tesoros y rebotó. Al otro lado de la puerta, el tiroteo de la Scattergun arredró a los asaltantes, que empezaron a disparar desde una distancia mayor. Parecía que sabían que su presa estaba atrapada. Entonces ¿a qué esperaban?

Monk contaba con que en cualquier momento lanzarían una granada contra la puerta. Rezaba para que el aislamiento del muro de piedra les mantuviera vivo. Pero ¿luego qué? En cuanto volasen la puerta, no tendrían escapatoria.

Y el rescate era improbable. Monk había oído el traqueteo del arma de Gray en la iglesia. Sonaba como si se retirase hacia la entrada principal. Monk sabía que el comandante intentaba alejar el fuego de la sala donde estaban encerrados. Y gracias a ello seguían con vida.

Pero ahora el arma de Gray ya no hacía ruido. Estaban solos.

Una nueva descarga contra la puerta retumbó en el marco y le sacudió la pierna. A causa del esfuerzo el muslo empezó a dolerle y a temblar.

—Chicos, ¡ahora o nunca!

Un tintineo de llaves le llamó la atención. Monseñor Verona estaba forcejeando con un llavero que le había dado el conserje de la catedral. Intentaba abrir la tercera urna blindada. Al fin, con un grito de alivio, encontró la llave adecuada y la tapa de la urna se abrió como una puerta.

Kat pasó la mano por encima del hombro de monseñor y sacó de la caja una larga espada. Era un arma decorativa del siglo XV con empuñadura de oro y piedras preciosas, pero la hoja, que medía un metro de largo, era de acero bruñido. La retiró de la caja y la trasladó al lado opuesto de la cámara. Se apartó de la línea directa de fuego y clavó la espada entre la puerta y su marco para atrancarla.

Monk retiró la pierna y se frotó la rodilla dolorida.

—Ya era hora —dijo. Volvió a meter la escopeta por el agujero de la puerta y disparó, más por irritación que con esperanza de alcanzar a alguien.

Como el tiroteo hizo recular a los asaltantes, Monk se arriesgó a echar un vistazo al exterior. Uno de los atacantes yacía despatarrado de espaldas, con la cabeza abierta y rodeado de un charco de sangre. Uno de sus disparos ciegos había dado en un blanco.

Pero ahora los atacantes ya no disparaban al azar. Una piña negra y lisa rebotó por el banco en dirección hacia la puerta. Monk se tiró al suelo de piedra.

—¡Fuego en el agujero!

3.28

La explosión al fondo de la iglesia atrajo todas las miradas, excepto la de Gray. No podía hacer nada por los demás.

—Parece que son tus amigos… —dijo el hombre alto con una sonrisa forzada.

Rachel se movió. Con la distracción momentánea, su captor aflojó la presión de sus manos, tal vez subestimando la fuerza de aquella mujer delgada. Rachel agachó la cabeza y luego la estampó de golpe contra la mandíbula inferior del hombre, cuya dentadura castañeteó a causa del impacto.

Moviéndose con sorprendente velocidad, golpeó con la base de la mano el brazo que la rodeaba y al mismo tiempo se dejó caer. Tras propinar un codazo en el estómago al asaltante, se volvió y le atizó un puñetazo en la entrepierna.

Gray giró la pistola hacia la Dama del Dragón. Pero la mujer, que era más rápida, dio un paso al frente y colocó el arma entre los ojos de su objetivo, a escasos centímetros de distancia.

Al lado, el hombre alto encorvó la cintura y cayó de rodillas. Rachel le apartó el arma de una patada.

—¡Corre! —le dijo Gray entre dientes, sin perder de vista a la Dama del Dragón.

La agente del Guild le miró a los ojos, y a continuación hizo algo inconcebible. Giró el cañón del arma hacia las puertas de salida y le hizo señas con la cabeza. Lo dejaba marchar.

Gray retrocedió. La mujer no abrió fuego, pero siguió apuntándole con el arma, atenta por si él intentaba hacer algún movimiento contra ella.

En lugar de plantearse lo imposible, Gray se volvió y disparó contra los monjes que pululaban alrededor, alcanzando a los dos más próximos. Se habían distraído con la granada y habían perdido de vista el cambio vertiginoso de fuerzas.

Gray agarró a Rachel por el brazo y salió zumbando hacia las puertas de salida.

Sonó un disparo justo detrás de él. Recibió el impacto en la parte superior del brazo y se tambaleó un poco, renqueante. La pistola de la Dama del Dragón humeaba. Había disparado a Gray mientras ayudaba al hombre alto a levantarse. Le corría la sangre por la cara. Se había infligido una herida para tener un subterfugio. Y falló el disparo a propósito.

Rachel, escondida detrás del último pilar, le ayudó a recuperar el equilibrio. Las puertas del vestíbulo exterior estaban justo delante. Nadie se interponía en su camino.

Gray se arriesgó a mirar el tiroteo del fondo de la catedral. Salía humo desde la puerta atacada. Un puñado de hombres disparaba una descarga continua por la apertura, para asegurarse de que nadie escapase esta vez. Entonces uno de los hombres lanzó una segunda granada a través de la puerta.

Los otros hombres se agacharon en cuanto la puerta voló. Se desprendieron escombros y humo.

Gray se alejó del lugar. Rachel presenció también el ataque. Le corrían las lágrimas por la cara. Gray notó que la chica decaía, le flaqueaban las piernas. Sintió un profundo dolor interno por la pena de Rachel. Él había perdido a otros compañeros en el pasado. Estaba preparado para volver a sufrir esa pérdida. Pero ella perdía a un familiar.

Le agarró el brazo con fuerza. Ella asintió. Estaba preparada. Corrieron juntos y empujaron las puertas para salir.

Un par de asesinos controlaba el vestíbulo, apostados sobre los cadáveres de dos hombres con uniforme de la policía alemana: los guardias del cordón policial. La pareja de monjes no estaba desprevenida. Uno de los hombres disparó de inmediato, lo cual obligó a Rachel y a Gray a hacerse a un lado. No lograrían llegar a las puertas exteriores, pero había otra entrada justo a su izquierda.

Como no tenían elección, se escabulleron por allí. El segundo hombre levantó el arma y descargó contra ellos una cascada de fuego. Tenía un lanzallamas. Gray cerró la puerta de golpe, pero las llamas lamían las jambas, por lo que dio un salto hacia atrás. No había cerradura en la puerta.

Miró a sus espaldas. Había una escalera de caracol.

—La escalera de la torre —dijo Rachel.

Los guardias no cesaban de tirotear la puerta.

—¡Vamos! —exhortó Gray.

Dejó pasar primero a Rachel y subieron corriendo las escaleras de caracol. Abajo, la puerta se abrió con estrépito. Gray oyó una voz familiar, que gritaba en alemán:

—¡Coged a esos cabrones! ¡Quemadlos vivos!

Era el hombre alto, el líder de los monjes. Retumbaban las pisadas en los escalones de piedra.

Con el giro de la escalera, ninguna de las partes tenía a tiro a la otra, pero esta circunstancia beneficiaba también a los perseguidores. Mientras Gray y Rachel corrían, un surtidor de llamas los perseguía por las escaleras con un veloz chisporroteo.

No cesaban de correr en espiral. A medida que escalaban la angosta garganta de la torre, los escalones se estrechaban. El recorrido estaba salpicado de altas ventanas con vidrieras, pero demasiado estrechas para saltar por ellas, con una anchura apenas mayor que la de las aspilleras.

Al fin los escalones desembocaron en el campanario de la torre. Había una campana maciza, suspendida sobre una rejilla de metal que coronaba el hueco de la escalera. La campana estaba rodeada por una cubierta.

Al menos allí las ventanas tenían anchura suficiente para saltar por ellas y carecían de cristal para no atenuar las potentes campanadas, pero estaban protegidas con barrotes.

—Es un mirador abierto al público —dijo Rachel. Empuñaba una pistola que le había prestado Gray y no dejaba de apuntar al hueco de la escalera.

Gray echó un rápido vistazo a su alrededor. No había otra salida. Tenían la ciudad a sus pies: el puente Hohenzollern con sus arcos cruzaba las refulgentes aguas del Rin; el Museo Ludwig estaba bien iluminado, al igual que las cúpulas azules del Musical Dome. Pero no había modo de escapar a las calles desde allí.

A lo lejos oyó sirenas de policía, como un desesperado e inquietante lamento.

Gray alzó los ojos, calculando. Rachel lanzó un grito. Gray se volvió cuando un chorro de fuego surgió del hueco de la escalera. Rachel corrió junto a Gray.

Se les había acabado el tiempo.

3.34

Abajo, en la catedral, Yaeger Grell entró en la cámara donde se había producido la explosión, pistola en mano. Esperó a que se disipara el humo de la segunda granada. Sus dos compañeros habían ido a ayudar a los demás en la preparación de las últimas bombas incendiarias cerca de la entrada de la iglesia.

Él iba a reunirse con ellos, pero antes quería ver los daños causados a los que habían matado a Renard, su compañero de armas. Penetró en la sala, preparándose para el hedor de carne sangrienta e intestinos reventados.

Los restos de la puerta dispersos por el suelo dificultaban el equilibrio al caminar. Entró empuñando el arma. Mientras daba el segundo paso, sintió un golpe en el brazo. Retrocedió atónito, desconcertado. Al bajar la vista vio el muñón sangrante de su muñeca seccionada. No sintió dolor alguno.

Alzó los ojos justo a tiempo para ver una espada —¡una espada!— que surcaba el aire. Se agarró el cuello antes de que su semblante se volviera inexpresivo. No sintió nada mientras su cuerpo se desplomaba de bruces, con el cuello degollado y la cabeza increíblemente inclinada hacia atrás.

Fue cayendo y cayendo y cayendo… mientras el mundo se sumía en la negrura.

3.35

Kat dio un paso atrás y bajó la espada de piedras preciosas. Se inclinó y agarró por un brazo el cadáver para que no fuera visible desde la puerta. En su cabeza retumbaba todavía la explosión de la granada.

Susurró a Monk, o así quería creerlo al menos, pues ni siquiera oía sus propias palabras:

—Ayuda a monseñor.

Monk apartó la vista del cuerpo decapitado y observó la espada ensangrentada en la mano de su compañera, con los ojos como platos, de asombro pero también de respeto. Se acercó a una de las cajas del tesoro y sacó a monseñor del interior de la urna. Los tres se habían escondido en las vitrinas blindadas tras el estallido de la primera granada, conscientes de que lanzarían otra. Y así fue.

Pero las urnas blindadas cumplieron su función, protegiendo el tesoro más valioso de todos: sus vidas. La metralla se abrió camino por la sala, pero ellos sobrevivieron protegidos tras el cristal antibalas. Fue idea de Kat.

Posteriormente, todavía conmocionada, Kat salió de la urna y encontró la espada de piedras preciosas en el suelo. Resultó ser un arma más discreta que la pistola. No quería que un estallido alertase a los otros hombres armados. Aun así, le temblaba la mano. Su cuerpo recordaba la última pelea con puñales en la que había participado… y lo que ocurrió después. Empuñó fuerte la espada, sacando fuerzas del sólido acero.

Detrás de ella, monseñor Verona se puso en pie. Se miró las extremidades como sorprendido de hallarlas todavía en su sitio.

Kat volvió a la puerta. A excepción del compañero muerto, ninguno de los atacantes parecía prestarles atención. Se arremolinaban todos a la entrada.

—Tenemos que largarnos de aquí. —Kat les hizo señas para que salieran. Sin despegarse de la pared, los condujo en dirección opuesta a la salida principal, lejos del alcance de los guardias. Llegó a la esquina de intersección entre la nave y el transepto—. Por aquí —susurró.

Allí detrás había otras puertas. Otra salida. Sin vigilancia.

Con la espada del siglo XV en la mano, Kat les instó a seguir adelante. Habían logrado sobrevivir. Pero ¿y los demás?

3.38

Rachel disparó el arma por la garganta de la escalera de caracol, contando los disparos del segundo cargador. Nueve balas. Tenían más munición, pero carecían de tiempo para cargar la recámara. El comandante Pierce estaba demasiado ocupado.

A falta de otro recurso, disparaba a ciegas, de forma esporádica, para mantener a raya a los atacantes. Los chorros de fuego seguían hostigándola, lamiendo la entrada como la lengua de un dragón. El *impasse* no podía durar mucho.

—¡Gray! —gritó, saltándose las formalidades del rango.

—Un segundo más —respondió él desde el lado opuesto del campanario.

Mientras las llamas rugían por el hueco de la escalera, Rachel apuntó y apretó el gatillo. Tenía que detenerlos. La bala golpeó el muro de piedra y rebotó escaleras abajo.

Entonces se le abrió la recámara de la pistola. Estaba sin balas. Se dio media vuelta y rodeó el campanario hasta el extremo opuesto.

Gray se había quitado la mochila y había atado una cuerda a uno de los barrotes de la ventana. Se anudó el otro extremo a la cintura y se pasó el resto de la cuerda por encima del brazo. Con un gato manual de su juego de herramientas hizo palanca para separar dos de los barrotes de modo que cupieran entre ellos y pudieran saltar.

—Sujeta la cuerda —dijo.

Rachel cogió la cuerda de nailon, de unos cinco metros de largo. A sus espaldas una nueva ráfaga de fuego brotaba de las escaleras. Los demás seguían intentando avanzar.

Gray se quitó la mochila y se introdujo entre los barrotes. En cuanto logró salir al parapeto de piedra, se la puso de nuevo y se volvió hacia Rachel.

—La cuerda.

Rachel se la pasó.

—Ten cuidado.

—Es un poco tarde para eso.

Gray se miró las puntas de los pies. No era una idea muy sensata, pensó Rachel. Los cien metros de caída libre podían quebrarle las rodillas a cualquiera... y la fortaleza de las piernas era esencial en aquel momento.

Gray miró al frente desde la cornisa de la aguja sur de la catedral. A cuatro metros de distancia, todo un abismo, se encontraba la torre norte, gemela de ésta. Como estaba cerrada al público, no tenía barrotes en la ventana. Pero no era posible saltar de una ventana a otra, al menos no desde una posición vertical. Por ello Gray decidió que era preferible lanzarse en picado y agarrarse a cualquier asidero en la fachada ornamentada de la otra torre, para luego tratar de ascender.

El riesgo era notable, pero no les quedaba otro recurso. Tenían que escapar de allí. Gray dobló las rodillas. Rachel contuvo la respiración, con un puño apoyado en el cuello.

Sin pensárselo dos veces, Gray se inclinó y dio un gran salto, arqueando el cuerpo, al tiempo que lanzaba por el aire el rollo de cuerda. Sorteó el hueco comprendido entre ambas torres y fue a parar justo debajo de la cornisa de la ventana. Se abalanzó con las dos manos y casi de milagro se agarró al alféizar. Pero el impacto le hizo rebotar. Los brazos apenas lograban sostener su peso. Empezó a caer.

—¡El pie izquierdo! —le gritó Rachel.

Gray la oyó. Con la punta del pie izquierdo tanteó la superficie de piedra y encontró la gárgola con cara de demonio en el piso inferior. Plantó el pie justo encima de la cabeza.

Tras evitar la caída, ascendió un palmo por la cornisa y encontró otro punto de apoyo para el pie derecho, adhiriéndose como una mosca a una pared. Respiró hondo, se estabilizó, con un impulso trepó hasta la ventana y se coló por ella.

Rachel se arriesgó a asomarse bajo la campana para ver si los atacantes seguían allí. Habían cesado las llamas. Sabía que aquellos hombres interpretarían correctamente su repentino cese del fuego.

No podía esperar más. Temblaba al atravesar los barrotes. La cornisa estaba resbaladiza por los excrementos de paloma y el viento traicionero soplaba con fuerza.

Gray ató el otro extremo de la cuerda en la torre gemela, formando un puente.

—¡Date prisa! ¡Yo te sujeto!

Ella le miró a los ojos y se tranquilizó.

—¡Yo te sujeto! —insistió.

Tragando saliva, Rachel extendió la mano. «No mires abajo», se dijo, y agarró la cuerda. Sólo se trataba de ir avanzando palmo a palmo.

Inclinó el cuerpo, sujetando fuerte la cuerda con las dos manos, y con las puntas de los pies todavía apoyadas en la cornisa. Oyó la campana a sus espaldas. Sobresaltada, echó un vistazo por encima del hombro y vio un cilindro de plata con forma de mancuerna que rebotaba por la cubierta de piedra. No sabía lo que era, pero sospechaba que no sería nada bueno.

Estímulos no le faltaban para emprender la proeza, de modo que se balanceó en la cuerda y rápidamente fue cruzando el puente, impulsándose con las piernas, poco a poco. Gray la agarró por la cintura.

—Una bomba —dijo Rachel jadeando e inclinando la cabeza hacia atrás para señalar la otra torre.

—¿Cómo…?

El estallido ahogó las palabras restantes. Zarandeada desde atrás, Rachel traspasó el marco de la ventana y se abalanzó contra el pecho de Gray. Ambos cayeron enredados al suelo del campanario, envueltos en llamas azules que penetraban por la ventana a una temperatura de altos hornos.

Gray la agarró fuerte, protegiéndola con su propio cuerpo. Pero las llamas se propagaron rápidamente con las ráfagas de viento.

Mientras Gray rodaba hacia un lado, Rachel se apoyó en los codos para incorporarse y echó un vistazo a la torre sur. La aguja ardía, salían llamaradas por sus cuatro ventanas. La campana sonaba por el efecto de la conflagración.

Gray regresó junto a ella y recogió la cuerda. El nudo del extremo opuesto se había quemado, cortando el puente. Al otro lado del precipicio, los barrotes de la ventana brillaban al rojo vivo.

—Un artefacto incendiario —dijo Gray.

Las llamas ondeaban mecidas por el fuerte viento, como una vela en la noche. Un homenaje a los fallecidos aquel día y la noche anterior. Rachel imaginó la sonrisa desenfadada de su tío, muerto. La invadió un profundo sentimiento de dolor, además de algo más intenso y cálido. Cayó de espaldas, pero Gray la sostuvo.

Gimieron las sirenas de la policía por la ciudad y resonaron hasta sus oídos.

—Tenemos que irnos —dijo Gray.

Rachel asintió.

—Van a creer que estamos muertos. Sigamos por ahí.

Rachel se dejó guiar hasta la escalera. Bajaron corriendo en espiral. Las sirenas resonaban con mayor intensidad, pero más cerca se oyó un motor renqueante, que arrancaba y aceleraba con un ruido gutural, seguido de otro sonido similar.

Gray escrutó a través de la ventana.

—Se largan.

Rachel lo miró fijamente. Tres pisos más abajo, dos furgonetas negras salían por la plaza peatonal a toda velocidad.

—¡Vamos! —exclamó Gray—. Esto me da mala espina.

Bajó corriendo las escaleras. Rachel le siguió, confiando en su instinto.

Llegaron al vestíbulo en medio de una corriente de aire que soplaba a favor. Alguien había dejado entreabierta una de las puertas de la nave. Rachel echó un vistazo al interior de la iglesia, hacia el lugar donde habían matado a su tío. Pero algo le llamó la atención en el suelo del pasillo central.

Mancuernas de plata. Una docena o más, enlazadas con alambres rojos.

—¡Corre! —gritó mientras se daba media vuelta.

Juntos empujaron las puertas principales y escaparon hacia la plaza.

Sin mediar palabra, corrieron hacia el único refugio. Había una furgoneta de la Polizei alemana aparcada en la plaza. Se escondieron debajo del vehículo en el mismo instante en que explotaban los dispositivos.

Sonó como un estallido de fuegos artificiales, uno tras otro, en serie. Al estruendo se sumó otro ruido de cristales rotos tan intenso que se oía más que las explosiones. Rachel alzó la vista. Las inmensas vidrieras bávaras medievales situadas sobre la puerta principal estallaron en una luminosa cascada de fuego y vidrios preciosos.

Se pegaron más a la furgoneta mientras la lluvia de cristal y muerte acribillaba la plaza a su alrededor. Algo golpeó el extremo opuesto del vehículo con estrépito. Rachel se inclinó para ver lo que había detrás de las ruedas y vio en el pavimento una de las puertas de madera maciza de la catedral, envuelta en llamas.

Luego se oyó un nuevo ruido. Voces de sorpresa, apagadas, procedentes del interior de la furgoneta. Rachel lanzó una mirada a Gray, que empuñaba de pronto un cuchillo como por arte de magia. Rodearon la parte trasera de la furgoneta. Antes de que pudieran tocar la manija, la puerta se abrió. Rachel se quedó atónita cuando vio salir al componente más achaparrado del equipo de Gray, seguido de su compañera, espada en mano. Y, por último, un grato rostro familiar.

—¡Tío Vigor! —Rachel lo estrechó en un fuerte abrazo.

Y él la abrazó también.

—¿Por qué todo el mundo está empeñado en acabar conmigo? —preguntó.

4.45

Una hora después Gray caminaba de un lado a otro de la habitación del hotel, todavía tenso, con los nervios a flor de piel. Habían reservado presentando documentación falsa, convencidos de que lo mejor era salir de las calles lo antes posible. El hotel Cristall de la Ursulaplatz, un local pequeño con una curiosa decoración escandinava de colores primarios, distaba menos de ochocientos metros de la catedral.

Decidieron retirarse allí para reagruparse y definir un plan de acción. Pero antes necesitaban más información secreta.

Alguien forcejeó la cerradura de la puerta con una llave. Gray se llevó la mano a la pistola. No quería correr riesgos. Pero sólo era monseñor Verona, que regresaba de una expedición de reconocimiento.

Vigor entró en la habitación. Su semblante se había tornado lúgubre.

—¿Y bien?

—El chico ha muerto —dijo el clérigo.

Los otros se acercaron.

—Jason Pendleton —explicó Vigor—. El chico que sobrevivió a la masacre. Acaban de decirlo en la BBC. Lo mataron en la habitación del hospital. Se desconoce por el momento la causa de la muerte, pero se sospecha que se trata de un crimen, sobre todo por la coincidencia con el bombardeo de la catedral.

Rachel movió la cabeza con un gesto triste.

Gray se había sentido aliviado al ver que todos estaban vivos, sólo con algunas magulladuras y una fuerte conmoción. No había pensado en el superviviente de la primera masacre. Pero las piezas del terrible puzle encajaban. El ataque de la catedral fue, sin duda, una operación de encubrimiento para eliminar hasta el menor rastro. Y, por supuesto, para ello era también imprescindible silenciar al único testigo.

—¿Has averiguado algo más? —preguntó Gray.

Después de registrarse, había enviado a monseñor a los salones del hotel para que investigara lo ocurrido en la catedral. El eclesiástico reunía mejores condiciones: hablaba la lengua con fluidez y su alzacuello lo eximía de toda sospecha.

Las bocinas y sirenas gemían todavía por la ciudad. Desde la ventana se veía la colina de la catedral. Allí se concentraba un grupo de coches de bomberos y vehículos de emergencia, con sus destellos intermitentes azules y rojos. El humo nublaba el cielo nocturno. Las calles eran un hormiguero de espectadores y furgonetas de prensa.

—No he averiguado nada más que lo que ya sabemos —dijo Vigor—. La catedral sigue en llamas, pero el fuego no se ha extendido. He visto una entrevista a uno de los sacerdotes de la residencia rectoral. No ha habido heridos. Pero han expresado su preocupación por mi paradero y el de mi sobrina.

—Bien —dijo Gray, mientras Rachel le dirigía una mirada—. Como he dicho antes, por ahora creen que nos han aniquilado. Deberíamos mantener el engaño mientras sea posible. Mientras no sepan que estamos vivos, es menos probable que nos vigilen.

—Y es menos probable que nos persigan —añadió Monk—. Esa parte es la que más me gusta.

Kat estaba trabajando en un portátil conectado a una cámara digital.

—Se están descargando las fotos —dijo.

Gray se puso en pie y se acercó a la mesa. Monk y los demás aprovecharon la furgoneta no sólo para esconderse tras la huida, sino para obtener fotografías de los asaltantes. A Gray le impresionaba la cantidad de recursos con que contaban.

La pantalla estaba llena de imágenes en blanco y negro de tamaño reducido.

—Ahí está —dijo Rachel, señalando una de las fotografías—. Ése es el tío que me agarró.

—El líder del grupo —dijo Gray.

Kat hizo doble clic en la imagen y obtuvo una fotografía ampliada. Correspondía al instante en que salía de la catedral. Tenía pelo moreno y largo, casi hasta el hombro. Sin vello facial. Rasgos aguileños. Pétreo e inexpresivo. Hasta en la foto mostraba aires de superioridad.

—Será engreído el cabrón —dijo Monk—. Si parece el rey del mambo.

—¿Os suena la cara? —preguntó Gray.

Todos respondieron negativamente con la cabeza.

—Puedo enviar la foto al programa de reconocimiento facial de Sigma —dijo Kat.

—Todavía no —dijo Gray—. Tenemos que estar incomunicados.

Gray echó un vistazo por la habitación. Aunque habitualmente prefería actuar solo, sin la vigilancia del Gran Hermano, ya no podía jugar al lobo solitario. Ahora tenía un equipo, una responsabilidad más allá de su propia piel. Miró a Vigor y a Rachel. Y ya no era sólo su propio equipo. Todos lo miraban a él. De pronto se sintió abrumado. Deseaba ponerse en contacto con Sigma, consultar al director Crowe, liberarse de aquella responsabilidad.

Pero no podía… al menos por el momento. Puso orden en sus ideas y decisiones. Carraspeó.

—Alguien sabía que estábamos solos en la catedral. O ya estaban espiando en la iglesia o tenían información secreta anterior.

—Una filtración —dijo Vigor, mesándose la barba.

—Posiblemente. Pero no sabría decir con seguridad dónde pudo haberse originado. —Gray lanzó una mirada a Vigor—. Por vuestra parte o por la nuestra.

Vigor suspiró y asintió.

—Me temo que la culpa la tenemos nosotros. La Corte del Dragón siempre ha tenido miembros infiltrados en el Vaticano. Y en vista de la emboscada que hemos sufrido aquí, inmediatamente después de los atentados contra Rachel y contra mí en Roma, no puedo dejar de pensar que el problema radica en la Santa Sede.

—No necesariamente —replicó Gray. Se volvió hacia el portátil y señaló otra imagen reducida—. Amplía ésa.

Kat hizo doble clic. De pronto se amplió en la pantalla una imagen de una mujer delgada que subía a la parte trasera de una de las dos furgonetas. De su rostro sólo se veía la silueta.

Gray miró a los demás.

—¿Alguien la conoce?

Nadie dijo nada. Monk se acercó más.

—Pero no me importaría conocerla.

—Es la tía que me atacó en Fort Detrick.

Monk se retrajo, como si la mujer le pareciese de pronto menos atractiva.

—¿La agente del Guild?

Vigor y Rachel mostraban caras de confusión. Gray no tenía tiempo para entrar en la historia del Guild, pero describió brevemente la organización: su estructura de células terroristas, sus vínculos con la mafia rusa y su interés por las nuevas tecnologías.

Cuando terminó, Kat preguntó:

—Así que crees que el problema está en nuestro lado.

—Después de lo de Fort Detrick… —Gray frunció el ceño—. ¿Quién sabe de dónde salen las filtraciones? Pero el hecho de que el Guild esté aquí, actuando junto con la Corte del Dragón, me hace pensar que han venido debido a nuestra participación. Aunque me temo que están tan poco en el ajo como nosotros.

—¿Por qué lo dices? —preguntó Rachel.

Gray señaló la pantalla.

—La Dama del Dragón me dejó escapar.

Los demás, atónitos, guardaron silencio unos instantes.

—¿Estás seguro? —preguntó Monk.

—Completamente seguro. —Gray se frotó la parte superior del brazo, donde le había disparado la mujer mientras él huía.

—¿Por qué crees que lo hizo? —preguntó Rachel.

—Porque está jugando a la Corte del Dragón. Como decía, yo creo que el único motivo por el que el Guild interviene en esta empresa es la participación de Sigma. La Corte quiso contar con la colaboración del Guild para capturarnos o para acabar con nosotros.

Kat asintió.

—Y si muriéramos, no necesitarían al Guild para nada. La colaboración concluiría, y el Guild no averiguaría nunca lo que sabe la Corte del Dragón.

—Pero la Corte cree que hemos muerto —dijo Rachel.

—Exacto. Y ése es otro motivo por el que nos conviene mantener el engaño todo el tiempo posible. Si estamos muertos, la Corte romperá sus vínculos con el Guild.

—Un adversario menos —dijo Monk.

Gray asintió.

—¿Y ahora qué hacemos? —preguntó Kat.

Eso era un misterio. No tenían pistas… excepto una. Gray echó un vistazo a la mochila.

—El polvo que extrajimos del relicario. Ahí debe de haber alguna clave. Pero no sé adónde nos lleva. Y si no podemos enviarlo a Sigma para que lo analicen…

Entonces intervino Vigor:

—Creo que tienes razón. La respuesta está en la muestra de polvo. Pero la pregunta más adecuada es: «¿Qué es…?».

Monseñor interrumpió de súbito sus palabras y entrecerró los ojos. Se llevó la mano a la frente.

—¿Qué es…? —dijo entre dientes.

—¿Tío? —preguntó Rachel con inquietud.

—Hay algo que… me ronda en la cabeza.

Gray recordó que monseñor mostraba un semblante similar de intensa concentración cuando citó un verso del Apocalipsis. El clérigo cerró el puño.

—No consigo atar todos los cabos. Es como cuando intentas coger con la mano una pompa de jabón. —Hizo un gesto negativo con la cabeza—. Quizá es por el cansancio.

Gray se percató de que el hombre era sincero… en casi todo. Pero se guardaba algo, algo que se reflejaba en las palabras «qué es». Por un instante Gray vio en sus ojos el brillo del miedo tras la confusión.

—Entonces, ¿cuál es la pregunta más adecuada? —preguntó Monk, retomando el hilo del pensamiento anterior—. Has empezado diciendo algo sobre una pregunta mejor que la de qué es el polvo.

Vigor asintió, concentrándose de nuevo.

—Sí. A lo mejor deberíamos preguntarnos *cómo* llegó allí ese polvo. Cada dos o tres años se retiran los huesos del relicario y se limpia el sarcófago. Estoy seguro de que limpiaron bien el interior.

Kat se sentó más recta.

—Antes del ataque, nos preguntábamos si el sistema utilizado alteró de algún modo el oro del sarcófago y convirtió el revestimiento en polvo blanco.

—¿Y así es como apareció allí? —preguntó Rachel.

—Puede —dijo Monk—. Acordaos de la cruz magnetizada que había al fondo de la iglesia. Tuvo que ocurrir algo extraño que afectó a los metales. ¿Por qué no iba a afectar también al oro?

Gray deseaba haber tenido más tiempo para recoger muestras, para hacer más pruebas. Pero tras el bombardeo de la catedral...

—No —dijo Kat, entre suspiros de exasperación—. Recordad. El polvo no era sólo oro. También vimos otros elementos. Quizá platino o algún otro metal del grupo de transición que también se desagrega en la forma pulverulenta del estado-m.

Gray asintió con la cabeza, lentamente, recordando las incrustaciones del oro fundido.

—No creo que el polvo viniera del sarcófago —dijo Kat.

Monk frunció el ceño.

—Pero si no proviene del oro del sarcófago y la caja se limpia cada dos o tres años... ¿de dónde pudo salir?

Gray miró con los ojos muy abiertos como si empezara a comprender. Entendía la consternación de Kat.

—Salió de los *huesos*.

—No hay otra explicación —repuso Kat.

Monk se mostraba renuente y negaba con la cabeza.

—Eso es fácil de decir. No tenemos huesos para probar tu hipótesis. Se los llevaron todos.

Rachel y Vigor se miraron un instante.

—¿Qué pasa? —preguntó Gray.

Rachel le miró a los ojos. Leyó en su cara la emoción.

—No se llevaron todos los huesos.

Gray arrugó la frente.

—¿Dónde...?

—En Milán —respondió Vigor.

VI

LA DUDA DE SANTO TOMÁS

25 de julio, 10.14
Lago Como (Italia)

Gray y los demás salieron del Mercedes E55 alquilado y aparecieron en una plaza peatonal de la ciudad de Como, a orillas del lago. Había paseantes matinales y algún que otro curioso mirando los escaparates de la plaza adoquinada desde la que se accedía a un paseo que bordeaba las aguas, todavía azules.

Kat bostezó y se desperezó, como un gato que se despierta lentamente. Miró el reloj.

—Tres países en cuatro horas.

Habían conducido toda la noche, primero por Alemania hasta Suiza y luego por los Alpes hasta Italia. Optaron por hacer el viaje en coche, en lugar de en tren o en avión, para mantener el anonimato, pasando las fronteras con identificación falsa. No querían que se supiera que el grupo había sobrevivido al atentado de Colonia.

Gray preveía ponerse en contacto con el comando Sigma en cuanto se apoderasen de los huesos de la basílica de Milán y llegasen al Vaticano. Una vez en Roma, se reagruparían y definirían una nueva estrategia con sus respectivos superiores. Pese al riesgo de filtraciones, Gray necesitaba dar parte a Washington sobre los acontecimientos de Colonia para reevaluar los parámetros de la misión.

Entretanto, el plan consistía en ir turnándose para conducir durante el viaje de Colonia a Milán, de modo que todos pudieran echar una cabezada. Pero no fue así.

Al salir del coche, Monk se quedó en un extremo de la plaza, inclinado, con las manos en las rodillas y un ligero verdor en la cara.

—La culpa la tiene ella por su forma de conducir —dijo Vigor, dándole a Monk unas palmaditas en la espalda—. Va un poco rápido.

—Mira, he viajado en aviones de combate que daban vueltas de campana —refunfuñó—. Pero como esto... vamos... no he visto nunca nada igual.

Rachel salió del asiento del conductor y cerró la puerta del coche. Había conducido todo el camino a una velocidad vertiginosa, volando por la *Autobahn* alemana y tomando las curvas cerradas de las carreteras alpinas con una velocidad que desafiaba las leyes de la física.

Se subió a la frente las gafas de sol de cristales azules.

—Eso con un buen desayuno se te pasa —le dijo a Monk para tranquilizarlo—. Conozco un restaurante muy agradable en la Piazza Cavour.

A pesar de sus reservas, Gray aceptó parar para comer. Necesitaban gasolina, y aquél era un lugar remoto. Seis horas después del atentado reinaba todavía la confusión en Colonia. Cuando se descubriera que sus cadáveres no estaban entre los muertos de la catedral, habrían llegado ya a Roma. Al cabo de unas horas ya no sería necesario mantener el engaño de su supuesta muerte. Por el momento, estaban cansados de la carretera y tenían hambre.

Rachel guió al grupo por la plaza hacia la orilla del lago. Gray la siguió con la mirada. A pesar de haber conducido durante toda la noche, caminaba sin signos de fatiga. Es más, parecía fortalecida por la carrera alpina, como si aquélla fuera su forma particular de yoga. La angustia de sus ojos por la noche de terror se fue desvaneciendo a medida que iban recorriendo kilómetros.

Se sentía aliviado y decepcionado a la vez por la capacidad de resistencia de la chica. Recordaba los momentos en que ella le apretaba el brazo con la mano mientras corrían, la preocupación de sus ojos mientras se sentaban a horcajadas en la cornisa de la torre de la catedral, el modo en que le clavó la mirada en aquel preciso instante, cuando confiaba en él, cuando lo necesitaba.

Aquella mujer había desaparecido.

Le llamó la atención el paisaje que se ampliaba a lo lejos. El lago era una joya azul engastada en los picos verdes y escarpados de los Alpes Berneses. Algunas cumbres todavía nevadas se reflejaban en las plácidas aguas.

—Lago Como —dijo Vigor, que caminaba junto a Gray—. Virgilio describió este lugar como el mayor lago del mundo.

Llegaron a una alameda por un sendero bordeado de camelias, azaleas, rododendros y magnolias, tras el cual continuaba por la orilla del lago un paseo de adoquines flanqueado de castaños, cipreses italianos y laureles blancos. Por el agua navegaban pequeños veleros impulsados con la suave brisa matinal. Y en las verdes laderas de las colinas pendían, en inestable equilibrio, varios conjuntos de casas de tonalidades rojizas, doradas y de color arena.

Gray observó que Monk revivía con la belleza y el aire fresco, a juzgar por su paso firme. Los ojos de Kat también se recreaban con las vistas.

—Ristorante Imbarcadero —dijo Rachel, señalando al otro lado de la plaza.

—Nos vendría de maravilla uno de esos restaurantes en los que te sirven sin bajarte del coche —dijo Gray mirando la hora.

—Eso lo dirás tú —contestó Monk con brusquedad.

Vigor caminaba a su lado.

—Vamos bien de tiempo. En una hora llegaremos a Milán.

—Pero los huesos…

Vigor le interrumpió frunciendo el ceño:

—Comandante, el Vaticano es bien consciente del riesgo en que se encuentran las reliquias de la basílica de San Eustorgio. Yo ya tenía órdenes de parar en Milán para recogerlas durante el viaje de regreso a Roma. Entretanto, el Vaticano ha guardado los huesos en la caja fuerte de la basílica, la iglesia está cerrada y se ha alertado a la policía.

—Pero eso no detendrá necesariamente a la Corte del Dragón —dijo Gray, recordando la devastación de Colonia.

—Dudo que ataquen a plena luz del día. El grupo se aprovecha de la oscuridad para pasar desapercibido. Y llegaremos a Milán antes del mediodía.

—No nos retrasaremos mucho si encargamos algo para llevar y continuamos el viaje —añadió Kat.

Todavía renuente, Gray aceptó esa sugerencia. El grupo necesitaba reponer fuerzas tanto como el automóvil.

Al llegar al restaurante, Rachel abrió una puerta que daba a una terraza con vistas al lago y enredaderas con buganvillas.

—El Imbarcadero sirve los mejores platos de la zona. Deberíais probar el *risotto con pesce persico*.

—Risotto con perca —tradujo Vigor—. Lo hacen muy bien aquí. Enrollan los filetes y los rebozan en harina y salvia, los sofríen y los sirven crujientes sobre una gruesa capa de *risotto* empapado en mantequilla.

Rachel los condujo hasta una mesa. Gray, algo más calmado, agradeció el entusiasmo de Rachel. La joven habló en un italiano muy rápido con un hombre mayor que salió a saludarlos con un delantal. Ella sonrió con afabilidad y charló un rato con él. Después se abrazaron.

Rachel volvió y señaló los asientos.

—Si queréis algo más ligero, probad las flores de calabacín rellenas de pan y berenjena. Pero lo que no os podéis perder es un platito de *agnolotti*, desde luego.

Vigor asintió.

—Unos ravioli con berenjena y *mozzarella*. —Se besó las yemas de los dedos para indicar lo suculentos que estaban.

—Pues yo pediré eso, si ya lo habéis comido aquí más veces —dijo Monk, desplomándose en la silla. Miró a Gray. Menos mal que querían anonimato. Vigor dio unas palmaditas en la espalda a Monk.

—Los propietarios son amigos de nuestra familia desde hace tres generaciones. No te preocupes, saben ser discretos. —Hizo señas a un orondo camarero—. *Ciao, Mario! Bianco secco di Montecchia, per favore!*

—Enseguida, *Padre*. También tengo un buen *chiaretto* de Bellagio. Llegó en ferry esta noche.

—*Perfetto!* ¡Tráenos una botella de cada mientras esperamos!

—*Antipasti?*

—Claro, Mario. No somos bárbaros.

Entre risas y bravuconadas eligieron el menú: ensalada de salmón con vinagre de manzana, guiso de cebada, ternera empanada, *tagliatelle* con pescado blanco y algo llamado *pappardelle*.

Mario trajo una fuente tan grande como la mesa, llena de aceitunas y un surtido de entremeses, junto con dos botellas de vino, uno tinto y el otro blanco.

—*Buon appetito!* —dijo en voz alta.

Parecía que para los italianos cada comida fuera una fiesta. Corría el vino. Brindaron. Se pasaron unos a otros lonchas de salami y queso.

—*Salute*, Mario! —Rachel aplaudió cuando terminaron la fuente.

Monk se inclinó hacia atrás, intentando contener un eructo, pero no lo consiguió.

—Sólo con esto ya estoy lleno.

Kat había comido tanto como él, pero miraba la carta de postres con la misma intensidad con la que había leído el *dossier* de la misión.

—*Signorina?* —preguntó Mario, observando su interés.

Kat señaló un plato de la carta:

—*Macedonia con panna.*

Monk rezongó.

—Si sólo es una macedonia de frutas con nata. —Miró a los demás, con los ojos como platos—. Es muy ligera.

Gray se acomodó en el asiento. No reprimió las bromas. Sentía que todos necesitaban ese respiro momentáneo. Cuando estuvieran de camino el día sería gris. Llegarían a Milán, cogerían las reliquias y luego tomarían uno de los trenes de alta velocidad que pasan cada hora con destino a Roma, adonde llegarían antes del anochecer.

Gray aprovechó también el tiempo para observar mejor a Vigor Verona. A pesar de las risas, monseñor parecía ensimismado en sus pensamientos. Gray veía que los engranajes de su mente no cesaban de moverse.

Vigor se concentró de pronto en él y se encontró con su mirada. Acto seguido se separó de la mesa.

—Comandante Pierce, mientras esperamos a que traigan el resto, me pregunto si podríamos tener una conversación en privado. Podríamos dar un paseo para estirar un poco las piernas.

Gray dejó el vaso en la mesa y se puso en pie. Los demás los miraron con curiosidad, pero Gray les hizo señas para que se quedasen allí.

Vigor salió delante, atravesó la terraza y llegó al paseo principal que bordeaba el lago.

—Hay algo que quiero comentarte para que me des tu opinión, si te parece.

—Claro. ¿De qué se trata?

Recorrieron una manzana, y Vigor se dirigió a un cercado de piedra que lindaba con un muelle vacío. Allí tenían privacidad. No perdía de vista el lago mientras daba golpecitos en la valla con el puño.

—Entiendo que el papel del Vaticano en todo esto se centra en el robo de las reliquias. Y en cuanto regresemos a Roma, sospecho que tenéis intención de cortar el vínculo con nosotros y continuar persiguiendo a la Corte del Dragón por vuestra cuenta.

Gray se planteó la posibilidad de responder con vaguedades, pero su interlocutor merecía una aclaración sincera. No podía arriesgarse a poner aún más en peligro a este hombre y a su sobrina.

—Creo que será lo mejor —dijo—. Estoy seguro de que nuestros superiores estarán de acuerdo.

—Pero yo no. —Sus palabras sonaban algo vehementes.

Gray frunció el ceño.

—Si es verdad, como decís, que los huesos son el origen de esa extraña amalgama en polvo, entonces creo que nuestros respectivos papeles en esta misión están más entrelazados de lo que sospecha ninguna de las dos organizaciones.

—No veo por qué.

Vigor le lanzó una nueva mirada con esa intensidad que parecía un rasgo de la familia Verona.

—Intentaré convencerte. Primero, sabemos que la Corte del Dragón es una sociedad aristocrática que se dedica a la búsqueda de conocimientos secretos o perdidos. Se han concentrado en textos gnósticos antiguos y otros arcanos.

—Eso son chorradas místicas.

Vigor se volvió hacia él, ladeando la cabeza.

—Comandante Pierce, tengo entendido que conoces otras creencias y filosofías. Desde el taoísmo a los cultos hindis.

Gray se sonrojó. Era fácil olvidarse de que monseñor era un avezado agente de la *intelligenza* del Vaticano. Estaba claro que habían preparado un *dossier* sobre él.

—Nunca está mal buscar la verdad espiritual —prosiguió monseñor—. Da igual el camino. De hecho, la definición de *gnosis* es «buscar la verdad, encontrar a Dios». La propia Corte del Dragón es intachable en esta búsqueda. El gnosticismo forma parte de la Iglesia católica desde sus inicios. Es anterior, incluso.

—Bien —dijo Gray, incapaz de evitar un deje de irritación en su voz—. ¿Qué tiene que ver todo esto con la masacre de Colonia?

Monseñor suspiró.

—En cierto sentido, el atentado de hoy se remonta a un conflicto entre dos apóstoles. Tomás y Juan.

Gray negó con la cabeza.

—¿A qué te refieres?

—Al principio, el cristianismo era una religión ilegal. Una fe emergente distinta de todas las demás de aquella época. A diferencia de otras religiones que recaudaban cuotas como una parte fundamental de su doctrina, la joven familia cristiana aportaba dinero voluntariamente. Los fondos se destinaban a la nutrición y hospedaje de huérfanos, la adquisición de alimentos y medicinas para los enfermos, el pago de entierros para los pobres. El apoyo a los oprimidos atrajo a numerosos adeptos, a pesar de los riesgos que conllevaba la pertenencia a una religión proscrita.

—Sí, lo sé. Las buenas obras cristianas y todo eso. Pero de todos modos, ¿qué tiene…?

Gray se vio interrumpido por una palma levantada.

—Si me dejas continuar, a lo mejor te enteras de algo.

Gray hizo un gesto de desagrado pero permaneció en silencio. Además de espía del Vaticano, Vigor era también profesor universitario. Para decirlo sin rodeos, no le gustaba que le interrumpieran sus conferencias magistrales.

—En los primeros años de la Iglesia, el silencio era primordial, y requería reuniones clandestinas en cuevas y criptas. Esto provocaba la incomunicación entre los diversos grupos. Primero por la distancia, pues las principales sectas estaban en Alejandría, Antioquía, Cartago y Roma. Después, a raíz del aislamiento, las prácticas individuales empezaron a divergir, así como las distintas filosofías. Aparecían evangelios por doquier. Los recogidos en la Biblia: Mateo, Marcos, Lucas y Juan. Pero también otros. El evangelio secreto de Jaime, el de María Magdalena, el de Felipe. El evangelio de la verdad. El Apocalipsis de Pedro. Y muchos otros. Empezaron a proliferar diversas sectas en torno a todos estos evangelios. Y la joven Iglesia empezó a escindirse.

Gray asintió. Había estudiado en un centro de enseñanza media de jesuitas, donde su madre le había dado clase. Conocía parte de la historia.

—Pero en el siglo II —continuó Vigor—, el obispo de Lyón, san Ireneo, escribió cinco volúmenes bajo el título de *Adversus Hereses. Contra las herejías*. El título completo es *Refutación y destrucción de la falsamente llamada ciencia*. Es el momento en que todas las creencias gnósticas pasaron por el tamiz de la religión cristiana, y se creó un canon evangélico de cuatro partes, delimitando los evangelios de Mateo, Marcos, Lucas y Juan. Los demás se consideraron heréticos. Como dice Ireneo, al igual que hay cuatro regiones en el universo, y cuatro vientos principales, la Iglesia necesitaba sólo cuatro pilares.

—Pero ¿por qué se eligieron esos cuatro evangelios y se descartaron los demás?

—Ahí está, ¿por qué? Eso es precisamente lo que me intriga a mí.

Gray prestó más atención. A pesar de la irritación que le causaba que le soltasen una conferencia, le intrigaba el cariz que estaba tomando aquel discurso.

Vigor contempló el lago.

—Tres de los evangelios —Mateo, Marcos y Lucas— cuentan la misma historia. Pero el evangelio de Juan relata unos hechos bien diferentes, e incluso acontecimientos de la vida de Cristo que no se corresponden con la cronología de los demás. Pero existe otro motivo más importante por el que Juan se incluyó en la Biblia estándar.

—¿Y qué motivo es ése?

—Su compañero apóstol, Tomás.

—¿Tomás el que *dudaba*? —Gray se sabía la historia del apóstol que se negó a creer en la resurrección de Cristo hasta que lo vio con sus propios ojos.

Vigor asintió.

—Pero ¿sabías que el *único* evangelio que relata las dudas de Tomás es el de Juan? Sólo Juan describe a Tomás como un discípulo torpe e infiel. Los demás evangelios le veneran. ¿Y sabes por qué emplea Juan unos términos tan desdeñosos?

Gray movió la cabeza. En sus años de formación católica, nunca había reparado en este desequilibrio de perspectivas.

—Juan quería desacreditar a Tomás o, más en concreto, a los seguidores de Tomás, que eran numerosos en aquella época. Aún hoy existen multitud de adeptos de Tomás entre los cristianos de la India. Pero en la primera Iglesia se produjo un cisma esencial entre los evangelios de Tomás y Juan. Eran *tan* diferentes que sólo podía sobrevivir uno.

—¿Qué quieres decir? ¿En qué sentido eran diferentes?

—Todo esto se remonta a los comienzos de la Biblia, el Génesis, los primeros versículos: «Sea la luz». Tanto Juan como Tomás identifican a Jesús con esa luz primordial, la luz de la creación. Pero a partir de ahí las interpretaciones difieren de manera notable. Según Tomás, la luz no sólo permitió la creación del universo, sino que existe todavía en el interior de todas las cosas, sobre todo en el hombre, que se hizo a imagen y semejanza de Dios, y la luz está oculta en cada persona, a la espera de que alguien la encuentre.

—¿Y Juan?

—Juan concibe el tema de un modo totalmente diferente. Al igual que Tomás, creía que Cristo encarnaba la luz primordial, pero además añade que *sólo* Cristo posee dicha luz. El resto del mundo permanece para siempre en la oscuridad, incluido el hombre. Y el camino de regreso a esta luz, a la salvación y a Dios, sólo se puede encontrar a través del culto al Cristo divino.

—Un punto de vista mucho más estricto.

—Y más pragmático para la joven Iglesia. Juan ofrecía un método más ortodoxo de salvación, un modo de llegar a la luz; sólo a través del culto a Cristo. Fue esta simplicidad y franqueza lo que atrajo a los líderes de la Iglesia en aquellos tiempos de caos. En cambio, Tomás sugería que todo el mundo tenía una capacidad innata de encontrar a Dios mirando en su propio interior, sin necesidad de culto.

—Y había que acabar con todo eso.

Vigor se encogió de hombros.

—Pero ¿quién tiene razón? —preguntó Gray.

Vigor sonrió.

—Quién sabe. Yo no tengo todas las respuestas. Como dice Jesús: «Busca y encontrarás».

Gray frunció el ceño. Esa cita le sonaba bastante gnóstica. Volvió la mirada al lago para contemplar los veleros que pasaban. En la superficie del agua brillaba una luz especial. «Busca y encontrarás…». ¿Era ése el camino que él había recorrido al estudiar tantas filosofías? Si era así, no había llegado a ninguna respuesta satisfactoria. Y hablando de respuestas insatisfactorias…

Gray se volvió a Vigor, consciente de lo lejos que se habían ido en la conversación.

—¿Y qué tiene que ver todo esto con la masacre de Colonia?

—Bien, te lo diré. —Levantó un dedo—. Primero, creo que este atentado se remonta al antiguo conflicto entre la fe ortodoxa de Juan y la tradición gnóstica de Tomás.

—¿Con la Iglesia católica por un lado y la Corte del Dragón por otro?

—No, ahí está la clave. He estado sopesando esto toda la noche. La Corte del Dragón, aunque busca el conocimiento a través de los misterios gnósticos, no busca en última instancia a Dios, sino sólo el *poder*. Quieren un nuevo orden mundial, un retorno a un sistema feudal donde ellos lleven las riendas, desde la convicción de que son genéticamente superiores para guiar a la humanidad. De modo que no, no creo que la Corte del Dragón represente el lado gnóstico de este antiguo conflicto. Creo que lo pervierten, son carroñeros con hambre de poder. Pero sin duda alguna sus raíces se remontan a aquella tradición.

Gray aceptó con reticencia este punto, pero distaba mucho de haber cambiado de opinión. Vigor debió de percibirlo. Levantó un segundo dedo.

—Punto dos. En el evangelio de Tomás hay una historia que cuenta cómo Jesús conversó con Tomás en privado y le dijo tres cosas en secreto. Cuando los otros apóstoles le preguntaron qué le había dicho, él respondió: «Si os digo tan sólo una de esas cosas, me apedrearéis; y de las piedras surgirá un fuego que os quemará».

Vigor miró fijamente a Gray, expectante, como si fuera una prueba. Y estuvo a la altura de lo que se esperaba.

—Un fuego de piedras que quema. Como lo que les ocurrió a los feligreses en la iglesia.

Vigor asintió.

—Pensé en esa cita desde que tuve noticia de los asesinatos.

—Es una relación bastante traída por los pelos —dijo Gray, poco convencido.

—Lo sería si no tuviera un tercer argumento histórico. —Vigor levantó un tercer dedo.

Gray se sintió como un cordero al que llevan al matadero.

—Según los textos históricos —explicó Vigor—, Tomás evangelizó en tierras de Oriente hasta la India. Bautizó a miles de personas, construyó iglesias, expandió la fe y al final murió en la India. Pero en aquella región fue conocido sobre todo por una obra en concreto, un acto de bautismo.

Gray esperó. Vigor concluyó con gran énfasis:

—Tomás bautizó a los tres Reyes Magos.

Gray abrió los ojos como platos. En su mente daban vueltas los tres hilos de la conversación: santo Tomás y su tradición gnóstica, los secretos transmitidos por Jesús, el fuego mortal surgido de las piedras, y todo ello relacionado de nuevo con los Reyes Magos. ¿Iba aún más lejos la conexión? Imaginó las fotografías de los muertos en Alemania. Los cuerpos crispados. Y el informe del juez de instrucción sobre la licuefacción de las capas externas de los cerebros de las víctimas. También recordaba el olor a carne quemada en la catedral. De algún modo los huesos estaban relacionados con aquellas muertes. ¿Pero cómo?

Si había una pista histórica que conducía a alguna clave, carecía de experiencia y conocimientos para seguirla. Reconoció esta circunstancia y miró a monseñor.

Vigor expresaba sus argumentos con evidente seguridad.

—Como decía al principio, creo que en las muertes de la catedral hay más claves que la pura tecnología. Creo que lo que ocurrió está íntimamente ligado a la Iglesia católica, sus orígenes, y posiblemente la etapa anterior a su fundación. Y estoy seguro de que yo puedo ser un activo constante en esta investigación.

Gray inclinó la cabeza meditabundo, poco a poco convencido de los argumentos de Vigor.

—Pero mi sobrina no —concluyó Vigor, revelando al fin por qué quería hablar a solas con Gray. Le tendió su mano—. Cuando lleguemos a Roma, la enviaré de vuelta a los carabineros. No quiero volver a poner en peligro su vida.

Gray estrechó la mano de monseñor. Al fin estaban de acuerdo en algo.

10.45

Rachel oyó un paso a sus espaldas. Esperaba que fuera Mario con los platos que habían pedido. Al levantar la vista, casi se cae de la silla. Era una anciana que apareció de repente, apoyada en un bastón, con pantalones azul marino y una camisa larga de verano también azul con narcisos estampados. Tenía el pelo cano y rizado, los ojos radiantes de júbilo.

Mario estaba detrás de la visitante con una sonrisa de oreja a oreja en la cara.

—Qué sorpresa, ¿no?

Rachel se puso en pie mientras los dos compañeros de Gray observaban la escena.

—*Nonna*? ¿Qué haces aquí?

La abuela le dio unas palmaditas en la mejilla y le dijo en italiano:

—¡Tu madre está loca! —Movió los dedos en el aire—. Se va a verte a Roma y me deja sola con ese tal *signor* Barbari para que se ocupe de mí. Como si necesitara que me cuidaran. Además, huele a queso que apesta.

—*Nonna*…

La abuela la interrumpió con la mano.

—Así que me he venido a la villa. Cogí el tren. Y luego Mario me llama y me dice que Viggie y tú estáis aquí. Le he dicho que no te lo diga.

—Menuda sorpresa, ¿eh? —repitió Mario, orgulloso. Debía de haber estado mordiéndose la lengua todo el tiempo para no decir nada.

—¿Quiénes son tus amigos? —preguntó la *nonna*.

Rachel los presentó.

—Es mi abuela.

La abuela les dio la mano y cambió al inglés.

—Llámenme Camilla. —Miró de arriba abajo a Monk—. ¿Por qué se afeita la cabeza? Es una pena. Pero tiene los ojos bonitos. ¿Es italiano?

—No, griego.

La abuela asintió con convencimiento.

—No está mal. —Se volvió hacia Kat—. ¿El *signor* Monk es su novio?

Kat frunció el ceño sorprendida.

—No —dijo con aspereza—. No, para nada.

—Vaya —intervino Monk.

—Hacéis buena pareja —afirmó la *nonna* Camilla, como si tal aserto estuviera grabado en piedra. Se volvió a Mario—. Un vaso de ese maravilloso *chiaretto, per favore*, Mario.

Éste acudió raudo a la cocina, sin perder la sonrisa.

Rachel se acomodó en la silla y a lo lejos vio venir a Gray y a su tío, que regresaban de su reunión privada. Mientras se acercaban, Rachel advirtió que Gray no le miraba a los ojos. Sabía que su tío se había llevado al comandante Pierce para conversar con él. Y por la mirada esquiva de Gray, Rachel casi podía adivinar el desenlace. De pronto se olvidó del vino.

El tío Vigor advirtió la presencia de un nuevo invitado en la mesa. En su semblante adusto se notó la turbación.

Volvieron a explicar el motivo de la sorpresa, junto con nuevas presentaciones.

Mientras le presentaban a Gray Pierce, la abuela miró a Rachel con recelo, con una ceja levantada, antes de fijar la vista en el americano. Sin duda le gustó lo que vio: barba de tres días, ojos de color azul grisáceo, pelo negro lacio. Rachel sabía que su abuela tenía una vena casamentera especial, un rasgo genético de todas las matronas italianas.

La abuela se inclinó hacia Rachel.

—Veo bebés muy guapos —le susurró, sin desviar la mirada de Gray—. *Bellissimi bambini*.

—*Nonna* —replicó Rachel, cautelosa.

La abuela se encogió de hombros y elevó la voz.

—*Signor* Pierce, ¿es usted italiano?

—Pues no, la verdad.

—¿Le gustaría serlo? Mi nieta…

Rachel la interrumpió.

—*Nonna*, no tenemos mucho tiempo. —Señaló el reloj—. Tenemos trabajo en Milán.

La abuela se alegró.

—Trabajo de carabineros. ¿En busca de alguna obra de arte robada? —Miró al tío Vigor—. ¿Han robado algo de una iglesia?

—Algo así, *nonna*. Pero no podemos hablar sobre una investigación abierta.

La abuela se persignó.

—Es horrible… robar en una iglesia. He leído la noticia de los asesinatos de Alemania. Qué horror, es espantoso. —Echó un vistazo por el comedor, observando en detalle a los desconocidos. Sus ojos se entrecerraron ligeramente hasta posarse en Rachel.

Ésta observó que su abuela, con la agudeza de su mirada, se había percatado de algo. A pesar de las apariencias, a la *nonna* no se le escapaba nada. El robo de los huesos de los Reyes Magos había aparecido en todos los periódicos. Y ellos viajaban con un grupo de americanos, cerca de la frontera de Suiza, de regreso a Italia. ¿Se imaginaba la abuela cuál era el verdadero objetivo del grupo?

—Es horrible —repitió.

Llegó un camarero cargado con dos pesadas bolsas de comida, con sendas barras de pan que sobresalían como si fueran antenas. Monk se levantó para recoger la carga con una amplia sonrisa.

El tío Vigor se inclinó para dar a la anciana dos besos y le dijo:

—Mamá, nos veremos en Gandolfo dentro de unos días. Cuando se acabe este trabajo.

Cuando Gray dio un paso atrás, la *nonna* Camilla lo cogió de la mano para que se acercara un poco más.

—Cuide de mi nieta —le dijo.

Gray miró a Rachel.

—Lo haré, pero creo que ella ya sabe cuidarse muy bien.

Rachel sintió un repentino rubor cuando Gray le clavó la mirada. Apartó la vista para evitar la sensación de ridículo. No era una colegiala. Ni mucho menos.

La *nonna* besó a Gray en la mejilla.

—Las mujeres Verona siempre sabemos cuidarnos. Téngalo en cuenta.

Gray sonrió.

—De acuerdo.

Mientras se marchaba la abuela le dio unas palmaditas en la espalda.

—*Ragazzo buono*.

Los demás ya salían cuando la anciana hizo señas a Rachel para que se quedara. Ella se acercó, retiró el extremo del chaleco abierto de su nieta y le mostró la pistolera vacía.

—Has perdido algo, ¿no?

Rachel no recordaba que llevaba todavía el cinturón vacío. Había perdido en la catedral la Beretta prestada. Pero su *nonna* se había dado cuenta.

—Una mujer nunca debe salir desnuda de casa. —La abuela echó la mano a su bolso y sacó la empuñadura negra de su preciada Luger P-08 nazi.

—Llévate la mía.

—*Nonna!* No deberías ir por la calle con eso.

La anciana hizo un gesto con la mano para restar importancia a la situación y dejar claro que comprendía el peligro de la misión de Rachel. Ésta cerró el bolso de su abuela.

—*Grazie, nonna*, pero no será necesario.

—Qué horror de trabajo, allí en Alemania —dijo, casi con los ojos en blanco—. Ten cuidado.

—Claro que sí, *nonna*. —Se dio la vuelta, pero la abuela le agarró la muñeca.

—Le gustas —dijo—. Al *signor* Pierce.

—*Nonna*.

—Tendríais *bellissimi bambini*.

Rachel suspiró. Pese a la amenaza del peligro, la abuela no perdía de vista lo fundamental. Los bebés: el verdadero tesoro de todas las *nonne* del mundo.

La salvó la llegada de Mario con la cuenta. Se apartó y pagó en efectivo, dejando una vuelta suficiente para pagar el almuerzo de la *nonna*. Después recogió sus cosas, besó a su abuela y se dirigió a la plaza, donde se reunió con los demás.

Pero se llevó los ánimos de su abuela. No cabe duda de que las mujeres de Verona saben cuidarse. Se encontró con su tío y los demás en el coche. Fijó en Gray su mirada más venenosa.

—Si creéis que van a apartarme de esta investigación, vais listos.

Llave en mano, rodeó el Mercedes, satisfecha con la expresión de sorpresa de Gray mientras volvía la vista hacia el tío Vigor. Había sufrido emboscadas, tiroteos y bombardeos. Ahora no se iba a quedar en la estacada. Abrió la puerta del conductor, pero mantuvo cerradas las demás cerraduras.

—Y eso va por ti, tío Vigor.

—Rachel... —intentó explicar.

Ella se sentó en el asiento del conductor, dio un portazo y encendió el contacto.

—¡Rachel! —El tío golpeó la ventanilla con el puño.

Rachel metió la marcha.

—*Va bene!* —le gritó su tío en medio del estruendo del motor, dando su brazo a torcer—. No nos separaremos.

—Júralo —replicó ella sin soltar la mano del cambio de marchas.

—*Dio mio...* —Alzó la vista al cielo—. Ya te figurarás por qué me hice cura...

Rachel revolucionó el motor. El tío Vigor puso la palma de la mano en la ventanilla.

—Me rindo. Lo juro. No debería llevarle la contraria a una mujer Verona.

Rachel se volvió y fijó la vista en Gray, que permanecía en silencio con el semblante adusto. Parecía dispuesto a hacerle el puente a un coche y robarlo. Ella tal vez se había propasado, pero necesitaba recuperar una posición fuerte en el grupo.

Lentamente los ojos azules de Gray se posaron en Vigor con frialdad glacial. En el instante en que se miraron, Rachel se dio cuenta de cuánto deseaba quedarse. Posiblemente él se percató. Con la misma lentitud Gray hizo un gesto de asentimiento casi imperceptible.

Ya bastaba de concesiones. Rachel abrió las puertas. Los demás entraron. Monk fue el último.

—No, si no me importaba ir a pie.

11.05

Gray miró a Rachel desde el asiento trasero.

Ella se puso las gafas de sol de cristales azules que hacían casi impenetrable su expresión. Sin embargo, presionaba los labios con fuerza. Los músculos de su cuello estaban tensos como las cuerdas de un arco mientras miraba alrededor para comprobar si pasaban coches. A pesar de que los demás habían transigido, ella seguía enfadada.

¿Cómo sabía Rachel lo que habían acordado su tío y él? Su capacidad intuitiva era impresionante, así como su sensatez en el modo de enfocar el conflicto. Pero Gray también recordaba la vulnerabilidad de Rachel en la torre, el instante en que se miraron a los ojos a través del hueco que separaba los dos campanarios. Pero ni siquiera entonces se había desmoronado, a pesar de las balas y las llamas.

Por un momento atrajo la mirada de Rachel a través del espejo retrovisor, con los ojos protegidos por los cristales. Aun así, sabía que ella lo escudriñaba. Y él, demasiado consciente de la observación, apartó la vista. Apretó el puño contra la rodilla, molesto por su propia reacción.

Gray nunca había conocido a una mujer que lo turbase tanto. Había tenido novias, pero ninguna durante más de seis meses, y la más estable fue en la época del instituto. En la adolescencia era demasiado exaltado; luego se enfrascó de lleno en sus estudios militares, primero en el ejército y posteriormente en las tropas de asalto. Tampoco permaneció más de seis meses en ningún lugar, de modo que las aventuras amorosas no solían durarle más que un permiso de fin de semana. Pero en todos sus devaneos, jamás había conocido a una mujer tan frustrante y a la vez tan fascinante: una mujer capaz de reírse alegremente durante el almuerzo y volverse tan dura como un diamante pulido poco después.

Se acomodó en el respaldo mientras veía pasar el paisaje campestre. Dejaron atrás la región lacustre del norte de Italia y descendieron por las estribaciones de los Alpes. El viaje no era largo. Milán distaba sólo cuarenta minutos en coche.

Gray se conocía lo suficientemente bien como para comprender parte de su atracción por Rachel. Nunca le había fascinado lo mediocre, lo mundano, lo indeciso. Pero tampoco era amigo de los extremos: el desparpajo, las estridencias, las discordancias. Prefería la armonía, una mezcla de los extremos donde se alcanzara el equilibrio sin perder la singularidad. Básicamente era la cosmovisión taoísta del yin y el yang.

Este rasgo se reflejaba también en su trayectoria profesional de científico y soldado. En su campo de disciplinas intentó incorporar la biología y la física. En una ocasión explicó su elección ante Painter Crowe. «La química, la biología, la matemática se reducen a lo positivo y lo negativo, el cero y el uno, la luz y la oscuridad».

Gray sintió que centraba de nuevo su atención en Rachel. Ahora se reflejaba esta misma filosofía en una hermosa figura carnal. Vio cómo ella levantaba una mano y se acariciaba una zona tensa del cuello. Entreabrió los labios al encontrar el punto delicado y se lo frotó. Gray se preguntaba a qué sabrían aquellos labios.

Antes de que este pensamiento derivara hacia otros derroteros, Rachel maltrató al Mercedes en una curva muy cerrada y lanzó a Gray contra la puerta. Luego dejó caer la mano, redujo la velocidad, revolucionó el motor y tomó la siguiente curva aún más rápido.

Gray se agarró. Monk se quejaba.

Rachel sólo esbozaba una sonrisa impávida. ¿Quién no caería fascinado con una mujer así?

6.07
Washington D. C.

Ocho horas y nada, ni una palabra.

Painter recorría el despacho de lado a lado. No se había movido de allí desde las diez de la noche anterior, en cuanto recibió la noticia de la explosión en la catedral de Colonia. A partir de entonces, la información se había filtrado a cuentagotas. Demasiada lentitud.

El origen del incendio: bombas de pólvora negra, fósforo blanco y aceite incendiario LA-60. Se habían requerido tres horas para contener el fuego lo suficiente para entrar en el edificio. Pero el interior era una estructura tóxica y humeante, reducida a cenizas excepto en los suelos y muros de piedra. Se descubrieron algunos restos óseos calcinados. No se sabía si los cadáveres eran de su equipo.

Pasaron otras dos horas hasta que llegó un informe en el que se decía que se habían encontrado restos de armas junto a dos de los cadáveres. Rifles de asalto no identificados. Su equipo no utilizaba tales armas. De modo que al menos parte de los cadáveres eran de asaltantes desconocidos. Pero ¿y los demás?

La vigilancia por satélite desde la NRO resultó infructuosa. No había ojos en el firmamento controlando la zona en aquel momento. Por otro lado, las cámaras municipales y privadas solicitadas en los alrededores no se habían instalado todavía. Había pocos testigos. Un mendigo que dormía cerca de la colina de la catedral dijo haber visto a un grupo de gente que huía de la catedral en llamas. Pero su nivel de alcohol en sangre era superior a 0,15. Borracho como una cuba.

Todo lo demás estaba tranquilo. Nadie había entrado en el piso franco de Colonia. Y, por el momento, no habían dicho ni una palabra desde el campo de operaciones. Nada. Painter se temía lo peor. De pronto alguien llamó a la puerta entreabierta de su despacho. Se volvió e hizo señas a Logan Gregory para que entrara. Su número dos apareció con profundas ojeras y un montón de papeles debajo del brazo. Logan se había negado a volver a casa y se había quedado a su lado toda la noche.

Painter parecía expectante, como si esperara buenas noticias. Logan negó con la cabeza.

—Todavía no han descubierto sus alias. —Habían estado registrando permanentemente los aeropuertos, estaciones de tren y líneas de autobús.

—¿Y los cruces fronterizos?

—Nada. Pero la Unión Europea es un coladero. Pueden haber salido de Alemania por muchos lados.

—¿Y el Vaticano no sabe nada todavía?

Logan respondió con otra negativa.

—He hablado con el cardenal Spera hace diez minutos.

Sonó un aviso en el ordenador. Rodeó la mesa de su despacho y pulsó una tecla para iniciar la función de videoconferencia. Observó la pantalla de plasma que había colgada en la pared de la izquierda, en la que apareció una imagen ampliada de su jefe, el director de DARPA.

El doctor Sean McKnight estaba en su despacho de Arlington. Se había quitado la chaqueta del traje y tenía la camisa remangada. No llevaba corbata. Se pasaba la mano por el cabello pelirrojo entrecano, un gesto familiar de cansancio.

—Recibí su solicitud —dijo el jefe.

Painter se incorporó en el mismo lugar donde antes estaba apoyado sobre la mesa. Logan se había retirado a la puerta, para quedar fuera del ángulo de visión de la cámara. Hizo un ademán de salir del despacho, para conceder más privacidad a Painter, pero éste le hizo señas de que se quedara. Su solicitud no era una cuestión de seguridad.

Sean negó con la cabeza.

—No puedo concedérselo.

Painter frunció el ceño. Había solicitado un permiso de emergencia para dirigirse personalmente al lugar de los acontecimientos, con el fin de estar accesible en Alemania durante la investigación. Otras personas podían pasar por alto algunas pistas. Contrariado, entrelazó las manos y empezó a girar los pulgares mientras proseguía la conversación.

—Logan puede supervisar las operaciones desde aquí —arguyó Painter—. Y yo puedo estar permanentemente comunicado con el comando.

La posición de Sean era cada vez más inflexible.

—Painter, ahora usted *está* al mando.

—Pero…

—Ya no es un agente destinado en el campo de operaciones.

En su semblante se dibujó una evidente expresión de dolor. Sean suspiró.

—¿Sabe cuántas veces he estado esperando noticias suyas en mi despacho? ¿Sabe cuántas en su última operación en Omán? Pensé que había muerto.

Painter bajó la vista. La mesa estaba repleta de pilas de carpetas y papeles. No quedaba ni un hueco para tomarse un respiro. Nunca imaginó la angustia con que había afrontado su jefe aquel trabajo. Painter hizo un gesto de contrariedad.

—Sólo hay un modo de solventar asuntos como éste —dijo el jefe—. Y créame, ocurren con cierta frecuencia.

Painter miró la pantalla. De pronto sintió un dolor punzante en el esternón.

—Tiene que confiar en sus agentes. Usted les asigna la misión, pero en cuanto los deja sueltos no le queda otro remedio que confiar en ellos. Usted eligió al líder del equipo de esta operación, así como a sus refuerzos. ¿Cree que son capaces de afrontar una situación hostil?

Painter imaginó a Grayson Pierce, Monk Kokkalis y Kat Bryant. Eran algunos de los miembros mejor preparados y más brillantes del comando. Si alguien estaba en condiciones de sobrevivir…

Painter asintió tímidamente. Confiaba en ellos.

—Entonces déjelos que sigan con su investigación. Al igual que hice yo con usted. El caballo corre mejor cuanta menos presión tenga en las riendas. —Sean se inclinó hacia delante—. Lo único que puede hacer es esperar a que se pongan en contacto con usted. Ésa es la responsabilidad que ha contraído con ellos. Estar siempre preparado para responder. No marcharse corriendo a Alemania.

—Comprendo —dijo, poco aliviado. El dolor de tórax no disminuía.

—¿Recibió el paquete que le envié la semana pasada?

Painter alzó la mirada con una vaga sonrisa. Había recibido del director un paquete de medicamentos. Una caja grande de antiácidos Tums. Pensaba que era un regalo de broma, pero ahora ya no estaba tan seguro.

Sean se apoyó en el respaldo.

—Es el único alivio que tendrá en este trabajo.

Painter reconoció la profunda verdad que subyacía en las palabras de su mentor. Acababa de descubrir la carga real del liderazgo.

—Era más fácil estar en el campo de operaciones —farfulló al fin.

—No siempre —le recordó Sean—. No siempre, ni mucho menos.

12.10
Milán

—Cerrada a cal y canto —dijo Monk—. Tal como dijo monseñor.

Gray no podía discutir. Todo parecía en orden. Se moría por entrar, coger los huesos y largarse de allí cuanto antes.

Estaban esperando a la sombra en una acera que bordeaba la sobria fachada de la basílica de San Eustorgio, cerca de una de las puertas laterales. La fachada era de ladrillo rojo poco ornamentado; detrás de ella se alzaba un único campanario, coronado por una cruz. Por el momento no se veía un alma en la placita soleada. Unos minutos antes había pasado lentamente una patrulla municipal de vigilancia. Todo parecía tranquilo.

Siguiendo la recomendación de Kat, registraron la periferia de toda la iglesia desde una cauta distancia. Gray utilizó también unas lentes telescópicas para escudriñar discretamente el interior a través de las ventanas. Las cinco capillas laterales y la nave central parecían desiertas.

La luz solar refulgía en el pavimento. El día era cada vez más caluroso. Pero Gray, indeciso, sentía frío todavía. ¿Sería menos cauto si actuara solo?

—Venga, allá vamos —dijo.

Vigor avanzó hacia la puerta lateral y echó mano a la gran aldaba de hierro, un anillo que contenía una sencilla cruz. Gray se lo impidió.

—No. Hasta ahora nos hemos acercado en silencio. Sigamos así. —Se volvió a Kat y señaló la cerradura—. ¿Puedes abrirla?

Kat se arrodilló. Monk y Gray protegían con su cuerpo la operación. Mientras Kat inspeccionaba el cerrojo, seleccionó al tacto las herramientas más adecuadas. Con la minuciosa pericia de un cirujano, empezó a manipular la cerradura.

—Comandante —dijo Vigor—. Irrumpir por la fuerza en una iglesia...

—Si el Vaticano le invitó a entrar, no hay irrupción.

Con la apertura del cerrojo se zanjó el asunto. La puerta se abrió unos centímetros. Kat se incorporó y se colgó la mochila a los hombros.

Gray hizo señas a los demás.

—Monk y yo vamos a entrar solos. Vigilad el terreno. —Se llevó la mano al cuello y se ajustó el auricular y el micrófono, pegado al cuello para poder transmitir sus mensajes subvocalizados —. Enviad un mensaje por radio cuando tengamos una oportunidad. Kat, quédate aquí con Rachel y Vigor.

Vigor se adelantó.

—Como ya dije antes, los sacerdotes prefieren hablar con alguien que lleve alzacuello. Voy con vosotros.

Gray dudó un instante, pero monseñor tenía razón.

—Quédate detrás de nosotros en todo momento.

Kat no protestó por quedarse sosteniendo la puerta, pero Rachel estaba que echaba chispas.

—Necesitamos a alguien que nos cubra las espaldas si las cosas se tuercen —explicó Gray, dirigiéndose sobre todo a Rachel, que tensó los labios pero asintió.

Satisfecho, Gray se dio media vuelta y abrió la puerta lo suficiente para entrar. El vestíbulo estaba oscuro y frío. Las puertas de la nave permanecían cerradas. No observó nada anómalo. La quietud del santuario semejaba un medio denso, subacuático.

Monk cerró la puerta exterior y apartó el largo abrigo para posar la mano en la escopeta. Vigor obedeció sus órdenes y avanzó detrás de Monk.

Gray se dirigió a la puerta central de la nave interior. La abrió con la palma de la mano. En la otra llevaba la Glock.

En la nave había más claridad que en el vestíbulo, gracias a la luz natural que penetraba por los ventanales. El mármol pulido reflejaba la luz con una apariencia de superficie mojada. La basílica era mucho más pequeña que la catedral de Colonia. En lugar de la planta en forma de cruz, había un solo pasillo largo, una nave estrecha que terminaba en el altar.

Gray se quedó inmóvil y observó posibles movimientos. A pesar de la luminosidad, había numerosos escondrijos. Una hilera de columnas sostenía la bóveda de la nave. Cinco capillas diminutas que sobresalían del muro derecho albergaban tumbas de mártires y santos.

No se movía absolutamente nada. El único ruido era el murmullo lejano del tráfico, que se oía como si proviniera de otro mundo.

Gray entró y recorrió el centro de la nave, con el arma preparada.

Monk avanzó a paso rápido para posicionarse y controlar toda la nave cuanto antes. Atravesaron el pasillo en silencio. No había ni rastro de personal eclesiástico en el templo.

—A lo mejor han salido a comer —susurró Monk por el micrófono.

—Kat, ¿me oyes? —preguntó Gray.

—Perfectamente, comandante.

Llegaron al final de la nave. Vigor señaló a la derecha, en dirección a la capilla más próxima al altar. Empotrado en la esquina de la capilla había un sarcófago gigante medio oculto por las sombras. Al igual que el relicario de Colonia, este sepulcro de los Reyes Magos tenía forma de iglesia, pero en lugar de los adornos de oro y joyas estaba tallado a partir de un único bloque de mármol de Proconeso.

Gray se dirigió a la capilla.

El sepulcro medía cuatro metros de altura desde la base hasta el doselete, dos metros de profundidad y cuatro de longitud. El único acceso al interior era a través de un ventanuco con barrotes situado en la parte inferior del lado principal.

—*Finestra confessionis* —susurró Vigor, señalando la ventana—. Así se pueden observar las reliquias de rodillas.

Gray se aproximó. Monk permaneció en guardia. No le gustaba todavía esta situación. Se inclinó y se asomó por el ventanuco. Detrás del cristal había una cripta forrada de seda blanca.

Habían retirado los huesos, tal como les había indicado monseñor. El Vaticano no quería correr riesgos. Y él tampoco.

—La residencia rectoral está situada en el lado izquierdo de la iglesia —dijo Vigor en voz demasiado alta—. Allí están los despachos y demás dependencias. Se accede a través de la sacristía. —Señaló al fondo de la iglesia.

Como si respondiera a su señal, se abrió de golpe una puerta al otro lado de la nave. Gray cayó de rodillas. Monk fue a buscar a monseñor, que estaba detrás de una columna, y apuntó hacia arriba la escopeta.

Apareció una única figura, ajena a la presencia de los intrusos.

Era un joven vestido de negro con alzacuello. Un cura. Estaba solo. Dio unos pasos y empezó a encender las velas situadas en el extremo opuesto del altar.

Gray esperó hasta que el hombre se encontró a un par de metros de distancia. No había aparecido nadie más. Lentamente se puso en pie y se dejó ver.

Al percatarse de la presencia de Gray, el cura se quedó quieto con el brazo medio levantado, a punto de encender otra vela. Se sorprendió al ver el arma en la mano de Gray.

—*Chi sei?*

Aun así, Gray vaciló. Vigor salió de su escondrijo.

—Padre…

El cura se sobresaltó y volvió la vista a monseñor. De inmediato observó que llevaba alzacuello; la confusión se impuso sobre el miedo.

—Soy monseñor Verona —dijo Vigor, presentándose. Se le acercó—. No tenga miedo.

—¿Monseñor Verona? —La preocupación se reflejó en las facciones del hombre. Dio un paso atrás.

—¿Qué pasa? —preguntó Gray en italiano.

El cura negó con la cabeza.

—Usted no puede ser monseñor Verona.

Vigor dio un paso al frente y le mostró su carné del Vaticano. El hombre contrastó el documento con la cara de Vigor.

—Pero… esta mañana temprano ha venido un hombre, justo después del amanecer. Un hombre alto, muy alto. Se identificó como monseñor Verona. Traía documentos con sellos del Vaticano. Para llevarse los huesos.

Gray y monseñor se miraron. Se les habían adelantado. Pero en lugar de emplear la fuerza bruta, esta vez la Corte del Dragón había actuado con más astucia por pura necesidad, debido al refuerzo de las medidas de seguridad. Como se daba por muerto al verdadero monseñor Verona, la Corte asumió su papel. Sin duda sabían que la misión de Vigor en Milán era recuperar las reliquias. Habían utilizado la información secreta para burlar la seguridad y llevarse los últimos huesos.

Gray movió la cabeza contrariado. Seguían un paso por detrás de sus enemigos.

—¡Joder! —exclamó Monk.

El cura lo miró con gesto de reprobación. Entendía suficientemente el inglés como para saber que aquel lenguaje era irrespetuoso en la casa de Dios.

—*Scusi* —dijo Monk, disculpándose.

Gray entendía la contrariedad de Monk, y desde su posición de líder la compartía doblemente. Reprimió su propio comentario soez. Habían actuado con excesiva lentitud, con excesiva cautela.

Sonó la radio. Por la línea se oyó la voz de Kat, que seguramente había escuchado la mayor parte de la conversación.

—¿Todo en orden, comandante?

—Todo en orden, pero hemos llegado tarde —respondió con amargura.

Kat y Rachel se reunieron con ellos. Vigor presentó a los demás.

—Así que los huesos han desaparecido —dijo Rachel.

El cura asintió.

—Monseñor Verona, si quiere ver los documentos, los tenemos en la caja fuerte de la sacristía. Puede que le sirvan de algo.

—Podríamos buscar huellas —dijo Rachel con voz cansina, pues empezaba a acusar cierto agotamiento—. No habrán tenido mucho cuidado si no contaban con que los persiguiéramos. Puede ser nuestra única pista: si aparecen las huellas, se le caerá la cara de vergüenza al que nos traicionó en el Vaticano.

Gray asintió.

—Mételos en una bolsa y ya veremos qué encontramos.

Rachel y monseñor Verona recorrieron la nave. Gray se dio media vuelta y se dirigió al sarcófago.

—¿Se te ocurre alguna idea? —preguntó Monk.

—Aún conservamos el polvo gris que recogimos en el relicario de oro —dijo—. Nos reuniremos en el Vaticano, avisaremos a todo el mundo de lo ocurrido y analizaremos el polvo más a fondo.

Mientras se cerraba la puerta de la sacristía, Gray volvió a arrodillarse junto al ventanuco, preguntándose si le serviría de algo rezar.

—Deberíamos aspirar el interior —dijo, intentando no perder el temple—. Veamos si podemos confirmar la presencia de la amalgama en polvo aquí también.

Se acercó un poco más, con la cabeza inclinada, sin saber muy bien qué buscaba. Pero aun así lo encontró. En el techo de la cámara del relicario había una marca impresa en la seda, un sello rojo que representaba un dragón enroscado. La tinta parecía fresca... demasiado.

Pero no era tinta... sino sangre. Una advertencia firmada por la Dama del Dragón.

Gray se incorporó. Por fin sabía la verdad.

VII

A VUELTAS CON LOS HUESOS

25 de julio, 12.38
Milán

Después de entrar, el cura cerró la puerta de la sacristía. Era la cámara donde se vestían los oficiantes y los monaguillos antes de la misa.

Rachel oyó el clic de la cerradura a sus espaldas. Se dio media vuelta y descubrió que el cura la apuntaba en el pecho con una pistola, con una mirada tan fría como el mármol pulido.

—No se muevan —dijo con rotundidad.

Rachel dio un paso atrás. Vigor levantó despacio las manos.

A ambos lados de la sala había armarios donde se guardaban prendas clericales utilizadas a diario por los curas para decir misa. En una mesa se encontraba una hilera de cálices de plata, dispuestos sin orden ni concierto con el mismo fin. En una esquina, apoyado contra la pared, había un gran crucifijo de plata dorada sobre un poste de hierro forjado, que se utilizaba en las procesiones.

La puerta del fondo de la sacristía se abrió y entró un tipo con cara familiar, fornido como un toro, que ocupó toda la entrada con su cuerpo. Era el hombre que la había atacado en Colonia. Llevaba en una mano un cuchillo largo con la hoja húmeda y ensangrentada. Entró en la sala y cogió de un armario una estola bendita para limpiar el arma.

Rachel sintió que Vigor se estremecía a su lado. La sangre. Los curas ausentes. ¡Dios!

El hombre alto ya no iba vestido de monje, sino de paisano, con pantalones caqui, una camiseta negra y una americana oscura. Debajo llevaba una pistola enfundada. Iba provisto de un auricular de radio en un oído y de un micrófono en el cuello.

—Así que los dos sobrevivisteis en Colonia —dijo mientras miraba de arriba abajo la figura de Rachel, como si evaluase una ternera muy preciada en una feria agrícola—. Qué suerte. Ahora podremos conocernos mejor.

Le dio la vuelta al micrófono y ordenó:

—Despeja la iglesia.

Rachel oyó ruidos de puertas que se abrían de golpe en la nave de la iglesia. Iban a pillar desprevenidos a Gray y los demás. Esperaba un estruendo de disparos o de una granada. Pero lo único que oyó fue el golpeteo de las botas en el mármol. La iglesia permanecía en silencio.

El captor debió de percatarse de lo mismo.

—Informa —ordenó por el micrófono.

Rachel no oyó la respuesta, pero por su semblante supo que no eran buenas noticias.

Se abrió paso a empujones, pasando entre Vigor y Rachel.

—Vigílalos —bramó al falso cura. Un segundo pistolero se apostó en la salida posterior de la sacristía.

El captor abrió la puerta de la nave. Una persona armada se dirigió hacia él, acompañada de una mujer euroasiática que llevaba en el costado su pistola Sig Sauer.

—Aquí no hay nadie —informó el hombre.

Rachel vislumbró a otros hombres armados que registraban la nave principal y las capillas laterales.

—Todas las salidas han estado vigiladas.

—Sí, señor.

—En todo momento.

—Sí, señor.

Los ojos del gigante se fijaron en la mujer asiática. Ella se encogió de hombros.

—Puede que hayan encontrado una ventana abierta.

Airado, registró por última vez la basílica y luego caminó oscilante, meneando como un péndulo los faldones de la chaqueta.

—Seguid buscando. Enviad a tres hombres para que echen un vistazo fuera. No han podido ir muy lejos.

Mientras el gigante se volvía, Rachel decidió actuar.

Echó la mano a sus espaldas, agarró el poste ceremonial que sustentaba el crucifijo de plata e hincó su extremo directamente en el plexo solar del hombre, que soltó un gruñido y cayó de espaldas sobre el cura. Rachel retiró el poste, debajo del codo, y con el extremo de la cruz golpeó en la cara al pistolero que tenía a sus espaldas.

La pistola estalló, pero el disparo se perdió en otra dirección mientras el tipo caía de espaldas a través de la puerta.

Rachel lo siguió, tropezó, salió a trompicones por la salida trasera y fue a parar a un estrecho pasillo. Su tío la siguió. Ella cerró la puerta y la apuntaló con el poste, encajándolo entre esa salida y la pared opuesta del pasillo.

A su lado, el tío Vigor aplastó la base de la mano del pistolero caído. Los huesos crujieron. Luego le pegó una patada en la cara. La cabeza rebotó contra el suelo de piedra con un ruido sordo y a continuación el cuerpo quedó flácido.

Rachel se agachó para recoger la pistola. Agazapada, registró en ambos sentidos el pasillo sin ventanas. No había más hombres en los alrededores. Seguramente habían dedicado las fuerzas adicionales a tender una emboscada a Gray y su equipo. Un fuerte estrépito retumbó en el marco de la puerta. El toro intentaba entrar.

Se tendió en el suelo y miró por debajo de la puerta. Vio una alternancia de luces y sombras. Apuntó a la oscuridad y disparó.

La bala rebotó en el suelo de mármol, pero oyó un satisfactorio bramido de sorpresa. Un poco de traqueteo serviría para contener al toro.

Se puso en pie. El tío Vigor había dado unos pasos sigilosos por el pasillo.

—Oigo algo que gime —susurró—. Vuelve aquí.

—No tenemos tiempo.

Ignorándola, el tío Vigor siguió adelante. Rachel lo siguió. Sin puntos de referencia, no era peor un extremo que otro. Llegaron a una puerta rota a golpes. Rachel oyó un gemido procedente del interior.

La chica empujó la puerta con el hombro, con el arma preparada. La habitación era un pequeño comedor, pero convertido en un matadero. Un sacerdote yacía boca abajo en un charco de sangre, con la cabeza envuelta en una pasta de sesos, huesos y pelo. Otra figura con sotana negra yacía espatarrada en una de las mesas, con los brazos y piernas extendidos, atada a las patas del banco. Era un cura más anciano. Tenía la ropa desgarrada hasta la cintura. El pecho era un charco de sangre. Le faltaban las dos orejas. Olía también a carne quemada. Habían muerto torturados.

A la izquierda se oyó un gemido sollozante. En el suelo, atado de manos y pies, había un joven en calzoncillos, amordazado. Tenía un ojo morado y sangraba por la nariz. Su desnudez permitía deducir de dónde había salido el atuendo clerical que llevaba el cura falso.

Vigor rodeó la mesa. Cuando el hombre lo vio, forcejeó, enloquecido, soltando espuma alrededor de la mordaza.

Rachel se contuvo.

—Tranquilo —dijo Vigor.

El hombre se fijó en el alzacuello de monseñor. Dejó de forcejear, pero no podía contener los sollozos. Vigor le desató la mordaza. El hombre movió la cabeza y se la soltó. Las lágrimas le caían por las mejillas.

—*Molti... grazie*—dijo, con una vocecilla débil, conmocionado.

Vigor cortó con un cuchillo los cordones de plástico.

Mientras tanto, Rachel cerró la puerta del comedor y, para más seguridad, la atrancó con una mesa colocada debajo del pomo. No había ventanas, sólo una puerta que conducía a zonas interiores de la rectoría. Continuó apuntando el arma en esa dirección y se acercó a un teléfono colgado de la pared. Habían cortado la línea.

Rachel cogió el teléfono móvil de Gray y marcó el 112, el número de emergencia de la Unión Europea. Al iniciarse la comunicación, se identificó como una teniente de los carabineros, aunque no dio su nombre, y pidió refuerzos militares, policiales y médicos inmediatos.

Una vez dada la voz de alarma, se guardó el teléfono en el bolsillo. Derrotada, era lo único que podía hacer. Por ella y por los demás.

12.45

Unos pasos se acercaron al escondrijo de Gray. Estaba completamente inmóvil, ni siquiera respiraba. Los pasos se detuvieron cerca. Aguzó el oído para escuchar.

Hablaba un hombre. Una voz familiar, irritada. Era el líder de los monjes.

—Han alertado a las autoridades de Milán.

No hubo respuesta, pero Gray estaba seguro de que se habían acercado dos personas.

—Seichan —preguntó el hombre—. ¿Me has oído?

Respondió una voz aburrida, asimismo reconocible. La Dama del Dragón. Pero ahora tenía un alias. *Seichan*.

—Se habrán marchado por una ventana, Raoul —dijo la mujer, devolviendo el favor y llamando al líder por su nombre—. Los de

Sigma son muy escurridizos. Ya te lo advertí. Ya hemos puesto a buen recaudo los huesos restantes. Deberíamos marcharnos antes de que Sigma vuelva con refuerzos. La policía puede estar ya en camino.

—Pero esa zorra…

—Ya le ajustarás las cuentas más adelante.

Los pasos se alejaron. Parecía que el más pesado de los dos renqueaba. Con todo, Gray se quedó con las palabras de la Dama del Dragón. «Ya le ajustarás las cuentas más adelante».

¿Quería decir que Rachel había escapado? A Gray le sorprendió la hondura de su alivio.

Una puerta se cerró de golpe en el extremo opuesto de la iglesia. Mientras retumbaba aquel estruendo, Gray aguzó los oídos. No se oían más pasos, ni rastro de botas o de voces. Por cautela esperó un minuto más.

Con la iglesia en silencio, le dio un codazo a Monk, que estaba a su lado. Kat estaba acurrucada al otro lado de su compañero. Se incorporaron con un espantoso crujido de huesos. Juntos retiraron la losa de piedra que cubría el sepulcro. La luz penetró en la tumba, su búnker provisional.

Tras haber visto la advertencia de la Dama del Dragón impresa en sangre, Gray supo que estaban atrapados. Todas las puertas de salida estarían vigiladas. Y dado que Rachel y su tío habían desaparecido en la sacristía, él ya no podía hacer nada.

De modo que Gray decidió conducir a los demás a la capilla contigua, que albergaba un sepulcro de mármol macizo sustentado por columnas salomónicas. Desplazaron la cubierta lo suficiente para colarse en el interior y luego volvieron a tapar el sepulcro en el mismo instante en que se abrían con estruendo todas las puertas de la iglesia.

Cuando terminó el registro, Monk salió de la tumba, pistola en mano, y se sacudió el cuerpo con un gesto de repugnancia. Tenía la ropa impregnada de polvo de huesos.

—Que sea la última vez que hacemos esto.

Gray tenía la pistola preparada. Vio un objeto en el suelo de mármol, a escasa distancia de donde habían estado escondidos. Una moneda de cobre. Pasaba casi desapercibida. Gray la recogió. Era un fen chino, un céntimo.

—¿Qué es? —preguntó Monk.

La ocultó entre los dedos y se la metió en el bolsillo.

—Nada. Vámonos.

Recorrió la nave hacia la sacristía, pero se volvió un instante para echar un vistazo a la cripta. Seichan lo sabía.

12.48

Rachel se mantuvo en guardia mientras Vigor ayudaba al sacerdote a ponerse en pie.

—Los han… los han matado a todos —dijo el joven. Necesitaba apoyarse en el brazo de Vigor para mantenerse en pie. Esquivó con la mirada la figura sanguinolenta de la mesa. Se tapó la cara con la mano y gimió.

—Padre Belcarro…

Le dio la espalda a la forma ensangrentada, con sentimiento de culpa.

—Lo torturaron. No quiso hablar. Pero entonces le hicieron cosas peores, mucho peores. Me obligaron a verlo.

El joven sacerdote se agarró al codo de Vigor.

—Yo no podía consentirlo. Se lo dije.

—¿Y se han llevado los huesos de la caja fuerte?

El cura asintió.

—Entonces todo está perdido —dijo Vigor.

—Aun así, querían cerciorarse —continuó el cura, aparentemente sordo, farfullando. Observó la figura torturada, sabiendo que él podía haber corrido la misma suerte—. Entonces fue cuando llegaron ustedes. Me desnudaron, me amordazaron.

Rachel recordó al sacerdote falso que llevaba la sotana de aquel hombre. Probablemente fue un ardid para apartar a Rachel y Kat de la calle y hacerles entrar en la iglesia.

El sacerdote se topó con el cadáver del padre Belcarro. Dobló las vestiduras del anciano y cubrió su cara mutilada como si ocultara su propia vergüenza. Luego metió la mano en el bolsillo de la sotana ensangrentada y sacó una cajetilla de tabaco. Al parecer el anciano padre no se privaba de todos los vicios, ni tampoco el joven.

Con los dedos trémulos, retiró el precinto de la cajetilla y extrajo el contenido. Seis cigarrillos y una tiza. El hombre dejó caer los cigarrillos y les mostró el objeto ocre.

Vigor lo cogió.

No era una tiza, sino un hueso.

—El padre Belcarro temía que trasladasen fuera de aquí todas las santas reliquias —explicó el joven cura— por si ocurría algo. Por eso se quedó con una muestra para la iglesia.

Rachel se preguntaba en qué medida este subterfugio obedecía a un deseo desinteresado de preservar las reliquias o a un simple gesto de orgullo, sumado al recuerdo de la última vez que robaron los huesos de Milán para trasladarlos a Colonia. La basílica debía gran parte de su fama a aquellos huesos. En cualquier caso, el padre Belcarro murió como un mártir, torturado mientras ocultaba la santa reliquia en su propio cuerpo.

Una violenta explosión los hizo saltar a todos. El sacerdote cayó de espaldas al suelo. Pero Rachel identificó el calibre del arma.

—Es la escopeta de Monk —dijo, con un destello de esperanza en la mirada.

14.04

Gray atravesó la humareda que envolvía la puerta de la sacristía.

Monk apoyó el arma en su hombro.

—Desde luego, voy a tener que pagar parte de mi sueldo a la Iglesia católica para la reparación de la carpintería.

Gray apartó el poste que bloqueaba el paso y abrió la puerta. Después de la descarga de la escopeta, ya no se necesitaban pretextos.

—¡Rachel, Vigor! —exclamó al entrar en el pasillo de la rectoría.

Al fondo del pasillo se oyó cierto ajetreo. De pronto se abrió una puerta y apareció Rachel, pistola en mano.

—¡Por aquí! —les exhortó.

El tío Vigor ayudaba a un hombre medio desnudo a salir de la sacristía. El tipo tenía la cara pálida y una expresión de angustia, pero parecía recobrar fuerzas con la presencia de los recién llegados.

O quizá era el ruido de las sirenas cada vez más cercanas.

—El padre Justin Mennelli —dijo Vigor para presentarlo al resto del grupo.

Enseguida se pusieron al corriente.

—Así que nos hemos quedado con uno de los huesos —comentó Gray, sorprendido.

—Sugiero que llevemos la reliquia a Roma lo antes posible —dijo Vigor—. No saben que la tenemos, y quiero traspasar las Murallas Leoninas del Vaticano antes que ellos.

Rachel asintió.

—El padre Mennelli comunicará a las autoridades lo que ha ocurrido aquí —dijo Rachel—. Omitirá los detalles relativos a nuestra presencia y, por supuesto, el dato de la reliquia que obra en nuestro poder.

—Dentro de diez minutos sale un tren ETR con destino a Roma. —Vigor miró la hora—. Podemos llegar antes de las seis.

Gray asintió. Convenía actuar con el máximo sigilo.

—Vámonos.

Se dirigieron a la salida. El padre Mennelli los acompañó hasta una puerta situada cerca del lugar donde habían aparcado el vehículo. Como de costumbre, Rachel ocupó el asiento del conductor. Arrancaron a toda velocidad mientras se acercaban las sirenas.

Al acomodarse en el asiento, Gray palpó la moneda china que llevaba en el bolsillo. Tenía la sensación de que algo se le escapaba. Algo importante. Pero ¿qué?

15.39

Al cabo de una hora, Rachel salió del baño y se dirigió al compartimento de primera del ETR 500. La acompañaba Kat. Habían acordado que nadie tomaría la iniciativa de apartarse del grupo. En el lavabo Rachel se había mojado la cara, se había peinado y se había lavado los dientes mientras Kat esperaba fuera.

Después de los horrores de Milán, necesitaba unos instantes de privacidad en el cubículo. Durante un minuto se limitó a mirarse en el espejo, temblorosa, con una emoción mixta entre la furia y las meras ganas de llorar. No prevaleció ninguna de las dos reacciones, así que decidió lavarse la cara. Era lo único que estaba en su mano. Pero así se sintió mejor. Fue una especie de absolución privada.

Mientras caminaba por el pasillo del tren, apenas sentía el traqueteo de la vía férrea bajo los pies. El Elettro Treno Rapido era el tren más rápido y moderno de Italia y comunicaba Milán con Nápoles. Alcanzaba nada menos que trescientos kilómetros por hora.

—Cuéntame algo del comandante —dijo Rachel a Kat, aprovechando aquel instante a solas. Además, era un alivio hablar de algo que no fueran huesos y asesinatos.

—¿A qué te refieres? —Kat ni siquiera la miró.

—¿Tiene alguna relación estable en su país? ¿Alguna novia, quizá?

Aquella pregunta sí mereció una mirada.

—No sé nada de su vida personal...

—¿Y qué me dices de Monk y tú? —dijo Rachel, interrumpiéndola, consciente de la peculiaridad de su pregunta—. En *esa* profesión, ¿os queda tiempo para la vida personal? ¿Y los riesgos?

Rachel sentía curiosidad por cómo conciliaban su vida cotidiana con el continuo ajetreo de las investigaciones. A ella ya le costaba bastante encontrar un hombre capaz de aceptar su condición de teniente de los carabineros.

Kat suspiró.

—Lo mejor es no implicarse en ninguna relación —dijo. Empezó a toquetear un pequeño broche con forma de rana. Su voz sonaba cada vez más rígida, pero más por un afán de darse ánimos que por una verdadera fuerza interior—. Uno construye amistades cuando puede, pero no puede permitirse ir más allá. Así es más fácil.

«¿Más fácil para quién?», se preguntó Rachel.

Dejó el tema en cuanto llegaron a los compartimentos. El equipo había reservado dos. Uno era un coche cama para descansar por turnos. Pero nadie había dormido todavía. Todos se reunieron en el otro, que tenía dos filas de asientos separadas por una mesa. Habían bajado los estores de las ventanas.

Rachel se sentó junto a su tío, y Kat al lado de sus dos compañeros.

Gray había sacado de la mochila un equipo compacto de análisis y lo tenía conectado al portátil. Las demás herramientas estaban alineadas delante de él. En el centro de la mesa, sobre un portamuestras de acero inoxidable, estaba la reliquia de los Reyes Magos.

—Es una suerte que este huesecillo se escapara de sus garras —dijo Monk.

—La suerte no ha tenido nada que ver en todo esto —replicó Rachel, airada—. Les ha costado la vida a varios hombres buenos. Si no hubiéramos llegado en ese momento, sospecho que habríamos perdido también este hueso.

—Con suerte o sin ella —rezongó Gray— tenemos esto. Veamos si nos aclara algún misterio.

Se puso unos guantes de látex y unas gafas provistas de una lupa de joyero. Con un minúsculo trépano extrajo una esquirla del centro del hueso. Luego empleó un mortero para moler la muestra.

Rachel observó aquel trabajo meticuloso. Ésa era la cara oculta del soldado, su curiosidad científica. Estudió los movimientos de sus dedos, siempre eficientes, sin esfuerzos inútiles. Se fijó bien en la operación. En su frente, permanentemente tensa, se dibujaban dos arrugas paralelas. Respiraba por la nariz.

Nunca había imaginado aquella faceta en el hombre que saltaba entre dos torres inmensas. Sintió el deseo repentino de cogerlo por la barbilla para que la mirara a la cara con la misma intensidad y concentración. ¿Cómo sería? Imaginó la profundidad de sus ojos azules grisáceos. Recordó su tacto, el contacto de la mano de Gray con la suya, una extraña combinación de firmeza y ternura simultáneas.

Se acaloró de pronto. Sintió el rubor de sus mejillas y tuvo que apartar la vista. Kat le dirigió una mirada inexpresiva que, no obstante, le hizo sentir culpable. Recordaba sus recientes palabras. «Lo mejor es no implicarse en ninguna relación. Así es más fácil». Puede que tuviera razón…

—Con este espectrómetro de masas —masculló Gray al fin, captando de nuevo la atención de Rachel— podemos averiguar si los huesos contienen alguno de los metales en estado-m, para descartar o confirmar la posibilidad de que las reliquias de los Reyes Magos sean el origen del polvo encontrado en el relicario de oro.

Gray mezcló el polvo con agua destilada, luego absorbió el líquido fangoso con una pipeta y lo transfirió a un tubo de ensayo. Insertó el tubo en el espectrómetro compacto. Preparó un segundo tubo de ensayo con agua destilada pura y lo levantó.

—Esto es una unidad de medida para calibrar —explicó, y colocó el tubo en otra ranura. Presionó un botón verde y giró la pantalla del portátil hacia los miembros del grupo para que pudieran verla. Apareció un gráfico con una línea plana horizontal de la que sobresalían unos picos minúsculos—. Esto es agua. Los picos intermitentes son restos de impurezas. Ni siquiera el agua destilada es pura al cien por cien.

A continuación giró un disco para que apuntase a la ranura que contenía la muestra fangosa. Presionó el botón verde.

—Éste es el análisis del hueso pulverizado.

El gráfico de la pantalla se borró y se actualizó con los nuevos datos. Parecía idéntico.

—No ha cambiado —dijo Rachel.

Con el ceño fruncido, Gray repitió el test, e incluso sacó el tubo y lo agitó. El resultado fue el mismo en todos los casos. Una línea plana.

—La lectura sigue siendo la misma que la del agua destilada —dijo Kat.

—Pues no debería ser así —dijo Monk—. Aunque los viejos Reyes Magos tuvieran osteoporosis, el calcio del hueso debería reflejarse en el análisis. Por no mencionar el carbono y otros elementos.

Gray asintió.

—Kat, ¿te queda algo de la solución de cianuro?

Ella cogió la mochila, rebuscó en su interior y sacó un pequeño vial.

Gray empapó un bastoncillo de algodón, cogió el hueso con los guantes y lo frotó con el bastoncillo húmedo, presionando firmemente, como si estuviera limpiando plata.

Pero no era plata. En los puntos donde frotaba, el hueso ocre se tornaba oro.

Gray levantó la vista y miró al grupo.

—No es un hueso.

Rachel no podía ocultar su sobrecogimiento en la voz cuando dijo:

—Es oro macizo.

17.12

Gray se pasó la mitad del viaje refutando la afirmación de Rachel. En aquellos huesos había algo más que oro. Además, no era oro *metálico* pesado, sino un extraño cristal de oro. Trataba de descifrar la composición exacta.

Mientras trabajaba, también analizaba otro problema: Milán. Le daba vueltas a los acontecimientos de la basílica. Había metido a su equipo en una trampa. Podía perdonarse la emboscada de la noche anterior en Alemania. Los habían pillado desprevenidos; no era posible prever un atentado tan brutal en la catedral de Colonia.

Pero los acontecimientos de Milán, de los que se salvaron por los pelos, no podían olvidarse tan fácilmente. Habían entrado en la basílica preparados, pero aun así estuvieron a punto de perderlo todo, incluso la vida.

¿Dónde estuvo el error? Gray conocía la respuesta. Él la había cagado. No debía haber parado en el lago Como. No debía haber escuchado las palabras de cautela de Kat ni haber perdido tanto tiempo sondeando la basílica, exponiendo sus propias vidas, concediendo a la Corte el tiempo suficiente para que los vieran y les tendieran una trampa.

Kat no tenía la culpa. La cautela formaba parte del trabajo de los servicios secretos. Pero el trabajo de campo requería también una acción rápida y certera, sin vacilaciones. Sobre todo en el caso del líder.

Hasta entonces, Gray había cumplido la misión al pie de la letra, había actuado con excesiva cautela, con el sentido de liderazgo que se esperaba de él. Pero quizá ahí estaba el error. La duda y el arrepentimiento no eran rasgos propios de la familia Pierce, ni en el caso del padre ni en el del hijo. ¿Pero dónde estaba el límite entre la cautela y la imprudencia? ¿Alcanzaría alguna vez *ese* equilibrio? El éxito de esta misión —y posiblemente de la vida— dependía precisamente de eso.

Cuando concluyó su análisis se apoyó en el respaldo. Le había salido una ampolla en el pulgar y el compartimento apestaba a metanol.

—No es oro puro —concluyó.

Los demás lo miraron. Dos trabajaban, los otros dos dormitaban.

—El falso hueso es una mezcla de elementos del grupo del platino —explicó Gray—. El que lo hizo mezcló una poderosa amalgama de varios metales de transición y la derritió hasta cristalizarla. Cuando se enfrió, moldearon el cristal y rayaron la superficie para darle una textura calcárea, para que *pareciera* hueso.

Gray comenzó a recoger las herramientas.

—En su composición predomina el oro, pero hay también un alto porcentaje de platino y pequeñas cantidades de iridio y rodio, e incluso osmio y paladio.

—Un popurrí común —dijo Monk con un bostezo.

—Pero un popurrí del que nunca se conocerá la receta exacta —dijo Gray, mientras miraba con mala cara el trozo de hueso machacado. Había conservado tres cuartas partes del objeto intactas y sometió la cuarta restante a la batería de pruebas—. Con la falta de reactividad del polvo en estado-m, dudo que exista algún equipo de análisis capaz de determinar la proporción exacta de los metales. Hasta el mismo experimento altera la proporción de la muestra.

—Como en el principio de incertidumbre de Heinsenberg —dijo Kat, con los pies apoyados en el banco opuesto y el portátil en los muslos, tecleando mientras hablaba—. Incluso el propio acto de mirar cambia la realidad de lo que se observa.

—Entonces, si no se puede analizar por completo… —Un nuevo bostezo interrumpió las palabras de Monk.

Gray le dio unos golpecitos en el hombro.

—Llegaremos a Roma dentro de una hora. ¿Por qué no te vas a dormir un rato al otro compartimento?

—Estoy bien —dijo, ahogando otro bostezo.

—Es una orden.

Monk se levantó desperezándose.

—Bueno, si es una orden... —Se frotó los ojos y se dirigió a la puerta, pero se detuvo en el umbral—. Mira, a lo mejor todo es fruto de un error. Puede que la historia malinterpretara las palabras «los huesos de los Reyes Magos». En lugar de hacer referencia al esqueleto de aquellos hombres, a lo mejor lo que querían decir es que los Magos hicieron aquellos huesos. Como si fueran de su propiedad: los huesos de los Reyes Magos.

Todos lo miraron fijamente. Bajo el escrutinio atónito de todo el equipo, Monk se encogió de hombros y casi salió a trompicones del compartimento.

—Maldita sea, ¿y yo qué sé? Ahora no tengo la cabeza para pensar. —La puerta se cerró.

—A lo mejor vuestro compañero no va tan desencaminado —dijo Vigor cuando se hizo el silencio en la habitación.

Rachel se movió. Miró a Gray. Hasta la última conversación, Rachel había estado durmiendo un rato, con la cabeza apoyada en el hombro de su tío. Gray había observado su respiración por el rabillo del ojo. Durante la fase de sueño profundo se suavizaban las rígidas facciones de la mujer. Parecía mucho más joven.

Rachel estiró un brazo.

—¿Qué quieres decir?

Vigor trabajaba en el portátil de Monk. Al igual que Kat, estaba conectado a la línea ADSL incorporada a los compartimentos de primera del tren. Buscaban más información. Kat se concentraba en los conocimientos científicos relativos al oro blanco, mientras que Vigor investigaba la historia que relacionaba a los Reyes Magos con esta amalgama. Los ojos de monseñor seguían fijos en la pantalla.

—Alguien falsificó esos huesos. Alguien que tenía unas habilidades difícilmente reproducibles en la actualidad. Pero ¿quién? ¿Y por qué los ocultó en una catedral católica?

—¿Pudo haber sido alguien relacionado con la Corte del Dragón? —preguntó Rachel—. La historia de ese grupo se remonta a la Edad Media.

—¿O alguien perteneciente a la propia Iglesia católica? —dijo Kat.

—No —repuso Vigor con vehemencia—. Creo que aquí hay un tercer grupo implicado. Una hermandad que existía antes del surgimiento de los otros dos grupos.

—¿Cómo puedes estar tan seguro? —preguntó Gray.

—En 1982 se analizó parte de las mortajas de los Reyes Magos. Databan del siglo II, mucho antes de que se fundara la Corte del Dragón. Antes incluso de que la reina Elena, madre de Constantino, descubriera los huesos en algún lugar de Oriente.

—¿Y nadie analizó los huesos?

Vigor miró a Gray.

—La Iglesia lo prohibía.

—¿Por qué?

—Se necesita una dispensa papal especial para analizar los huesos, especialmente las reliquias. Y las reliquias de los Magos requerían una dispensa extraordinaria.

—La Iglesia no quiere que se demuestre la falsedad de algunos de sus tesoros más preciados —explicó Rachel.

Vigor la miró contrariado.

—La Iglesia concede mucha importancia a la fe. Mejor le iría al mundo si tuviera más.

Rachel se encogió de hombros, cerró los ojos y se inclinó hacia atrás.

—Y si no fue ni la Iglesia ni la Corte, ¿quién falsificó los huesos? —preguntó Gray.

—Creo que tu amigo Monk tenía razón. Creo que los fabricó una antigua hermandad de magos. Un grupo anterior al cristianismo, posiblemente de la época de los egipcios.

—¿Los egipcios?

Vigor pulsó el ratón del portátil y abrió un archivo.

—Escuchad esto. En 1450 a.C. el faraón Tutmosis III congregó a sus mejores maestros artesanos para constituir un grupo de treinta y nueve miembros llamado la Gran Hermandad Blanca, porque entre sus objetos de interés estaba el estudio de un misterioso polvo blanco. El polvo se describía como un producto hecho de oro, pero con forma de pastel piramidal, llamado «pan blanco». Los pasteles se representan en el templo de Karnak como pequeñas pirámides que, en ocasiones, irradian luz.

—¿Qué se hacía con ellos? —preguntó Gray.

—Se preparaban sólo para los faraones, para que los consumieran. Supuestamente aumentaban sus poderes de percepción.

Kat se sentó con la espalda más recta y bajó los pies, que tenía apoyados en el banco opuesto. Gray se volvió hacia ella.

—¿Qué es?

—He estado leyendo algo de las propiedades de los metales de alto *spin*, sobre todo del oro y del platino. La exposición a través de la ingesta puede estimular los sistemas endocrinos, creando una sensación de consciencia intensificada. ¿Recordáis los artículos sobre los superconductores?

Gray asintió. Los átomos de alto *spin* actuaban como perfectos superconductores.

—El nuevo Centro de Investigaciones Navales estadounidense ha confirmado que la comunicación entre las células del cerebro no puede explicarse por una pura transmisión química por medio de sinapsis. Las células cerebrales se comunican demasiado rápido. Han concluido que en el proceso se da cierto tipo de superconductividad, pero el mecanismo está todavía en fase de estudio.

Gray frunció el ceño. Por supuesto, había estudiado la superconductividad en su programa doctoral. Los físicos más destacados creían que de ese campo provendrían los principales avances en las tecnologías mundiales, con aplicaciones en todos los sectores. Además, por su licenciatura doble en biología, estaba familiarizado con las teorías actuales sobre pensamiento, memoria y el cerebro orgánico. Pero ¿qué tenía que ver todo eso con el oro blanco?

Kat se inclinó sobre la pantalla del portátil y accedió a otro artículo.

—Aquí. He buscado datos acerca de los metales del grupo del platino y sus usos. Y he encontrado un artículo sobre cerebros de vaca y de cerdo. Un análisis de los metales en los cerebros de los mamíferos muestra que entre el cuatro y el cinco por ciento del peso seco es rodio e iridio. —Señaló con la cabeza la muestra que había en la mesa de Gray—. Rodio e iridio en su estado monoatómico.

—¿Y crees que esos elementos en estado-m pueden ser el origen de la superconductividad del cerebro? ¿Su vía de comunicación? ¿Que el consumo de esos polvos por parte de los faraones estimulaba esos elementos?

Kat se encogió de hombros.

—No es fácil saberlo. El estudio de la superconductividad está todavía en su infancia.

—Pero los egipcios tenían conocimientos sobre el tema —comentó Gray en tono burlón.

—No —replicó Vigor—. Pero puede que llegaran a conocer algún modo de explotarlo por ensayo y error o por accidente. En cualquier caso, el interés por estos polvos blancos de oro y la experimentación con ellos se da a lo largo de toda la historia, de una civilización a otra, cada vez de forma más intensa.

—¿Cuándo se documenta por primera vez esa tradición?

—Justo aquí. —Vigor señaló el aparato que tenía Gray en la mesa, provocando el interés de éste.

—¿En serio?

Vigor asintió, preparado para el desafío.

—Como ya he dicho, todo empieza en Egipto. Este polvo blanco recibía diversas denominaciones. El «pan blanco» que ya he mencionado, pero también «alimento blanco» y «mfkzt». Aunque el nombre más antiguo aparece en el *Libro de los muertos* egipcio, la sustancia se menciona cientos de veces, al igual que sus propiedades sorprendentes. Sencillamente se denomina «qué es».

Gray recordó que monseñor había recalcado esas mismas palabras anteriormente, cuando convirtieron por primera vez el polvo en cristal.

—Pero en hebreo —continuó Vigor— «qué es» se dice *Ma Na*.

—El maná —dijo Kat.

Vigor asintió.

—El pan sagrado de los israelitas. Según el Antiguo Testamento, cayó de los cielos para alimentar a los refugiados hambrientos que huían de Egipto, con Moisés a la cabeza. —Mientras los demás asimilaban sus palabras, monseñor se dedicaba a juguetear con sus archivos—. Durante su estancia en Egipto, Moisés mostró tal grado de sabiduría e inteligencia que se le consideró un posible sucesor al trono egipcio. Tal prestigio le autorizaba a participar en el nivel más profundo del misticismo egipcio.

—¿Quieres decir que Moisés robó el secreto de la fabricación de ese polvo? ¿El pan blanco egipcio?

—En la Biblia recibe diversos nombres. Maná. Pan santo. Los panes de la proposición. El pan de la presencia. Era un bien tan preciado que se guardó en el Arca de la Alianza, junto con las tablas de piedra del decálogo, los Diez Mandamientos. Todo ello almacenado en una caja *de oro*.

Gray se percató del enfático arqueo de cejas con que monseñor recalcaba el paralelismo entre los huesos de los Reyes Magos y el relicario de oro donde se conservaban.

—Parece un poco forzado —farfulló Gray—. El nombre «maná» puede ser mera coincidencia.

—¿Cuándo leíste la Biblia por última vez?

Gray no se molestó en contestar.

—En este asunto del misterioso maná hay muchas cosas que asombran a historiadores y teólogos. La Biblia describe cómo Moisés prendió fuego al becerro de oro que, en lugar de derretirse y convertirse en escoria líquida, dio lugar a un polvo… con el que Moisés *alimentó* a los israelitas.

Gray arqueó las cejas. Como el pan blanco del faraón.

—Además, ¿qué pide Moisés para preparar este pan santo, este maná de los cielos? En la Biblia, no exige que le traigan a un panadero. Reclama la presencia de Bezalel.

Gray aguardaba una explicación. No estaba muy puesto en nombres bíblicos.

—Bezalel era el *orfebre* de los israelitas, la misma persona que construyó el Arca de la Alianza. ¿Qué sentido tiene que llamara a un orfebre para hacer pan si no era algo distinto del pan lo que buscaba? También hay textos en la cábala judía que hablan directamente de un polvo blanco de oro y lo describen como mágico, pero se trata de una magia que podía utilizarse para fines malévolos o benévolos.

—¿Y qué ha sido de este conocimiento? —preguntó Gray.

—Según la mayoría de las fuentes judías, se perdió con la destrucción del templo de Salomón a manos de Nabucodonosor en el siglo VI a.C.

—¿Y adónde fue a parar después?

—Para seguirle la pista hay que saltar dos siglos, hasta otra famosa figura histórica que pasó gran parte de su vida en Babilonia, estudiando con científicos y místicos. —Vigor hizo una pausa para enfatizar el nombre—. Alejandro Magno.

Gray se sentó más recto.

—¿El rey macedonio?

—Alejandro conquistó Egipto en 332 a.C., además de muchos otros territorios. Siempre se interesó por el conocimiento esotérico. Durante sus conquistas, envió a Aristóteles regalos científicos de diversas partes del mundo. También recopiló una serie de pergaminos heliopolitanos, relativos a la magia y los conocimientos secretos del Antiguo Egipto. Después de la muerte de Alejandro, su sucesor, Tolomeo I, reunió esos documentos en la Biblioteca de Alejandría. Pero un alejandrino relata la historia de un objeto llamado la Piedra del

Paraíso. Se decía que tenía propiedades místicas. En estado sólido, superaba su propio peso en oro, pero cuando se molía para convertirla en *polvo,* pesaba menos que una pluma y flotaba.

—Levitación —dijo Kat, interrumpiéndolo.

Gray se volvió hacia ella.

—Esa propiedad está bien documentada en los materiales superconductores, que flotan en los campos magnéticos. Estos polvos en estado-m demuestran la levitación de la superconducción. En 1984, en unos experimentos de laboratorio desarrollados en Arizona y Texas, se demostró que con un rápido enfriamiento ciertos polvos monoatómicos podían cuadriplicar su peso. Y al volver a calentarlos, el peso se reducía a menos de cero.

—¿Cómo que *menos* de cero? –preguntó Gray asombrado.

—El platillo pesaba más si *no* se depositaba en él la sustancia, como si levitara.

—El redescubrimiento de la Piedra del Paraíso —declaró Vigor.

Gray comenzó a comprender la verdad, un conocimiento secreto transmitido de una generación a otra.

—¿Adónde nos lleva después la historia de esas sustancias?

—A la época de Cristo —respondió Vigor—. En el Nuevo Testamento hay algunas alusiones a un oro misterioso. Apocalipsis, capítulo 2: «Al que venciere, le daré de comer el maná escondido, la piedrecita blanca de la mayor pureza». También en el Apocalipsis se indica que los edificios de Nueva Jerusalén estaban construidos con «oro puro, como vidrio transparente».

Gray recordaba que Vigor había susurrado ese versículo cuando se solidificó el charco de cristal fundido en el suelo de la catedral de Colonia.

—Veamos —continuó Vigor—, ¿desde cuándo el oro parece cristal? No tiene sentido salvo si se considera la posibilidad del oro en estado-m, el «oro más puro» descrito en la Biblia. —Señaló la mesa—. Lo cual nos lleva de nuevo a los Reyes Magos bíblicos, a una historia de Persia relatada por Marco Polo. Cuenta que los Reyes Magos recibieron un regalo del Niño Jesús. Aunque se trata de un dato legendario, creo que es importante. Jesucristo dio a los Reyes Magos una piedra blanca mate, una piedra sagrada. En la historia se dice que el regalo representaba una llamada a los Reyes Magos para que se reafirmasen en su fe. Durante el viaje de regreso, la piedra entró en combustión con un fuego que no pudo extinguirse, una llama eterna que a menudo simboliza una iluminación superior. —Debió de advertir la confusión de Gray. Continuó—: En Mesopotamia, donde se origina esta historia, el término «gran piedra de fuego» se denomina *shemanna*. O abreviado como «piedra de fuego», *manna*.

Vigor se apoyó en el respaldo y cruzó los brazos. Gray asintió tímidamente.

—Así que hemos cerrado el círculo. Hemos vuelto al maná y a los Reyes Magos bíblicos.

—Hemos regresado a la época en que se fabricaron los huesos —dijo Vigor señalando la mesa con la cabeza.

—¿Y la historia acaba ahí? —preguntó Gray.

Vigor hizo un gesto de negación.

—Tengo que investigarlo más, pero creo que la historia continúa. Considero que lo que he descrito no son redescubrimientos aislados de este polvo, sino una cadena ininterrumpida de investigación dirigida por una sociedad alquímica secreta que ha ido depurando este proceso a lo largo de los siglos. Creo que la comunidad científica empieza a descubrirlo ahora de nuevo.

Gray se volvió a Kat, la experta en búsquedas científicas a través de la red.

—Monseñor tiene razón. Se han hecho descubrimientos increíbles sobre esos superconductores en estado-m. Desde la levitación hasta la posibilidad de cambio transdimensional. Pero ahora mismo se están explorando otras aplicaciones más prácticas. Ya se están empleando el cisplatino y el carbono-platino para tratar cánceres de ovario y testículo. Espero que Monk, con su formación forense, nos lo describa con más detalle. Pero en los últimos años se han hecho descubrimientos aún más intrigantes. —Gray le hizo señas para que siguiera—. Bristol-Meyers Squibb informó sobre los resultados positivos en la corrección de células cancerígenas con rutenio monoatómico. Lo mismo sucede con el platino y el iridio, según la *Platinum Metals Review*. Estos átomos hacen que la cadena del ADN se corrija y se reconstruya sin necesidad de medicamentos ni radiación. Se ha demostrado que el iridio estimula la glándula pineal y parece activar el «ADN basura», lo cual posibilita una mayor longevidad y la reapertura de vías de control del envejecimiento cerebral. —Kat se inclinó hacia delante—. Aquí hay un artículo de agosto de 2004. La Universidad de Purdue informa sobre sus resultados en la utilización de rodio para matar virus con luz desde el *interior* de un cuerpo. Hasta el virus del Nilo Occidental.

—¿Con luz? —preguntó Vigor, entrecerrando los ojos.

Gray le lanzó una mirada, tras percatarse del interés creciente de monseñor. Kat asintió.

—Hay algunos artículos sobre estos átomos en estado-m y la luz. Desde la conversión del ADN en hilos de superconducción hasta la comunicación con ondas lumínicas entre las células, pasando por la utilización de energías de campo cero.

Al fin intervino Rachel. Todavía tenía los ojos cerrados. Había estado escuchando todo el tiempo disimuladamente.

—Da que pensar.

—¿Cómo? —Gray se volvió hacia ella.

Rachel abrió lentamente los ojos, que permanecían atentos y vivos.

—Estos científicos hablan sobre la intensificación de la consciencia, la levitación, la transmutación, la cura milagrosa, el antienvejecimiento. Parece una lista de milagros de los tiempos bíblicos. Me lleva a preguntarme por qué ocurrían tantos milagros entonces y en cambio en nuestros días ya no es así. En los últimos siglos, teníamos la suerte de ver, de vez en cuando, la imagen de la Virgen María en una tortilla mexicana. Pero ahora la *ciencia* está redescubriendo los grandes milagros de la historia. Y muchos de ellos se reducen a un polvo blanco, una sustancia más conocida en el pasado que en la actualidad. ¿Pudo haber sido aquel conocimiento secreto el origen del aluvión de milagros que proliferaba en los tiempos bíblicos?

Gray sopesó este punto y la miró a los ojos.

—Y suponiendo que los antiguos magos supieran más que nosotros —dijo Gray, extrapolando el razonamiento—, ¿qué ha hecho esta hermandad perdida de sabios con ese conocimiento? ¿Hasta qué punto lo ha perfeccionado?

Rachel continuó con ese hilo.

—¡A lo mejor eso es lo que busca precisamente la Corte del Dragón! Quizá encontraron alguna pista, algo relacionado con los huesos, que podría conducirles a ese producto final perfeccionado, sea lo que sea. Algún estadio final que alcanzaron los Magos.

—Y, de paso, la Corte averiguó ese mecanismo asesino que empleó en Colonia, un modo de utilizar el polvo para matar. —Recordó las palabras de monseñor sobre la cábala judía, la idea de que el polvo blanco podía utilizarse para fines malévolos o benévolos.

Rachel se puso seria.

—Si lograsen alcanzar un poder aún mayor y accediesen al sanctasanctórum de aquellos sabios de la antigüedad, podrían cambiar el mundo a imagen y semejanza de sus mentes enfermas.

Gray miró a los demás. Kat tenía una expresión calculadora. Vigor parecía perdido en sus propios pensamientos, pero advirtió el silencio repentino. Volvió a mirar al resto del grupo. Y Gray lo miró a él.

—¿Qué piensas?

—Creo que tenemos que detenerlos. Pero para ello tendremos que encontrar pistas que nos conduzcan a aquellos alquimistas antiguos, lo cual supone seguir los pasos de la Corte del Dragón.

Gray negó con la cabeza. Recordó su preocupación por estar actuando con excesiva lentitud y cautela.

—Ya estoy harto de perseguir a esos cabrones. Ahora tenemos que *adelantarnos* a ellos. Ya va siendo hora de que vayan por detrás de nosotros.

—Pero ¿por dónde empezamos? —preguntó Rachel.

Antes de que nadie contestara, se oyó un anuncio programado a través de la megafonía del tren.

—*Roma... stazione Termini... quindici minuti.*

Gray consultó el reloj. Quince minutos. Rachel lo miraba fijamente.

—*Benvenuto a Roma* —dijo, mientras alzaba la vista—. *Lasci i giochi cominciari!*

Con una sonrisa incipiente, Gray tradujo lo que Rachel acababa de decir. Era como si ella le leyera la mente. «Bienvenido a Roma. ¡Que empiece el juego!».

18.05

Seichan se puso unas gafas de sol Versace negras y plateadas. Al llegar a Roma...

Bajó del autobús directo en la Piazza Pia. Llevaba un traje de verano blanco muy escotado y nada más, salvo un par de botas Harley-Davidson con hebillas de plata y tacones de aguja, a juego con el collar.

El autobús arrancó. Detrás de ella los coches atascaban y envolvían la calle en un halo de pitidos y humo constantes, en dirección a la Via della Conciliazone. Las altas temperaturas y el olor a gasolina la sacudieron de forma simultánea. Caminaba hacia el oeste. De pronto apareció a lo lejos la silueta de la basílica de San Pedro a la luz de poniente. La cúpula, obra maestra de Miguel Ángel, brillaba como el oro.

Indiferente a las vistas, Seichan volvió la espalda a la Ciudad del Vaticano. No era su objetivo.

Tenía frente a sus ojos una estructura arquitectónica cuya grandeza competía con la de San Pedro. El edificio inmenso con forma de tambor llenaba el perfil del horizonte, como una fortaleza que dominaba el río Tíber. Era el Castel Sant'Angelo. Sobre el tejado, una inmensa estatua de bronce del arcángel Miguel levantaba una espada desenvainada. La estructura de piedra estaba cubierta de regueros de hollín que semejaban lágrimas negras. «Qué bien le quedan», pensó.

El edificio primigenio había sido mausoleo del emperador Adriano, construido en el siglo II y usurpado siglos después por el papado. Con todo, el castillo tenía una historia ilustre e innoble. Bajo el dominio del Vaticano, sirvió de fortaleza, cárcel, biblioteca e incluso burdel. También fue un lugar de citas secretas de algunos de los papas más célebres, que alojaban allí a sus concubinas y amantes, a menudo presas.

A Seichan le había parecido divertido fijar su cita en aquel lugar. Cruzó los jardines hasta la entrada y traspasó los muros de seis metros de grosor para acceder al primer piso. El espacio interior era lóbrego y frío. A aquella hora de la tarde los turistas salían a borbotones. Siguió adelante y subió la curva escalinata. A ambos lados de la escalera principal, el castillo desplegaba un laberinto de pasillos y habitaciones. Muchos visitantes se perdían.

Pero Seichan se dirigía a la planta intermedia, a una terraza con un restaurante y vistas del Tíber. Debía reunirse allí con un contacto. Después del bombardeo, se consideraba demasiado arriesgado reunirse en el propio Vaticano. De modo que su contacto iba a atravesar el Passetto del Borgo, un pasadizo cubierto sobre un antiguo acueducto que comunicaba el palacio apostólico con este castillo fortificado. El pasadizo se construyó en el siglo XIII como vía de escape de emergencia para el Papa, pero a lo largo de los siglos se había empleado fundamentalmente para las citas amorosas. Aunque, en este caso, el encuentro no tenía nada de romántico.

Seichan se guió por las indicaciones para llegar al café de la terraza. Miró el reloj. Llegaba con cinco minutos de adelanto. Mejor, porque tenía que hacer una llamada.

Sacó el teléfono móvil, pulsó la función confidencial y tecleó el código de marcado rápido. Un número privado, que no figuraba en la guía. Se sentó de lado, con el teléfono en la oreja, y esperó a que se estableciera la comunicación internacional. Se oyó la señal de línea seguida de un clic, y respondió una voz seria:

—Buenas tardes, comando Sigma, dígame.

VIII
CRIPTOGRAFÍA

25 de julio, 18.23
Roma

N ecesito un papel y un bolígrafo —dijo Gray, con el teléfono por satélite en mano.

El grupo aguardaba en una *trattoria* con terraza, frente a la estación central de ferrocarril de Roma. A su llegada, Rachel solicitó que enviasen un par de vehículos de los carabineros para que recogieran y escoltaran al equipo hasta la Ciudad del Vaticano. Mientras esperaban, Gray decidió que ya era hora de romper la incomunicación con el mando central. Le pasaron inmediatamente con el director Crowe.

Después de su breve parte sobre los acontecimientos de Colonia y Milán, el director le dio una noticia sorprendente.

—¿Y para qué ha llamado? —preguntó Gray al director mientras Monk buscaba en su mochila un cuaderno y un bolígrafo.

—Seichan —respondió Painter— está enfrentando a los dos grupos para alcanzar su propio objetivo. Ni siquiera intenta ocultarlo. La información secreta que nos ha pasado provenía de un agente de la Corte del Dragón, un tipo llamado Raoul.

Gray puso mala cara, recordando la obra de aquel hombre en Milán.

—No creo que sea capaz de descifrar por su cuenta la información secreta —continuó Painter—. Así que nos la ha pasado a nosotros para que se la resolvamos y para que no perdáis de vista a la Corte. No es tonta. Si el Guild la ha elegido para supervisar esta misión, debe de tener grandes dotes de manipulación, aparte de que ya ha coincidido contigo en el pasado. Aunque os haya ayudado en Colonia y Milán, no te fíes de ella. Puede atacarte en cualquier momento para igualar el marcador.

Gray sintió el peso de la moneda en el bolsillo. La advertencia no era necesaria. Aquella mujer era de hielo y acero.

—Bien —dijo Gray, con el bolígrafo y el papel en la mano y el teléfono sujeto en el hombro—. Ya estoy listo.

Gray fue anotando el mensaje mientras Painter se lo dictaba.

—¿Y está dividido en estrofas, como un poema? —preguntó Gray.

—Exacto. —El director siguió recitando mientras Gray anotaba cada verso. Cuando acabó, añadió—: Tengo a varios criptógrafos trabajando en esto, aquí y en la NSA.

Gray frunció el ceño al observar lo escrito en el cuaderno.

—Veré lo que puedo descifrar. A lo mejor podemos hacer algún avance desde aquí con las fuentes del Vaticano.

—Entretanto, permaneced alerta en todo momento —advirtió Painter—. Esta Seichan puede ser más peligrosa que toda la Corte.

Gray no cuestionaba esta última afirmación. Tras una serie de aclaraciones finales, cerró la transmisión y guardó el teléfono. Los demás miraban con caras expectantes.

—¿Qué te ha dicho? —preguntó Monk.

—La Dama del Dragón ha llamado a Sigma. Nos ha pasado un enigma para que lo resolvamos. Parece que no tiene ni idea de cuál es el siguiente paso de la Corte y, mientras se preparan, ella quiere que no los perdamos de vista. Así que nos ha filtrado un pasaje arcaico, algo que descubrió hace dos meses la Corte del Dragón en Egipto. Sea cual fuere su contenido, ella dice que es el inicio de esta operación.

Vigor se levantó de una de las mesas exteriores de la *trattoria*. Con una pequeña taza de café *espresso* en la mano, se inclinó para leer el pasaje junto con los demás miembros del equipo.

> *Cuando la luna llena coincide con el sol,*
> *nace el mayor.*
> *¿Qué es?*
> *En el lugar donde se ahoga,*
> *flota en la oscuridad y observa al rey perdido.*
> *¿Qué es?*
> *El gemelo espera agua,*
> *pero será quemado hueso a hueso en el altar.*
> *¿Qué es?*

—Pues nos aclara muchísimo, sí —refunfuñó Monk.

Kat hizo un gesto negativo con la cabeza.

—¿Qué tiene que ver todo esto con la Corte del Dragón, los metales de alto *spin* y una sociedad secreta de alquimistas?

Rachel echó un vistazo a lo largo de la calle.

—A lo mejor nos echan una mano los investigadores del Vaticano. El cardenal Spera nos ha prometido todo su apoyo.

Gray observó que Vigor sólo había echado un breve vistazo a la hoja y, a continuación, había apartado la mirada. Ya estaba harto de los silencios de aquel hombre. Estaba harto del respeto mutuo de los límites entre ambos grupos. Si Vigor quería formar parte del equipo, ya era hora de que lo demostrase.

—Tú sabes algo más —le dijo Gray en tono acusatorio.

Todos los demás los miraron.

—Y tú también —replicó Vigor.

—¿Qué quieres decir?

—Ya lo he explicado en el tren. —Vigor señaló el cuaderno—. ¿No os suena la cadencia de este pasaje? Antes os he descrito un libro con un esquema textual similar. La repetición de la frase «qué es».

Kat fue la primera en recordarlo.

—Del *Libro de los muertos* egipcio.

—El papiro de Ani, para ser exactos —continuó Vigor—. Se divide en versos de contenido críptico seguidos de uno que se repite una y otra vez: «qué es».

—O, en hebreo, *manna* —añadió Gray, que empezaba a recordar.

Monk se pasó la mano por el pelo de tres días que le cubría la cabeza.

—Pero si el pasaje proviene de algún libro egipcio, ¿cómo puede ser esclarecedor para la Corte ahora?

—Esta cita no es del *Libro de los muertos* —respondió Vigor—. Conozco lo suficiente el papiro de Ani para saber que estos versos no pertenecen a ese texto.

—¿Entonces de dónde provienen? —preguntó Rachel.

Vigor se volvió a Gray.

—Antes has dicho que la Corte del Dragón descubrió esto en Egipto hace sólo unos meses.

—Exacto.

—Estoy seguro de que tú —dijo Vigor a Rachel—, como miembro de la TPC de los carabineros, tuviste noticias del reciente caos ocurrido en el Museo Egipcio de El Cairo. El museo envió un aviso a través de la Interpol.

Rachel asintió y explicó a los demás aquel suceso.

—El Consejo Supremo de Antigüedades de Egipto inició en 2004 el proceso de vaciado de los sótanos del Museo Egipcio, antes de la rehabilitación. Pero cuando abrieron los sótanos descubrieron más de cien mil objetos faraónicos y de otros tipos por el laberinto de corredores, un vertedero arqueológico que estaba prácticamente olvidado.

—Calculan que se tardarán cinco años en catalogarlo todo —prosiguió Vigor—. Pero en la universidad donde doy clases de arqueología ha corrido la voz sobre los extraordinarios descubrimientos. Apareció toda una sala llena de pergaminos deteriorados que, según sospechan los investigadores, proceden de la biblioteca perdida de Alejandría, un bastión fundamental de estudios gnósticos.

Gray recordó los comentarios de Vigor acerca del gnosticismo y la búsqueda de conocimientos secretos.

—Tal descubrimiento atraería sin duda a la Corte del Dragón.

—Como la luz a las polillas —dijo Rachel.

—Uno de los objetos catalogados —continuó Vigor— pertenecía a una colección de Abd el Latif, un médico y explorador egipcio que, según se cree, vivió en El Cairo en el siglo XV. En su colección, conservada en un cofre de bronce, figura una copia ilustrada del *Libro de los muertos* egipcio, una versión completa del papiro de Ani. —Vigor miró fijamente a Gray—. La robaron hace cuatro meses.

Gray sintió que se le aceleraba el pulso.

—Fue la Corte del Dragón.

—O alguien contratado por ellos. Tienen influencias en todas partes.

—Pero si el libro es una copia del original —añadió Monk—, ¿qué relevancia tiene?

—El papiro de Ani contiene cientos de estrofas. Apuesto a que alguien falsificó esa copia para esconder *estas* estrofas concretas —Vigor volvió a señalar el cuaderno de Gray— entre las más antiguas.

—Nuestros alquimistas perdidos —dijo Kat.

—Es como esconder una aguja en un pajar —dijo Monk.

Gray asintió.

—Hasta que algún investigador de la Corte del Dragón tuvo la habilidad de encontrarlas, descifrar las pistas y actuar en consecuencia. Pero ¿adónde nos lleva todo esto?

Vigor se volvió hacia la calle.

—Antes has dicho que querías adelantarte a la Corte del Dragón. Ahora es nuestra oportunidad.

—¿Cómo?

—Descifrando el acertijo.

—Pero puede llevarnos varios días.

Vigor miró por encima del hombro.

—No, si ya lo he resuelto yo. —Cogió el cuaderno y buscó una página en blanco—. Mira.

Entonces hizo la cosa más rara del mundo. Mojó el dedo en el café y humedeció la parte inferior de la taza. Presionó el papel con la taza y quedó un círculo perfecto de café en la hoja en blanco. Luego repitió la operación para dibujar un segundo círculo en intersección con el primero, formando una especie de muñeco de nieve.

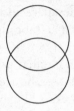

—La luna llena en coincidencia con el sol.

—¿Y esto qué demuestra? —preguntó Gray.

—*Vesica Piscis* —dijo Rachel, con un gesto que indicaba que lo había comprendido.

Vigor le sonrió.

—¿Os he dicho ya lo orgulloso que estoy de mi sobrina?

19.02

A Rachel no le gustaba la idea de renunciar a la escolta de los carabineros, pero comprendió la emoción del tío Vigor, que había insistido en coger un transporte alternativo para investigar la nueva pista. Así que llamó a la comisaría para decir que no necesitaban los coches patrulla. Dejó un mensaje críptico para el general Rende, en el que le decía que tenían que hacer un recado. Esto último fue sugerencia de Gray. Pensó que era mejor no divulgar su lugar de destino; al menos hasta que investigasen algo más. Cuantas menos personas estuvieran al tanto de su descubrimiento, mejor.

A continuación buscaron un medio de transporte alternativo. Rachel se protegió tras las anchas espaldas de Gray hasta llegar a la parte trasera del autobús público. Kat y Monk cogieron una fila de asientos. El aire acondicionado traqueteaba y el motor zarandeaba las planchas metálicas del suelo mientras el autobús soltaba el freno y se abría camino entre los coches.

Rachel se sentó junto a Gray. Su fila de asientos estaba frente a la de Monk, Vigor y Kat. Ésta tenía un semblante adusto. Había defendido la conveniencia de dirigirse al Vaticano y buscar una escolta antes de continuar. Gray había rechazado su propuesta. Ella parecía descontenta con esta decisión.

Rachel miró a Gray, aparentemente fortalecido, con una nueva determinación. Le recordaba la actitud que había adoptado en lo alto de la torre de Colonia, su aplomo. A Gray le brillaban los ojos con una firmeza que había desaparecido después del primer ataque. Ahora había vuelto... y la asustaba ligeramente, le aceleraba el pulso.

El autobús retumbaba al circular por las calles.

—De acuerdo —dijo Gray—, he aceptado la necesidad de hacer este desvío. ¿Qué tal si ahora nos lo explicas mejor?

Vigor levantó una mano, dándole la razón.

—Si hubiera entrado en más detalles, habríamos perdido el autobús. —Volvió a abrir el cuaderno—. Esta figura de los círculos que se solapan aparece por toda la cristiandad, en iglesias, catedrales y basílicas de todo el mundo. A partir de esta forma se deriva toda la geometría. Por ejemplo. —Giró la imagen a la posición horizontal y tapó la mitad inferior con el contorno de la palma. Luego señaló la intersección de los dos círculos—. Aquí podéis ver la forma geométrica del arco puntiagudo. Casi todas las ventanas y arcadas góticas tienen esta forma.

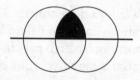

Rachel aprendió esa lección cuando era niña. No se podía ser pariente de un arqueólogo del Vaticano sin conocer la importancia de esos dos círculos unidos.

Vigor le dio la vuelta a la imagen otra vez.

—O una luna llena en coincidencia con el sol —dijo Vigor, recordando la estrofa del texto críptico—. Cuanto más pienso en esos versos, más capas descubro, como si pelase una cebolla.

—¿A qué te refieres? —preguntó Gray.

—Escondieron esta pista en el *Libro de los muertos* egipcio, el primer libro que alude al *manna*. Algunos textos egipcios posteriores comienzan a referirse al mismo concepto como «pan blanco» y otros nombres así. Es como si para encontrar lo que escondieron los alquimistas hubiera que empezar desde el principio. Pero la verdadera respuesta a esta primera pista también se remonta a los comienzos del cristianismo. Múltiples orígenes. Hasta la propia respuesta implica multiplicación. Lo único se convierte en múltiple.

Rachel comprendía lo que quería decir su tío.

—La multiplicación de los peces.

Vigor asintió.

—¿Alguien va a explicárnoslo a los profanos? —preguntó Monk.

—Esta unión de círculos se denomina *Vesica Piscis*, o «recipiente de pez». —Vigor se inclinó sobre el cuaderno y tapó la intersección para mostrar la forma de pez que quedaba entre los dos círculos.

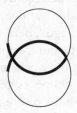

Gray se aproximó.

—Es el símbolo del pez que representa el cristianismo.

—Es el *primer* símbolo —dijo Vigor—. «Cuando la luna llena coincide con el sol, nace». —Señaló el pez—. Algunos investigadores creen que el símbolo del pez se utiliza porque la palabra griega que designa el pez, *ICHTHYS*, eran las siglas de *Iesous Christos Theou Yios Soter*, o «Jesucristo, el Hijo de Dios, el Salvador». Pero la verdad radica aquí, entre estos círculos encerrados en la geometría sagrada. Los encontraréis a menudo en las primeras pinturas que representan al Niño Jesús en la intersección del centro. Si giráis la forma hacia un lado, el pez se convierte en una representación de los genitales femeninos y un útero de mujer, que es el lugar donde aparece el Niño Jesús.

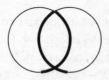

»Por ello este pez representa la fertilidad. Creced y multiplicaos. —Vigor miró al grupo—. Como he dicho antes, aquí hay capas y capas de significados.

—Pero ¿adónde nos lleva todo esto? —preguntó Gray mientras se apoyaba en el respaldo.

Rachel tenía también curiosidad.

—Hay símbolos de peces por toda Roma.

Vigor asintió.

—Pero el segundo verso que dice «nace *el mayor*» claramente nos remite a la representación más antigua del símbolo del pez. Está en la cripta de Lucina, en las catacumbas de San Calixto.

—¿Ahí es adonde vamos? —preguntó Monk.

Vigor asintió. Rachel observó que Gray no estaba satisfecho.

—¿Y si te equivocas? —preguntó.

—No me equivoco. Las otras estrofas del texto apuntan ahí también, en cuanto se resuelve el acertijo del *Vesica Piscis*. Mira el verso siguiente: «En el lugar donde se ahoga, flota en la oscuridad». Un pez no puede ahogarse en el agua, pero sí en la tierra. Y la mención de la oscuridad. Todo apunta a una cripta.

—Pero hay muchas criptas y catacumbas en Roma.

—Pero no muchas con *dos* peces gemelos —replicó Vigor.

A Gray se le iluminaron los ojos en un gesto de comprensión.

—Otra pista aparece en la última estrofa. «El gemelo espera agua».

Vigor asintió.

—Las tres estrofas apuntan a un mismo lugar. Las catacumbas de San Calixto.

Monk se apoyó en el respaldo.

—Al menos esta vez no es una iglesia. Estoy harto de que me disparen en iglesias.

19.32

Vigor sentía que iban por buen camino. Al fin.

Guió a los demás por la Porta San Sebastiano, una de las puertas más asombrosas de las murallas de la ciudad. También servía de acceso a las zonas verdes que rodeaban la Via Apia, un fragmento conservado de la célebre calzada romana. Inmediatamente después de las puertas, sin embargo, había una serie de talleres mecánicos en ruinas.

Vigor pasó por alto la fealdad de aquellos depósitos de chatarra y dirigió la atención del grupo al frente. En una bifurcación del camino había una pequeña iglesia.

—La capilla de Domine Quo Vadis —dijo.

La única persona que lo escuchaba era Kat Bryant, que caminaba a su lado. Parecía que Kat y Gray estaban peleados. Los demás iban detrás. Le gustó disfrutar de esos instantes a solas con Kat. Habían pasado tres años desde que trabajaron juntos en la catalogación de pruebas contra un criminal de guerra nazi, que residía en una zona rural de Nueva York. El objetivo en cuestión se había dedicado al tráfico de obras de arte robadas en Bruselas. Fue una investigación larga e intrincada, que requirió estratagemas por ambas partes. A Vigor le impresionó la capacidad de aquella joven para asumir cualquier papel con la misma facilidad con que cambiaba de zapatos.

Vigor estaba también informado sobre el golpe que había sufrido Kat recientemente. Aunque era buena actriz y ocultaba bien sus sentimientos, Vigor había sido cura, confesor y consejero durante un tiempo suficiente para reconocer a las personas que sufren. La joven había perdido a alguien por quien sentía un profundo afecto y aún no se había recuperado.

Señaló la iglesia de piedra, consciente de que había un mensaje para Kat entre aquellos muros.

—Esta capilla se construyó en el lugar donde san Pedro, mientras huía de la persecución de Nerón, tuvo una visión de Jesús. Cristo se dirigía a Roma, mientras que Pedro huía. Y le hizo aquella célebre pregunta: *Domine, quo vadis*. «Señor, ¿adónde vas?». Cristo respondió que regresaba a Roma para que volvieran a crucificarlo. Entonces Pedro volvió también para afrontar su propia ejecución.

—Cuentos de fantasmas —dijo Kat sin malicia—. Tendría que haber huido.

—Tú siempre tan pragmática, Kat. Pero deberías saber mejor que nadie que a veces la propia vida es menos importante que la causa. Todos tenemos una enfermedad terminal. No podemos eludir la muerte. Al igual que las buenas obras de nuestra vida celebran nuestro tiempo terrenal, lo mismo puede ocurrir con nuestra muerte. Renunciar a la vida por un sacrificio debe ser honrado y recordado.

Kat le miró a la cara. Era suficientemente perspicaz para entender el hilo de la conversación.

—El sacrificio es un último regalo que podemos hacer los mortales en la vida —prosiguió el monseñor—. No deberíamos despilfarrar un regalo tan generoso con el sufrimiento, sino con una apreciación respetuosa e incluso con la alegría de vivir plenamente hasta el final.

Kat respiró profundamente. Pasaron por delante de la capilla. Kat escudriñó el edificio, aunque Vigor sospechaba que también miraba atentamente el interior.

—Las historias de fantasmas también pueden enseñarnos cosas —concluyó Vigor, y guió al grupo por el camino de la izquierda en la bifurcación.

A partir de ese punto el pavimento era de adoquines de roca volcánica. Aunque las piedras no pertenecían a la calzada romana originaria que unía las puertas de Roma con Grecia, sólo eran una aproximación romántica. Lentamente se ensanchaba el paisaje circundante. Las verdes laderas reposaban sobre amplias praderas con pinares dispersos, donde pastaba algún que otro rebaño de ovejas. El paisaje estaba surcado de muros en ruinas y alguna tumba aislada.

A aquella hora en que estaban cerradas casi todas las atracciones turísticas y se acercaba la puesta de sol, tenían la Via Apia para ellos solos. Algún paseante o ciclista esporádico saludaba a Vigor al ver su alzacuello y proseguía su camino, no sin echar una mirada atrás para contemplar al cansino grupo de mochileros que guiaba.

Vigor observó también a algunas mujeres ligeras de ropa que aguardaban en ciertos puntos de la cuneta, junto con algunas personas de aspecto más correcto. Al anochecer, la Via Apia se convertía en un nido de prostitutas y clientes y resultaba peligrosa para el visitante. Merodeaban todavía los bandidos y ladrones por el camino antiguo, al igual que sucedía en la Via Apia originaria.

—Ya queda poco —les aseguró Vigor.

Se abrió camino por una zona de viñedos y verdes parras sobre soportes de madera y alambre que atravesaban las suaves pendientes de las colinas. Al frente apareció el patio por el que se accedía a su lugar de destino: las catacumbas de San Calixto.

—Comandante —preguntó Kat, ligeramente rezagada—, ¿no deberíamos explorar la zona antes?

—Abre bien los ojos —le respondió—. No podemos permitirnos más retrasos.

Vigor advirtió la firmeza de la voz del hombre. El comandante escuchaba, pero parecía menos dispuesto a ceder. El clérigo no estaba seguro de si eso era bueno o malo. Gray les hizo señas para que siguieran adelante.

El cementerio subterráneo estaba cerrado desde las cinco, pero Vigor había llamado al vigilante para arreglar esta «visita» especial. Un hombrecillo pequeño con pinta de muñeco de nieve, vestido con un mono gris, salió por una entrada resguardada. Renqueaba y utilizaba como bastón un cayado de madera. Vigor lo conocía bien. Pertenecía a una familia de pastores que vivía en la *campagna* circundante desde hacía varias generaciones. Sostenía firmemente una pipa entre los dientes.

—Monseñor Verona —dijo—. *Come va?*

—*Bene, grazie. E lei, Giuseppe?*

—Muy bien, Padre. *Grazie.* —Les hizo señas para que se dirigieran a la casita donde se alojaba mientras vigilaba las catacumbas—. Tengo una botella de grapa. Sé que le encantaría probarla. Es de estas montañas.

—Otra vez será, Giuseppe. Se hace tarde y tenemos que ponernos rápidamente a trabajar. Lo siento.

El hombre miró a los demás como si fueran los culpables de la premura, y luego se fijó en Rachel.

—¡No puede ser! *Piccola* Rachel… pero si ya no es tan pequeña.

Rachel sonrió, encantada de que la recordasen. No había estado allí con Vigor desde que tenía nueve años. Rachel lo abrazó y le dio un beso en la mejilla.

—*Ciao, Giuseppe.*

—Tenemos que brindar por la *piccola* Rachel, ¿no?

—Quizá cuando acabemos el trabajo allí abajo —insistió Vigor, consciente de que el hombre, que estaba solo en la casita, únicamente quería un poco de compañía.

—*Si… bene…* —Señaló la puerta con el cayado—. Está abierta. Cerraré con llave en cuanto entren. Llamen cuando suban y los oiré.

Vigor los guió a la entrada de las catacumbas y tiró de la puerta para abrirla. Hizo señas a los demás al atravesar el umbral, y advirtió que Giuseppe había dejado las luces encendidas. Al fondo había unas escaleras que bajaban a las plantas subterráneas.

Mientras Monk traspasaba la puerta con Rachel, volvió la vista atrás para mirar al vigilante.

—Deberías presentárselo a tu abuela. Apuesto a que se caerían muy bien.

Rachel sonrió y siguió al tipo bajo y fornido al interior. Vigor cerró la puerta después de entrar y volvió a guiar al grupo, bajando las escaleras delante de los demás.

—Esta catacumba es una de las más antiguas de Roma. En tiempos fue un cementerio cristiano privado, pero se expandió cuando algunos papas decidieron ser enterrados aquí. Ahora ocupa treinta y cinco hectáreas y tiene cuatro niveles de profundidad.

Vigor oyó el ruido de la cerradura de la puerta que habían dejado atrás. A medida que bajaban, el aire era cada vez más húmedo y olía a marga y agua de lluvia. Al pie de las escaleras, llegaron a un vestíbulo con *loculi* incrustados en las paredes, nichos horizontales para el descanso eterno de los cadáveres. En las paredes había imágenes grabadas, pero no eran obra de vándalos modernos. Algunas inscripciones databan de finales del siglo XV: oraciones, lamentos, homenajes.

—¿Hasta dónde tenemos que llegar? —preguntó Gray, que caminaba al lado de Vigor. Apenas había espacio para avanzar de dos en dos, pues el pasillo se estrechaba a partir de aquel punto. El comandante contempló los techos bajos.

Allí dentro, en aquellas necrópolis subterráneas en ruinas, se ponían nerviosos incluso quienes no padecían claustrofobia, sobre todo a aquella hora en que estaban vacías y desiertas.

—La cripta de Lucina es mucho más profunda. Está situada en la zona más antigua de la catacumba.

Las galerías se ramificaban a partir de allí, pero Vigor conocía el camino y se dirigió hacia la derecha.

—No os alejéis mucho —les advirtió—. Es fácil perderse aquí.

El pasillo se estrechaba todavía más. Gray se volvió.

—Monk, vigila la retaguardia. Diez pasos. Quédate a la vista.

—Os cubro. —Monk sacó la escopeta.

Al frente apareció una cámara. Sus muros estaban llenos de *loculi* de mayor tamaño e historiados *arcosolia*.

—La cripta papal —anunció Vigor—. Aquí yacieron dieciséis papas, desde Eutiquiano a Zepherynus.

—De la E a la Z —masculló Gray.

—Los cuerpos los retiraron —dijo Vigor, mientras penetraba aún más, a través de la cripta de Cecilia—. A partir del siglo V, los alrededores de Roma fueron saqueados por varios pueblos: godos, vándalos, lombardos. Muchos de los personajes más importantes enterrados aquí fueron trasladados a iglesias y capillas del interior de la ciudad. De hecho, las catacumbas se vaciaron y abandonaron hasta el punto de que en el siglo XII cayeron por completo en el olvido y no se redescubrieron hasta el siglo XVI.

Gray tosió.

—Parece que ésa es una fecha crucial.

Vigor volvió la vista atrás.

—El siglo XII —precisó Gray—. Es también entonces cuando los huesos de los Magos fueron trasladados de Italia a Alemania. Y cuando se produjo un resurgimiento de la creencia gnóstica, según nos has explicado, lo cual provocó un cisma entre los emperadores y el papado.

Vigor asintió tímidamente, analizando esta perspectiva.

—Fue una época convulsa, que acabó con la huida del papado fuera de Roma a finales del siglo XIII. Los alquimistas, con el afán de proteger sus conocimientos, probablemente se ocultaron en lugares aún más inaccesibles y fueron dejando pistas por si perdían la vida, migas de pan destinadas a otros creyentes gnósticos.

—Como esta secta de la Corte del Dragón.

—No creo que previesen que un grupo tan perverso tendría la iluminación necesaria para buscar esas verdades superiores. Fue un cálculo desafortunado. En cualquier caso, creo que tienes razón. Me parece que has acertado con la fecha en que se dejaron esas pistas. Yo creo que fue en algún momento del siglo XIII, en pleno conflicto. En aquella época pocos conocían las catacumbas. ¿Qué mejor lugar para esconder las pistas de una sociedad secreta?

Mientras sopesaba todo esto, Vigor los condujo por una serie de galerías, criptas y *cubicula*.

—No está lejos. Justo después de las capillas sacramentales. —Señaló con el brazo una galería de seis cámaras. Los frescos desconchados y descoloridos representaban complejas escenas bíblicas intercaladas de imágenes de bautismo y celebración de comidas eucarísticas. Eran tesoros del arte paleocristiano.

Después de atravesar algunas galerías más, apareció ante la vista el lugar que buscaban. Una cripta modesta. En el techo estaba pintado un típico motivo paleocristiano: el Buen Pastor, Cristo con un cordero sobre los hombros.

Vigor apartó la vista del techo y señaló dos paredes contiguas.

—Esto es lo que hemos venido a buscar.

20.10

Gray se aproximó a la pared más cercana. Un fresco representaba un pez sobre fondo verde. Arriba, casi sobre el lomo del pez, había una cesta de pan. Se volvió hacia el segundo muro. Este fresco parecía una imagen especular del primero, con la excepción de que la cesta contenía también una jarra de vino.

—Todo simboliza la primera comida eucarística —dijo Vigor—. Pescado, pan y vino. También representa el milagro de los peces, cuando Cristo multiplicó una única cesta de pescado y pan para alimentar a un sinfín de fieles que habían ido a oír su sermón.

—Una vez más el simbolismo de la multiplicación —dijo Kat—. Como la geometría del *Vesica Piscis*.

—Pero ¿adónde vamos a partir de aquí? —preguntó Monk. Se levantó con el arma en el hombro, volviendo la vista hacia el interior de la cripta.

—Sigue la adivinanza —respondió Gray—. La segunda estrofa dice: «En el lugar donde se ahoga, flota en la oscuridad y observa al rey perdido». Hemos encontrado el lugar donde flota en la oscuridad, así que veamos adónde mira. —Señaló la dirección en la que miraba el primer pez: conducía a un lugar más recóndito de las galerías.

Gray caminó en esa dirección, buscando a su alrededor. No tardó mucho en encontrar una clara representación de los Reyes Magos. Estaba un poco borrosa, pero los detalles se percibían con suficiente claridad. La Virgen María estaba sentada en el trono con el Niño Jesús en el regazo. Ante ella había tres figuras inclinadas que le ofrecían regalos.

—Los tres Reyes Magos —dijo Kat—. Otra vez ellos.

—Hay que ver, no paramos de encontrarnos con estos tíos —replicó Monk a escasos pasos de allí.

Rachel frunció el ceño al contemplar la pared.

—Pero ¿qué significa? ¿Por qué nos trae hasta aquí? ¿Qué averiguó la Corte del Dragón?

Gray revisó mentalmente todos los acontecimientos del último día. No intentaba poner orden, sino darles vueltas en la cabeza. Establecía conexiones, las disolvía, las reconfiguraba. Poco a poco empezó a entender.

—La verdadera pregunta es *por qué* nos trajeron aquí estos antiguos alquimistas —dijo Gray—. A *esta* representación concreta de los Reyes Magos. Como ha dicho Monk, no se puede doblar una esquina en Italia sin toparse con estos reyes. Entonces, ¿por qué este fresco en concreto?

Nadie tenía respuesta.

Rachel sugirió una posible vía de indagación.

—La Corte del Dragón buscaba los huesos de los Reyes Magos. A lo mejor tenemos que verlo desde esa perspectiva.

Gray asintió. Debía haberlo pensado. No tenían que reinventar la rueda. La Corte del Dragón ya había resuelto el acertijo. Lo único que tenían que hacer era retroceder. Gray reflexionó sobre ello y halló una posible respuesta.

—Puede que el pez mire a esos reyes concretos porque están enterrados. En un cementerio, bajo tierra, en un lugar donde un pez se ahogaría. La respuesta de la pista no son los Reyes Magos vivos, sino muertos y enterrados, en una cripta que antaño estuvo llena de *huesos*.

Vigor expresó su sorpresa con una interjección.

—Así que la Corte del Dragón fue en busca de los huesos —dijo Rachel.

—Creo que la Corte del Dragón ya sabía que los huesos no eran huesos —dijo Gray—. Llevan siglos detrás de esta pista. Tenían que saberlo. Ya habéis visto lo que ocurrió en la catedral. Utilizaron de algún modo el polvo de oro blanco para matar. Van muy por delante.

—Y quieren más poder —dijo Rachel—. La solución final de los Reyes Magos.

Vigor entrecerró los ojos para concentrarse.

—Y si vas bien encaminado, comandante, en cuanto a la relevancia del traslado de los huesos de Italia a Alemania, quizá éste no fue un pillaje como asegura la historia, sino que se hizo como algo convenido para salvaguardar la amalgama.

Gray asintió.

—Y la Corte del Dragón permitió que se quedasen en Colonia a salvo, pero a la vista, a sabiendas de que significaban algo, pero sin saber qué hacer con ellos.

—Hasta ahora —dijo Monk a unos pasos de allí.

—Pero a fin de cuentas —continuó Gray— ¿adónde apuntan todas estas pistas? Hasta ahora sólo nos llevan a las reliquias de una iglesia. No dicen qué hacer con ellas, para qué sirven.

—Estamos pasando por alto —dijo Kat, que había permanecido en silencio todo este tiempo, concentrada en el fresco— que la estrofa del pasaje afirma que el pez «observa al *rey* perdido». No «reyes», en plural. Hay tres reyes aquí. Creo que nos estamos perdiendo otra capa de significado o simbolismo. —Se volvió para mirar a los demás—. ¿A qué «rey perdido» apunta la pista?

Gray intentaba hallar una respuesta. Eran acertijos sobre acertijos. Vigor reflexionaba concentrado, con la mano en la mejilla.

—Hay un fresco en una catacumba cercana. La catacumba de Domitila. No representa tres Reyes Magos, sino *cuatro*. Como la Biblia nunca fue muy explícita en el número de reyes, en el arte paleocristiano la cifra varía. El rey perdido podría referirse a otro rey, el que falta aquí.

—¿Un *cuarto* Rey Mago? —preguntó Gray.

—Una figura representativa del conocimiento perdido de los alquimistas. —Vigor hizo un gesto afirmativo y alzó la cabeza—. El mensaje de la segunda estrofa indica que los huesos de los Reyes Magos pueden servir para encontrar a este cuarto rey. Sea quien fuere.

Rachel negó con la cabeza y llamó la atención de Gray y Vigor.

—No os olvidéis de que esta pista está enterrada en una cripta. Apuesto a que no es el cuarto rey lo que tenemos que encontrar, sino esta *tumba*. Unos huesos sirven para encontrar otros, posiblemente otro alijo de amalgama.

—O algo incluso mayor. Algo sumamente atractivo para la Corte del Dragón.

—Pero ¿cómo pueden ayudarnos los huesos de los Reyes Magos a encontrar esta tumba perdida? —preguntó Monk.

Gray señaló con la cabeza la cripta de Lucina.

—La respuesta tiene que estar en la *tercera* estrofa.

14.22
Washington D. C.

Painter Crowe se despertó con un golpeteo en la puerta de su despacho. Se había quedado dormido en la silla, inclinado hacia atrás. Maldita ergonomía...

Se aclaró la voz de sueño.

—Entre.

Entró Logan Gregory. Tenía el pelo húmedo y llevaba una camisa limpia y una chaqueta. Parecía que acabara de llegar de casa, en lugar de haber estado allí las veinticuatro horas.

Logan debió de advertir que Crowe se fijaba en su atuendo y se pasó la mano por la camisa almidonada.

—Bajé al gimnasio para correr un poco. Tengo una muda de ropa en mi taquilla.

Painter, estupefacto, no respondió. La juventud. Él no se veía capaz ni de saltar de la silla, y ya no digamos de correr unos kilómetros. Pero Logan sólo era cinco años más joven. Painter sabía que era el estrés más que la edad lo que le pesaba.

—Señor —continuó Logan—, he recibido noticias del general Rende, nuestro contacto en el cuerpo de carabineros de Roma. El comandante Pierce y los demás han vuelto a esconderse.

Painter se inclinó hacia delante.

—¿Otro atentado? Se supone que estaban en el Vaticano.

—No, señor. Después de su llamada, despidieron a la escolta de los carabineros y se marcharon por su cuenta. El general Rende quería saber qué se les había transmitido. Su agente, la teniente Rachel Verona, le informó de que usted les había pasado un mensaje cifrado. El general Rende no estaba muy contento de que lo dejasen al margen.

—¿Y qué le ha dicho?

—Nada, señor. Es la política oficial de Sigma, ¿no? No sabemos nada.

Painter sonrió. A veces parecía que era así.

—¿Y el comandante Pierce, señor? ¿Qué quiere que haga? ¿Debemos enviar alguna alerta?

Painter recordó la advertencia de Sean McKnight. Confíe en sus agentes.

—Esperaremos a que vuelva a llamar. No hay indicios de juego sucio. Le dejaremos espacio para que actúe según su criterio.

Logan no parecía muy satisfecho con la respuesta.

—¿Qué quiere que haga yo, entonces?

—Le sugiero, Logan, que se tome un descanso. Me imagino que en cuanto el comandante Pierce se ponga en marcha, aquí vamos a dormir muy poco.

—Sí, señor. —Se dirigió a la puerta.

Painter se inclinó hacia atrás y se tapó los ojos con el brazo. Vaya si era cómoda la silla. Se relajó, pero algo le inquietaba, algo le impedía conciliar el sueño, algo a lo que no podía dejar de dar vueltas. Algo que había dicho Gray. Que desconfiase de Sigma. Una filtración. ¿Era posible?

Sólo había una persona, aparte de él, que tenía toda la información sobre esta operación hasta el momento. Ni siquiera Sean McKnight lo sabía todo. Lentamente se inclinó hacia delante, con los ojos abiertos.

No era posible.

20.22
Roma

De vuelta en la cripta de Lucina, Gray se quedó contemplando el segundo fresco con el pez. Tenían que resolver este tercer enigma.

Monk formuló una buena pregunta.

—¿Por qué no bombardeó sin más la Corte del Dragón estas catacumbas? ¿Por qué las dejó para que otros las encontraran?

—Con la copia del *Libro de los muertos* en su poder, ¿qué podían temer? Si Seichan no hubiera robado los acertijos, a nadie se le habría ocurrido mirar aquí —dijo Rachel, que se encontraba a su lado.

—A lo mejor —añadió Kat— la Corte no estaba tan segura de su interpretación. Quizá querían que esta historia escrita en piedra permaneciera intacta hasta asegurarse de que tenían la traducción correcta.

Gray sopesó esta posibilidad con una sensación de premura aún mayor. Volvió a mirar el fresco.

—Pues veamos lo que encontraron. La tercera estrofa presenta al pez esperando el agua. Al igual que el primer pez, creo que tenemos que guiarnos por el lugar hacia donde mira. Se desplazó a otra galería que se ramificaba a partir de la cripta. El segundo pez apuntaba en esa dirección.

Pero Vigor continuó el análisis de los dos peces, mirando a ambas imágenes especulares.

—Gemelos —masculló—. ¿Qué es eso? —Señaló una mano entre los dos peces—. A quien ideó este juego de acertijos le encantaba cargarlo con múltiples capas de simbolismo. La elección de estos dos peces, casi idénticos en apariencia, y la referencia al segundo como «gemelo» no pueden ser datos irrelevantes.

—No veo la relación —dijo Gray.

—No sé si sabes griego, comandante.

Gray frunció el ceño. Monk, sorprendido, metió baza para demostrar que su herencia griega iba más allá de su apego al *ouzo* y a los bailes folclóricos:

—«Gemelo» se dice *didymus*.

—Muy bien —dijo Vigor—. Y en hebreo, «gemelo» se dice *thomas*. Como en Didymus Thomas. Tomás, uno de los doce apóstoles.

Gray recordó la conversación en el lago Como con monseñor.

—Tomás fue el apóstol que entró en conflicto con Juan.

—Y el que bautizó a los Reyes Magos —les recordó Vigor—. Tomás representaba la creencia gnóstica. Creo que la utilización de la palabra «gemelo» aquí es un tributo al evangelio de Tomás. En vista de este homenaje, me pregunto si estos alquimistas no serían cristianos de Tomás, practicantes que seguían los dictados de Roma pero continuaban los ritos gnósticos en secreto. Siempre se ha hablado de la existencia de esa Iglesia dentro de la Iglesia. Una Iglesia de Tomás oculta en el seno de la Iglesia canónica. Ésta puede ser la prueba.

Gray percibió una creciente emoción en la voz de monseñor.

—A lo mejor esta sociedad de alquimistas, cuyas raíces se remontan a Moisés y Egipto, se mezcló con la Iglesia católica. Mantuvo a lo largo de la historia los rituales de la cruz y se doblegaba ante la Iglesia, pero al mismo tiempo compartía un terreno común con quienes consideraban sagrado el evangelio secreto de Tomás.

—Se ocultaban a plena luz —dijo Monk. Vigor asintió.

Gray siguió esta línea de razonamiento. Quizá valía la pena seguirla, pero por el momento tenían que resolver otro acertijo. Señaló el fondo de la galería.

—El que dejó estas pistas nos planteó un tercer desafío. «El gemelo espera agua…».

Gray guió al grupo por la nueva galería. Buscaba algún fresco que representara agua. Pasó por delante de varias escenas bíblicas, pero ninguna con agua. En una aparecía una familia reunida alrededor de una mesa, pero parecía que se servía vino. Después había un fresco con cuatro figuras masculinas que alzaban los brazos al cielo. Ninguno llevaba una garrafa de agua.

Vigor lo llamó y él se volvió. Los demás se habían reunido junto a un nicho. Gray regresó junto al grupo. Ya había examinado aquella imagen que mostraba a un hombre con una túnica golpeando una piedra con un palo. Ni una gota de agua.

—Es una ilustración de Moisés en el desierto —dijo Vigor.

Gray esperó a que monseñor explicara algo más.

—Según la Biblia, golpeó una piedra en el desierto y brotó un manantial para saciar la sed de los israelitas que huían.

—Como el pez de allí atrás —dijo Monk.

—Éste debe de ser el fresco que indica la estrofa —dijo Vigor—. Recordad, Moisés tenía conocimientos acerca del maná y esos milagrosos polvos blancos. Sería justo reconocérselo.

—¿Y qué pista se oculta en esta pintura desconchada? —preguntó Gray.

—«El gemelo espera agua, pero será quemado hueso a hueso en el altar» —citó Vigor—. Quemado hueso a hueso. Haced memoria, como nos recomendó antes Rachel. ¿Qué hizo la Corte del Dragón en Colonia? Los feligreses murieron quemados con una especie de tormenta eléctrica masiva en el cerebro. Y algo tuvo que ver el oro blanco en eso. Y posiblemente también la amalgama de los huesos de los Reyes Magos.

—¿Ése es el mensaje? —preguntó Rachel, algo intranquila—. ¿Matar? ¿Ultrajar un altar, como el de Colonia, con sangre y asesinatos?

—No —respondió Gray—. La Corte del Dragón prendió fuego a los huesos y aparentemente no sabía nada, pues continuó tras la misma pista a partir de entonces. Puede que Colonia fuese un ensayo o una prueba. Puede que la Corte del Dragón no estuviera segura de su interpretación del acertijo, como sugirió tu tío. En cualquier caso, eran plenamente conscientes de algunas de las capacidades del polvo blanco. Con el mecanismo que emplearon demostraron que podían activar y manipular sin piedad la energía de esos superconductores de alto *spin*. La utilizaron para matar. Pero no creo que fuera eso lo que pretendían originariamente los alquimistas.

Rachel seguía preocupada.

—La verdadera respuesta está aquí —concluyó Gray—. Si la Corte del Dragón resolvió el enigma, nosotros también podemos.

—Pero ellos dispusieron de varios meses desde que robaron el texto en El Cairo —dijo Monk—. Y ahora saben mucho más sobre el tema que nosotros.

Todo el grupo asintió. Con las pocas horas de sueño, se mantenían despiertos de pura adrenalina. Los acertijos ponían a prueba las escasas reservas mentales que les quedaban y los envolvían en un velo de derrota.

Gray, que no quería darse por vencido, cerró los ojos para concentrarse. Reflexionó sobre todo lo que habían averiguado. La amalgama estaba compuesta de muchos metales diferentes del grupo del platino, según una receta que era imposible de determinar con exactitud, ni siquiera con los tests de laboratorio más modernos. Se modeló en forma de huesos y se guardó en una catedral.

¿Por qué? ¿Pertenecían los alquimistas a una iglesia secreta dentro de la Iglesia? ¿Es así como lograron ocultar los huesos en aquellos tiempos tumultuosos de los antipapas y demás conflictos?

Al margen de la historia, Gray estaba seguro de que el mecanismo utilizado por la Corte del Dragón aprovechó de algún modo el poder de la amalgama en estado-m. A lo mejor la contaminación de las obleas sólo era un modo de poner a prueba la amplitud y el alcance de ese poder. Pero ¿cuál era la finalidad principal de tal poder? ¿Una herramienta? ¿Un arma?

Gray meditó sobre la indescifrable fórmula de sustancias químicas, oculta durante siglos en una serie de pistas que conducían a un posible almacén de antiguo poder. Una fórmula indescifrable...

Cuando ya estaba a punto de renunciar, le llegó la respuesta de forma aguda y repentina, como un dolor detrás de los ojos. No era un códice.

—Es una *clave* —dijo en voz alta, sabiendo que era cierto. Miró a los demás—. La amalgama es una clave química indescifrable, imposible de duplicar. En su estructura química única debe de radicar el poder para desentrañar la ubicación de la tumba del cuarto Rey Mago.

Vigor empezó a hablar, pero Gray le interrumpió con la mano.

—La Corte del Dragón sabe cómo despertar ese poder, cómo activar la clave. Pero ¿dónde está el secreto que buscamos? En Colonia no. La Corte del Dragón fracasó allí. Pero deben de tener una segunda idea. La respuesta está aquí, en este fresco. —Miró a todo el grupo—. Tenemos que resolver esto. —Señaló el fresco—. Moisés está golpeando una piedra. Los altares suelen ser de piedra. ¿Significa algo? ¿Se supone que tenemos que marchar al desierto del Sinaí y buscar la piedra de Moisés?

—No —dijo Vigor, intentando salir de la niebla de derrota. Tocó con la mano la roca pintada—. Tened en cuenta las capas de simbolismo del acertijo. Ésta no es la piedra de *Moisés*. Al menos no es sólo suya. En realidad, el fresco se titula «Moisés-Pedro golpeando la piedra».

Gray arrugó la frente.

—¿Por qué dos nombres, Moisés y Pedro?

—En las catacumbas es frecuente encontrar la imagen de san Pedro superpuesta a los actos de Moisés. Es un modo de ensalzar al apóstol.

Rachel se acercó a la cara pintada.

—Si ésta es la piedra de san Pedro...

—«Piedra» en griego se dice *petros* —dijo Vigor—. Por ello el apóstol Simón Bar Jona tomó el nombre de Pedro, que al final fue san Pedro. En palabras de Cristo: «Tú eres Pedro y sobre esta piedra edificaré mi iglesia».

Gray intentó juntar todas las piezas.

—¿Insinúas que el altar mencionado en el acertijo es el altar de la basílica de San Pedro?

Rachel se dio media vuelta.

—No. El simbolismo es inverso. En la estrofa se emplea la palabra «altar», pero la pintura la sustituye por la palabra «piedra». No buscamos un altar, sino una piedra.

—Estupendo —dijo Monk—. Desde luego, así se reducen los parámetros de búsqueda.

—Pues sí —dijo Rachel—. Mi tío ha citado el pasaje bíblico más significativo que relaciona a san Pedro con una piedra. Pedro era la *piedra* sobre la que iba a edificarse la Iglesia. Recuerda dónde estamos ahora. En una cripta. —Golpeteó con los dedos la piedra del fresco—. Una piedra subterránea. —Los miró a todos, con los ojos tan emocionados que casi brillaban en la oscuridad—. ¿Sobre qué sitio se edificó la basílica de San Pedro? ¿Qué *piedra* está enterrada bajo los cimientos de la iglesia?

—La tumba de san Pedro —respondió Gray, con los ojos bien abiertos.

—La piedra de la Iglesia —reiteró Vigor.

Gray ya palpaba la verdad. Los huesos eran la clave. La tumba era el lugar buscado. Rachel asintió.

—Allí es adonde se dirige ahora la Corte del Dragón. Tenemos que ponernos en contacto con el cardenal Spera inmediatamente.

—¡Oh, no! —Vigor se puso tenso.

—¿Qué pasa? —preguntó Gray.

—Hoy, al anochecer... —Vigor miró la hora, lívido. Se dio media vuelta y se alejó—. Tenemos que darnos prisa.

Gray siguió a los demás.

—¿Qué?

—Un funeral por la tragedia de Colonia. La misa está prevista para el atardecer. Van a asistir miles de personas, incluido el Papa.

Gray comprendió de pronto el temor de Vigor. Recordó la masacre de la catedral de Colonia. Todas las miradas se apartarían de los Scavi, la necrópolis situada bajo la basílica de San Pedro, donde se excavó la tumba del apóstol. La piedra de la Iglesia.

Si la Corte del Dragón prendía fuego a los huesos de allí abajo… Imaginó a las multitudes hacinadas en el interior de la iglesia y en la plaza. ¡Dios!

IX
LOS SCAVI

25 de julio, 20.55
Roma

El día de verano se hacía largo. Caía la tarde en la Via Apia cuando Gray salió de las catacumbas. Se hizo sombra en los ojos con la mano. En contraste con la penumbra de las grutas, refulgían los rayos oblicuos del sol de poniente.

El vigilante, Giuseppe, sostuvo la puerta mientras salían y luego la cerró con llave.

—¿Todo bien, monseñor?

El anciano debió de advertir la tensión de sus rostros cuando salieron en tropel por la puerta. Vigor asintió.

—Sólo tengo que hacer una llamada.

Gray le pasó a Vigor su teléfono por satélite. Era preciso avisar al Vaticano y dar la voz de alarma. Gray sabía que monseñor era la persona más indicada para localizar a alguna autoridad de allí.

A un paso de distancia, Rachel ya había sacado su móvil para llamar a su comisaría.

Un disparo les sobresaltó. La bala golpeó el pavimento de sílex del patio, chisporroteando en la penumbra.

Gray respondió de inmediato, en parte sorprendido y en parte no.

—¡Corred! —gritó, y señaló la casa del cuidador, que flanqueaba un lado del patio. Giuseppe había dejado la puerta abierta.

Corrieron todos hacia el refugio. Gray ayudó al anciano vigilante, cogiéndolo por un lado mientras Rachel lo sostenía por el otro.

Antes de que llegasen a la casita, la puerta estalló con un destello de llamas que los lanzó despedidos hacia atrás. Gray cayó sobre Giuseppe y Rachel. La puerta, arrancada de los goznes con la explosión, fue rozando las piedras del pavimento. El cristal se hizo añicos por todo el patio.

Gray se arrodilló para proteger a Rachel y al vigilante. Kat cubrió a Vigor de la misma manera. El comandante sacó la pistola y apuntó, pero no había objetivo. No llegó corriendo ninguna figura con traje monacal.

El paisaje circundante de viñedos y pinares estaba sumido en sombras y penumbra. En silencio.

—Monk —dijo Gray.

Su compañero ya había sacado la escopeta. Miraba a través del visor nocturno adherido a la parte superior del cañón.

—No veo nada —dijo Monk.

Sonó un teléfono. Todas las miradas se fijaron en Vigor, que estaba agachado con el teléfono de Gray, que volvió a sonar en sus manos.

Gray le hizo señas para que contestara. Vigor obedeció, acercándose el teléfono a la oreja.

—*Pronto* —dijo. Escuchó unos instantes y luego estiró el brazo para pasarle el aparato a Gray—. Es para ti.

Gray sabía que los habían inmovilizado intencionadamente. Pero habían dejado de disparar. ¿Por qué? Cogió el teléfono. Antes de que hablara, una voz lo saludó.

—Hola, comandante Pierce.

—Seichan.

—Ya veo que has recibido el mensaje del comando Sigma.

Seichan había logrado seguirlos hasta allí, tendiéndoles una emboscada. Él conocía los motivos. «El acertijo…».

—Por la premura con que tus amigos y tú habéis desalojado la catacumba, sólo puedo suponer que habéis resuelto el misterio. —Gray guardaba silencio—. Raoul tampoco quiso hacerme partícipe de sus conocimientos —dijo Seichan con tranquilidad—. Parece que la Corte del Dragón desea mantener al margen al Guild, jugando sólo a la defensiva. Eso no vale. Así que si tienes la amabilidad de decirme lo que habéis averiguado, os dejaré a todos con vida.

Gray tapó el micrófono del teléfono y preguntó:

—¿Monk?

—Todavía nada, comandante —respondió en voz baja.

Seichan ocupaba una posición estratégica con una buena vista de todo el patio. Los viñedos, árboles y laderas en sombra la ocultaban bien. Posiblemente se acercó subrepticiamente al lugar mientras ellos estaban en las catacumbas y puso una bomba en la casa para obligarlos a quedarse a la intemperie. Estaban a su merced.

—Por las prisas que lleváis —dijo Seichan— el tiempo debe de ser un factor importante. Y yo puedo esperar toda la noche, liquidándoos uno a uno hasta que habléis. —Para enfatizar este punto, una bala golpeó en la piedra justo al lado del pie de Gray, provocándole dolores con el impacto de los cascotes—. Así que sé bueno y cuéntamelo todo.

Monk susurró a su lado:

—Debe de estar utilizando un mecanismo de supresión de escape de humos en el rifle. No se mueve ni una hoja.

Estaba atrapado. No tenía otra opción que negociar.

—¿Qué quieres saber? —preguntó, para ganar tiempo.

—La Corte del Dragón va a atacar un objetivo esta noche. Y creo que habéis descubierto dónde es. Si me lo decís, os dejo marchar.

—¿Y cómo sabré que vas a cumplir tu palabra?

—No lo sabrás. Pero no tienes elección. Pensaba que estaba claro, Gray. ¿Puedo llamarte Gray? —Seichan continuó sin inmutarse—. Mientras me seas de utilidad, dejaré que pulules por ahí, pero desde luego no os necesito a *todos*. Les daré un castigo ejemplar a tus compañeros si es necesario.

Gray no tenía elección.

—Está bien, sí, hemos resuelto el maldito acertijo.

—¿Dónde va a atacar la Corte del Dragón?

—En una iglesia —le dijo, engañándola—. Cerca del Coliseo hay…

Un silbido vertiginoso le rozó el oído y casi el mismo tiempo el vigilante soltó un grito de sobresalto. Al volverse, Gray vio al anciano agarrándose el hombro. La sangre rezumaba entre sus dedos mientras caía de espaldas sobre la piedra del pavimento. Rachel fue inmediatamente en su ayuda.

—Monk, ayúdales —dijo Gray, maldiciendo en silencio.

Su compañero tenía la formación y los instrumentos médicos necesarios. Aun así, Monk vaciló, con el arma preparada, reacio a abandonar su puesto.

Gray le hizo señas más tajantes. Seichan no iba a cometer el error de ponerse a tiro. Monk bajó el arma y asistió al vigilante.

—Esta vez te lo perdono —dijo Seichan por el auricular—. Pero una mentira más y te costará más que un chorrito de sangre.

—Gray tensó los dedos en el teléfono—. Tengo mis propias informaciones secretas, así que puedo saber si tu respuesta encaja o no.

Gray buscaba un modo de despistarla, pero los gemidos del vigilante le impedían concentrarse en la estrategia. No tenía tiempo ni elección. Tenía que decirle la verdad. Hasta entonces ella lo había mantenido en el juego, y ahora le tocaba a él devolverle el favor. Le gustara o no, el Guild y él tenían que colaborar. Era algo que ya se arreglaría en otro momento. Pero para ello tenían que sobrevivir.

—Si no te equivocas en la hora —dijo Gray—, la Corte del Dragón asaltará el Vaticano esta noche.

—¿Dónde?

—Debajo de la basílica. En la tumba de san Pedro. —Gray hizo un breve resumen de la solución del acertijo como prueba de la verdad.

—Un trabajo inteligente, sí señor —dijo ella—. Sabía que por algo te mantenía con vida. Y ahora, si sois tan amables de deshaceros de todos los teléfonos móviles... Tiradlos a la casa en llamas. Y no hagas payasadas, comandante Gray. No presupongas que ignoro el número exacto de teléfonos que lleváis en el equipo.

Gray obedeció. Kat recogió los teléfonos y los mostró uno a uno mientras los arrojaba por la puerta hacia el creciente incendio. Excepto el que tenía Gray en la oreja.

—*Arrivederci* por ahora, comandante Gray.

El teléfono le explotó de pronto en la oreja. Se lo arrancó de los dedos un disparo realizado desde lejos. Le zumbaba el oído y le corría la sangre por el cuello.

Gray se puso tenso, aguardando otro disparo de despedida. En cambio, oyó un motor que se encendía con un rugido ronco tras el cual vino un ruido sordo más tenue. Una moto se alejaba ya por debajo de la cima de la montaña. La Dama del Dragón se marchaba con la información que necesitaba.

Gray se volvió. Monk había vendado el hombro del vigilante.

—Sólo un rasguño. Ha tenido suerte.

Pero Gray sabía que la suerte no había tenido nada que ver. La mujer podría haberle volado los ojos si hubiera querido.

—¿Qué tal el oído? —preguntó Monk.

Gray, irritado, hizo un gesto negativo con la cabeza.

Monk se acercó de todas formas. Le tocó la zona afectada, no con excesiva delicadeza, y examinó las heridas.

—Sólo es una herida superficial. No te muevas. —Le limpió la herida y luego le roció con el líquido de un frasco en la zona afectada.

Le escocía horrores—. Es una tirita líquida —le explicó Monk—. Se seca en cuestión de segundos. O incluso antes si se sopla. Pero no quiero que te inquietes demasiado.

Detrás de ellos, Rachel y Vigor ayudaban al vigilante a ponerse en pie. Kat recuperó el cayado del anciano, que no dejaba de mirar su casa, envuelta en llamas.

Vigor apoyó su mano en el hombro del viejo para consolarlo.

—*Mi dispiace* —se disculpó.

El hombre se encogió de hombros con la voz sorprendentemente firme.

—Aún me quedan las ovejas. Las casas pueden reconstruirse.

—Tenemos que conseguir un teléfono —dijo Rachel a Gray en voz baja—. Hay que avisar al general Rende y al Vaticano.

Gray sabía que el corte de las líneas de comunicación sólo era una táctica dilatoria para que la Corte del Dragón y el Guild tuvieran más tiempo. Echó un vistazo al cielo de poniente.

Ya se había puesto el sol. Sólo quedaba un leve fulgor carmesí. La Corte del Dragón debía de estar ya en marcha.

Gray habló con el vigilante.

—Giuseppe, ¿tiene algún coche?

El anciano asintió sin convicción.

—En la parte de atrás. —Les mostró el camino. Detrás de la casa quemada había un garaje independiente, hecho con tejas de madera, una especie de choza sin puerta.

En el interior había un bulto que llenaba el espacio, cubierto por una lona. Giuseppe les hizo señas con el cayado.

—Las llaves están dentro. Le llené el depósito la semana pasada.

Monk y Kat procedieron a descubrir el coche. Retiraron la lona y apareció un clásico Maserati Sebring 66, negro como la noche. A Gray le recordó los primeros Ford Mustang Fastback. Capó largo, neumáticos rollizos y musculosos, hechos para correr.

Vigor lanzó una mirada a Giuseppe, que se encogió de hombros.

—Es el coche de mi tía… Tiene muy pocos kilómetros.

Rachel se acercó al vehículo con cara de asombro, feliz.

Subieron rápido. Giuseppe acordó esperar a que llegasen los bomberos y continuar después vigilando las catacumbas.

Rachel ocupó el asiento del conductor. Conocía las calles de Roma mejor que nadie. Pero no todos estaban contentos con la elección del conductor.

—Monk —dijo Rachel mientras introducía la llave en el contacto y encendía el motor.

—¿Qué?

—Será mejor que cierres los ojos.

21.22

Después de una breve parada en un locutorio telefónico, Rachel salió del bordillo de la acera. Aceleró para incorporarse al tráfico, lo cual le valió un bocinazo de un conductor airado. Pero ¿de qué diablos se quejaba? Quedaba un palmo entre su coche y el Fiat que le seguía. Espacio de sobra...

Los faros del Maserati iluminaban el camino. Había anochecido por completo. Una larga cola de luces de freno serpenteaba hacia el centro de la ciudad. Rachel esquivaba a los coches como si fueran meros obstáculos. En ocasiones invadía el carril de sentido contrario, pues era una pena desperdiciar sus tramos vacíos.

Sonó un gemido en el asiento trasero. Ella aceleró todavía más. Nadie emitió una queja real.

En el locutorio, Rachel había intentado contactar con el general Rende, mientras su tío llamaba al cardenal Spera. No habían conseguido hablar con ninguno de los dos, pues estaban en el funeral, que ya había empezado. El general Rende supervisaba personalmente la fuerza de los carabineros que vigilaba la plaza de San Pedro. El cardenal Spera estaba presente en la misa. Les dejaron mensajes, lanzaron la voz de alarma, pero ¿llegarían a tiempo?

Todo el mundo estaba en el funeral, a escasa distancia del lugar donde la Corte del Dragón iba a perpetrar el atentado. La muchedumbre servía de perfecta tapadera.

—¿Cuánto nos queda? —preguntó Gray desde el asiento del copiloto. Llevaba la mochila en el regazo y trabajaba con rapidez.

Rachel estaba demasiado ocupada con la conducción para fijarse en lo que él hacía. Pasó a toda velocidad por el Mercado de Trajano, el equivalente del centro comercial en la antigua Roma. El edificio semicircular en ruinas se hallaba en la colina del Quirinal, era un buen punto de referencia.

—Tres kilómetros —respondió a Gray.

—Con tanta gente en el funeral no lograremos llegar a la entrada principal —advirtió Vigor, inclinándose hacia delante desde el asiento trasero—. Deberíamos intentar acceder por la entrada del ferrocarril del Vaticano. Dirígete hacia la Via Aurelia por la muralla sur. Podemos cruzar por los terrenos posteriores de la basílica. Ve por la parte de atrás.

Rachel asintió. El tráfico volvía a congestionarse en un cuello de botella en dirección hacia el puente sobre el Tíber.

—Háblame de las excavaciones que hay debajo de la basílica —dijo Gray—. ¿Hay otras entradas?

—No —contestó Vigor—. La zona de los Scavi es independiente. Justo debajo de San Pedro están las grutas sagradas, a las que se accede a través de la basílica. Muchas de las criptas más famosas y las tumbas papales están ahí. Pero en 1939, cuando los obreros *sampietrini* cavaban una tumba para el papa Pío XI, descubrieron otro nivel debajo de las grutas, una gran necrópolis de antiguos mausoleos del siglo I. Se denominaron simplemente *Scavi*, o excavaciones.

—¿Qué extensión tiene la zona? ¿Cómo es?

—¿Has estado en la ciudad subterránea de Seattle? —preguntó Vigor. Gray miró por encima del hombro a monseñor—. Una vez estuve en un congreso de arqueólogos allí —explicó—. Debajo de la moderna Seattle está su pasado, una ciudad fantasmagórica del salvaje Oeste donde todavía se pueden ver tiendas intactas, farolas, puentes de madera. La necrópolis es algo así, un cementerio romano antiguo enterrado bajo las grutas. Es un laberinto de tumbas, sepulcros y calles de piedra excavado por los arqueólogos.

Rachel llegó por fin al puente y se abrió camino para cruzar el Tíber. Al llegar a la otra orilla, salió del flujo de tráfico principal, dio la vuelta en círculo y se alejó de la plaza de San Pedro. Se dirigía hacia el sur.

Tras unos cuantos giros serpenteantes, circuló por una calle paralela a las Murallas Leoninas del Vaticano. Era un lugar muy oscuro, con muy pocas farolas.

La línea de ferrocarril del Vaticano salía de la Santa Sede y enlazaba con la red ferroviaria de Roma. Hacía más de cien años que los papas viajaban en tren, partiendo de la estación de ferrocarril del Vaticano, situada en el interior de las murallas del Estado papal.

—Gira por ahí antes del puente —dijo Vigor.

A causa de la falta de visibilidad, Rachel hubo de dar un volantazo y el coche salió a trompicones de la avenida principal para desembocar en una vía de servicio con pavimento de grava que subía en una fuerte pendiente. Los neumáticos escupían grava mientras

Rachel se afanaba en llegar a la cima. Era un callejón sin salida que terminaba justo en los raíles.

—¡Por ahí! —gritó Vigor, señalando a la izquierda.

No había calle, sino un estrecho terreno de césped, maleza y piedras paralelo a las vías del ferrocarril. La joven giró el volante, salió de la vía de servicio y entró en el arcén del ferrocarril.

Al frente, los faros del coche iluminaron el lateral de una furgoneta de servicio de color negro azulado, que bloqueaba el paso. Una pareja de la Guardia Suiza, con uniformes azul oscuro, flanqueaba el vehículo, apuntando con los rifles al intruso.

Rachel frenó mientras sacaba el brazo por la ventanilla y enseñaba su identificación de los carabineros. Les gritó:

—¡Teniente Rachel Verona! ¡Con monseñor Verona! ¡Tenemos una emergencia!

Les hicieron señas para que siguieran adelante, pero uno de los guardias continuaba con el rifle en el hombro, apuntando a la cara de Rachel. Vigor mostró sus documentos del Vaticano.

—Tenemos que localizar al cardenal Spera.

Con una linterna registraron el coche, examinando a cada uno de los ocupantes. Por suerte no llevaban las armas a la vista. No quedaba tiempo para preguntas.

—Yo respondo por ellos —dijo Vigor con severidad—. Al igual que el cardenal Spera.

La furgoneta se apartó para dejar paso. Vigor seguía con la cabeza asomada por la ventanilla.

—¿Han recibido la noticia de un posible atentado?

Los guardias abrieron los ojos como platos y negaron con la cabeza.

—No, monseñor.

Rachel miró fijamente a Gray. «¡Oh, no!». Como se temían, en medio de la confusión creada en torno al funeral, la noticia se transmitía con excesiva lentitud por las cadenas de mando. La Iglesia no destacaba precisamente por su capacidad de respuesta rápida, ni ante los cambios ni ante un caso de emergencia.

—No permitan a nadie que circule por aquí —les ordenó Vigor—. Bloqueen esta entrada.

El soldado respondió al comando, dirigiéndose a monseñor, su portavoz, y asintió.

Vigor se incorporó de nuevo en el asiento del coche y señaló hacia un lugar.

—Coge la primera carretera después de la estación.

Rachel no necesitaba que la apremiasen. Atravesó a toda velocidad un aparcamiento que daba a la pintoresca estación de dos pisos y tomó el primer desvío a la derecha. Pasaron frente al Palacio de Justicia y al Palacio de San Carlos. Allí los edificios estaban más comprimidos ya que la cúpula de San Pedro dominaba el mundo a su alrededor.

—Aparca en el hospicio de Santa Marta —ordenó su tío.

Rachel acercó el coche a la acera a toda velocidad. A la izquierda se levantaba la sacristía de San Pedro, conectada a la enorme basílica. La hospedería papal se encontraba a la derecha. Una pasarela cubierta unía la sacristía con ese edificio. Rachel apagó el motor. Tenían que seguir a pie. El lugar de destino —el acceso a los Scavi— estaba al otro lado de la sacristía.

Cuando salían del vehículo oyeron unos cantos atenuados. El coro pontificio cantaba el *Ave María*. Se celebraba ya la misa.

—Seguidme —dijo Vigor.

Guió al grupo por la pasarela cubierta, que conducía a un patio abierto, curiosamente desierto. Toda la atención del Vaticano se centraba en su interior, la basílica, donde se encontraba el Papa. Rachel había presenciado antes ocasiones similares. En las grandes ceremonias, como este funeral especial, quedaba desierta toda la ciudad-estado.

En el extremo opuesto de la sacristía, un ruido grave e intenso se sumó al canto coral. Provenía de un lugar situado enfrente, el Arco de las Campanas, que conducía a la plaza de San Pedro. Era el murmullo de miles de voces, las de la multitud congregada en la plaza. A través de la estrecha entrada del arco, Rachel vislumbró las velas que brillaban entre la oscura muchedumbre.

—Por aquí —dijo Vigor, mientras sacaba un enorme llavero. Los condujo hacia una puerta sin distintivos, situada en el extremo del pequeño patio. Acero sólido—. Por aquí se baja a los Scavi.

—No hay guardias —observó Gray.

La única fuerza de seguridad era una pareja de la Guardia Suiza apostada junto al Arco de las Campanas. Iban provistos de rifles y escudriñaban a la multitud. Ni siquiera volvieron la vista a los recién llegados.

—Al menos está cerrada con llave —dijo Vigor—. A lo mejor resulta que, a pesar de todo, hemos llegado antes que ellos.

—No podemos contar con eso —le advirtió Gray—. Sabemos que tienen contactos dentro del Vaticano. Quizá tienen las llaves.

—Muy pocas personas tienen estas llaves. Yo dispongo de un juego por ser el jefe del Instituto Pontificio de Arqueología. —Se volvió hacia Rachel y le entregó otras dos llaves—. Éstas son las de la puerta de abajo y la tumba de san Pedro.

Rachel no quiso aceptarlas.

—¿No vienes tú?

—Tú conoces la historia de los Scavi mejor que nadie. Yo tengo que localizar al cardenal Spera. Hay que apartar al Papa de la zona de riesgo y desalojar la basílica sin que cunda el pánico. —Se llevó la mano al alzacuello—. No hay ninguna otra persona que pueda hacerlo con suficiente celeridad.

Rachel asintió y cogió las llaves. Se requería alguien de la talla de su tío para conseguir audiencia inmediata con el cardenal, sobre todo durante una misa tan importante. Probablemente era ésa la razón por la que todavía no se había dado la voz de alarma. Eran bloqueos burocráticos. Ni siquiera el general Rende tenía jurisdicción en el territorio del Vaticano.

Vigor dirigió a Gray una mirada penetrante antes de marcharse. Rachel supo interpretarla: «Cuida de mi sobrina».

La joven agarró bien las llaves. Al menos su tío no intentaba excluirla. Era consciente del peligro; miles de vidas pendían de un hilo.

Vigor se dio media vuelta y se dirigió a la puerta principal de la sacristía. Era la vía más rápida para llegar al centro de la basílica.

Gray se dirigió al grupo y les ordenó que se pusieran las radios. Consiguió también una para Rachel, le colocó el micrófono en el cuello y le mostró que hasta el más leve susurro se oía. Empleó la palabra «subvocalización». Era extraña, pero perfectamente comprensible.

Rachel practicó mientras Monk abría la puerta. El camino hacia el sótano estaba oscuro.

—Hay un interruptor de la luz en el interior —susurró Rachel, sorprendida de la intensidad con que se percibía la señal emitida a través del micrófono.

—Vamos a entrar a oscuras —dijo Gray.

Monk y Kat asintieron y se pusieron unas gafas. Gray le pasó un par a Rachel. Visión nocturna. Ella las conocía por su formación militar. Al ponérselas comprobó que el mundo brillaba en sombras verdes y plateadas.

Gray iba delante, seguido de Rachel y Kat. Monk cerró la puerta sin hacer ruido. El camino se oscureció por completo, aun con las gafas. Los visores nocturnos requerían cierta luz. Gray encendió una linterna que brillaba en la penumbra. La sostenía debajo de la pistola.

Rachel se levantó un instante las gafas y observó que el camino seguía negro como el carbón. La linterna de Gray emitía luz ultravioleta, sólo visible con las gafas.

Una luz ultraterrena iluminaba una antesala en esta planta. Había varios monitores y maquetas dispersos por el espacio, pensados para las visitas guiadas. Una era una maqueta de la primera iglesia de Constantino, construida en aquel lugar en el año 324 a.C. La otra era una maqueta de una *aedicula,* un sepulcro con forma de templo de dos plantas. Se trataba de un templo similar al que marcaba el lugar de la tumba de san Pedro. Según los historiadores, Constantino construyó un cubo de mármol y pórfido, una roca poco común importada de Egipto. Recubrió el sepulcro de la *aedicula* y construyó la iglesia originaria a su alrededor.

Poco después del comienzo de las excavaciones de la necrópolis se redescubrió el cubo originario de Constantino, situado justo debajo del altar principal de San Pedro. Se conservaba un muro del templo primigenio, en cuya superficie se habían grabado palabras y garabatos cristianos, entre ellos unas letras griegas que decían *Petros eni,* o «Pedro está dentro».

Y, de hecho, en el interior de una cavidad del muro se hallaron huesos y ropa que coincidían con las de un hombre de la edad y estatura de san Pedro. Ahora se conservaban sellados dentro de aquella misma cavidad, en cajas de plástico blindadas, construidas, curiosamente, por el Departamento de Defensa estadounidense. Y aquél era su objetivo.

—Por aquí —susurró Rachel, señalando unas empinadas escaleras de caracol que conducían a las plantas inferiores.

Gray bajó delante. Rachel sintió un escalofrío por debajo de la ropa, como si estuviera desnuda. Las gafas limitaban el campo de visión, con un efecto ligeramente claustrofóbico.

Al pie de las escaleras, una puerta pequeña bloqueaba el paso. Rachel se pegó al cuerpo de Gray y percibió su olor a almizcle mientras sacaba la llave y abría la cerradura.

Él le agarró la mano para impedir que abriera la puerta y la apartó con suavidad y firmeza. Entonces tiró de la puerta para abrirla sólo unos centímetros y mirar a través del hueco. Rachel y los demás esperaron.

—Vía libre —dijo—. Está tan oscuro como una tumba.

—Muy gracioso —rezongó Monk.

Gray abrió la puerta. Rachel se preparó para una explosión, tiroteo o algún tipo de ataque, pero sólo halló silencio.

Mientras avanzaban hacia el interior, Gray se volvió hacia el grupo.

—Creo que monseñor tenía razón. Por una vez nos hemos adelantado a la Corte del Dragón. Ya va siendo hora de que les tendamos una emboscada.

—¿Cuál es el plan? —preguntó Monk.

—Nada de riesgos. Ponemos la trampa y salimos de este infierno. —Gray señaló la entrada—. Monk, vigila la puerta. Es la única vía de entrada o salida. Y cúbrenos las espaldas.

—Ningún problema.

Gray entregó a Kat algo que parecían dos cartones pequeños de huevos.

—Granadas sónicas y bombas lumínicas. Supongo que bajarán a la oscuridad como hemos hecho nosotros, con los oídos bien abiertos. Veamos si podemos dejarlos sordos o ciegos. Distribuye estas bombas mientras nos acercamos a la tumba. Plena cobertura.

Después se acercó a Rachel y le dijo:

—Enséñame la tumba de san Pedro.

La chica se adentró en la oscura necrópolis por un antiguo camino romano. A ambos lados del sendero había criptas familiares y mausoleos, de seis metros cuadrados cada uno. Los muros estaban recubiertos de adobe muy fino, un material de construcción común en el siglo I. Muchas tumbas estaban decoradas con frescos y mosaicos, pero tales detalles eran turbios con el visor nocturno. Quedaban algunos restos de estatuas que parecían moverse con la iluminación fantasmagórica, como muertos que resucitan.

Rachel planificó el itinerario hacia el centro de la necrópolis. Una pasarela metálica conducía a una plataforma y una ventana rectangular. Señaló hacia allí.

—La tumba de san Pedro.

21.40

Gray apuntó con la pistola y el foco ultravioleta hacia la tumba. Detrás de la ventana, a una distancia de unos tres metros, se alzaba un muro de ladrillo junto a un cubo de mármol macizo. Cerca de la base del muro había un agujero con una abertura. Gray se inclinó y apuntó la luz hacia aquel lugar. En el interior de la abertura se veía una caja transparente con una sustancia blanquecina, similar a la arcilla.

Huesos. De san Pedro.

Gray se estremeció de miedo y sobrecogimiento y sintió que se le erizaba el vello del brazo. Se sentía como un arqueólogo que escarba en una cueva oscura, de algún continente perdido, apenas un par de pisos bajo el corazón de la Iglesia católica romana. Aunque ahí estaba quizá su *verdadero* corazón.

—¿Comandante? —preguntó Kat, que se reunió con ellos tras haberse demorado un poco para depositar las cargas explosivas.

Gray se incorporó.

—¿Podemos acercarnos un poco más? —preguntó a Rachel.

Ella sacó la segunda llave que le había dado su tío y abrió la cerradura de la puerta que conducía al sanctasantórum.

—Tenemos que darnos prisa —dijo Gray, como si se le agotase el tiempo. Sin embargo, quizá no era así. Era posible que la Corte del Dragón no perpetrase el atentado hasta después de medianoche, al igual que en Colonia. Pero no podían correr riesgos.

Sacó el aparato que había estado calibrando durante el camino hasta la basílica. Registró el lugar y halló un punto casi imperceptible. Fijó la cámara de vídeo diminuta dentro de la grieta de un mausoleo cercano y la orientó para que enfocara la tumba de san Pedro. Cogió una segunda cámara y la giró en sentido opuesto, para que cubriera cualquier aproximación al cristal.

—¿Qué hace? —le preguntó Rachel.

Una vez instaladas las cámaras, Gray les hizo señas para que salieran.

—No quiero sorprenderles con la trampa tan pronto. Quiero que se sientan cómodos aquí y enciendan su aparato. Entonces les atacaremos. No quiero dejarles ninguna posibilidad de que escapen con los huesos de los Reyes Magos o su dispositivo asesino.

Después de salir, Rachel volvió a cerrar la puerta con llave.

—Monk —dijo Gray por la radio—, ¿qué tal por ahí?

—Todo en calma.

Gray se dirigió hacia un mausoleo cercano en ruinas, abierto por la cara principal. Hacía tiempo que habían retirado los huesos. Sacó el portátil de la mochila y lo ocultó en el interior de la cripta, no sin antes enchufar en el puerto USB un transmisor-amplificador portátil. Se encendió un piloto verde que indicaba que funcionaba la conexión. Pulsó un conmutador para dejar el aparato en modo oscuro. No brillaba ya ninguna luz ni en el ordenador ni en el transmisor. Correcto. Después se incorporó y dio algunas explicaciones al grupo mientras salían de allí.

—Las cámaras de vídeo no tienen potencia suficiente para transmitir a mucha distancia. El portátil captará la señal y la amplificará. Tendrá suficiente alcance para llegar a la superficie. Podremos verla en otro portátil. En cuanto la Corte esté aquí abajo atrapada, los acribillaremos con las cargas sónicas y lumínicas, y luego bajaremos con todo un batallón de la Guardia Suiza.

Kat asintió y le miró a la cara:

—Si hubiéramos actuado con excesiva cautela en las catacumbas y nos hubiéramos retrasado más de la cuenta, no habríamos tenido esta oportunidad.

Gray asintió. Por fin la suerte estaba de su parte. Con un poco de audacia, habían...

Unas explosiones interrumpieron su línea de pensamiento. No eran fuertes, sino atenuadas, como cargas de profundidad que explosionan bajo el agua. Retumbaron en toda la necrópolis, junto con un estrépito de piedra más intenso.

Gray se agachó mientras se perforaban en el techo pequeñas hendiduras. Comenzaron a desprenderse trozos de piedra y tierra, que caían y aplastaban los mausoleos y criptas. Antes de que los escombros se asentasen, alguien pasó unas cuerdas por las aberturas humeantes, y tras ellas apareció un hombre detrás de otro. Todo un equipo de asalto. Irrumpieron en la necrópolis y se evaporaron.

Gray comprendió de inmediato lo que ocurría. La Corte del Dragón estaba entrando desde el piso superior, las grutas sagradas, al cual se accedía desde el interior de la basílica. Probablemente llegaron al funeral y luego, a través de su contacto en el Vaticano, se colaron para bajar a las criptas papales de la gruta sagrada. Seguramente habrían escondido el material durante los días anteriores entre las lóbregas tumbas de la gruta. Después, amparados por el propio funeral, recuperaron sus herramientas, dejaron cargas explosivas especialmente diseñadas y descendieron en silencio hacia el piso inferior, donde ellos estaban.

Preveían escapar del mismo modo, desapareciendo entre la multitud congregada en la basílica.

Debían evitarlo a toda costa.

—Kat —susurró Gray—, acompaña a Rachel hasta el lugar donde está Monk. No te enfrentes. Vuelve arriba. Ve a buscar a la Guardia Suiza.

Kat agarró a Rachel por el codo.

—¿Y tú? —preguntó Rachel.

Gray ya estaba en marcha; volvía hacia la tumba de san Pedro.

—Me quedo aquí. Controlaré desde el portátil. Los entretendré si es necesario. Luego os enviaré una señal por radio en cuanto les tienda la emboscada.

Quizá no estaba todo perdido.

Monk habló por la radio. Aun con la subvocalización, sus palabras eran tenues.

—No vengáis aquí. Han abierto un agujero justo encima de la salida. Casi me aplastan el cráneo con una piedra. Los cabrones están remachando la puerta para bloquearla.

Gray oyó los estallidos de metralleta de un arma de aire comprimido provenientes del fondo de la necrópolis.

—Por aquí nadie va a entrar ni salir —concluyó Monk.

—¿Kat?

—Comprendido, comandante.

—Todo el mundo al suelo —ordenó—. Atentos a mi señal.

Gray se agachó y avanzó por la calle del cementerio. Estaban solos.

21.44

Vigor entró en la basílica de San Pedro por la puerta de la sacristía, flanqueada por dos hombres de la Guardia Suiza. Había mostrado tres veces su identificación para conseguir el acceso. Pero al fin se fue filtrando la noticia a través de los sucesivos controles. Quizá no había sido suficientemente persuasivo cuando llamó veinte minutos antes, al reconocer que no sabía con certeza la hora exacta en que la Corte del Dragón asaltaría la tumba. Pero ahora las cosas se movían en la dirección adecuada.

Pasó por delante del monumento a Pío VII y entró en la nave cerca del centro de la iglesia. La basílica tenía forma de cruz gigante, con una superficie de 25.000 metros cuadrados, tan inmensa que dentro de los límites de la nave se podía jugar un partido de fútbol.

Y en aquel momento estaba llena. En los bancos, desde la nave hasta el transepto, no cabía un alfiler. En el espacio brillaban miles de velas y ochocientas lámparas de araña. El coro pontificio cantaba *Exaudi Deus*, muy oportuno para un funeral, pero amplificado con la intensidad de un concierto de rock.

Vigor se apresuraba, pero prefirió no correr para que no cundiera el pánico. Había un número reducido de salidas. Hizo señas a los dos hombres de la Guardia Suiza para que se desplazasen a izquierda y derecha, con el fin de alertar a sus compañeros. Vigor tenía que desalojar al Papa y alertar a la cúpula eclesiástica para que evacuasen lentamente a los feligreses.

Al entrar en la nave, tenía una clara visión del altar papal.

Al otro lado del altar, el cardenal Spera estaba sentado junto al Papa bajo el baldaquino de bronce dorado de Bernini, que cubría el centro del altar. Tenía una altura de ocho pisos y estaba sustentado por columnas salomónicas de bronce macizo, decoradas con ramas de olivo y laurel de oro. El baldaquino estaba rematado con una esfera de oro sujeta por una cruz.

Monseñor logró avanzar subrepticiamente. Iba todavía mal vestido y no le quedaba tiempo para ponerse el atuendo adecuado. Algunos feligreses opulentos lo miraban con mala cara y luego se fijaban en el alzacuello romano. Aun así, eran miradas desdeñosas. Un pobre cura de parroquia, debían de pensar, sobrecogido por el espectáculo.

Al llegar al fondo de la nave, Vigor se dirigió a la izquierda. Tenía que dar un rodeo para llegar a la parte posterior del altar, donde podía hablar con el cardenal Spera en privado.

Mientras pasaba por delante de la estatua de san Longino, una mano asomó por una entrada sombría y lo agarró. Él lanzó una mirada mientras le aprisionaban el codo. Era un hombre desgarbado de su misma edad, con el pelo canoso, alguien a quien conocía y respetaba, el prefecto Alberto, el prefecto jefe de los archivos.

—¿Vigor? —dijo el prefecto—. Me dijeron…

Sus palabras se perdieron con la intensidad del estribillo del coro. Vigor se acercó un poco más, adentrándose en el hueco que protegía la puerta, lugar por el que se accedía a las grutas sagradas.

—Lo siento, Alberto. ¿Qué…?

La presión de la mano se intensificó. Una pistola le apuntó con fuerza en las costillas. Tenía silenciador.

—Ni una palabra más, Vigor —le advirtió Alberto.

21.52

Gray estaba oculto en el interior de la cripta, tumbado boca abajo, fuera de la vista de la abertura. Tenía la pistola al lado del portátil abierto, con la pantalla en modo oscuro, pero brillando con rayos ultravioleta. La pantalla mostraba dos imágenes, una procedente de la cámara que enfocaba la tumba de san Pedro y la otra de la cámara enfocada hacia la necrópolis principal.

El equipo de asalto se había dividido en dos grupos. Mientras una parte patrullaba la necrópolis en la oscuridad, la otra había encendido linternas para facilitar el trabajo junto a la tumba. Trabajaban con gran eficiencia y velocidad, cada hombre centrado en su propio trabajo. Ya habían abierto la puerta que impedía el acceso a la tumba de san Pedro. Dos hombres flanqueaban la famosa cripta, arrodillados. Instalaron dos grandes placas a cada lado.

El tercer hombre era reconocible de inmediato por su tamaño. Raoul. Llevaba un estuche de acero. Lo abrió y retiró un cilindro de plástico transparente, lleno del familiar polvo grisáceo. La amalgama. Debían de haber pulverizado el hueso. Raoul introdujo el cilindro por la abertura de la tumba.

Enchufando la batería…

Con todo ya dispuesto, Gray no podía esperar más. El aparato estaba preparado. Era su oportunidad de pillar desprevenida a la Corte del Dragón, quizá para ahuyentarla y que abandonara el dispositivo en su huida.

—Preparados para el apagón —susurró Gray. Acercó la mano al transmisor que controlaba las bombas sónicas y lumínicas—. Llevaos por delante a tantos como podáis mientras estén aturdidos, pero no corráis riesgos innecesarios. No dejéis de moveros. Y no os quedéis a la vista.

Todos respondieron afirmativamente. Monk estaba oculto cerca de la puerta. Kat y Rachel habían encontrado otra cripta para esconderse. El equipo de asalto no se había percatado de su presencia.

Gray vio que el trío de hombres salía de la zona de la tumba y dejaba a su paso cables comunicados con el dispositivo. Raoul cerró la puerta, para protegerse del peligro. Sobre la plataforma de metal se presionó la oreja con la mano, claramente dando el visto bueno para continuar.

—Cuenta atrás desde cinco para el apagón —susurró Gray—. Tapones de oídos colocados, gafas apagadas. Allá vamos.

Gray contó mentalmente. «Cinco, cuatro, tres…». Sin ninguna visión, apoyó una mano en la pistola y la otra en el portátil. «Dos, uno, cero».

Pulsó el botón del portátil.

A pesar de los tapones de los oídos, sintió el profundo *boom* de las cargas sónicas situadas detrás de su esternón. Aguardó tres segundos para que se apagase la luz estroboscópica de las granadas lumínicas. Acto seguido encendió las gafas y se quitó los tapones. Los disparos resonaban en toda la necrópolis. Gray rodó hasta la entrada de la cripta.

Justo delante, la plataforma de metal estaba vacía. No había nadie a la vista. Raoul y sus dos hombres se habían ido. ¿Adónde?

El ruido de los disparos se intensificó. Se libraba un tiroteo en la oscura necrópolis. Gray recordó que Raoul había recibido algún comunicado justo antes de que él activara las cargas sónicas y lumínicas. ¿Era una advertencia? ¿De quién?

Gray registró los alrededores. El mundo se había difuminado en sombras verduscas. Subió las escaleras de la plataforma. Tenía que arriesgarse a desactivar el aparato y la amalgama.

Cuando llegó arriba, se agachó, apoyándose en las puntas de los pies, con una mano en la plataforma para mantener el equilibrio y girando la pistola para cubrir todas las direcciones.

De pronto vio un destello a través de la ventana. Vislumbró a Raoul, que estaba de pie en el lado opuesto, a escasa distancia de la tumba. En el momento del ataque, el hombre debió de escabullirse a través de la puerta. Miró a Gray a los ojos y levantó los brazos. En las manos tenía el mecanismo de control para inflamar la amalgama.

Demasiado tarde. Gray apuntó y disparó, pero el cristal blindado repelió la bala. Raoul sonrió y giró la clavija del aparato de control.

X

EL SAQUEADOR DE TUMBAS

25 de julio, 21.54
Ciudad del Vaticano

Con el primer temblor, Vigor salió volando por el aire. O quizá fue el suelo que se desmoronó bajo sus pies. En cualquier caso, se despegó de la superficie.

Los gritos resonaban por toda la basílica. Al caer aprovechó el momento para plantar un codo directamente en la nariz del traidor Alberto, que había caído de espaldas con el primer temblor. Giró a un lado y le propinó un firme puñetazo en la nuez. El hombre cayó redondo y la pistola se le soltó de los dedos. Vigor la agarró justo cuando comenzaba el segundo temblor. El otro le golpeó las rodillas. Por aquel entonces, los gritos y chillidos resonaban por doquier. Pero bajo todo aquel estruendo vibraba un rasgueo profundo y hueco, cual tañido de una campana, tan inmensa como la basílica, en la que estuvieran todos atrapados.

Monseñor recordó la descripción ofrecida por el testigo superviviente de Colonia. Una presión como si los muros cediesen hacia dentro, aplastándolos a todos. Ocurría lo mismo allí. Todos los ruidos —gritos, súplicas, oraciones— se discernían perfectamente pero quedaban atenuados.

Mientras se ponía en pie, el suelo seguía temblando. La superficie de mármol pulido parecía ondulada y trémula, acuosa. Vigor se metió la pistola debajo del cinturón y dio media vuelta para acudir en ayuda del Papa y el cardenal Spera.

En cuanto dio el primer paso, sintió algo antes de verlo: un incremento repentino de la presión, ensordecedor, opresivo. Luego cedió. Desde la base de las cuatro columnas de bronce del baldaquino de Bernini ascendían cascadas de energía eléctrica en espiral, crepitantes, abrasadoras. Subían por las columnas, traspasaban el techo del baldaquino y llegaban a la esfera de oro. Estalló un trueno ensordecedor. El suelo volvió a sacudirse y se abrieron fisuras en el mármol. Desde la esfera del baldaquino emergió un rayo fulgurante, que golpeó la parte inferior de la cúpula de Miguel Ángel y la traspasó con un brusco movimiento. El suelo volvió a estremecerse, con mayor violencia aún.

La cúpula se resquebrajó. Cayó una lluvia de placas de yeso. Todo se desmoronaba.

21.57

Monk se levantó del suelo. Sangraba por un ojo. Al caer de bruces en la esquina de la cripta se había roto las gafas y se había hecho un corte en una ceja. Sin visión, se agachó en busca del arma. El visor nocturno de la escopeta le permitiría ver. Al palpar el suelo, percibió que seguía vibrando bajo las yemas de los dedos. Todos los tiroteos habían cesado tras el primer temblor.

Siguió registrando el pavimento por los alrededores de la cripta. La escopeta no podía estar lejos. Palpó algo duro con la yema de los dedos. Gracias a Dios.

Cuando intentó coger el objeto, se percató de su error. No era la culata de su arma, sino la punta de una bota. Sintió en el cráneo la presión del cañón caliente de un rifle. Mierda.

21.58

Gray oyó un disparo de rifle en la necrópolis. Era el primer tiro desde el comienzo de los temblores. Había salido despedido desde la plataforma de metal y había caído cerca del mausoleo donde tenía escondido el portátil. Luego rodó como una bola, tras recibir un golpe en el hombro. Conservó las gafas y la pistola en su sitio, pero perdió la radio.

La calle de piedra estaba cubierta de cristales rotos, debido a que la ventana de la plataforma había estallado con el primer temblor violento.

Registró su entorno. A unos pasos de la plataforma de metal irradiaba todavía un haz de luz desde la zona de la tumba. Tenía que averiguar lo que ocurría allí. Pero no podía irrumpir solo, sin saber qué terreno pisaba.

Tras asegurarse de que nadie lo observaba, se escondió de nuevo en el mausoleo. Las cámaras seguían transmitiendo. Se tendió boca abajo y encendió el portátil. Se abrieron las imágenes en la pantalla dividida. La cámara que apuntaba a la necrópolis principal sólo mostraba oscuridad. No se oían más disparos. La necrópolis estaba otra vez inmersa en un silencio sepulcral. ¿Qué había pasado con los demás?

Como no había respuesta, se fijó en el otro lado de la pantalla. Aparentemente no había cambiado nada. Entrevió a dos hombres con rifles que apuntaban hacia la puerta, los guardias de Raoul. Pero no se veía ni rastro del hombre grande. La tumba parecía intacta. Pero la imagen, *toda* la imagen de la pantalla, latía ligeramente, en consonancia con la vibración del suelo de piedra. Era como si las cámaras estuvieran recogiendo alguna emanación del dispositivo cargado, un campo de energía que irradiaba. Pero ¿dónde estaba Raoul?

Gray rebobinó un minuto la grabadora digital y se detuvo en el instante en que Raoul estaba junto a la tumba y giró la clavija del aparato. En la pantalla, Raoul se volvía para observar el resultado. Brillaban luces verdes en las dos placas instaladas a cada lado de la tumba. El movimiento le llamó la atención. Gray pulsó el botón del zoom para acercar la imagen de la abertura de la tumba. El cilindro que contenía la amalgama en polvo vibraba, y a continuación se despegó del suelo. Levitaba.

Gray empezaba a entender. Recordó la descripción de Kat de cómo el polvo de metal en estado-m mostraba una capacidad de levitar en un campo magnético fuerte, a la vez que servía de superconductor. Recordó el descubrimiento de Monk de una cruz magnetizada en Colonia. Las placas con las luces verdes debían de ser electroimanes. El dispositivo de la Corte del Dragón aparentemente no hacía más que crear un campo electromagnético fuerte alrededor de la amalgama, que de este modo servía de superconductor en estado-m.

Comprendió la naturaleza de la energía que emanaba de aquel objeto. Sabía por fin qué era lo que había matado a los feligreses. ¡Dios!

De pronto la imagen traqueteó debido al primer temblor. Se perdió por completo la señal por un segundo y luego se recuperó, con una perspectiva ligeramente torcida debido al cambio de posición de la cámara. En la pantalla, Raoul se alejaba de la tumba.

Gray no entendía por qué. Aparentemente, no ocurría nada. Luego lo vio al fin, medio oculto con el destello de las linternas. En la base de la tumba, una parte del suelo de piedra se inclinaba ligeramente hacia abajo, formando una estrecha rampa que conducía a la parte inferior de la tumba. Allí abajo titilaba una luz cobalto. Raoul aparecía delante de la cámara, bloqueando la visión, hasta que bajaba por la rampa, dejando solos a los dos guardias. Por ahí había desaparecido.

Gray aceleró la grabación hasta el presente. Vio unos cuantos *flashes* brillantes que surgían de allí abajo, haces de luz blanca cegadora. Eran *flashes* de una cámara. Raoul estaba inmortalizando todo lo que encontraba allí abajo.

Unos segundos después, Raoul subía de nuevo por la rampa. El cabrón mostraba una sonrisa de satisfacción. Había vencido.

21.59

Tumbada sobre la cubierta del mausoleo, Kat logró disparar una vez y arrebatarle el rifle al hombre que apuntaba a la cabeza de Monk. Pero un nuevo temblor le desbarató el siguiente disparo. El adversario que quedaba no lo dudó. Por la dirección en la que había caído el cuerpo de su camarada debió de adivinar dónde se escondía Kat. Se agachó y golpeó a Monk con la empuñadura metálica de un cuchillo de caza. Luego lo levantó como escudo y le presionó el cuello con el filo del arma.

—¡Sal de ahí! —gritó el hombre en inglés con un marcado acento, que parecía germánico—. O le corto la cabeza a éste.

Kat cerró los ojos. Revivía las escenas de Kabul. Ella y el capitán Marshall habían entrado para salvar a dos soldados capturados, dos compañeros. Amenazaban con decapitarlos. Pero no tenían elección. Aunque las probabilidades eran de tres contra uno, emprendieron el asalto, irrumpiendo en silencio con cuchillos y bayonetas. Pero ella no advirtió la presencia de un guardia escondido en una hornacina. Sonó un disparo de rifle y Marshall se desmoronó. Kat había liquidado al último guardia con una puñalada, pero era demasiado tarde para el capitán. Sostuvo su cuerpo mientras agonizaba, transido de dolor, con los ojos clavados en ella, suplicantes, conscientes, incrédulos… y luego nada. Los ojos se volvieron vítreos. Un hombre vital, un hombre tierno, se desvanecía como el humo.

—¡Sal ahora mismo! —le gritó el hombre en medio de la necrópolis.

—¿Kat? —le susurró Rachel, tocándole el codo. La teniente de los carabineros estaba tendida junto a ella en la cubierta.

—Quédate aquí escondida —le dijo Kat—. Intenta alcanzar una de las cuerdas para salir de aquí. —Ése era el plan originario, saltar desde un techo a otro y agarrar alguna de las cuerdas de escalada que colgaban todavía desde la planta superior, para dar la voz de alarma y conseguir refuerzos. Ese plan no debía fracasar. Rachel lo sabía también.

Kat tenía otra misión que cumplir. Rodó desde el techo del mausoleo y frenó ágilmente con las puntas de los pies. Se deslizó por dos hileras para ocultar su anterior posición y dejar así vía libre a Rachel para escapar, y luego salió al exterior, a diez metros del hombre que amenazaba a Monk. Kat alzó las manos y arrojó la pistola. Entrelazó los dedos y se colocó las manos sobre la cabeza.

—Me rindo —dijo fríamente.

Monk forcejeaba, aturdido y ciego, pero el hombre que lo aprisionaba estaba bien entrenado para someterlo, de rodillas, mientras le clavaba la punta del cuchillo en el cuello. Kat observó los ojos de Monk mientras se acercaba.

Tres pasos.

El combatiente se relajó. Kat advirtió que desviaba ligeramente la punta del cuchillo. Perfecto. La mujer se inclinó hacia delante y sacó el puñal que llevaba en la funda de la muñeca. Aprovechó el impulso para lanzar el cuchillo, que salió disparado y alcanzó al hombre en el ojo. Cayó de espaldas, llevando consigo a Monk.

Kat se giró, sacó otro cuchillo de la bota y lo lanzó en la dirección que le había indicado Monk, alcanzando una sombra casi imperceptible. Un tercer combatiente. Se oyó un breve grito. Un hombre se desmoronó entre las sombras, con una hendidura en el cuello.

Monk intentó ponerse en pie, mientras tanteaba con los dedos y encontraba el cuchillo de su atacante. Pero había perdido las gafas y Kat no tenía otras de repuesto. Ella tenía que guiarle.

Kat le ayudó a levantarse y le puso la mano sobre su hombro.

—No te separes de mí —le susurró.

De pronto le deslumbró un destello de linterna y se volvió para eludirlo. La luz repentina, amplificada por las gafas de visión nocturna, le abrasaba la parte posterior de la cabeza. Era cegadora, dolorosa. Un cuarto combatiente. Alguien al que no había visto. Una vez más.

22.02

A través de la pantalla del ordenador Gray había advertido el destello luminoso del fondo de la necrópolis. No podía ser nada bueno. Y en efecto, no lo era. A un lado de la pantalla dividida vio a Raoul con la radio en la oreja y una amplia sonrisa. Al otro, observó que Kat y Monk caminaban obligados a punta de pistola, con los brazos atados a la espalda con presillas de plástico amarillo, y los empujaban por los escalones hasta la parte superior de la plataforma.

Raoul se quedó en la tumba. El suelo seguía temblando. Uno de sus guardaespaldas permanecía a su lado; el otro había bajado por la rampa. Raoul alzó la voz.

—¡Comandante Pierce! ¡Teniente Verona! ¡O aparecéis ahora mismo o estos dos morirán!

Gray se quedó donde estaba. No tenía fuerzas para dominar la situación; era inútil intentar el rescate. Y si cedía ante las exigencias, lo único que conseguiría es entregar también su propia vida. Raoul los mataría a todos. Cerró los ojos, sabiendo que estaba condenando a sus compañeros.

Volvió a abrir los ojos al oír una nueva voz.

—¡Aquí estoy! —La imagen de Rachel apareció en la pantalla a través de la segunda cámara, con las manos levantadas.

Gray vio que Kat hacía un gesto negativo con la cabeza. Ella también sabía que aquel acto de la teniente era una insensatez.

Los dos hombres armados cogieron a Rachel y la condujeron adonde estaban los demás. Raoul dio un paso al frente y le apuntó con una pistola inmensa en el hombro. Luego le gritó al oído:

—¡Ésta es una pistola de caballo, comandante Pierce! ¡Calibre 56! ¡Podría arrancarle el brazo de cuajo! ¡O apareces ahora mismo o empiezo a mutilarle las extremidades! ¡Voy a contar hasta cinco!

Gray vio el brillo del miedo en los ojos de Rachel. ¿Podía quedarse viendo cómo descuartizaban a sus amigos? Y en caso afirmativo, ¿qué conseguiría? Mientras permaneciera escondido, Raoul y sus hombres se dedicarían a destruir o recoger todas las pruebas ocultas allí. La muerte de los demás no serviría de nada.

—Uno...

Miró fijamente al portátil, a Rachel… No tenía elección.

Ahogando un gemido, se contoneó para quitarse la mochila, sacó de ella un objeto que guardaba en un bolsillo interior y lo escondió en la mano.

—Dos…

Puso el portátil en modo oscuro y lo cerró con un clic. Si no sobrevivía, confiaba en que el ordenador sirviera como testigo de los acontecimientos.

—Tres…

Salió a gatas del mausoleo pero siguió escondido. Dio un rodeo para ocultar su posición.

—Cuatro…

Volvió a la calle principal, agachado.

—Cinco…

Se entrelazó las manos sobre la cabeza y apareció a la vista de los demás.

—Aquí estoy. ¡No dispares!

22.04

Rachel vio cómo Gray caminaba hacia ellos a punta de pistola. Por la mirada fulminante del comandante, Rachel comprendió que se había equivocado. Con su rendición esperaba concederle tiempo a Gray para actuar, para hacer algo que los salvara, o por lo menos para salvarse él. No le gustaba nada la perspectiva de quedarse sola en la necrópolis, contemplando cómo mataban a los demás.

Y si bien Kat se había entregado por Monk, tenía un plan de rescate previsto, aunque al final se hubiera malogrado. Rachel, en cambio, había actuado sólo por fe, depositando toda su confianza en Gray.

El líder de la Corte del Dragón la empujó a un lado para recibir a Gray cuando éste subió a la plataforma. Raoul levantó la inmensa pistola, apuntando al pecho del comandante.

—Tú me has causado un montón de problemas. —Amartilló el arma—. Y no habrá armadura capaz de detener esta bala.

Gray lo ignoró. Fijó la vista en Monk, en Kat… luego en Rachel. Separó los dedos entrelazados sobre la cabeza y mostró un huevo negro mate. A continuación dijo una palabra:

—Apagón.

22.05

Gray contaba con desviar toda la atención de Raoul y sus hombres en cuanto explotase la granada lumínica sobre su cabeza. Aun con los ojos bien cerrados, el destello estroboscópico abrasaba a través de los párpados. Era una explosión rojiza.

Sin ver nada, cayó y rodó hacia un lado. Oyó el rugido estrepitoso de la pistola de caballo de Raoul. Se puso en pie y sacó su Glock de calibre 40. Cuando ya cesaba el destello estroboscópico, por fin abrió los ojos.

Uno de los hombres de Raoul yacía al pie de las escaleras, con un agujero del tamaño de un puño en el pecho, el disparo destinado a Gray.

Raoul bramó y bajó de la plataforma, girando en el aire y disparando a ciegas hacia ella.

—¡Abajo! —gritó Gray.

Las balas de gran calibre abrieron boquetes en el acero. Los demás cayeron de rodillas. Monk y Kat tenían todavía las manos atadas a la espalda.

Gray alcanzó en el tobillo a un hombre deslumbrado, que perdió el equilibrio y cayó de la plataforma. Tras derribar a otro al pie de las escaleras, fue en busca de Raoul, que se desplazaba a gran velocidad pese a su constitución gigante; había ido a parar a un lugar no visible desde allí, pero seguía disparándoles desde abajo, perforando el suelo de rejilla de la plataforma. Eran presas fáciles.

Gray no podía prever la duración de los efectos de la granada lumínica. Tenían que marcharse de allí.

—¡Volvemos! —susurró Gray a los demás—. ¡Por la puerta!

El comandante inició una descarga cerrada para cubrir la retirada de sus compañeros y luego los siguió. Raoul dejó de disparar por un momento para recargar el arma. Pero era evidente que volvería a perseguirlos a muerte.

Se oyeron gritos que provenían de zonas más profundas de la necrópolis: otros pistoleros que acudían a toda prisa en ayuda de sus compañeros en apuros.

¿Y ahora qué? Sólo le quedaba un cargador de munición.

Gray oyó un grito a sus espaldas. Volvió la mirada y vio que Rachel perdía el equilibrio hacia atrás: medio deslumbrada por la bomba lumínica en la oscuridad, no había visto la rampa que había delante de la tumba y había tropezado con ella. Para evitar la caída se había agarrado al codo de Kat, pero ésta estaba también desprevenida, por lo que las dos dos mujeres cayeron por la rampa y rodaron hasta llegar abajo.

Monk miró a Gray a los ojos.

—Mierda.

—Abajo —dijo Gray. Era el único refugio. Y además tenían que proteger las pistas que quedaban allí abajo.

Monk fue el primero en descender y lo hizo a trompicones, con los brazos atados a la espalda.

Luego lo siguió Gray mientras se iniciaba una nueva descarga. Se habían arrancado fragmentos rocosos de la superficie de la tumba. Raoul había recargado el arma. Pretendía alejarlos a toda costa.

Al volverse, Gray vio la luz verde que brillaba en una de las placas conectadas a la tumba. Todavía estaba activada. Pensó con rapidez y tomó una decisión. Apuntó el arma y disparó. La bala seccionó el nudo de alambres conectados con la placa. La luz verde se apagó. Bajó por la rampa de piedra y advirtió el cese inmediato del temblor del suelo. Se le taponaron los oídos por el repentino descenso de la presión. El dispositivo había dejado de funcionar. Inmediatamente después se oyó un chirrido estridente bajo los pies.

Continuó bajando y llegó al interior de una pequeña caverna al pie de la rampa, una hendidura natural, de origen volcánico, común en las colinas de Roma. A sus espaldas, la rampa volvía a replegarse, cerrando el lugar. Se puso en pie, pistola en mano. Como suponía, la activación del dispositivo había abierto la tumba y del mismo modo su desactivación la cerraba. En el exterior, la descarga de Raoul continuaba, perforando la roca.

«Demasiado tarde», pensó Gray con satisfacción. Con el chirrido final del choque de la roca contra la roca la rampa se cerró. Y se hizo la oscuridad, pero no total.

Gray se volvió. Los demás se habían reunido alrededor de una losa de roca negra metálica apoyada en el suelo. Su superficie estaba iluminada por una pequeña pira de llama azul, que se elevaba como un hilo de fuego eléctrico. Se acercó. Apenas quedaba espacio para que los cuatro lo rodearan.

—Hematites —dijo Kat, que identificó la roca gracias a su formación geológica. Observó la losa desde la rampa cerrada—. Óxido de hierro.

Se inclinó y examinó las líneas de plata grabadas en su superficie, riachuelos sobre fondo negro, iluminados por las llamas azules.

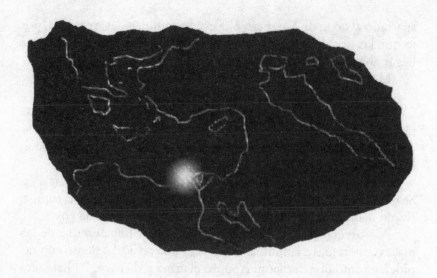

Mientras Gray lo observaba, el fuego comenzó a extinguirse de pronto, atenuándose gradualmente como un destello hasta apagarse por completo.

Monk reclamó la atención del grupo hacia un asunto más inmediato. Otro objeto brillante.

—Por aquí —dijo.

Gray se dirigió allí. En una esquina de la oscura caverna había un familiar cilindro de plata, con forma de mancuerna: una granada incendiaria. Un temporizador marcaba la cuenta atrás en la oscuridad.

04:28.

04:27.

Gray recordó que uno de los guardaespaldas de Raoul se había agachado por allí cuando el líder terminó de fotografiar el lugar. Había estado instalando la bomba.

—Parece que pretendían destruir esta pista —dijo Monk. Se arrodilló para examinar el dispositivo—. Joder, es una bomba trampa.

Volvió a mirar la bomba. Al haberse extinguido la luz de la hematites, la única iluminación de la caverna era el temporizador de cristal líquido de la granada.

04:04.

04:03.

04:02.

22.06

Vigor sintió el descenso repentino de la presión. La ráfaga de fuego eléctrico que había resquebrajado el yeso de la cúpula se dispersó en cuestión de segundos. La energía se desvaneció como fantasmagóricas arañas cerúleas.

Aun así, reinaba el caos en el interior de la basílica. Pocos advirtieron el cese de los fuegos artificiales. La mitad de los feligreses había logrado escapar, pero el atasco de las entradas había ralentizado la evacuación posterior. La Guardia Suiza y la policía del Vaticano hacían lo imposible por asistir a la multitud.

Algunos se escondieron bajo los bancos. Decenas de feligreses habían resultado heridos por los desprendimientos de yeso y estaban sentados con los dedos ensangrentados, tocándose las heridas de la cabeza. Unos cuantos ciudadanos valientes, verdaderos cristianos, les brindaban ayuda y consuelo.

La Guardia Suiza había ido en rescate del Papa. Pero éste, como el capitán de un barco que naufraga, se negó a abandonar la iglesia. El cardenal Spera permaneció a su lado. Salieron de la parte inferior del baldaquino en llamas y se refugiaron en la capilla Clementina, en uno de los laterales.

Vigor acudió junto a ellos. Echó un vistazo a la basílica. El caos remitía lentamente y se restauraba el orden. Contempló también la cúpula atacada. Se había sostenido, ya fuera gracias a Dios o por el genio constructivo de Miguel Ángel.

Cuando Vigor se acercaba, el cardenal Spera se abrió paso entre las filas de hombres de la Guardia Suiza.

—¿Se ha acabado?

—No lo sé —respondió Vigor con sinceridad. Había algo que le preocupaba más.

Habían quemado los huesos. Eso estaba claro. Pero ¿qué había sido de Rachel y los demás?

Se entrometió en la conversación una nueva voz que gritaba con una intensidad familiar. Al volverse, Vigor vio a un hombre de hombros anchos y pelo canoso que avanzaba hacia él, vestido con uniforme negro y el sombrero bajo el brazo. Era el general Joseph Rende, amigo de la familia y jefe de la comisaría local de Parioli. Vigor comprendía por qué se estaba restaurando el orden. Los carabineros actuaban con todas sus fuerzas.

—¿Qué hace aquí todavía Su Santidad? —preguntó Rende a Vigor mientras saludaba al Papa, que seguía en medio de un grupo de cardenales vestidos de negro.

Vigor no tenía tiempo para explicárselo. Agarró al general por el codo.

—Tenemos que llegar abajo. A los Scavi.

Rende frunció el ceño.

—Recibí noticias de la comisaría... de Rachel... algo relacionado con un robo por aquí. Luego ocurrió todo esto.

Monseñor negó con la cabeza. Quería exteriorizar su pánico, pero habló con firmeza y aplomo.

—Reúne a tantos hombres como puedas. Tenemos que llegar allí abajo. ¡Cuanto antes!

El general respondió de inmediato con varias órdenes escuetas dirigidas a sus hombres. Al instante acudió un grupo de soldados de uniforme negro, provistos de armas de asalto.

—¡Por aquí! —dijo Vigor, dirigiéndose hacia la puerta de la sacristía. La entrada de los Scavi estaba en la parte de atrás, no muy lejos. Aun así, Vigor sentía que no avanzaba con suficiente rapidez.

Rachel...

22.07

Gray se arrodilló junto a Monk. Había desatado las muñecas a sus compañeros con un cuchillo que llevaba Kat escondido. Monk tomó las gafas de visión nocturna de Gray para examinar mejor el objeto.

—¿Estás seguro de que no puedes desactivarla? —preguntó Gray.

—Si tuviera más tiempo, mejores herramientas y una luz un poco más decente... —Monk le miró a la cara e hizo un gesto negativo con la cabeza.

El comandante miró el temporizador que brillaba en la oscuridad.

02:22.

02:21.

Se puso en pie y se dirigió junto a Kat y Rachel, que estaban al otro lado. Kat había estado estudiando el mecanismo de la rampa con los ojos de una avezada ingeniera. Sin volverse advirtió que se acercaba Gray.

—El mecanismo es una burda placa de presión —dijo Kat—. Una especie de conmutador de seguridad. Se necesita peso para mantener la rampa cerrada. Pero si se libera el peso, la rampa se abre por los engranajes y la fuerza de gravedad. Pero no tiene sentido.

—¿Qué quieres decir?

—Por lo que puedo deducir, la placa disparadora está debajo de la tumba, justo encima de nuestras cabezas.

—¿La tumba de san Pedro?

Kat asintió y condujo a Gray hacia un lado del cubículo.

—Aquí es de donde retiraron el perno de fijación después de sujetar la placa con el peso de la tumba. Ahora la única manera de abrir esta rampa es *mover* la tumba de san Pedro para apartarla de la placa. Pero eso no ocurrió cuando la Corte del Dragón activó el dispositivo.

—O quizá sí… —Gray recordó el cilindro que contenía la amalgama superconductora, cómo levitaba—. Kat, ¿te acuerdas de tu descripción del test de Arizona, el test con esos polvos en estado-m? ¿Aquello de que cuando los superconductores se cargaban pesaban *menos* de cero?

Kat asintió.

—Porque el polvo hacía que el platillo levitara.

—Creo que ya sé lo que ha ocurrido aquí. Yo vi que la amalgama del cilindro levitaba cuando se activó el dispositivo. ¿Y si el campo que rodeaba la amalgama hubiera afectado también a la tumba, como el platillo del experimento? Aunque no levantase realmente la estructura maciza, pudo haber *reducido el peso* de la misma.

Kat abrió bien los ojos.

—¡Claro, y entonces se soltó la placa de presión!

—Exacto. ¿Esto te da alguna pista sobre cómo reabrir la rampa?

Kat observó por un instante el mecanismo. Hizo un lento gesto negativo con la cabeza.

—Me temo que no, a no ser que logremos mover la tumba.

Gray miró el temporizador.

01:44.

22.08

Vigor bajó corriendo las escaleras de caracol que conducían a los Scavi. No vio indicios de que alguien hubiera entrado ilícitamente. La angosta puerta apareció al fondo.

—¡Espera! —le dijo el general Rende, que iba detrás de él—. Que entre primero uno de mis hombres. Si hay elementos hostiles…

Vigor lo ignoró y corrió a la puerta. Presionó el cerrojo; no estaba cerrada con llave, gracias a Dios: no tenía otro juego de llaves.

Golpeó la puerta con todo su peso, pero no se movía. Salió rebotado con una contusión en el hombro. Corrió el cerrojo y volvió a empujar.

La puerta no se desplazaba, como si estuviera bloqueada o remachada por el otro lado.

Vigor se volvió para mirar al general Rende.

—Aquí pasa algo.

22.08

Rachel observaba sin parpadear la cuenta atrás del temporizador cuando faltaba ya menos de un minuto.

—Tiene que haber otra salida —masculló.

Gray negó con un gesto tal posibilidad ilusoria. Aun así, Rachel no se daba por vencida. Puede que no supiera ingeniería ni estuviera muy versada en el arte de desactivar bombas, pero *conocía* la historia de Roma.

—Aquí no hay huesos —dijo.

Gray la miró fijamente como si le faltara un tornillo.

—Kat —dijo Rachel—, has dicho que alguien tuvo que retirar el perno de fijación cuando se instaló inicialmente el mecanismo, para cerrar la rampa. ¿Es así?

Kat asintió. Rachel miró a los demás.

—Entonces tenía que haberse quedado encerrado aquí dentro. ¿Dónde están sus huesos?

Kat abrió bien los ojos. Gray apretó el puño.

—Otra salida.

—Creo que eso es lo que acabo de decir. —Rachel sacó de un bolsillo una caja de cerillas. Encendió una—. Lo que tenemos que encontrar es una abertura. Algún túnel secreto.

Monk les siguió.

—Pásanos las demás.

En cuestión de segundos cada miembro del equipo tenía una cerilla encendida. Buscaban algún indicio de aire fresco, algún signo revelador de una salida oculta. Rachel empezó a hablar por puro nerviosismo.

—La colina Vaticana recibió ese nombre por los adivinos que solían congregarse aquí. *Vates* en latín significa «vidente del futuro».

Al igual que muchos oráculos de la época, se ocultaban en cuevas como ésta y formulaban profecías.

Examinó la llama mientras registraba la pared: no titilaba. Intentaba no mirar el temporizador, pero no conseguía evitarlo.

00:22.

—A lo mejor está muy bien sellado —masculló Monk.

Rachel encendió otra cerilla.

—Por supuesto —continuó con voz nerviosa—, los oráculos casi siempre eran meros charlatanes. Al igual que en las sesiones de espiritismo de finales del XIX, el médium solía tener un cómplice oculto en un nicho o túnel secreto.

—O debajo de la mesa —dijo Gray. Se había agachado junto a la losa de hematites. Pegó la cerilla al suelo. La llama titiló, proyectando sombras danzarinas en las paredes—. ¡Rápido!

No era necesario meterles prisa.

00:15.

Ya les bastaba con este incentivo. Monk y Gray agarraron el borde de la losa, con las rodillas flexionadas. Lograron levantarla y estiraron las piernas. Kat introdujo la cabeza y las manos en el hueco con una cerilla encendida.

—Hay un túnel estrecho —dijo con alivio.

—¡Todos adentro! —ordenó Gray.

Kat hizo señas a Rachel para que bajara. Ésta introdujo primero los pies y al penetrar descubrió un pozo de piedra. Logró colarse en su interior; no era difícil con la fuerte pendiente. Se deslizó de culo. Kat hizo lo mismo a continuación, y luego Monk.

Rachel se retorció para ver lo que ocurría, mientras contaba mentalmente. Quedaban cuatro segundos.

Monk sujetó la losa con la espalda. Gray entró de cabeza en el hoyo entre las piernas de Monk.

—¡Ahora, Monk!

—No hace falta que me lo digas dos veces.

Al soltarla, Monk dejó que el peso de la losa le impulsase en la caída.

—¡Baja! ¡Baja! —le apremió Gray—. Corre tanto como…

La explosión interrumpió sus palabras.

Rachel, todavía medio retorcida, vio una ráfaga de llamas anaranjadas que los perseguía a través de los bordes de la losa. Monk despotricaba. La chica ignoró la cautela y siguió deslizándose por el tobogán. La pendiente era cada vez mayor. Pronto se percató de que patinaba por un húmedo túnel apoyada en el trasero, como si fuera un trineo.

A lo lejos oyó un nuevo ruido. Un sonoro torrente de agua. ¡Oh, no!

22.25

Al cabo de un cuarto de hora, Gray ayudó a Rachel a salir del río Tíber. Temblaban en la orilla. A ella le castañeteaban los dientes. Él la abrazó fuerte y le frotó los hombros y la espalda, para darle calor lo mejor que podía.

—Estoy… estoy bien —dijo, pero no hizo ningún ademán de distanciarse, sino que se apoyó un poco más sobre él.

Monk y Kat lograron salir del agua, empapados y cubiertos de lodo.

—Será mejor que nos movamos —dijo Kat—. Nos ayudará a compensar la hipotermia hasta que consigamos ropa seca.

Gray salió del agua y subió a la orilla. ¿Dónde estaban? El tobogán de escape desembocaba en un arroyo subterráneo. Como no veían nada, no tuvieron otra opción que agarrarse unos a otros por el cinturón y seguir la corriente del canal, con la esperanza de que los condujese a algún lugar seguro.

Mientras descendían, al extender el brazo para evitar obstáculos, Gray palpó una obra de mampostería. Posiblemente era una red antigua de alcantarillado o un canal de desagüe. Desembocaba en un laberinto de canales. Siguieron el sentido de la corriente, hasta que llegaron a una poza brillante, ampliamente iluminada por la luz que se reflejaba desde el fondo del túnel subterráneo. Gray investigó la poza y descubrió un corto pasadizo de piedra que iba a parar al Tíber.

Los demás lo siguieron y pronto aparecieron de nuevo al aire libre, bajo el firmamento estrellado y la luna llena que se reflejaba en el río. Lo habían conseguido.

Monk escurrió las mangas de su camisa mientras se volvía para contemplar el canal.

—Si tenían una puerta oculta, ¿qué sentido tiene toda la patraña de los huesos de los Reyes Magos?

Gray se había planteado la misma pregunta y tenía una respuesta.

—Nadie podía encontrar esa puerta oculta por casualidad. Dudo que yo pudiera volver hasta allí por ese laberinto. Los antiguos alquimistas ocultaron esta pista de manera que el buscador no sólo tuviera que resolver el enigma, sino también conocer los fundamentos básicos de la amalgama y sus propiedades.

—Era una prueba —dijo Rachel, temblando con la leve brisa que corría. Se notaba que ella también había sopesado este asunto—. Una prueba de transición que hay que superar para poder seguir adelante.

—Habría preferido un test de opciones múltiples —dijo Monk con acritud.

Gray hizo un gesto negativo con la cabeza y subió a la orilla. Rodeó a Rachel con el brazo para ayudarla. Los temblores de la chica remitían, pero daban paso a repentinos escalofríos.

Llegaron al punto más alto de la ribera y se encontraron en el extremo de una calle. Al otro lado había un parque. Y más al fondo, sobre la colina, brillaba la basílica dorada de San Pedro en el cielo nocturno, donde sonaban las sirenas y parpadeaban las luces rojas y azules de emergencia.

—Vamos a ver lo que ha ocurrido —dijo Gray.

—Y a darnos un baño caliente —refunfuñó Monk.

El comandante no discutió.

23.38

Una hora después, Rachel estaba envuelta en una manta seca y cálida. Todavía llevaba la ropa mojada, pero al menos la caminata hasta allí y la acalorada discusión con una serie de guardias obtusos la habían hecho entrar en calor.

Se habían acomodado en las oficinas de la Secretaría de Estado de la Santa Sede. La sala estaba decorada con frescos y provista de sillones mullidos y dos largos divanes, uno enfrente del otro. Allí se encontraban el cardenal Spera, el general Rende y un Vigor muy aliviado.

Éste se sentó junto a su sobrina y la cogió de la mano. No la había soltado desde que atravesaron el cordón policial para acceder a este sanctasanctórum.

Habían expuesto una versión preliminar de los hechos.

—¿Y la Corte del Dragón ha desaparecido? —preguntó Gray.

—Hasta los cadáveres —dijo Vigor—. Tardamos diez minutos en romper la puerta de abajo. Lo único que encontramos fueron algunas armas dispersas. Debieron de escapar por el mismo lugar por el que entraron… a través del tejado.

Gray asintió.

—Al menos los huesos de san Pedro están a salvo —dijo el cardenal Spera—. Los desperfectos de la basílica y la necrópolis pueden repararse. Si hubiéramos perdido las reliquias… —Hizo un gesto negativo con la cabeza—. Tengo una enorme deuda con ustedes.

—Y no ha muerto ninguno de los asistentes al funeral —dijo Rachel, igualmente aliviada.

El general Rende hojeaba una carpeta.

—Cortes y contusiones, magulladuras, algunos huesos rotos. Causó más daños el atropello de la multitud que la serie de temblores.

El cardenal Spera giraba distraído los dos anillos de oro de su cargo, uno en cada mano, moviéndolos adelante y atrás en un gesto nervioso.

—¿Y la caverna que había debajo de la tumba? ¿Qué encontraron allí?

Rachel arrugó la frente.

—Había…

—Estaba demasiado oscuro para verlo bien —dijo Gray, interrumpiéndola. La miró a los ojos, con cara de disculpa pero también con firmeza—. Había una losa grande que contenía alguna inscripción, pero sospecho que la bomba habrá abrasado la superficie. Puede que nunca sepamos lo que decía.

Rachel comprendió su reticencia a hablar con claridad. El prefecto jefe de los archivos, que se había esfumado durante los momentos de confusión, había desaparecido con la Corte del Dragón. Si el prefecto Alberto colaboraba con la Corte, ¿quién más formaba parte de la conspiración? El cardenal Spera ya había prometido registrar la habitación y los documentos privados de Alberto. Tal vez aquello podría aportar alguna pista. Entretanto, era importante la discreción.

Gray se aclaró la voz.

—Si damos por concluida esta declaración, agradecería mucho la hospitalidad del Vaticano.

—Por supuesto —dijo el cardenal Spera—. Ordenaré a alguien que les acompañe hasta sus habitaciones.

—También me gustaría echar otro vistazo a los Scavi por mi cuenta. Para ver si hemos pasado por alto algún aspecto importante.

El general Rende accedió.

—Le acompañará uno de mis hombres.

Gray se volvió a Monk y Kat.

—Os veo luego en las habitaciones. —Giró los ojos para incluir a Rachel y Vigor.

La joven asintió, comprendiendo la velada orden: «Ni una palabra a nadie». Hablarían más tarde en privado todos juntos.

Gray salió con el general Rende.

Mientras los veía marchar, Rachel recordó aquellos brazos que la habían estrechado. Se arrebujó en la manta. No era lo mismo.

23.43

Gray registró el mausoleo donde había ocultado sus cosas. Encontró intacta la mochila justo donde la había dejado.

A su lado, un joven carabinero, tan almidonado como su uniforme, presenciaba la escena. Las listas rojas de los bordes del traje caían rectas como plomadas, y el fajín blanco del pecho estaba dispuesto en un perfecto ángulo de noventa grados. El emblema de plata del sombrero tenía un aspecto pulcro y reluciente.

Miró la mochila como si Gray estuviera robándola. Éste no se molestó en dar explicaciones. Tenía demasiadas cosas en que pensar. Aunque la mochila permanecía allí, el portátil había desaparecido. Alguien se lo había llevado. Sólo una persona podía haberlo robado sin llevarse la mochila, alguien notoriamente ausente durante los acontecimientos de la noche: Seichan.

Gray salió de la necrópolis muy airado. Mientras lo escoltaban, apenas se fijó en los patios, escaleras y pasillos que recorría. Su mente trabajaba a un ritmo febril. Tras cinco minutos de subidas y caminatas, entró en la habitación de su equipo y dejó a la escolta fuera.

La sala principal era opulenta, con ornamentos de oro, muebles tallados y lujosa tapicería. Del techo abovedado con frescos de nubes y querubines colgaba una inmensa lámpara de araña de cristal. Las velas titilaban en los apliques de las paredes y los candelabros de las mesas.

Kat y Vigor conversaban sentados en sendas sillas cuando entró Gray. Se habían puesto unos gruesos albornoces blancos, como si fuera una suite del Ritz.

—Monk está en el baño —dijo Kat, señalando con la cabeza a un lado de la sala.

—Y Rachel también —añadió Vigor, señalando con un brazo hacia el lado opuesto. Todas las habitaciones compartían esa sala común.

Kat se fijó en la mochila de Gray.

—Has encontrado parte de tus cosas.

—Pero el portátil no. Creo que lo ha robado Seichan.

Kat arqueó una ceja. Gray se sentía demasiado mugriento para sentarse en cualquiera de las sillas, de modo que empezó a caminar por la habitación.

—Vigor, ¿puedes sacarnos de aquí por la mañana sin que nadie nos vea?

—Supongo… si no queda otro remedio… ¿Por qué?

—Quiero que desaparezcamos del mapa lo antes posible. Cuanto menos se sepa sobre nuestro paradero, mejor.

Monk entró en la sala.

—¿Nos vamos a algún lado? —preguntó mientras se hurgaba el oído con el dedo. Encima del ojo llevaba una tirita. También iba vestido con un albornoz blanco que había dejado medio abierto. Al menos llevaba una toalla alrededor de la cintura.

Antes de que Gray respondiera, se abrió la puerta del lado opuesto y entró Rachel descalza y en albornoz, con el cinturón bien abrochado. Pero mientras caminaba hacia el grupo, dejaba al aire la pantorrilla y parte del muslo. Llevaba el pelo recién lavado, húmedo y revuelto. Intentaba peinárselo con los dedos, pero a Gray le gustaba más alborotado.

—¿Comandante? —preguntó Monk, mientras se acomodaba en un sillón. Levantó las piernas y se ajustó bien la toalla.

Gray tragó saliva. «¿Qué estaba diciendo?».

—¿Adónde vamos? —le apuntó Kat.

—A buscar la siguiente pista de este viaje —dijo Gray, carraspeando para aclararse la voz—. Después de lo que hemos visto esta noche, ¿queremos que la Corte del Dragón se apodere del conocimiento oculto al final de esta caza del tesoro?

Nadie discutió. Monk se toqueteó la tirita.

—¿Qué demonios *ha ocurrido* esta noche?

—Creo que tengo alguna idea al respecto. —Las palabras de Gray llamaron la atención de todo el grupo—. ¿A alguien le suenan los campos de Meissner?

Kat levantó la mano tímidamente.

—He visto alguna vez el término referido a los superconductores.

Gray asintió.

—Cuando un superconductor cargado se expone a un campo electromagnético fuerte, se forma un campo de Meissner. La fuerza de este campo es proporcional a la intensidad del campo magnético y a la cantidad de energía del superconductor. Es un campo de Meissner lo que permite que los superconductores leviten en un campo magnético. Pero se han observado algunos efectos más extraños en la manipulación de los superconductores, lo cual ha llevado a postular otros efectos aparte de los campos de Meissner: brotes de energía inexplicables, auténtica antigravedad e incluso distorsiones del espacio.

—¿Eso es lo que ha ocurrido en la basílica? —preguntó Vigor.

—La activación de la amalgama, tanto aquí como en Colonia, se logró con poco más que un par de placas electromagnéticas.

—¿Grandes imanes? —preguntó Monk.

—Sintonizados con una rúbrica energética específica para liberar la fuerza latente en el superconductor en estado-m.

Kat añadió inquieta:

—Y la energía liberada, el campo de Meissner, hizo que levitara la tumba, o al menos hizo que pesara menos. Pero ¿y la tormenta eléctrica del interior de la basílica?

—Sólo puedo conjeturar lo que pasó. El baldaquino de bronce y oro, junto al altar papal, reposa directamente sobre la tumba de san Pedro. Creo que las columnas de metal del baldaquino sirvieron de pararrayos gigantes. Atrajeron parte de la energía liberada debajo y la impulsaron hacia arriba.

—Pero ¿por qué querrían destrozar la basílica esos antiguos alquimistas? —preguntó Rachel.

—No es que quisieran —respondió Vigor—. En realidad no querían. Recuerda, calculamos que esas pistas las dejaron en el siglo XIII.

Gray asintió. Vigor hizo una pausa y luego prosiguió mientras se mesaba la barba.

—En realidad, era fácil construir la cámara secreta en aquella misma época. El Vaticano estaba casi desierto. No fue la sede del poder papal hasta 1377, cuando los pontífices regresaron de su largo exilio en Francia. Antes de eso, el Palacio Laterano de Roma sirvió de sede papal. De modo que el Vaticano era un lugar irrelevante y poco vigilado durante el siglo XIII. —Vigor se dirigió a Rachel—. Así que la tormenta eléctrica no es culpa de los alquimistas. El baldaquino de Bernini no se construyó hasta el siglo XVII, varios siglos *des-*

pués de que dejaran aquellas pistas. La tormenta tuvo que ser un desafortunado accidente.

—A diferencia de lo que ocurrió en Colonia —replicó Gray—. La Corte del Dragón contaminó intencionadamente las obleas con oro en estado-m. Creo que utilizaron a los feligreses como conejillos de Indias de algún vil experimento. Su primer ensayo *de campo*. Para evaluar la fuerza de la amalgama y validar sus teorías. El oro en estado-m ingerido cumplió la misma función que el baldaquino de aquí. Absorbió la energía del campo de Meissner, electrocutando a los feligreses desde el interior del organismo.

—Todas aquellas muertes —dijo Rachel.

—No era más que un experimento.

—Tenemos que detenerlos —afirmó Vigor con voz rota.

Gray asintió.

—Pero antes hay que pensar cuál es el siguiente paso —precisó Vigor—. He memorizado el dibujo. Puedo esbozarlo.

Rachel lanzó una mirada a Gray y luego a su tío.

—¿Cómo? —preguntó Gray.

Vigor se volvió y cogió un papel doblado. Se inclinó sobre la mesa y lo desplegó. Era un mapa de Europa.

Gray frunció el ceño.

—Reconocí el contorno en la piedra —dijo Rachel—. El delta del río era una pista clave, sobre todo para quien vive en el Mediterráneo. Mirad.

Rachel se acercó al mapa e hizo un cuadrado con los dedos, como si estuviera examinando una fotografía. Con él rodeó una zona del extremo este del mapa.

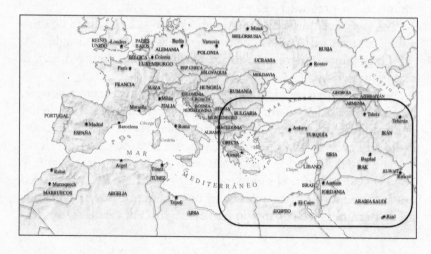

Gray observó con atención, al igual que los demás. La zona de la costa comprendida entre los dedos se correspondía, aproximadamente, con el dibujo grabado en la losa de hematites.

—Es un mapa —dijo Gray.

—Y la estrella brillante... —Rachel le miró a los ojos.

—Debe de haber un pequeño depósito de oro en estado-m incrustado en la losa. Absorbió la energía del campo de Meissner y se inflamó.

—Y marcó un punto en el mapa. —Rachel colocó un dedo sobre el papel.

Gray se acercó. La joven señalaba una ciudad junto a la desembocadura del Nilo en el Mediterráneo.

—Alejandría —leyó Gray—. En Egipto.

Alzó la vista con su cara a escasos centímetros de la de Rachel. Se miraron inmóviles por un instante, embelesados. Ella separó levemente los labios, como si fuera a decir algo, pero olvidó sus palabras.

—La ciudad egipcia era un bastión muy importante de estudios gnósticos —dijo Vigor, rompiendo el hechizo—. Albergaba la famosa biblioteca, un inmenso almacén de conocimientos antiguos fundado por Alejandro Magno.

Gray se estiró.

—Alejandro Magno. Tú señalaste que era una de las figuras históricas que conocían los secretos del polvo de oro blanco.

Vigor asintió, con los ojos brillantes.

—Otro Rey Mago —dijo Gray—. ¿Podría ser él el *cuarto* Rey Mago que buscamos?

—No lo sé con certeza —respondió Vigor.

—Yo sí —replicó Rachel con voz segura—. El verso del acertijo alude explícitamente al *rey perdido*.

Gray recordó el acertijo del pez. «En el lugar donde se ahoga, flota en la oscuridad y observa al rey perdido».

—¿Y si no fuera una referencia meramente alegórica? —reiteró Rachel—. ¿Y si fuera literal?

Gray no comprendía, pero Vigor abrió los ojos como platos.

—¡Claro! —exclamó—. Debería haberlo pensado antes.

—¿Cómo? —preguntó Monk.

—Alejandro Magno murió joven —explicó Rachel—, a los treinta y tres años. Su funeral y entierro están bien documentados en la historiografía. —Señaló el mapa—. Sólo... sólo...

Vigor concluyó la frase. A Rachel le perdía la emoción.

—Su tumba desapareció.

Gray observó atentamente el mapa.

—Y así es como se convirtió en el rey *perdido* —masculló, mientras recorría la sala con la mirada—. Entonces ya sabemos adónde tenemos que ir.

23.56

Reprodujo una vez más la imagen en el portátil, sin sonido; desde la aparición de la Corte del Dragón hasta la huida del equipo de Sigma. Todavía no había respuestas. Lo que se ocultaba bajo la tumba de san Pedro era un misterio.

Decepcionado, cerró el portátil y se inclinó hacia atrás. El comandante Pierce no había sido muy explícito en su declaración. Era evidente que mentía: había descubierto algo en la tumba.

Pero ¿qué había averiguado? ¿Qué sabía exactamente?

El cardenal Spera se acomodó en el asiento y giró el anillo de oro en el dedo. Había llegado el momento de poner fin a todo aquello.

Día tres

XI

ALEJANDRÍA

26 de julio, 7.05
Sobre el mar Mediterráneo

Llegarían a Egipto en menos de dos horas. A bordo del avión privado, Gray revisó el contenido de su mochila. El director Crowe había logrado proveerles de nuevos suministros y armas, portátiles incluidos. El director tuvo también la previsión de trasladar el avión alquilado Citation X desde Alemania hasta el aeropuerto internacional Leonardo da Vinci de Roma.

Gray miró el reloj. Hacía media hora que habían despegado. Las dos horas restantes hasta el aterrizaje en Alejandría era el único tiempo del que disponían para definir la estrategia. Al menos las escasas horas de descanso en Roma les habían servido para reanimarse. Antes del amanecer habían salido a hurtadillas del Vaticano, sin avisar a nadie.

El director Crowe había dispuesto un plan de protección adicional, consistente en programar un falso vuelo a Marruecos. Recurrió a sus contactos en la Oficina Nacional de Reconocimiento para cambiar los indicativos a mitad de vuelo mientras se dirigían a Egipto. Era el mejor modo de no dejar rastro.

Sólo quedaba un detalle por resolver. «¿Dónde iban a empezar la búsqueda en Alejandría?».

Para responder a esta cuestión, la cabina del Citation X se había convertido en un gabinete estratégico de investigación. Kat, Rachel y Vigor se afanaban en sus respectivas terminales de trabajo. Desde la cabina de mando, Monk coordinaba el transporte y la logística posteriores al aterrizaje. Ya había desmontado y examinado su nueva Scattergun. La llevaba consigo. A este respecto comentó:

—Sin ella me siento desnudo. Y creedme, seguro que eso no os gustaría nada.

Entretanto, Gray desarrollaba otra investigación. Aunque era un asunto no relacionado directamente con la cuestión inmediata, pretendía indagar algo más sobre el misterio de los superconductores en estado-m. Pero antes...

Se levantó y se dirigió al lugar donde estaba el trío de investigadores.

—¿Habéis averiguado algo más?

—Nos hemos dividido el trabajo de revisión de todas las referencias y documentos desde antes del nacimiento de Alejandro Magno hasta su muerte y la desaparición de su tumba —respondió Kat.

Vigor se frotó los ojos. Era el que menos había dormido de todos: sólo una hora. Había asumido la tarea de investigar más detenidamente las pilas de documentos de los Archivos Vaticanos. Estaba seguro de que el prefecto jefe de las bibliotecas, el traidor doctor Alberto Menardi, era la cabeza que había resuelto clandestinamente los enigmas a la Corte del Dragón. Vigor esperaba rastrear los pasos del prefecto para recabar alguna información adicional. Pero por el momento no había averiguado gran cosa.

—Persisten todavía muchos misterios en torno a Alejandro Magno —continuó Kat—. Hasta sus orígenes son enigmáticos. Su madre era una mujer llamada Olimpia. Su padre era el rey Filipo II de Macedonia. Pero en este punto hay algunas discrepancias. Alejandro llegó a creer que su padre era un dios llamado Zeus Amón, y que él mismo era un semidiós.

—No era lo que se dice humilde —comentó Gray.

—Era un hombre de muchas contradicciones —dijo Vigor—, propenso a los arrebatos alcohólicos, pero sensato en su estrategia; intenso en sus amistades, pero criminal cuando alguien le contrariaba. Tuvo escarceos homosexuales pero contrajo matrimonio con una bailarina persa y con la hija de un rey persa, en este último caso con el fin de unir Persia con Grecia. Pero volviendo a sus orígenes, era bien sabido que sus padres se odiaban. Algunos historiadores creen que Olimpia tuvo algo que ver en el asesinato del rey Filipo. Y lo más interesante es que un escritor, Calístenes, sostenía que Alejandro no era hijo de Filipo, sino de un mago egipcio de la corte llamado Nectanebo.

—¿Un mago como los Reyes Magos? —Gray captó las consecuencias del razonamiento.

—Al margen de quiénes fueran sus verdaderos padres —prosiguió Kat—, se sabe que nació el 20 de julio del año 356 a.C.

Vigor se encogió de hombros y añadió:

—Pero hasta eso puede no ser cierto. En aquella misma fecha ardió el templo de Artemisa en Éfeso, una de las siete maravillas del mundo antiguo. El historiador Plutarco afirma que la propia Artemisa estaba «demasiado ocupada con el nacimiento de Alejandro para enviar ayuda al templo amenazado por las llamas». Algunos investigadores creen que la elección de la fecha pudo haber sido un ardid propagandístico, de modo que se trasladó la verdadera fecha de nacimiento de Alejandro para que coincidiera con aquel acontecimiento solemne, y así se equiparaba al rey con un fénix que ascendía desde las cenizas.

—Y desde luego ascendió. Vivió sólo treinta y tres años, pero en su corta existencia conquistó la mayor parte del mundo conocido. Derrotó al rey Darío de Persia, luego se dirigió a Egipto, donde fundó Alejandría, y posteriormente a Babilonia.

—Al final se encaminó hacia el este —concluyó Vigor—, hacia la India, para conquistar la región de Punjab. La misma zona en la que santo Tomás bautizó después a los tres Reyes Magos.

—Y así unió Egipto y la India —observó Gray.

—Y estableció una línea de conexión de conocimiento antiguo —dijo Rachel, apartándose de su portátil. Seguía centrada en el trabajo, sin levantar la vista, pero se desperezó.

A Gray le gustaba el modo en que se estiraba, lentamente, sin prisa. Puede que ella notara cómo la observaba. Sin volver la cabeza, le dirigió una mirada fugaz. Tartamudeó un momento y miró hacia otro lado.

—Ale... Alejandro buscó investigadores hindúes y dedicó una cantidad de tiempo significativa a las discusiones filosóficas. Le interesaban mucho las nuevas ciencias que le había enseñado Aristóteles.

—Pero su vida se truncó pronto —continuó Kat, volviendo a retener la atención de Gray—. Murió en el año 323 a.C. en Babilonia, en misteriosas circunstancias. Unos dicen que por causas naturales, pero otros creen que lo envenenaron o que contrajo una enfermedad.

—También se dice —añadió Vigor— que en el lecho de muerte del palacio real de Babilonia se asomó para contemplar los famosos jardines colgantes de la ciudad, una torre de terrazas esculpidas, azoteas con jardines y cascadas. Otra de las siete maravillas del mundo antiguo.

—Así que su vida empezó con la destrucción de una y terminó con otra.

—Puede ser algo sólo alegórico —reconoció Vigor. Se acarició la barba—. Pero la historia de Alejandro parece extrañamente ligada a las siete maravillas. Hasta la primera compilación de estos siete monumentos es obra de un bibliotecario alejandrino llamado Calímaco de Cirene en el siglo III a.C. El Coloso de Rodas, otra de las maravillas, una imponente estatua de bronce de diez pisos de altura que custodiaba la entrada del puerto y sostenía una antorcha encendida, como la Estatua de la Libertad, toma como modelo la efigie de Alejandro Magno. Luego está la estatua de Zeus en Olimpia, una figura brillante de oro y mármol de unos cuatro pisos de altura. Según Alejandro, su verdadero padre. Y no cabe duda de que Alejandro visitó las pirámides de Gizeh. Pasó diez años en Egipto. De modo que parece que dejó sus huellas en todas las maravillas del mundo antiguo.

—¿Y es significativo este dato? —preguntó Gray.

Vigor se encogió de hombros.

—No lo sé. Pero Alejandría albergaba otra de las siete maravillas, la última que se construyó, aunque ya no se conserva: el faro de Alejandría, erigido en una punta que se prolongaba hacia el puerto y dividía la bahía en dos mitades. Se trataba de una torre de tres pisos de piedra caliza cementada con plomo fundido. Era más alta que la Estatua de la Libertad, de unos cuarenta pisos. En lo alto ardía una hoguera en un brasero, amplificada por un espejo de oro. Su luz guiaba a los navegantes desde una distancia de 50 kilómetros. El nombre de «faro» tiene su origen en esta maravilla. En francés, *phare*. En italiano, *faro*.

—¿Y qué tiene que ver todo esto con la búsqueda de la tumba de Alejandro? —preguntó Gray.

—Nos dirigimos a Alejandría —repuso Vigor—, en busca de pistas que dejó una antigua sociedad de magos. No puedo evitar pensar que el faro, ese símbolo brillante de una luz que guía, tuvo que tener importancia para aquel grupo. Según una leyenda, la luz dorada del faro de Alejandría era tan potente que podía quemar barcos a distancia. Puede que esta idea tenga su origen en alguna fuente de energía ignota. —Suspiró e hizo un gesto negativo con la cabeza—. Lo que no sé —concluyó— es cómo encajan todas estas piezas.

Gray valoraba el intelecto de Vigor, pero necesitaba información más concreta, alguna pista en la que basarse tras la llegada a Alejandría.

—Entonces vayamos directamente al meollo del misterio. Alejandro murió en Babilonia. ¿Qué pasó después?

Kat se inclinó sobre el portátil y tomó la palabra. Recorrió con el dedo una lista que había elaborado.

—Hay muchas referencias históricas acerca del cortejo fúnebre desde Babilonia hasta Alejandría. Una vez sepultado el cadáver en Alejandría, el lugar se convirtió en un sepulcro que visitaban los altos dignatarios, como Julio César y el emperador Calígula.

—En aquella época —añadió Vigor—, gobernaba la ciudad uno de los antiguos generales de Alejandro Magno, Tolomeo, al que sucedieron sus descendientes. Fue por aquel entonces cuando se decidió crear la Biblioteca de Alejandría, que convirtió la ciudad en un punto de referencia intelectual y filosófico que atraía a los sabios de todo el mundo conocido.

—¿Y qué ocurrió con la tumba?

—Eso es lo más intrigante —dijo Kat—. La tumba era, supuestamente, un inmenso sarcófago de oro. Pero en otras referencias, como en la obra del principal historiador de la época, Estrabón, se apunta que el sepulcro era de *cristal*.

—Cristal de oro, quizá —dijo Gray—. Uno de los estados del polvo en estado-m.

Kat asintió.

—En el primer tercio del siglo III d. C., el emperador Septimio Severo clausuró las visitas al sepulcro por motivos de seguridad. También es interesante tener en cuenta que trasladó muchos libros secretos a la cripta. Aquí tengo una cita. —Se acercó más al portátil—. «Para que nadie pudiera leer los libros ni ver el cuerpo». —Se inclinó hacia atrás de nuevo y miró a Gray—. Esto indica claramente que se ocultaba *algo* de enorme importancia en este sepulcro, algún depósito de arcanos cuyo robo o pérdida quería evitar el emperador.

—Hubo muchos ataques contra Alejandría entre los siglos I y III —explicó Vigor—, cada vez más virulentos. Julio César quemó gran parte de la biblioteca para proteger el puerto. Los asaltos continuaron hasta la destrucción y disolución final de la biblioteca hacia el siglo VII. Es comprensible que Septimio quisiera proteger una parte de la biblioteca ocultándola. Debió de esconder allí los manuscritos más importantes.

—No sólo amenazaban la ciudad los agresores militares —añadió Kat—. También hubo una serie de plagas y frecuentes terremotos que destruyeron partes importantes de Alejandría. Toda una zona de la ciudad se desmoronó sobre la bahía en el siglo IV, causando la destrucción de los edificios reales tolemaicos, entre ellos el palacio de Cleopatra y gran parte del cementerio real. En 1996 un explorador francés, Franck Goddio, descubrió parte de esta ciudad perdida en el puerto oriental de Alejandría. Una arqueóloga, Honor Frost, cree que tal vez la tumba de Alejandro corrió la misma suerte y quedó sumergida en un sepulcro acuático.

—No me convence mucho —dijo Vigor—. Abundan los rumores sobre la ubicación de la tumba, pero la mayoría de los documentos históricos la sitúa en el centro de la ciudad, lejos de la costa.

—Hasta que Septimio Severo la clausuró, como ya he dicho —replicó Kat—. Puede que la trasladara a otro lado.

Vigor frunció el ceño.

—En cualquier caso, a lo largo de los siglos los cazadores de tesoros y arqueólogos registraron Alejandría y sus aledaños. Aún hoy perdura, como una especie de fiebre del oro, el fervor por encontrar esta tumba perdida. Hace un par de años, un equipo de geofísicos alemanes utilizó el radar de penetración terrestre para mostrar que el subsuelo de toda la ciudad está plagado de anomalías y cavidades. Hay infinidad de lugares para esconder una tumba. Podría llevar varias décadas registrarlos todos.

—No disponemos de varias décadas —dijo Gray—. No sé si tenemos siquiera veinticuatro horas.

Desalentado, Gray recorría la estrecha cabina de punta a punta. Sabía que la Corte del Dragón tenía la misma información que ellos. No tardarían mucho en descubrir que la losa de hematites situada bajo la tumba de san Pedro era un mapa con una marca en la ciudad de Alejandría.

Miró al trío.

—Entonces, ¿cuál es el primer sitio donde vamos a buscar?

—A lo mejor tengo una pista —dijo Rachel, que intervenía por primera vez en la conversación. Hasta entonces había estado tecleando impetuosamente en el ordenador y mirando la pantalla de vez en cuando—. O dos.

Todas las miradas se centraron en ella.

—Hay una referencia del siglo IX, el testimonio del emperador de Constantinopla, según el cual había, cito, «un fabuloso tesoro escondido en el interior o debajo del faro. De hecho, el califa que gobernaba Alejandría en la época demolió parte del faro para buscar el sepulcro».

Gray observó que Vigor se inquietaba al oír aquellas palabras. Recordó el interés de monseñor por el faro. Seguramente Rachel, influida por su tío, decidió buscar pistas en esa línea.

—Otros continuaron periódicamente la búsqueda, pero el faro cumplía una función estratégica en el puerto.

Vigor asintió, con los ojos brillantes de emoción.

—Si uno quiere esconder algo con el fin de que nadie lo encuentre, ¿qué mejor lugar que una estructura que no se puede derribar por ser imprescindible?

—Pero todo acabó el 8 de agosto de 1303, cuando un terremoto masivo afectó a todo el Mediterráneo oriental. El faro quedó destruido y se desmoronó sobre el mismo puerto donde antaño habían caído las ruinas tolemaicas.

—¿Y qué fue del emplazamiento originario? —preguntó Gray.

—Tuvo diversos usos a lo largo de los siglos. Pero en el siglo XV un sultán mameluco construyó en la península una fortaleza que todavía se conserva, el fuerte de Qait Bey. En su construcción empleó parte de los bloques de roca caliza del faro.

—Si el tesoro nunca apareció —continuó Vigor—, tiene que seguir allí… *debajo* del fuerte.

—Suponiendo que haya existido alguna vez —advirtió Gray.

—Es un buen lugar para empezar a buscar —dijo Vigor.

—¿Y qué hacemos? ¿Llamar a la puerta y preguntarles si nos dejan excavar debajo de la fortaleza?

Kat le dio una solución más práctica:

—Nos ponemos en contacto con la NRO. Tienen acceso a satélites provistos de radar de penetración terrestre. Les pedimos que hagan un rastreo de la zona. Podemos buscar anormalidades o cavidades como hicieron los geofísicos alemanes en la ciudad. Puede ayudarnos a afinar la búsqueda.

Gray asintió. No era mala idea. Pero llevaría tiempo. Ya lo había calculado. Faltaban ocho horas para el siguiente rastreo de un satélite de vigilancia.

Rachel propuso una alternativa.

—¿Os acordáis de la puerta trasera de la caverna, debajo de la tumba de san Pedro? A lo mejor no tenemos que entrar por la puerta principal de la fortaleza de Qait Bey. Puede que haya una entrada posterior. O un acceso subacuático, como en Roma.

A Gray le gustó la idea. Rachel parecía reafirmarse al ver el gesto de aprobación del comandante.

—Hay grupos de buceo —dijo— que visitan los yacimientos cercanos a Qait Bey y las ruinas tolemaicas. Sería fácil mezclarse con ellos y registrar el litoral subacuático del puerto.

—Puede que no nos lleve a ningún lado —dijo Kat—, pero nos permitiría hacer algo hasta que un satélite GPR examine la zona.

Gray asintió sin gran convicción. Era un punto de partida. En ese instante Monk salió de la cabina de mando para juntarse con los demás.

—He reservado ya una furgoneta y un hotel con nuestros alias, y la aduana ya está despejada gracias a la colaboración con Washington. Creo que con eso ya está todo.

—No —le dijo Gray—. También vamos a necesitar un barco. Preferiblemente uno rápido.

Monk le miró atónito.

—Vale —puntualizó, mientras fijaba la mirada en Rachel—, pero ¿no va a conducir ella el cacharro, verdad?

8.55
Roma

El calor matinal malhumoraba a Raoul. Era por la mañana y la temperatura ya resultaba abrasadora. El sol achicharraba la plaza de piedra con un intenso resplandor. Las gotitas de sudor brillaban en su cuerpo desnudo junto a las puertas del balcón de su habitación, pero aunque permanecían abiertas no corría la brisa.

Odiaba Roma. Despreciaba las pasmosas hordas de turistas, los lugareños vestidos de negro y siempre fumando como carreteros, la cháchara incesante, los gritos, las bocinas de los coches. El aire apestaba a gasolina. Hasta el pelo de la puta que había cogido en Trastevere olía a tabaco y sudor. Apestaba a Roma. Se frotó los nudillos en carne viva. Al menos el sexo había sido satisfactorio. Nadie había oído los gritos de la chica con la mordaza. Había disfrutado al ver cómo se retorcía mientras él le rasgaba el contorno de los grandes pezones castaños con la punta del cuchillo, que luego le clavó como un sacacorchos por el resto del pecho. Pero le había dado mayor satisfacción pegarle puñetazos en la cara, la carne contra la carne, mientras se la tiraba. Sobre el cuerpo de la mujer volcaba su frustración con Roma, con el cabrón americano que casi lo deja ciego, echando por tierra sus planes de muerte lenta para los allí presentes. Y ahora sabía que los demás habían vuelto a eludir una fatalidad segura.

Volvió al interior de la habitación. El cadáver de la puta ya estaba envuelto en las sábanas. Sus hombres se desharían del cuerpo. Para él no significaba nada.

Sonó el teléfono en la mesilla de noche. Esperaba esa llamada. Era lo que realmente le malhumoraba. Se dirigió hasta allí y cogió el móvil.

—Aquí Raoul —dijo.

—He recibido el informe de la misión de anoche. —Tal como esperaba, era el emperador de su orden. Su tono de voz era furibundo.

—Señor...

—No aceptaré ninguna excusa —le interrumpió—. El fracaso es una cosa, pero la insubordinación no se tolerará.

Raoul frunció el ceño al oír estas últimas palabras.

—Yo nunca desobedecería.

—Entonces ¿qué me dice de la mujer, Rachel Verona?

—¿Señor? —Recordó a la zorra de pelo negro, el olor de su nuca mientras la estrujaba y la amenazaba con un cuchillo. Sintió el latido de la chica en la garganta mientras la levantaba por el cuello.

—Tenía instrucciones de capturarla, no de matarla. Había que eliminar a los demás. Ésas eran las órdenes.

—Sí, señor. Entendido. Pero ya van tres veces que me contengo para no emplear la fuerza bruta contra el equipo americano a causa de esa advertencia. Siguen vivos y coleando sólo por esa limitación. —No preveía justificar sus fracasos, pero aquél se lo habían servido en bandeja—. Necesito una aclaración. ¿Qué es más importante: la misión o la mujer?

Se hizo un largo silencio. Raoul sonrió. Dio un golpecito al cadáver en la cama con la punta del dedo.

—Buena pregunta. —El tono iracundo se había disipado—. La mujer es importante, pero no se puede poner en peligro la misión. Al final del camino, la riqueza y el poder tienen que ser nuestros.

Y Raoul sabía por qué. Le habían inculcado desde la infancia el objetivo último de la secta: instaurar un nuevo orden mundial, liderado por la Corte del Dragón, descendientes de reyes y emperadores, genéticamente superiores. Era un derecho inalienable. Durante varias generaciones, desde hacía varios siglos, la Corte había seguido la pista del tesoro y los conocimientos secretos de esa antigua sociedad de magos. Quien lo poseyera tendría en su poder las «llaves al mundo», o así estaba escrito en un antiguo texto de la biblioteca de la Corte. Ahora estaban cerca.

—Entonces —preguntó Raoul—, ¿tengo que continuar con la misión sin preocuparme por la seguridad de la mujer?

Se oyó un suspiro. Raoul se preguntaba si el emperador era consciente de ello.

—Si la perdemos a ella será una lástima —respondió—, pero la misión no debe fracasar, después de tanto tiempo. Así que, para dejar las cosas claras, por encima de todo hay que destruir a los adversarios, sea como sea. ¿Está claro?

—Sí, señor.

—Bien, pero también insisto en que *si surge* la oportunidad de capturar a la mujer, mucho mejor. En todo caso, es mejor no correr riesgos innecesarios.

Raoul apretó el puño. Tenía una pregunta que le inquietaba. Nunca se había atrevido a plantearla hasta entonces. Sabía por experiencia que era mejor guardarse ese tipo de curiosidades, obedecer sin preguntar. Pese a todo, en esta ocasión preguntó.

—¿Por qué es tan importante?

—Es heredera de la sangre del Dragón, que se remonta a las raíces austriacas de los Habsburgo. De hecho, la hemos elegido para usted, Raoul, para que sea su pareja. La Corte considera muy valioso fortalecer nuestros linajes con tales vínculos de sangre.

Raoul se irguió. Hasta entonces le habían negado la descendencia. A las pocas mujeres a las que había dejado embarazadas las habían obligado a abortar o las habían matado. Estaba prohibido mancillar el linaje real engendrando hijos bastardos.

—Espero que esta información le anime a buscar una oportunidad de salvarla. Pero tal como he dicho, hasta la sangre de la chica es prescindible si la misión se ve amenazada. ¿Entendido?

—Sí, señor. —Raoul sintió que se quedaba sin aliento. Volvió a imaginar a la mujer apresada entre sus brazos a punta de navaja. El olor de su miedo. *Podría* ser una buena baronesa o, cuando menos, una excelente yegua de cría. La Corte del Dragón tenía a varias mujeres escondidas por toda Europa, presas, mantenidas con vida sólo para producir hijos.

Raoul reflexionó seriamente sobre esta oportunidad.

—En Alejandría ya está todo preparado —concluyó el emperador—. Se acerca el final. Consiga lo que necesitamos. Mate a los que se interpongan en su camino.

Raoul asintió lentamente, aunque el emperador no lo veía. Imaginó a la zorra de pelo negro... y lo que iba a hacer con ella.

9.34

Rachel llevaba el timón de la lancha motora, de pie, con una rodilla apoyada en el asiento para guardar el equilibrio. Después de pasar la boya que marcaba el límite de velocidad, aceleró y salió disparada por la bahía. El barco erizaba el agua calma, y en ocasiones se sacudía sobre la estela de otros barcos.

El viento le removía el cabello y el agua del mar le refrescaba la cara. La luz del sol se reflejaba en las aguas azul zafiro del Mediterráneo. Rachel disfrutaba con todos los sentidos. Le ayudaba a despejarse después del viaje en avión y las horas pasadas delante del ordenador. Hacía cuarenta minutos que habían aterrizado. Habían pasado fácilmente por la aduana, gracias a las llamadas de Monk, y habían encontrado el barco y el equipo preparados en el embarcadero del puerto Este.

Rachel volvió la mirada atrás por un instante. La ciudad de Alejandría se elevaba desde el arco de la bahía azulada, con un perfil de altos edificios de apartamentos y hoteles. El paseo que separaba la ciudad del agua estaba jalonado de palmeras. Hasta la famosa Biblioteca de Alejandría, desaparecida varios siglos antes, había resurgido como una mole de cristal, acero y hormigón, con estanques ornamentales y una estación de tren ligero.

Pero en aquel momento, desde el agua, revivía una parte del pasado. Viejos barcos pesqueros de madera, pintados con vivos colores de joyas, salpicaban la bahía: rojo rubí, azul zafiro, verde esmeralda. Algunos desplegaban velas cuadradas y guiaban la dirección del esquife con dos remos, según un antiguo diseño egipcio.

Y al frente emergía una ciudadela medieval, la fortaleza de Qait Bey, en lo alto de una punta que dividía la bahía en dos mitades. Un paso elevado de piedra comunicaba el bastión con el continente. A lo largo de aquel paseo, pescadores con largas cañas aguardaban tranquilamente y parloteaban a voz en grito, como tal vez hicieron sus antepasados durante siglos.

Rachel observó la fortaleza, construida únicamente con roca caliza y mármol, que resaltaba ante el fondo azul de la bahía. La ciudadela principal estaba construida sobre cimientos de piedra de seis metros de altura. Los altos muros, coronados por parapetos con arcos, estaban vigilados por cuatro torres en torno a una torre del homenaje, en el centro. Del castillo interior sobresalía un asta con una bandera de Egipto, con franjas roja, blanca y negra, junto al águila dorada de Saladino.

Con los ojos entrecerrados, Rachel imaginó el edificio que antaño se elevaba sobre aquellos cimientos: el faro de cuarenta pisos de altura, construido en terrazas como una tarta de boda, decorado con una estatua gigante de Poseidón y coronado por las llamas de un inmenso brasero humeante.

No quedaba nada de aquella maravilla del mundo antiguo, excepto algunos bloques de roca caliza reutilizados en la ciudadela. Los arqueólogos franceses también habían descubierto un cúmulo de bloques de piedra en el puerto Este, junto con una parte de una estatua de seis metros, que podría ser la escultura de Poseidón. Es todo lo que había quedado de aquella maravilla desde el terremoto que devastó la región.

¿Seguro que era todo? ¿No podría haber acaso otro tesoro, aún más antiguo, oculto bajo los cimientos?

La tumba perdida de Alejandro Magno.

Es lo que tenían que averiguar.

Detrás de ella, los demás estaban reunidos alrededor de la pila de instrumentos de submarinismo, revisando las bombonas, los reguladores y los cinturones de plomo.

—¿De verdad necesitamos todas estas cosas? —dijo Gray. Levantó una máscara que cubría toda la cara—. ¿Trajes gruesos herméticos y todo este aparato para la cabeza?

—Lo necesitamos todo —dijo Vigor, que era un buzo experto. No podía ser de otro modo, tratándose de un arqueólogo del Mediterráneo. Muchos de los descubrimientos más emocionantes de la zona habían aparecido bajo las aguas, como en Alejandría, donde se había hallado recientemente el palacio perdido de Cleopatra, sumergido bajo las ondas de esta misma bahía.

Pero había un motivo por el que todos esos tesoros subacuáticos habían permanecido ocultos tanto tiempo.

—La polución del puerto Este —explicó Vigor—, junto con las aguas residuales, hace que sea peligroso explorar estas aguas sin la protección adecuada. El Departamento de Turismo egipcio ha propuesto la idea de abrir aquí un parque arqueológico marino, al cual se accedería en barcos con fondos acristalados. Algunos operadores turísticos con pocos escrúpulos ya ofrecen viajes de submarinismo. Pero la exposición a las toxinas de metales pesados y el riesgo de tifus son reales para los que se sumergen en el agua.

—Genial —dijo Monk. Ya empezaba a ponerse un poco verde. Se agarró a la barandilla de estribor, con los dientes apretados. Asomaba un poco la cabeza por la borda, como un perro en una ventana—. Si no me ahogo, me cogeré una enfermedad que te funde la carne. Ya te digo, por algo entré en las Fuerzas Especiales del ejército y no en la Marina ni en las Fuerzas Aéreas. Tierra firme.

—Puedes quedarte en el barco —dijo Kat.

Monk la miró enfadado. Si encontraban algún túnel subacuático que condujera a una cámara secreta bajo la fortaleza, necesitaban contar con todos los miembros del equipo. Todos eran buzos titulados. Podían buscar por turnos, rotando de manera que siempre se quedara una persona fuera para descansar y vigilar el barco y el equipo.

Monk quería formar parte del primer turno.

Rachel aceleró el motor del barco por la cara este del puntal. Al frente, la ciudadela de Qait Bey, cada vez mayor, llenaba el horizonte. No parecía tan grande desde el muelle. Era una tarea ingente explorar las profundidades de los alrededores del fuerte.

Le rondaba una duda. Había sido idea suya emprender esta búsqueda. ¿Y si se equivocaba? A lo mejor había pasado por alto una pista que apuntaba en otra dirección.

Empezó a desacelerar el barco. Su energía nerviosa iba en aumento.

Habían representado las regiones en cuadrantes en un mapa para explorar sistemáticamente la bahía en los alrededores de la fortaleza. Disminuyó la velocidad al acercarse al primer punto de buceo.

Gray se acercó a Rachel. Posó una mano en el respaldo del asiento y con las yemas de los dedos acarició el hombro de la chica.

—Éste es el cuadrante A.

Ella asintió.

—Fondearé aquí e izaré la bandera naranja de advertencia de que hay buzos en el agua.

—¿Te encuentras bien? —preguntó Gray, inclinándose hacia delante.

—Sólo espero que no sea una pérdida de tiempo.

—Nos has dado un punto de partida. Es más de lo que teníamos cuando empezamos a investigar el asunto. Prefiero esto que no hacer nada.

Sin darse cuenta, Rachel giró el hombro para pegarlo a la mano de Gray. Él no la retiró.

—Es un buen plan —dijo Gray con voz más suave.

Ella asintió, incapaz de articular palabra, y esquivó la mirada del comandante. Apagó el motor y pulsó el botón que soltaba el ancla. Sintió un escalofrío bajo el asiento mientras caía la cadena.

Gray se dirigió a los demás.

—Vamos a ponernos los trajes. Nos tiraremos en este punto, comprobaremos las radios marinas e iniciaremos la búsqueda.

Rachel advirtió que Gray mantenía la mano sobre su hombro. Era una sensación muy agradable.

10.14

Gray se zambulló de espaldas en el mar.

El agua se lo tragó. Ni un milímetro de piel estaba expuesto a la polución y las aguas residuales. Las costuras del traje de cuerpo completo estaban doblemente selladas y cosidas. El cierre del cuello y la muñeca era de látex muy resistente. Y una máscara AGA le cubría por completo la cara y le cerraba herméticamente la capucha. El regulador iba integrado en la escafandra, dejando libre la boca.

A Gray le pareció que la amplitud de la visión periférica a través de la máscara compensaba el tiempo que se tardaba en ponérsela, sobre todo debido a que la visibilidad era escasa en el puerto. El cieno y los sedimentos limitaban la visión a una distancia de entre tres y cinco metros.

No estaba mal. Podía ser peor.

El chaleco hidrostático lleno de aire lo atrajo hacia la superficie, compensando el peso del cinturón de plomo. Vio que Rachel y Vigor se zambullían por la otra borda del barco. Kat ya estaba en el agua en el mismo lado que él.

Probó la radio, una Buddy Phone, que transmitía señales ultrasónicas por una única banda lateral superior.

—¿Me oye alguien? —preguntó—. Comprobadlo.

Recibió respuestas positivas de todo el equipo, también de Monk, que ocupaba el primer puesto de guardia en el barco. Éste tenía también un sistema de vídeo marino de infrarrojos Aqua-Vu para controlar al grupo.

—Nos sumergiremos hasta el fondo y recorreremos la costa en una amplia extensión. ¿Todos conocéis vuestra posición?

Recibió respuestas afirmativas.

—Allá vamos —dijo.

Expulsó el aire del chaleco hidrostático y se sumergió en el agua, arrastrado por el peso del cinturón. Ése era el momento en que muchos submarinistas novatos sentían claustrofobia. A Gray nunca le había ocurrido. Tenía la sensación contraria, de libertad total. Se sentía ingrávido, veloz, capaz de realizar toda clase de acrobacias aéreas.

Vio que Rachel se sumergía por el lado opuesto del barco. Era fácil localizarla por la ancha banda roja que llevaba en el pecho de su traje negro. Cada uno llevaba un color diferente para facilitar la identificación. El suyo era azul, el de Kat rosa y el de Vigor verde. Monk ya se había puesto también el traje y estaba preparado para tomar el relevo. Su banda era de color amarillo, muy adecuado teniendo en cuenta su actitud hacia el submarinismo.

Gray observó a Rachel. Al igual que él, parecía disfrutar de la libertad bajo las aguas. Giraba y volaba, descendiendo en espiral con un mínimo movimiento de las aletas. Se tomó un instante para deleitarse con las curvas de su cuerpo y luego se concentró en su propio descenso.

El fondo arenoso apareció a la vista, cubierto de desechos.

Gray se ajustó el chaleco para desplazarse a esa altura, justo encima del lecho marino. Buscó a derecha e izquierda. Los demás adoptaron posiciones similares.

—¿Todo el mundo ve la posición de los demás? —preguntó.

Todos respondieron afirmativamente.

—Monk, ¿qué tal funciona la cámara de vídeo?

—Parecéis una panda de fantasmas. La visibilidad es una mierda. Os perderé en cuanto os alejéis un poco.

—Mantente en contacto por radio. Si surge algún problema, da la alarma, mueve el culo y ven a buscarnos. —Gray estaba bastante seguro de que se toparían con la Corte del Dragón, pero no quería correr riesgos con Raoul. No sabía cuánto tiempo de adelanto les habían sacado. Pero había muchos otros barcos por la zona. Y estaban a plena luz del día. Aun así, tenían que actuar con rapidez.

Gray levantó un brazo.

—Bien, nos dirigimos a la costa. No debemos separarnos más de cinco metros. Mantened contacto visual con los demás en todo momento.

Entre los cuatro podían inspeccionar una franja de unos venticinco metros. En cuanto llegaran a la costa, si no detectaban nada, recorrerían otros venticinco metros en paralelo al litoral y volverían al barco. Atrás y adelante, cuadrante a cuadrante, peinarían toda la costa alrededor de la fortaleza.

Gray se puso en marcha. Tenía un cuchillo de submarinismo enfundado en la parte posterior de la muñeca y una linterna en la otra. A pleno sol y con quince metros de profundidad, no se requería iluminación adicional, pero era posible que tuvieran que explorar recovecos y ranuras. Gray tenía claro que el pasadizo que buscaban no podía ser muy accesible, pues en tal caso ya habría sido descubierto. Era otro enigma sin resolver.

Mientras recorría la zona, reflexionaba sobre los datos que tal vez habían pasado por alto. Quizá había más de una pista en el mapa dibujado en la losa, aparte de la que apuntaba a Alejandría. Posiblemente algún otro dato indicaba la localización exacta. ¿Habrían obviado algo importante? ¿Habría robado Raoul alguna pista en la cueva de la tumba de san Pedro? ¿Habría averiguado ya la respuesta la Corte del Dragón?

Inconscientemente había empezado a desplazarse más rápido. Perdió de vista a Kat por la derecha. La última vez que la vio iba a su lado. Ralentizó la marcha y ella reapareció. Satisfecho, siguió adelante. De frente divisó una figura que sobresalía del lecho arenoso. ¿Una roca? ¿Un arrecife?

Siguió avanzando. La figura apareció en la penumbra cenagosa. ¿Qué diablos…?

La cara de piedra le miraba fijamente. Era un rostro humano erosionado por el mar y el tiempo, pero sus rasgos conservaban una nitidez sorprendente, con una expresión estoica. El torso superior estaba montado sobre una figura achaparrada de león.

Kat se percató del interés de Gray por aquel hallazgo y se acercó.

—¿Una esfinge?

—Hay otra por aquí —anunció Vigor—. Rota, a su lado. Los submarinistas han encontrado decenas, dispersas por el lecho marino en los alrededores del fuerte. Eran parte de los ornamentos del faro originario.

A pesar de la urgencia, Gray observó fijamente la estatua, atónito. Examinó la cara, esculpida por manos de dos mil años de antigüedad. Al tocarla, sintió la inmensidad de tiempo que lo separaba de aquel escultor.

La voz de Vigor emergió desde la nada.

—Es coherente que estos maestros de los enigmas estén vigilando este misterio.

Gray retiró la mano.

—¿A qué te refieres?

Vigor se rió.

—¿No conoces la historia de la Esfinge? El monstruo que aterrorizaba al pueblo de Tebas y devoraba a todo aquel que no lograba resolver su enigma: «¿Cuál es el animal que por la mañana tiene cuatro pies, dos al mediodía y tres en la tarde?».

—¿Y la respuesta? —preguntó Gray.

—El ser humano —replicó Kat a su lado—. Gateamos a cuatro patas cuando somos bebés, luego caminamos sobre dos pies cuando somos adultos, y nos apoyamos en un bastón en la vejez.

—Edipo resolvió el enigma —continuó Vigor— y la Esfinge se tiró por un acantilado y murió.

—Cayó desde una cima —dijo Gray—, como estas esfinges.

Se alejó de la estatua de piedra y siguió adelante. Tenían que resolver otro enigma. Al cabo de diez minutos de búsqueda en silencio llegaron a la costa rocosa. Gray se había topado con un cúmulo de bloques gigantes, pero no había ningún paso, ninguna abertura, ninguna pista.

—Volvamos —dijo.

Recorrieron parte de la costa y volvieron a alejarse del litoral en dirección al barco.

—¿Todo en orden allí arriba, Monk? —preguntó Gray.

—Tomando el sol tranquilamente.

—No te olvides de la crema solar de factor 30. Llegaremos dentro de un rato.

—Sí, capitán.

Gray continuó otros cuarenta minutos examinando la zona en dirección al barco, y luego otra vez de vuelta. Se encontró el casco hundido de un barco oxidado, más trozos de bloques de piedra, una columna rota y hasta un trozo de obelisco con inscripciones. Los peces multicolores se alejaban con movimientos ondulantes.

Comprobó el indicador de aire. Consumía poco oxígeno al respirar. Todavía le quedaba la mitad de las bombonas.

—¿Cómo vais de aire? —preguntó al resto del equipo.

Tras comparar los niveles, decidieron subir a la superficie al cabo de veinte minutos. Se tomarían media hora de descanso y luego volverían a sumergirse.

Mientras Gray examinaba la zona, seguía inmerso en sus pensamientos del principio. Tenía la sensación de que se les había pasado inadvertido algo esencial. ¿Y si la Corte del Dragón se hubiera llevado de la cueva algún objeto, una segunda pista? Aceleró la marcha. Tenía que liberarse de aquel temor. Debía actuar como si tuviera la misma información que la Corte, como si jugase en igualdad de condiciones. El silencio de las profundidades le atenazaba.

—Algo me da mala espina —masculló.

La radio transmitió su voz.

—¿Has encontrado algo? —preguntó Kat. Su figura imprecisa se aproximó.

—No. Precisamente por eso. Cuanto más tiempo sigo aquí, más me convenzo de que no lo estamos haciendo bien.

—Lo siento —dijo Rachel desde un lugar invisible, con voz desesperada—. A lo mejor hice demasiado hincapié...

—No. —Gray recordó la preocupación de la chica a bordo del barco. Se recriminó haber vuelto a reavivarla—. Rachel, creo que acertaste con el lugar correcto para iniciar la búsqueda. El problema está en *mi* plan. Toda esta búsqueda cuadrante a cuadrante. No me parece correcta, sólo es eso.

—¿Qué quieres decir, comandante? —preguntó Kat—. Puede que tardemos algo de tiempo, pero abarcaremos toda la zona.

Precisamente ahí estaba el problema. Kat le ayudó a aclararse. Él no era muy proclive a la metodología sistemática, obstinada. Aunque algunos problemas se resolvían mejor así, este misterio no era de ese tipo.

—Nos hemos perdido alguna pista —dijo—. Estoy seguro. Examinamos el mapa de la losa, averiguamos que apuntaba a la tumba de Alejandro Magno y luego nos vinimos aquí. Investigamos archivos, libros y otros datos, con el fin de resolver un enigma que desconcierta a los historiadores desde hace más de un milenio. ¿Quiénes somos nosotros para resolverlo en un día?

—¿Entonces qué hacemos? —preguntó Kat.

Gray hizo una parada.

—Volver al punto de partida. Hemos basado la investigación en datos históricos accesibles para cualquiera. La única ventaja que tenemos sobre los cazadores de tesoros de los siglos anteriores es lo que descubrimos debajo de la tumba de san Pedro. Allí pasamos por alto una pista.

«O la robaron», volvió a pensar. Pero no expresó en voz alta su preocupación.

—Puede que no se nos escapara ninguna pista en la tumba —dijo Vigor—. A lo mejor es que no profundizamos lo suficiente. Acordaos de las catacumbas. Los enigmas tenían muchos niveles, muchas capas de profundidad. ¿No puede ser que este enigma tenga otras capas?

Un silencio siguió a su intervención... hasta que una voz inesperada lo resolvió todo.

—La estrellita de marras —soltó Monk— no sólo apuntaba a la ciudad de Alejandría, sino también a un punto situado debajo de la losa.

A Gray le sonaron muy atinadas las palabras de Monk. Se habían centrado tanto en las inscripciones del mapa, en la estrella brillante, en las implicaciones de todo aquello, que habían ignorado por completo el material inusual utilizado por el artista.

—Hematites —dijo Kat.

—¿Qué sabes sobre este material? —preguntó Gray, confiando en los conocimientos geológicos de Kat.

—Es un óxido de hierro. Se han encontrado grandes cúmulos de hematites en toda Europa. Es casi todo hierro, pero a veces contiene una buena cantidad de iridio y titanio.

—¿Iridio? —dijo Rachel—. ¿No es ése uno de los elementos de la amalgama? ¿La de los huesos de los Reyes Magos?

—Sí —dijo Kat, con una voz repentinamente tensa a través de la radio—. Pero no creo que sea eso lo más relevante aquí.

—¿Cómo? —preguntó Gray.

—Lo siento, comandante. Debería haber pensado en ello. El hierro de la hematites suele ser ligeramente *magnético,* no tanto como la magnetita, pero a veces se utiliza como piedra imantada.

Gray comprendió las consecuencias de aquella constatación. El magnetismo también había contribuido a abrir la primera tumba.

—Entonces la estrella no sólo apuntaba a Alejandría, sino a una piedra magnetizada, algo que supuestamente tenemos que encontrar.

—¿Y qué se hacía en el mundo antiguo con las piedras imantadas? —preguntó Vigor, cada vez más entusiasmado.

Gray conocía la respuesta.

—¡Se hacían brújulas! —Llenó de aire el chaleco hidrostático y ascendió hacia la superficie—. ¡Todo el mundo arriba!

11.10

En cuestión de minutos estaban quitándose las bombonas, chalecos y cinturones de plomo. Rachel saltó al asiento del piloto, encantada de volver a sentarse. Presionó el botón para levar el ancla y ésta empezó a subir.

—Ve despacio —dijo Gray, que había tomado posición junto al hombro de Rachel.

—Eso me parece muy bien —dijo Monk.

—Yo controlaré la brújula —continuó Gray—. Llévanos a velocidad de tortuga alrededor de la fortaleza. Si se produce algún giro en la aguja de la brújula, fondeamos y examinamos el fondo.

Rachel asintió. Rezaba para que, en caso de que hubiera alguna piedra magnetizada en el fondo, la brújula del barco la detectara.

—Perfecto —susurró Gray.

Se deslizaban lentamente. El sol ascendía despacio hacia la verticalidad. Levantaron el toldo del barco para resguardarse a la sombra del calor cada vez más intenso. Monk estaba tendido en el banco de babor, roncando un poco. Nadie hablaba.

La preocupación de Rachel iba en aumento con cada giro lento de la hélice.

—¿Y si la piedra no está aquí? —susurró a Gray, que no perdía de vista la brújula—. ¿Y si está dentro del fuerte?

—Entonces la buscaremos allí después —dijo Gray, mirando hacia la ciudadela de piedra—. Pero creo que tienes razón en lo de la entrada secreta. La losa de hematites ocultaba un túnel secreto que daba a la caverna y conducía a un canal fluvial. Agua. A lo mejor ése es otro estrato del enigma.

Kat los oía con un libro abierto sobre el regazo.

—O puede que estemos yendo demasiado lejos —dijo—, intentando forzar las cosas para que encajen con el enigma.

Delante, en la proa, Vigor se daba masajes en la pantorrilla, dolorida por la natación.

—Creo que la cuestión final de dónde está la piedra, si en la tierra o en el agua, depende de *cuándo* ocultaron la pista los alquimistas. Suponemos que las pistas se escondieron alrededor del siglo XIII, tal vez un poco antes o un poco después, pero ésa es la etapa crítica del conflicto entre gnosticismo y ortodoxia. Así que ¿ocultaron los alquimistas la siguiente pista antes o después de que se desmoronara el faro de Alejandría en 1303?

Nadie tenía la respuesta. Pero al cabo de unos minutos, la aguja de la brújula vibró.

—¡Para el barco! —dijo Gray entre dientes.

La aguja volvió a estabilizarse. Kat y Vigor los miraron. Gray tenía una mano en el hombro de Rachel.

—¡Vuelve!

Rachel puso el motor en punto muerto. El impulso cesó. Dejó que las olas desplazaran el barco hacia atrás.

La aguja volvió a moverse en un giro de noventa grados.

—Fondea —ordenó Gray.

Rachel presionó el botón, casi sin respirar.

—Ahí abajo hay algo —dijo Gray.

Todos empezaron a moverse a la vez y a coger bombonas de oxígeno llenas. Monk se despertó sobresaltado y se sentó en el banco.

—¿Cómo? —preguntó, todavía adormilado.

—Parece que te vas a quedar de guardia otra vez —dijo Gray—. A no ser que quieras darte un chapuzón.

Monk se ahorró la respuesta, pero puso mala cara.

Cuando el barco estaba ya fondeado y ondeaba la bandera naranja, los cuatro buzos volvieron a sumergirse.

Rachel vació de aire el chaleco y se hundió bajo las olas. Oyó la voz de Gray a través de la radio.

—Observad la brújula de la muñeca y concentraos en la zona de la anomalía.

Rachel no perdió de vista la brújula durante el descenso. El agua era poco profunda en esta zona, menos de diez metros. Llegó al fondo muy rápido. Los demás cayeron a su alrededor, revoloteando como pájaros.

—Aquí no hay nada —dijo Kat.

El lecho marino era una amplia llanura de arena. Rachel observaba la brújula. Se alejó un par de metros y volvió.

—La anomalía está justo aquí —dijo.

Gray descendió al fondo y puso la brújula en el suelo.

—Rachel tiene razón.

Desenfundó el cuchillo que llevaba en la otra muñeca. Con él en la mano, empezó a apuñalar la arena blanda. El cuchillo se hundía siempre hasta el mango. El cieno se removía, nublando la visión.

En la séptima puñalada, tropezó con algo, pues sólo penetró unos centímetros.

—Aquí hay algo —dijo Gray.

Enfundó el cuchillo y empezó a escarbar en la arena. El agua se enturbió y Rachel lo perdió de vista. Luego lo oyó jadear y se acercó. Gray se retiró. La arena revuelta se dispersó y recuperó la quietud.

En la arena sobresalía un oscuro busto de un hombre.

—Creo que es magnetita —dijo Kat, examinando la piedra de la escultura. Pasó la brújula de muñeca por el busto. La aguja se movió—. Piedra imantada.

Rachel se acercó y observó la cara. Los rasgos eran inequívocos. Había visto el mismo semblante un par de veces aquel mismo día. Gray lo reconoció también.

—Es otra esfinge.

12.14

Gray pasó diez minutos limpiando los hombros y el torso hasta llegar a la forma de león de la base. No cabía duda de que se trataba de una esfinge, al igual que las demás esculturas dispersas por el lecho marino.

—El hecho de que esté escondida entre las demás —dijo Vigor— responde a la pregunta de cuándo ocultaron aquí los alquimistas su tesoro.

—*Después* de que se derrumbara el faro —dijo Gray.

—Exacto.

Pulularon alrededor de la esfinge magnética, mientras esperaban a que se asentasen el cieno y la arena.

—Esta antigua sociedad de magos —continuó Vigor— debió de conocer la ubicación de la tumba de Alejandro Magno después de que Septimio Severo la escondiese en el siglo III. La dejaron intacta para que salvaguardase los pergaminos más valiosos de la biblioteca perdida. Pero el terremoto de 1303 no sólo derribó el faro, sino que dejó al descubierto la tumba. Entonces, probablemente, aprovecharon la oportunidad para esconder más cosas allí, dedicando el período caótico que siguió al terremoto a colocar la siguiente pista, enterrarla y dejar que los siglos volvieran a cubrirla.

—Suponiendo que estés en lo cierto —dijo Gray—, esto nos indica la fecha en que se dejaron las pistas. Acuérdate, ya habíamos calculado que se colocaron alrededor del siglo XIII. Nos equivocamos en sólo unos años. Fue en 1303, la primera década del siglo XIV.

—Mmm... —Vigor se acercó más a la estatua.

—¿Cómo?

—Esto me extraña. En la misma década el verdadero papado fue expulsado de Roma y se refugió en Francia. Los antipapas gobernaron Roma durante el siglo siguiente.

—¿Y qué?

—Curiosamente, los huesos de los Reyes Magos también fueron trasladados de Italia a Alemania en 1162, otra época en la que el verdadero Papa fue expulsado de Roma y un antipapa ocupó la sede pontificia.

Gray siguió este hilo de razonamiento.

—Entonces los alquimistas escondieron sus cosas cada vez que el papado estaba en peligro.

—Eso parece. Lo cual indica que esta sociedad de magos tenía vínculos con el papado. Puede que los alquimistas se juntaran con los cristianos gnósticos de aquellos tiempos turbulentos, los cristianos abiertos a la búsqueda de conocimientos arcanos, *los cristianos de Tomás.*

—¿Y esta sociedad secreta se mezcló con la Iglesia ortodoxa? Vigor asintió en el agua turbia.

—Cuando la Iglesia general se veía amenazada, la situación también afectaba a la Iglesia secreta. Entonces buscaban protección. Primero trasladando los huesos a un lugar seguro de Alemania durante el siglo XII. Luego, durante los años conflictivos del exilio, escondiendo el verdadero núcleo de su conocimiento.

—Suponiendo que esto sea cierto, ¿nos sirve para encontrar la tumba de Alejandro Magno? —preguntó Kat.

—Del mismo modo que las pistas que conducían a la tumba de san Pedro estaban insertas en los relatos del catolicismo, las pistas de aquí podrían guardar relación con los mitos y leyendas de Alejandro Magno. Mitos griegos. —Vigor pasó por la superficie de la estatua el dedo protegido por el guante—. ¿Qué otros motivos hay para marcar la entrada con una esfinge?

—Los guardianes mitológicos de los enigmas—masculló Gray.

—Y los monstruos te mataban en el acto si no respondías correctamente —les recordó Vigor—. Puede que la elección de este símbolo sea una advertencia.

Gray examinó la expresión enigmática de la esfinge mientras se aclaraba la arena.

—Entonces será mejor que lo resolvamos.

12.32
Aterrizaje en Alejandría

El avión privado Gulfstream IV recibió autorización de la torre de control para aterrizar. Seichan escuchaba la cháchara de la tripulación en la cabina de mando a través de la puerta abierta. Iba sentada en el asiento más cercano a la puerta. El sol brillaba por la ventana a su derecha.

Una figura de gran tamaño apareció a su izquierda. Raoul.

Ella continuó mirando por la ventana mientras el avión se ladeaba sobre el Mediterráneo azul violáceo y emprendía la aproximación final a la pista.

—¿Qué sabes de tu contacto sobre el terreno? —preguntó Raoul, espaciando las palabras.

Había debido de advertir que la mujer había utilizado el teléfono del avión. Seichan se toqueteaba el colgante del dragón.

—Los otros siguen en el agua. Con un poco de suerte, te resolverán el misterio.

—No los necesitamos para eso.

Raoul salió de allí para reunirse con sus hombres, un equipo de dieciseis miembros, incluido el maestro experto de la Corte.

Seichan ya se había reunido con el reputado bibliófilo del Vaticano, el doctor Alberto Menardi, un individuo desgarbado, de pelo cano, cutis picado de viruela, gruesos labios y ojos estrechos. Iba sentado en la parte trasera del avión, resintiéndose de la nariz rota. Seichan tenía un *dossier* completo sobre él. Sus vínculos con una organización criminal siciliana eran profundos. Parecía que ni siquiera el Vaticano podía evitar que tales semillas arraigasen en su territorio. Pero no podía pasar por alto el perfil intelectual de aquel hombre, que tenía un cociente intelectual tres puntos superior al de Einstein.

Había sido el doctor Alberto Menardi quien, quince años antes, había deducido —a partir de los textos gnósticos conservados en la biblioteca de la Corte del Dragón— la capacidad de liberar la energía de los metales superconductores por medio del electromagnetismo. Supervisó el proyecto de investigación en la localidad suiza de Lausana y probó los efectos en animales, vegetales y minerales. ¿Quién iba a dejar escapar a este ocasional mochilero suizo solitario? Esos últimos experimentos podían revolver el estómago hasta a los peores científicos nazis.

El hombre tenía también una inquietante obsesión por las chicas jóvenes. Pero no para fines sexuales, sino por deporte.

Seichan prefería no haber visto algunas de las fotografías. Si no hubiera recibido órdenes del Guild de eliminar a aquel hombre, lo habría hecho por su cuenta en cualquier caso.

El avión inició la última etapa del descenso.

En algún lugar, allí abajo, trabajaba el equipo de Sigma. No representaban ninguna amenaza. Era tan sencillo como disparar a los peces en un barril.

XII

EL ENIGMA DE LA ESFINGE

26 de julio, 12.41
Alejandría

A cuérdate del maldito pez —dijo Monk desde el barco por radio.

A cuatro metros de profundidad, Gray levantó la cabeza y miró con mala cara la quilla flotante. Habían pasado los últimos cinco minutos descartando diversas opciones. Era posible que la esfinge estuviera en lo alto de un túnel. Pero ¿cómo iban a mover una tonelada de piedra? Se habló también de recurrir a la levitación, utilizando la amalgama, como en la basílica de San Pedro. Gray conservaba un tubo de ensayo con el polvo procedente de la investigación sobre los huesos de Milán. Pero para activarlo se requería algún tipo de electricidad, lo cual no era aconsejable en el agua.

—¿De qué pez hablas, Monk? —preguntó Gray. Había visto suficientes peces por allí abajo como para que le repugnara hablar de pescado.

—Del pez del primer enigma —respondió Monk—. Ya sabes, el pez pintado en las catacumbas.

—¿Y qué pasa con él?

—Con la cámara Aqua-Vu veo a todo el equipo y también la estatua. La esfinge mira *hacia* la fortaleza.

Gray observó la estatua. Desde allí, donde la visibilidad no superaba los cinco metros de distancia, era fácil perder de vista el panorama global. Monk tenía la mejor perspectiva. Y el panorama global era su especialidad: sabía ver el bosque a través de los árboles.

—Las catacumbas... —masculló Gray, comprendiendo la idea de Monk. «¿Podía ser tan sencillo?».

—¿Te acuerdas —dijo Monk— de que teníamos que seguir la dirección hacia la que miraba el pez para encontrar la pista siguiente? A lo mejor la esfinge mira hacia el túnel de acceso.

—Quizá Monk tenga razón —dijo Vigor—. Estas pistas se dejaron en el siglo XIV. Deberíamos enfocar el problema desde la perspectiva del nivel tecnológico de la época. No tenían equipos de submarinismo por aquel entonces, pero sí brújulas. La esfinge puede ser una especie de señalización de carretera. Se utiliza la brújula para encontrarla. Uno se sumerge para ver hacia dónde mira la escultura y a continuación se desplaza hacia la costa.

—Sólo hay una forma de averiguarlo —dijo Gray—. Monk, deja el barco fondeado hasta que estemos seguros. Nadaremos hacia la costa.

El comandante se apartó de la estatua, alejándose lo suficiente para fijar la orientación de la brújula sin la interferencia magnética de la piedra imantada.

—De acuerdo, veamos adónde nos lleva esto.

Entonces empezó a moverse. Los demás lo siguieron. Avanzaban juntos.

La costa no estaba lejos. El puntal de tierra emergía en fuerte pendiente. El fondo arenoso terminaba abruptamente en un laberinto de bloques de piedra.

—Esto debía de ser una parte del faro —dijo Vigor.

Los percebes y las anémonas habían tomado la zona, convirtiéndola en su propio arrecife. Los cangrejos escarbaban y los peces diminutos salían como flechas.

—Deberíamos desplegarnos para registrar la zona —dijo Kat.

—No. —Gray comprendía intuitivamente lo que había que hacer—. Es como la esfinge magnética oculta entre las otras esfinges. —Fue ascendiendo por el arrecife desde el fondo. Tenía un brazo fijo a la altura de la cara para observar la brújula. No tardó mucho.

Al pasar por delante de un bloque de piedra, la aguja de la brújula cambió de posición. Estaba a sólo cuatro metros de la superficie. La cara frontal del bloque medía unos sesenta centímetros cuadrados.

—Aquí —dijo.

Los otros se acercaron a él.

Kat cogió un cuchillo y raspó la colonia de vida marina.

—Otra vez hematites, con menor fuerza magnética. No la habrías detectado si no fueras buscándola expresamente.

—Monk —dijo Gray.

—Sí, jefe.

—Trae el barco hasta aquí y fondéalo.

—Voy para allá.

Gray examinó los bordes del bloque. Estaba adherido a los bloques contiguos —por arriba, por abajo y por los lados— con coral, arena y densos racimos de mejillones.

—Vamos a coger cada uno un lado y escarbar los bordes para despegarlos —ordenó. Recordó la losa de hematites bajo la tumba de san Pedro, que ocultaba un túnel subterráneo. No tenía dudas de que seguían la pista adecuada. Por una vez.

En un par de minutos despegaron el bloque.

El plúmbeo latido de una hélice resonó a través del agua. Monk se acercó a la costa lentamente.

—Ya os veo, chicos —dijo—. Un puñado de ranas de rayas sentadas en una roca.

—Fondea el ancla despacio —dijo Gray.

Mientras la punta de pesado acero descendía desde la quilla, Gray nadó hasta ella para guiarla hacia el bloque de hematites. Introdujo un extremo en un hueco comprendido entre el bloque y la piedra contigua.

—Levántala —le ordenó Gray.

Monk tiró del cabo del ancla y éste se tensó.

—Todo el mundo atrás —advirtió Gray.

El sillar tembló, soltó arena y, de pronto, se despegó del fondo. Sólo medía unos treinta centímetros de grosor. Rodó por la cara del acantilado, tropezando con choques atenuados, hasta desplomarse en el suelo de arena.

Gray esperó a que se asentase el cieno del agua. Seguían lloviendo guijarros por la pared rocosa. Avanzó hacia el muro. En el boquete abierto por la piedra surgía un espacio oscuro. Encendió la linterna de su muñeca y apuntó hacia el boquete. La luz iluminó un túnel estrecho, ligeramente anguloso por la parte superior. Era un pasadizo muy angosto, por el que no cabían las bombonas de oxígeno. Sólo había una forma de averiguar adónde conducía.

Se desabrochó la hebilla de las bombonas de oxígeno y balanceó la espalda para despojarse de ellas.

—¿Qué haces? —le preguntó Rachel.

—Alguien tiene que echar un vistazo.

—Podríamos desmontar la cámara Aqua-Vu del barco —dijo Kat—, y utilizar una caña de pescar o un remo para meterla por la ranura.

No era un mal plan, pero requería tiempo. Y esto era precisamente lo que no tenían.

Gray apoyó las bombonas en una roca.

—Vuelvo enseguida. —Respiró profundamente, despegó el manguito regulador de la escafandra y luego se dirigió hacia el túnel.

Iba a estar apretujado. Recordó el enigma de la Esfinge, cómo describía la primera fase del hombre, que gateaba a cuatro patas. Era un modo de entrar muy adecuado. Agachó la cabeza, con los brazos al frente, iluminando el camino. Movió las aletas y penetró en el angosto túnel.

Mientras el túnel lo engullía, recordó la advertencia de Vigor sobre el enigma. Si te equivocabas... eras hombre muerto.

13.01

Mientras las aletas de Gray se desvanecían en el interior del túnel, Rachel contuvo la respiración. Era una locura. ¿Y si se atascaba? ¿Y si se desmoronaba una parte del túnel? Una de las formas de submarinismo más peligrosas era la espeleología subacuática. Sólo disfrutaban de aquel deporte los amantes de la muerte. Y llevaban bombonas de oxígeno.

Se agarró al borde de la roca con los dedos protegidos por los guantes. Vigor acudió a su lado y posó la mano sobre la de su sobrina, para infundirle confianza.

Kat se agazapó junto a la abertura e iluminó el túnel con la linterna.

—No lo veo.

Rachel se agarró a la roca con más fuerza. Su tío percibió la tensión.

—Sabe lo que hace —le dijo—. Conoce sus límites.

«¿De verdad es así?». Rachel había visto el carácter extremo de Gray en las últimas horas. Era algo que le suscitaba emoción y temor. Había pasado suficiente tiempo con él. Gray no pensaba como el resto de la gente. Actuaba al límite del sentido común, confiaba en que sus reflejos y su rapidez mental lo sacasen de los apuros. Pero los reflejos y la agudeza no sirven de nada si una roca se te cae encima de la cabeza.

Oyó unas palabras entrecortadas:

—... se... puede... vía... libre...

Era Gray.

—Comandante —dijo Kat en voz alta—, te perdemos.

—Espera…

Kat los miró. La escafandra no ocultaba su cara de preocupación.

—¿Mejor así? —dijo Gray, con una señal mucho más continua.

—Sí, comandante.

—Estaba fuera del agua. He tenido que volver a sumergir la cabeza. —Su voz parecía emocionada—. El túnel es corto: un tramo recto y un ángulo hacia arriba. Si respiráis profundamente y os impulsáis un poco con las aletas saldréis aquí arriba.

—¿Qué has encontrado? —preguntó Vigor.

—Varios túneles de piedra. Parecen bastante sólidos. Voy a seguir adelante para explorar un poco más.

—Voy contigo —le espetó Rachel, mientras intentaba desabrocharse las hebillas del chaleco.

—Primero déjame comprobar si es seguro.

La joven se despojó de las bombonas de oxígeno y el chaleco y los introdujo en una grieta. Gray no era el único atrevido.

—Voy para allá.

—Yo también —dijo su tío.

Rachel respiró profundamente y se quitó el manguito. Luego penetró en el túnel. Estaba muy oscuro. Con las prisas había olvidado encender la linterna, pero mientras movía las piernas y se impulsaba para entrar más al fondo, apareció un rayo de luz a sólo tres metros de distancia. La flotabilidad le ayudó a impulsarse. La luz se intensificó; el túnel se ampliaba por ambos lados. En cuestión de segundos emergió en una pequeña poza.

Gray la miró con mala cara. Estaba en la orilla de piedra que bordeaba la poza circular. Rachel observó que se encontraba en el interior de una cámara con forma de tambor, una cueva artificial. El techo estaba estructurado en ménsulas circulares concéntricas cada vez más estrechas, que provocaban la sensación de estar en el interior de una pirámide escalonada.

Gray le tendió una mano para salir del agua. Ella no la rechazó, mientras miraba embobada la cámara.

—No deberías haber venido —le dijo.

—Y tú no deberías haberte ido —replicó ella, a pesar de que no cesaba de contemplar las piedras que la rodeaban—. Además, si este lugar resistió el terremoto que derribó el faro, creo que podrá soportar mis pisadas.

Al menos, eso esperaba.

13.04

Al cabo de unos instantes, apareció Vigor chapoteando en la poza. Gray suspiró. Debería haber tenido en cuenta que no se podía mantener alejados a esos dos.

Rachel se quitó la escafandra y se retiró la capucha. Tras soltarse el pelo, se inclinó para ayudar a monseñor a salir del agua.

Gray tenía la escafandra puesta y volvió a sumergir la cabeza. La radio funcionaba mejor con el contacto acuático.

—Kat, mantén un puesto junto a la salida del túnel. En cuanto salgamos del agua, perderemos muy rápido la comunicación. Monk, si hay algún problema, transmíteselo a Kat para que venga a buscarnos.

Recibió respuestas afirmativas de los dos. Kat parecía irritada. Por su parte, Monk estaba encantado de permanecer donde estaba.

Gray se incorporó y al fin se retiró la escafandra. Sorprendentemente, el aire olía fresco, incluso un poco a algas y salitre. Debía de haber grietas comunicadas con la superficie.

—Un túmulo —dijo Vigor, después de quitarse la escafandra. Observó el techo de piedra—. Un modelo de sepulcro etrusco.

Desde allí se abrían dos túneles orientados en direcciones diferentes. Gray estaba deseando explorarlos. Uno era más alto que el otro, pero más estrecho, apenas se podía transitar por él. El otro era bajo y requería agacharse un poco, aunque era más ancho.

Vigor tocó los bloques de piedra de una pared.

—Roca caliza. Los bloques están bien tallados y encajan unos en otros, pero parecen… adheridos con plomo. —Se dirigió a Gray—. Según los documentos históricos, esto tiene el mismo diseño que el faro de Alejandría.

Rachel observó el habitáculo.

—Puede formar parte del faro originario, quizá era el subsuelo o un sótano.

Vigor se dirigió al túnel más cercano, el más corto.

—Veamos adónde nos lleva.

Gray le impidió el paso con el brazo.

—Yo primero.

Monseñor asintió con un leve gesto de disculpa:

—Por supuesto.

El comandante se agachó y enfocó la linterna hacia el interior del túnel.

—Por ahora no gastéis las pilas de las linternas —les ordenó—. No sé cuánto tiempo tendremos que permanecer aquí.

Dio un paso adelante, agachado bajo la techumbre de escasa altura. Sintió una punzada en la herida de la espalda causada por el balazo de Milán. Se sentía como un anciano.

De pronto se paralizó. Mierda.

Vigor chocó con él por detrás.

—Atrás, atrás, atrás —exhortó.

—¿Cómo? —preguntó monseñor, pero obedeció.

Gray se retiró hacia la cámara de la poza. Rachel lo miró con cara de extrañeza.

—¿Qué pasa?

—¿Conocéis el chiste del hombre que tiene que elegir entre dos puertas, y detrás de una se esconde un tigre y detrás de la otra una señora?

Rachel y Vigor asintieron.

—A lo mejor me equivoco, pero creo que nos encontramos ante un dilema similar. Dos puertas. —Gray señaló los dos túneles oscuros—. ¿Recordáis el enigma de la Esfinge, que señalaba las edades del hombre? A gatas, de pie y apoyado en un bastón. Hemos tenido que llegar aquí reptando. —Recordó lo que había pensado al entrar en el túnel.

—Ahora tenemos aquí dos túneles —continuó—. Por uno se puede andar de pie, por el otro hay que agacharse. Ya he dicho que puedo equivocarme, pero prefiero elegir primero el otro túnel, el túnel por el que se puede ir de pie, la *segunda* etapa del hombre.

Vigor echó un vistazo al túnel por el que iban a entrar. Por su profesión de arqueólogo, conocía bien las tumbas trampa. Asintió.

—No hay por qué precipitarse.

—No, no hay ningún motivo. —Gray rodeó la poza hacia el otro túnel.

Encendió la linterna y entró el primero. Tardó unos diez pasos en volver a respirar. El aire olía a humedad. El túnel debía de conducir a las profundidades de la península. Gray sentía casi el peso de la fortaleza sobre él. Tras un recorrido lleno de curvas y recovecos, al fin divisaron la luz que indicaba el final del túnel. Desembocaron en un espacio más amplio. El brillo de la linterna se reflejaba en la superficie del fondo.

Gray avanzó más despacio. Los otros se apiñaron detrás de él.

—¿Qué se ve? —preguntó Rachel desde el final de la fila.

—Impresionante…

13.08

En el monitor de la cámara Aqua-Vu Monk vio que Kat esperaba a la entrada del túnel. Estaba totalmente quieta y mantenía el equilibrio con un esfuerzo mínimo, para conservar las energías. Mientras Monk la espiaba, ella cambiaba sutilmente de postura, como en una suerte de taichi subacuático. Estiraba una pierna, giraba un muslo, haciendo resaltar la larga curva de su cuerpo.

Monk recorrió con el dedo el contorno en el monitor. Una S perfecta. Hizo un gesto negativo con la cabeza y apartó la vista. ¿A quién estaba engañando?

Echó un vistazo a las aguas tranquilas y azuladas de la superficie. Llevaba gafas de sol polarizadas, pero el destello constante del sol de mediodía le producía ya ciertas molestias en la vista. Y el calor... Incluso a la sombra la temperatura rondaba los cuarenta grados. El traje de submarinismo le rozaba la piel. Se había abierto la cremallera para retirarse la parte superior del traje y dejarse el torso desnudo, pero todo el sudor parecía haberse concentrado en la entrepierna. Y ahora tenía que mear. Más le valía dejar de tomar cocacola *light*.

Le llamó la atención un movimiento repentino procedente del lado opuesto de la península. Era un barco grande y elegante de color azul marino, de unos diez metros de eslora. No era un barco corriente, sino un hidrodeslizador. Volaba sobre las aguas, ligeramente elevado sobre los patines que perforaban la superficie. Se desplazaba sin obstáculos por el suave oleaje, deslizándose como un trineo por el hielo. Mierda, qué rápido iba.

Monk siguió con la mirada la curva que describía alrededor del puntal, unos doscientos metros. Se dirigía hacia el puerto Este. No podía ser un ferry, pues su tamaño era demasiado reducido para ello. Podía ser un yate privado de algún jeque árabe. Cogió unos prismáticos y examinó el barco. En la proa vio un par de chicas en bikini. Nada de pudores ni burkas. Monk ya había visto otros barcos por el puerto y los había ubicado en su tablero de ajedrez mental. En un mini-yate se celebraba una fiesta por todo lo alto, con champán en abundancia. En otra embarcación, que parecía una casa flotante, vagueaba una pareja en cueros. Al parecer, Alejandría era el Fort Lauderdale de Egipto.

—Monk —lo llamó Kat por radio.

Éste llevaba unos auriculares conectados al transmisor-receptor subacuático.

—¿Qué pasa, Kat?

—Estoy recibiendo una señal intermitente de electricidad estática por la radio. ¿Eres tú?

Bajó los prismáticos.

—No, no soy yo. Voy a ver el diagnóstico del transmisor-receptor. A lo mejor estás captando un detector de peces.

—De acuerdo.

Monk echó un vistazo alrededor. El hidrodeslizador desaceleraba y se hundía más en el agua. Se había desplazado al extremo opuesto del puerto. Bien.

Monk memorizó su posición entre los restantes barcos de su cabeza, como una pieza más del ajedrez. Centró su atención en el transmisor-receptor Buddy Phone. Giró el control de amplitud, lo cual le valió un agudo gañido de retorno. Entonces reinició el canal.

—¿Qué tal ahora? —preguntó.

—Mejor —respondió Kat—, ha desaparecido.

Monk negó con la cabeza. «Maldito equipo de alquiler...».

—Si vuelve el ruido, avisa.

—Sí, gracias.

Monk observó el contorno de sus formas en el monitor de la cámara y suspiró. ¿De qué servía? Cogió los prismáticos. ¿Quiénes eran las dos chicas de los bikinis?

13.10

Rachel fue la última en entrar en la cámara. Los dos hombres se separaron, uno a cada lado, frente a ella. A pesar de la advertencia de Gray de conservar las baterías, Vigor había encendido su linterna.

Los hilillos de luz iluminaban otra sala en forma de tambor, con una cúpula. El yeso del techo estaba pintado de negro. Las estrellas de plata brillantes destacaban ante el fondo oscuro. Pero no estaban pintadas. Eran incrustaciones metálicas.

El techo se reflejaba en una poza de agua estancada que abarcaba todo el suelo. El efecto de la imagen reflejada en el agua era la ilusión óptica de una esfera completa llena de estrellas, arriba y abajo. Pero no era ésa la visión más sorprendente.

En medio de la cámara emergía del agua una pirámide gigante de cristal, tan alta como un hombre. Parecía flotar en el centro de la esfera fantasmagórica. Brillaba con un familiar tono dorado.

—¿Podría ser…? —masculló Vigor.

—Cristal de oro —dijo Gray—. Un superconductor gigante.

Se dispersaron por el estrecho borde de piedra que rodeaba la poza. Había cuatro vasijas de cobre sumergidas en los extremos de la misma. Vigor examinó una y continuó caminando. Lámparas antiguas, supuso Rachel. Pero ellos traían su propia iluminación. Observó la estructura del centro de la poza. La pirámide tenía base cuadrada y cuatro lados, como las de Gizeh.

—Hay algo dentro —dijo Rachel.

Los reflejos de las superficies vítreas de la pirámide dificultaban la identificación precisa de su contenido. Rachel saltó al agua, que le llegaba algo más arriba de las rodillas.

—Cuidado —dijo Gray.

—Vale, aplícate el cuento —replicó Rachel, caminando hacia la pirámide.

Los chapoteos que oyó a sus espaldas le indicaban que los otros la seguían. Gray y Vigor enfocaron las linternas hacia la pirámide.

Aparecieron dos figuras. Una ocupaba el centro exacto de la pirámide. Era una escultura de bronce de un dedo gigante, levantado, señalando hacia arriba. Era tan ancho que Rachel dudaba que pudiera abarcarlo con sus brazos. Los detalles de la escultura eran magistrales, desde la uña recortada hasta las arrugas de los nudillos.

Pero lo que más le llamó la atención fue la figura que había debajo del dedo. Representaba a un hombre con una corona y una máscara de oro, vestido con una túnica blanca, que yacía sobre un altar de piedra con los brazos tendidos a cada lado, a semejanza de Cristo. Pero la cara dorada era marcadamente griega. Rachel dijo, mirando a su tío:

—Alejandro Magno.

Vigor rodeó lentamente la pirámide para observarla desde todos los ángulos. Tenía los ojos húmedos de emoción.

—Es su tumba… los documentos históricos señalan que su sepulcro era de cristal. —Alargó el brazo para tocar una de las manos, a escasos centímetros del cristal, pero luego se lo pensó dos veces y se abstuvo.

—¿Y el dedo de bronce? —preguntó Gray.

Vigor dio un paso atrás y se volvió hacia ellos.

—Creo… creo que es del Coloso de Rodas, la estatua gigante erigida a la entrada del puerto de la isla. Representaba al dios Helios, pero se modeló según la imagen de Alejandro Magno. Se creía que no se conservaba ningún resto de la estatua.

—Entonces este último vestigio se ha convertido en la lápida de Alejandro —dijo Rachel.

—Creo que *todo* esto es un testimonio de Alejandro —dijo su tío—, y de la ciencia y el conocimiento que él impulsó. Fue en la Biblioteca de Alejandría donde Euclides descubrió las reglas de la geometría. Por aquí hay triángulos, pirámides, círculos. —Vigor señaló varias zonas de la cámara—. El reflejo de la esfera dividida por el agua se remonta a Eratóstenes, que calculó en Alejandría el diámetro de la Tierra. Incluso el agua de esta poza debe de llegar aquí a través de pequeños canales que la mantienen llena. Fue también en la biblioteca donde Arquímedes diseñó la primera bomba de agua con forma helicoidal, que todavía se emplea en nuestros días. —No daba crédito a lo que veía—. Todo esto es un homenaje a Alejandro y a la biblioteca perdida de Alejandría.

A Rachel esta frase le recordó algo.

—¿No se supone que tenía que haber libros aquí abajo? ¿No enterró aquí Septimio Severo los pergaminos más importantes?

Vigor echó un vistazo alrededor.

—Seguramente los recogieron después del terremoto, cuando dejaron aquí las pistas. Quizá trasladaron el conocimiento a alguna cámara oculta cerca de aquí. No debemos de estar muy lejos.

Rachel percibió el temblor en la voz de su tío. ¿Qué otras cosas iban a descubrir?

—Pero antes vamos a continuar —dijo Gray—. Tenemos que resolver este enigma.

—No —dijo Vigor—. El enigma no ha aparecido todavía. Acuérdate de la basílica de San Pedro. Tenemos que pasar alguna prueba para demostrar nuestro conocimiento, como hizo la Corte del Dragón con su comprensión del magnetismo. Sólo después se reveló el secreto.

—Entonces, ¿qué se supone que tenemos que hacer? —preguntó Gray.

Monseñor dio un paso atrás y posó la mirada en la pirámide.

—Tenemos que activar esta pirámide.

—¿Y cómo? —preguntó Gray.

—Necesito un refresco —respondió Vigor.

13.16

Gray esperó a que Kat les trajera las últimas latas de cocacola. Necesitaban otros dos paquetes de seis.

—¿Da igual que sea *light* o normal? —preguntó Gray.

—Sí —dijo Vigor—. Necesito algo ácido. También sirve el zumo de limón o el vinagre.

Gray miró a Rachel, que hizo un gesto negativo con la cabeza y se encogió de hombros.

—¿Y ahora tendrás la bondad de explicarnos lo que vas a hacer? —preguntó Gray.

—Acuérdate de cómo se abrió la primera tumba con el magnetismo —dijo Vigor—. Sabemos que los antiguos conocían bien el magnetismo. Las piedras imantadas se utilizaban mucho. Las brújulas chinas datan del año 200 a.C. Para seguir adelante tenemos que demostrar nuestra comprensión del magnetismo. Lo que nos trajo aquí era un indicador magnético que alguien dejó bajo el agua.

Gray asintió.

—Así que aquí hay que demostrar otro prodigio científico.

Vigor interrumpió su discurso por la llegada de Kat, que apareció en la poza de la entrada con otros dos paquetes de seis, lo cual hacía un total de cuatro.

—Vamos a necesitar la ayuda de Kat durante unos minutos —dijo Vigor—. Hacen falta cuatro personas.

—¿Qué tal van las cosas arriba? —preguntó Gray a Kat.

Ella se encogió de hombros.

—Todo en calma. Monk arregló un problema técnico de la radio. Ésa es toda la emoción que hemos tenido.

—Comunícale que vas a estar sin conexión durante unos minutos —dijo Gray, algo intranquilo, pero consciente de que necesitaban averiguar lo que se ocultaba allí.

Kat se sumergió de nuevo para transmitir el mensaje. Luego volvió y todos regresaron a la tumba de Alejandro Magno.

Vigor les hizo señas para que se dispersaran. Señaló una urna de cobre situada en el borde de la poza. Había cuatro vasijas.

—Que cada uno coja un paquete de seis cocacolas y ocupe una posición junto a las vasijas.

Se dispersaron.

—¿Podrías decirnos lo que estamos haciendo? —preguntó Gray mientras se acercaba a su vasija de cobre.

Vigor asintió.

—Demostrar otro prodigio científico. Lo que tenemos que mostrar aquí es el conocimiento de una fuerza que conocían hasta los griegos. Lo llamaban *electrikus*, nombre que designaba la carga estática de un paño después de frotar el ámbar. Lo observaron en forma de relámpagos y como el fuego de San Telmo en los mástiles de los veleros.

—Electricidad —dijo Gray.

Vigor asintió.

—En 1938, un arqueólogo alemán llamado Wilhelm Koenig descubrió numerosas vasijas de arcillas muy curiosas en el Museo Nacional de Irak. Sólo medían quince centímetros de alto. Se atribuyeron a los persas, el pueblo natal de los Reyes Magos bíblicos. Lo más curioso es que estaban tapadas con asfalto y por la parte superior sobresalía un cilindro de cobre con una varilla de hierro en el interior. La estructura era conocida para cualquier persona un poco puesta en las ciencias voltaicas.

Gray frunció el ceño.

—¿Y para los que no estamos nada puestos?

—Las vasijas… tenían la misma estructura que las pilas, por lo cual recibieron el nombre de «pilas de Bagdad».

Gray negó con la cabeza.

—¿Pilas antiguas?

—General Electric y la revista *Science Digest* reprodujeron aquellas vasijas en 1957. Al aplicarlas vinagre, las vasijas generaban electricidad de un voltaje nada desdeñable.

Gray contempló las vasijas a sus pies y recordó que monseñor había pedido un refresco, otra solución ácida. Observó la varilla de hierro que sobresalía por la parte superior de la vasija de cobre macizo.

—¿Quieres decir que todo esto son pilas? ¿Pilas alcalinas antiguas?

Observó la poza. Si monseñor estaba en lo cierto, Gray entendía por qué las vasijas estaban sumergidas en agua marina. La descarga producida se transmitiría a través del agua hasta la pirámide.

—¿Por qué no ponemos en marcha la pirámide, sin más? —preguntó Kat—. ¿Traigo una batería marina del barco?

Vigor negó con la cabeza.

—Creo que la activación va ligada a la cantidad de corriente y a la posición de las pilas. En cuanto a la magnitud de la potencia de estos superconductores, sobre todo uno de este tamaño, creo que deberíamos atenernos al diseño original.

Gray se mostró de acuerdo. Recordó el temblor y la destrucción del interior de la basílica. Se había conseguido con un solo cilindro de polvo en estado-m. Observó la pirámide gigante, consciente de que era mejor seguir la recomendación de monseñor.

—Entonces, ¿qué hacemos? —preguntó Gray.

Vigor abrió una de sus latas.

—Cuando yo os diga, llenaremos las baterías vacías. —Miró al resto del grupo—. Ah, y os sugiero que no os acerquéis demasiado.

13.20

Monk estaba ante el timón del barco, dando golpecitos con la lata vacía de refresco en la barandilla de estribor. Estaba cansado de esperar. A lo mejor el submarinismo no estaba tan mal. Apetecía darse un baño con tanto calor.

El ruido sordo de un motor en el puerto le llamó la atención.

El hidrodeslizador, que aparentemente había fondeado, se ponía otra vez en marcha. Oyó la aceleración del motor. Parecía que en la cubierta había cierta conmoción.

Cogió los prismáticos. Más valía prevenir. Mientras los cogía, echó un vistazo al monitor de la cámara Aqua-Vu. El túnel seguía sin vigilancia.

¿Por qué tardaba tanto Kat?

13.21

Gray vació su tercera lata en el cilindro de su vasija. Poco después la cocacola empezó a desbordarse por el lateral de cobre de la batería. Estaba llena. Los demás acabaron más o menos al mismo tiempo y se desplazaron un poco hacia atrás.

Todos los cilindros tenían una capa de espuma en la parte superior. No ocurrió nada más. A lo mejor lo habían hecho mal, o la bebida carbónica no servía. O lo que era más probable: la idea de monseñor quizá se trataba de una tontería tan grande como una catedral.

De pronto emergió una chispa por la punta de la varilla de hierro en la vasija de Gray y descendió por la superficie de cobre hasta apagarse en el agua marina. Las otras baterías lloviznaban pirotecnias similares.

—Las baterías pueden tardar unos minutos en acumular y descargar un voltaje adecuado. —La voz de Vigor era menos segura que antes.

Gray frunció el ceño.

—No creo que esto vaya a...

Simultáneamente empezaron a chisporrotear por el agua arcos voltaicos brillantes que alcanzaron los cuatro ángulos de la pirámide.

—¡Contra la pared! —gritó Gray.

La advertencia no era necesaria. El impacto de la explosión procedente de la pirámide lo estampó contra el muro. La presión le producía la sensación de estar tumbado de espaldas, mientras la cámara con forma de tambor giraba a su alrededor con la pirámide sobre su cuerpo, como en una atracción de feria.

Pero Gray sabía qué lo sostenía en el aire: un campo de Meissner, una fuerza capaz de hacer levitar las tumbas.

Entonces comenzaron los auténticos fuegos artificiales. Desde todas las superficies de la pirámide saltaban relámpagos que se deshacían en el techo. Parecía que embestían a las estrellas allí incrustadas. Las chispas penetraban también en la poza, como si intentasen atacar a las estrellas reflejadas en el agua.

Gray tenía la sensación de que la imagen le quemaba la retina, pero se negó a cerrar los ojos. Valía la pena correr el riesgo de quedarse ciego. En los puntos donde los rayos entraban en contacto con el agua surgían llamas cimbreantes que se extendían por toda la superficie de la poza.

¡Fuego desde el agua!

Sabía lo que estaba presenciando. La electrolisis del agua producía gas hidrógeno y oxígeno. El gas liberado explosionaba y se inflamaba por efecto de las energías en contacto.

Forzosamente atrapado, Gray contemplaba el fuego inferior y superior. Apenas podía creer la magnitud de aquella energía. Había leído estudios teóricos sobre el modo en que un superconductor almacenaba energía, e incluso luz, en su matriz durante un periodo de tiempo infinito. En un superconductor *perfecto* la cantidad de energía o luz podía llegar a ser infinita. ¿Era eso lo que estaba presenciando?

Antes de que lo comprendiese plenamente, las energías se disiparon. Fue como una tormenta en una botella, fulgurante pero breve.

El mundo recuperó su posición normal y su cuerpo se sintió liberado cuando se deshizo el campo de Meissner. Dio un traspié y a punto estuvo de caer al agua, donde iban muriendo los fuegos. La energía que había en el interior de la pirámide se había gastado.

Nadie habló. Se reunieron en silencio. Todos necesitaban de la compañía de los demás, del contacto físico del otro.

Vigor fue el primero en hacer un movimiento coherente. Señaló al techo.

—Mirad.

Gray estiró el cuello para ver. Persistían las estrellas y la pintura negra, pero ahora en la cúpula brillaban unas letras extrañas.

ὅπωζ είναι ανωτέρω, έτσι είναι κατωτέρω

—Ésta es la pista —dijo Rachel.

En unos instantes, mientras las contemplaban, las letras se desvanecieron. Al igual que la pira sobre la losa negra de hematites en la basílica de San Pedro, la revelación fue muy breve.

Gray sacó rápidamente la cámara subterránea para grabar aquella imagen, pero Vigor le disuadió.

—Sé lo que dice. Es griego.

—¿Puedes traducirlo?

Monseñor asintió.

—No es difícil. Es una frase atribuida a Platón, que describe cómo nos influyen las estrellas, que de hecho son un reflejo de nosotros. La cita llegó a ser el fundamento de la astrología y una piedra angular de las creencias gnósticas.

—¿Qué dice la frase? —preguntó Gray.

—«Como es arriba, así es abajo».

Gray observó el techo estrellado y su reflejo en el agua. Arriba y abajo. Era la misma idea expresada visualmente.

—Pero ¿qué significa?

Rachel se había apartado del grupo. Tras dar una vuelta completa al contorno de la sala, los llamó desde el otro lado de la pirámide.

—¡Venid aquí!

Gray oyó un chapoteo. Acudieron junto a ella, que caminaba por el agua hacia la pirámide.

—¡Cuidado! —le advirtió Gray.

—Mirad —dijo Rachel mientras señalaba con el dedo.

Gray bordeó la pirámide y vio lo que atraía a su compañera. Una pequeña parte de la pirámide, de unos cuarenta centímetros cuadrados, se había desvanecido en medio de una de las caras, disuelta, consumida durante la tormenta ígnea. En el interior del hueco yacía una de las manos de Alejandro Magno, con el puño cerrado.

Rachel intentó tocarla, pero Gray se lo impidió.

—Déjame a mí —dijo.

Se acercó para tocarla, contento de llevar todavía los guantes de submarinismo. La carne quebradiza parecía roca. Entre los dedos prietos brillaba una pieza de oro.

Gray hizo fuerza, apretando los dientes, y partió uno de los dedos, provocando un grito ahogado de Vigor. A continuación retiró del puño una llave de oro de ocho centímetros de largo, muy gruesa y rematada por una cruz. Era muy pesada.

—Una llave —dijo Kat.

—Pero ¿de qué cerradura? —preguntó monseñor.

Gray se alejó.

—De alguna que encontraremos más adelante. —Recorrió con la vista el techo de donde se habían desvanecido las letras.

—«Como es arriba, así es abajo» —repitió Vigor, observando la dirección de su mirada.

—Pero ¿qué sentido tiene en este caso? —masculló Gray. Se guardó la llave en el bolsillo del muslo—. ¿Adónde nos dice que vayamos?

Rachel se alejó un paso y dio una vuelta en círculo, lentamente, examinando la sala. Luego se detuvo con la mirada fija en Gray. Le brillaban los ojos. Él ya conocía aquella expresión.

—Yo sé por dónde empezar.

13.24

En la cabina elevada del hidrodeslizador, Raoul se puso el traje de submarinismo y se subió la cremallera. El barco era propiedad del Guild. A la Corte del Dragón le había costado mucho alquilarlo, pero esta vez no podían cometer errores.

—Acércanos hasta allí todo lo que puedas dando un rodeo para no levantar sospechas —ordenó al capitán, un africano de piel oscura con un dibujo hecho con puntos de cicatrices en las mejillas.

Flanqueaban al hombre dos mujeres jóvenes, una negra y otra blanca. Llevaban bikini, que en su caso era el equivalente de la ropa de camuflaje, pero en sus ojos brillaba la promesa de una fuerza mortífera.

El capitán no respondió, pero giró el timón y el barco se desvió hacia un lado.

Raoul se alejó del capitán y las mujeres y se dirigió a la escalera de mano por la que se descendía a la cubierta inferior.

Detestaba ir a bordo de un barco que no dependía directamente de su autoridad. Bajó por la escalera para reunirse con el equipo de doce hombres que iba a emprender la operación submarina. Otros tres se encargarían de los cañones inteligentemente instalados en la proa y a ambos lados de la popa. El último miembro del equipo, el doctor Alberto Menardi, permanecía en uno de los camarotes, preparándose para desentrañar los enigmas.

El equipo contaba también con un miembro adicional, poco grato: la mujer.

Seichan llevaba el traje de submarinismo desabrochado hasta el ombligo. El neopreno apenas le ocultaba los pechos. Tenía a su lado las bombonas de oxígeno y el trineo Aquanaut. Estos pequeños trineos individuales se impulsaban con dos motores de propulsión. Servían para deslizar a un buzo por el agua a velocidades de vértigo.

La mujer euroasiática lo miró a la cara. A Raoul le parecía repelente su linaje mixto, pero para aquella misión le servía. Recorrió con la mirada el vientre desnudo y el pecho de la chica. Si estaba dos minutos a solas con ella, se le borraba de la cara la constante sonrisita desdeñosa.

Pero por el momento tenía que esperar a la zorra. Aquél era territorio del Guild.

Seichan había insistido en acompañar al equipo de asalto. «Sólo para observar y dar consejos —había añadido—. Nada más».

Aun así, Raoul vio el arpón que llevaba Seichan entre sus instrumentos de submarinismo.

—Desalojamos en tres minutos —dijo Raoul.

Saltarían por la borda mientras el hidrodeslizador ralentizaba la marcha para rodear la península, como si fueran meros turistas que contemplaban la antigua fortaleza. Desde allí se sumergirían hasta las posiciones establecidas. La embarcación se quedaría atrás, preparada para intervenir con los cañones si fuera necesario.

Seichan se abrochó la cremallera.

—He ordenado al operador de radio que interfiera de vez en cuando en sus comunicaciones. Así no sospecharán cuando las radios les dejen de funcionar.

Raoul hizo un gesto afirmativo. Ella tenía sus métodos. Ése era todo el respeto que le tenía.

Tras mirar por última vez el reloj, levantó un brazo e hizo una señal circular con el dedo.

—¡Súbete a la borda! —le ordenó.

13.26

Tras regresar a la entrada del túnel que conducía a la tumba de Alejandro, Rachel se arrodilló en el suelo de piedra. Trabajaba en su proyecto, dispuesta a demostrar su hipótesis.

—Será mejor que vuelvas al agua —dijo Gray a Kat—. Comprueba con Monk que todo esté en orden. Hemos tardado más de los dos minutos que le habíamos dicho. Estará nervioso.

Kat asintió, pero echó un vistazo a toda la sala y se quedó mirando la pirámide de la tumba. A regañadientes, volvió por el túnel hacia la poza de la entrada.

Vigor terminó de inspeccionar la cámara de la tumba. Estaba todavía maravillado.

—No creo que vuelva a inflamarse igual.

Gray hizo un gesto afirmativo junto a Rachel.

—La pirámide de oro —dijo— sirvió seguramente de condensador. Almacenaba la energía, bien conservada dentro de la matriz superconductora, hasta que se produjo la descarga eléctrica, provocando una reacción en cadena que vació la pirámide.

—Eso significa —dijo Vigor— que aunque la Corte del Dragón descubra esta cámara, nunca logrará desvelar el enigma.

—Ni conseguirá la llave de oro —dijo Gray, dándose golpecitos en el bolsillo del muslo—. Por fin les llevamos ventaja.

Rachel percibió en su voz el tono de alivio y satisfacción.

—Pero antes tenemos que resolver el enigma —le recordó—. Tengo una vaga idea de por dónde empezar, pero no la respuesta exacta.

Gray se le acercó.

—¿Qué estás haciendo?

Tenía desplegado en las piedras del suelo un mapa del Mediterráneo, el mismo que había utilizado para demostrar que la inscripción de la losa de hematites representaba la cuenca mediterránea oriental. Con un rotulador negro había dibujado puntos en el mapa y les había asignado nombres. Luego levantó la cabeza y señaló con el brazo la cámara mortuoria.

—La frase «Como es arriba, así es abajo» originariamente servía para introducir en la vida del hombre la posición de las estrellas.

—Astrología —dijo Gray.

—No exactamente —replicó Vigor—. Las estrellas regían las civilizaciones antiguas. Las constelaciones eran los cronómetros de las estaciones, los vigías de los viajes, el hogar de los dioses. Las civilizaciones les rendían tributo construyendo sus monumentos como reflejo de la noche estrellada. Una nueva teoría sobre las pirámides de Gizeh dice que estaban alineadas en consonancia con las tres estrellas del cinturón de Orión. Aun en tiempos más modernos, todas las catedrales o basílicas católicas se construyen sobre un eje este-oeste, para indicar el nacimiento y la puesta del sol. Todavía se respeta esa tradición.

—Entonces tendremos que buscar algún esquema —dijo Gray—, las posiciones significativas de algo que hay en el cielo o en la tierra.

—Y la tumba nos dice en qué nos tenemos que fijar —dijo Rachel.

—Entonces debo de estar sordo.

Vigor ya había comprendido la idea de Rachel.

—El dedo de bronce del coloso —dijo, mirando el sepulcro—. La pirámide gigante, quizá similar a alguna de las de Gizeh. Encima de nosotros, los vestigios del faro. Hasta la forma de tambor de la cámara posiblemente tenga su origen en el mausoleo de Halicarnaso.

—Perdón —dijo Gray frunciendo el ceño—. ¿El mausoleo de qué?

—Era una de las siete maravillas —dijo Rachel—. Acuérdate de la estrecha relación de Alejandro con todas ellas.

—Ah, sí —dijo Gray—. Lo de su fecha de nacimiento, que coincide con una, y su muerte con otra.

—El templo de Artemisa —dijo Vigor, con un gesto afirmativo—. Y los jardines colgantes de Babilonia. Todos guardan relación con Alejandro... y con este lugar.

Rachel señaló el mapa en el que trabajaba.

—He marcado los puntos donde se encontraban. Estaban dispersas por el Mediterráneo oriental, pero todas se localizaban en la misma región representada en la losa de hematites.

Gray observó el mapa.

—¿Quieres decir que tenemos que buscar un esquema que represente los siete puntos?

—«Como es arriba, así es abajo» —citó Vigor.

—¿Y por dónde empezamos? —preguntó Gray.

—Por el tiempo —dijo Rachel—, o mejor dicho, el progreso del tiempo, tal como se indica en el enigma de la Esfinge, avanzando desde el nacimiento hasta la muerte.

Gray entrecerró los ojos y luego los abrió con un gesto de comprensión.

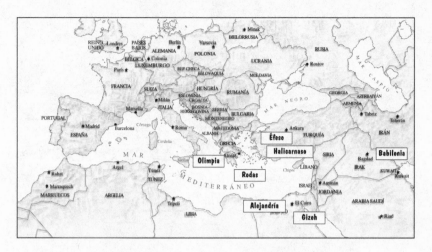

—En orden cronológico —dijo—. Según la fecha en que se construyeron las maravillas.

Rachel asintió.

—Pero no conozco el orden.

—Yo sí —dijo Vigor—. ¿Qué arqueólogo de la región no lo sabe?

Se arrodilló y cogió el rotulador.

—Creo que Rachel tiene razón. La primera pista de la que partimos estaba escondida en un libro de El Cairo, cerca de Gizeh. Las pirámides son también la maravilla más antigua. —Marcó Gizeh con la punta del rotulador—. Me parece interesante que esta tumba esté debajo del faro.

—¿Y por qué? —preguntó Gray.

—Porque el faro fue la *última* maravilla que se construyó. De la primera a la última. Esto quiere decir que el lugar adonde vayamos ahora podría ser el final del camino, la última parada.

Vigor se inclinó y dibujó con cuidado unas líneas que unían las siete maravillas según el orden cronológico de construcción.

—De Gizeh a Babilonia. De ahí a Olimpia, donde se erigió la estatua de Zeus.

—El supuesto padre de Alejandro Magno —recordó Rachel.

—Desde allí nos vamos al templo de Artemisa en Éfeso, luego a Halicarnaso, después a la isla de Rodas… hasta que al final llegamos al punto del mapa en el que nos encontramos: Alejandría y su famoso faro.

Vigor se incorporó.

—¿Alguien duda todavía de que ésta sea la pista adecuada?

Rachel y Gray observaron lo que había dibujado.

—¡Dios! —exclamó Gray.

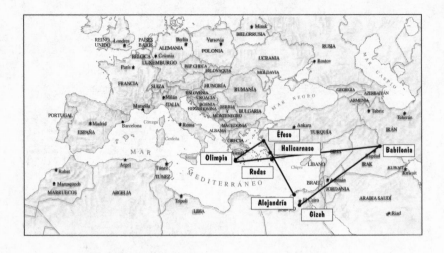

—Es un reloj de arena perfecto —dijo Rachel.

Vigor asintió.

—El símbolo del paso del tiempo, formado por dos triángulos. Hay que recordar que el símbolo egipcio del polvo blanco con que se alimentaban los faraones era un triángulo. Por tanto, los triángulos representaban también la piedra *benben* de los egipcios, un símbolo de conocimiento sagrado.

—¿Qué es una piedra *benben*? —preguntó Gray.

—Eran los remates que coronaban los obeliscos y pirámides egipcios —respondió Rachel.

—Pero en el arte suelen aparecer representadas como triángulos —añadió su tío—. De hecho, se puede ver una en el reverso del billete de un dólar. El billete americano muestra una pirámide rematada por un triángulo.

—La que tiene el ojo dentro —dijo Gray.

—El ojo *que todo lo ve* —precisó Vigor—, que simboliza ese conocimiento sagrado al que me refiero. Lo cual hace pensar si esta sociedad de magos antiguos no tendría alguna influencia en las primeras hermandades de sus antepasados. —Esto último lo dijo con una sonrisa—. Pero, desde luego, para los egipcios parece que hay un tema subyacente de triángulos, conocimiento sagrado, todo relacionado con el misterioso polvo blanco. Hasta el nombre *benben* establece esa relación.

—¿Qué quieres decir? —preguntó Rachel, intrigada.

—Los egipcios concedían mucha relevancia a la ortografía de las palabras. Por ejemplo, *a-i-s* en antiguo egipcio significa «cerebro»,

pero si se invierte la secuencia, *s-i-a*, la palabra significa «consciencia».
Utilizaban la ortografía para relacionar ambas palabras. Lo cual nos
lleva otra vez a *benben*. Las letras *b-e-n* significan «piedra sagrada»,
como ya he dicho, pero ¿sabéis qué significan si se invierte el orden?

Rachel y Gray se encogieron de hombros a la vez.

—*N-e-b* significa «oro».

Gray suspiró admirado.

—Entonces el oro se relaciona con la piedra sagrada y el conocimiento sagrado.

Vigor asintió.

—En Egipto es donde empezó todo.

—Pero ¿dónde acaba? —preguntó Rachel mirando el mapa—.
¿Qué significa el reloj de arena? ¿Hacia dónde apunta?

Todos observaron el sepulcro piramidal. Vigor hizo un gesto
negativo con la cabeza. Gray se arrodilló.

—Ahora me toca a mí dibujar algo en el mapa.

—¿Tienes alguna idea? —le preguntó Vigor.

—No te sorprendas tanto. Ni que fuera tan raro.

13.37

Gray se puso a trabajar, utilizando el puño del cuchillo a modo de
regla. Tenía que aclarar este embrollo. Con el rotulador en la mano,
hablaba mientras trabajaba, sin levantar la cabeza.

—Ese dedo de bronce gigante… —dijo—. ¿Veis que ocupa el
centro exacto de la sala, justo debajo de la cúpula?

Los otros dos volvieron la vista hacia el sepulcro. El agua volvía
a estar calma como un espejo. El firmamento de la cúpula se reflejaba de nuevo en el agua, produciendo la ilusión de una esfera estrellada.

—El dedo está orientado como el polo norte-sur de ese espejismo esférico, el eje en torno al cual gira el mundo. Y ahora mirad
el mapa. ¿Qué punto marca el centro del reloj de arena?

Rachel se aproximó al mapa y leyó el nombre de aquel punto.

—La isla de Rodas —dijo—. El lugar de donde procede el dedo.

Gray sonrió al percibir un tono de fascinación en la voz de Rachel. ¿Era por la revelación o porque *él* la había descubierto?

—Creo que tenemos que encontrar el eje del reloj de arena —dijo.
Cogió el rotulador y dibujó la bisección longitudinal del reloj de

arena—. Y el dedo de bronce apunta hacia el polo norte. —Continuó utilizando el cuchillo como regla y prolongó la línea hacia el norte.

El rotulador se detuvo en una ciudad conocida y muy significativa.

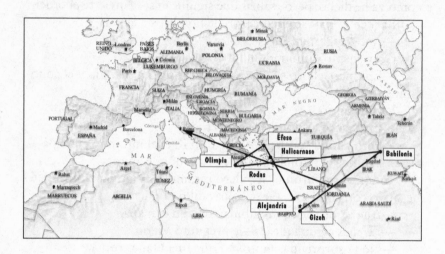

—Roma —leyó Rachel en el mapa.

Gray se incorporó.

—El hecho de que toda esta geometría apunte a Roma es significativo. Quizá es ahí adonde tenemos que ir ahora. Pero ¿a qué punto de Roma? ¿Al Vaticano otra vez?

Miró a los otros dos. Rachel arqueó una ceja. Vigor se arrodilló despacio.

—Creo, comandante, que tienes razón y a la vez te equivocas. ¿Puedo ver tu cuchillo?

Gray se lo entregó, contento de dejar que monseñor usurpase su puesto. Éste jugó con el filo del cuchillo en el mapa.

—Mmm… dos triángulos. —Recorrió con el cuchillo el contorno del reloj de arena.

—¿Y qué?

Vigor hizo un gesto negativo, con los ojos concentrados.

—Tienes razón en que la línea pasa por Roma. Pero no es ahí adonde tenemos que ir.

—¿Cómo lo sabes?

—Acuérdate de las capas múltiples de los enigmas. Tenemos que profundizar más.

—¿Hacia dónde?

Vigor recorrió con el dedo el filo del cuchillo, prolongando la línea más allá de Roma.

—Roma sólo era la primera parada. —Continuó la línea imaginaria más hacia el norte, por el interior de Francia. Se detuvo en un punto situado un poco más al norte de Marsella y sonrió—. Muy inteligente.

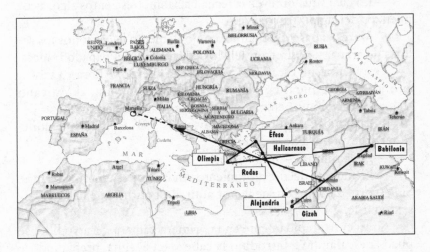

—¿El qué?

Vigor retiró el cuchillo y señaló el punto.

—Aviñón.

Rachel dio un grito ahogado. Gray no captaba la relevancia de aquel dato y no disimulaba su confusión. La chica se dirigió a él.

—Aviñón es el lugar de Francia donde se exilió el papado en el siglo XIV. Fue la sede del poder papal durante casi un siglo.

—La *segunda* sede del poder papal —recalcó Vigor—. Primero Roma, luego Francia. Dos triángulos, dos símbolos de poder y conocimiento.

—Pero ¿cómo podemos estar seguros? —dijo Gray—. A lo mejor estamos yendo demasiado lejos.

Vigor disipó su preocupación.

—Recuerda, ya habíamos localizado la fecha en la que supuestamente se dejaron las pistas, la época en la que el papado se marchó de Roma: la primera década del siglo XIV.

Gray asintió, pero no estaba totalmente convencido.

—Y estos astutos alquimistas nos legaron otro estrato del enigma para ayudarnos a fijar la fecha. —Vigor señaló la figura del mapa—. ¿Cuándo crees que se inventó el reloj de arena?

—Supongo que hace por lo menos unos dos mil años, o quizá más —constestó Gray dubitativo.

—Curiosamente, la invención del reloj de arena coincide en el tiempo con los primeros relojes mecánicos. Hace sólo setecientos años.

Gray hizo un cálculo mental.

—Lo cual sitúa otra vez la fecha hacia mil trescientos algo, a comienzos del siglo XIV.

—Marca el paso del tiempo, como debieran hacer todos los relojes de arena, y nos retrotrae a los comienzos del papado francés.

Gray sintió un escalofrío por todo el cuerpo. Ahora ya sabían adónde tenían que ir con la llave de oro. A Aviñón, al Vaticano francés. Percibió una emoción similar en Rachel y en su tío.

—Salgamos de aquí —dijo Gray, y los guió rápidamente por el túnel hacia la poza de la entrada.

—¿Y la tumba? —dijo Vigor.

—El anuncio del descubrimiento tendrá que esperar un día más. Si la Corte del Dragón viene por aquí, descubrirá que llega demasiado tarde.

Gray entró rápidamente en la primera cámara. Se arrodilló, se puso la escafandra e introdujo la cabeza en el agua, preparándose para comunicar a los demás la buena noticia.

En cuanto sumergió la cabeza sonó en la radio un zumbido fuerte, molesto.

—Kat... Monk... ¿me oís?

No hubo respuesta. Gray recordó que Kat había mencionado algo sobre un problema técnico en las radios. Escuchó durante unos instantes más. El corazón le latía con más intensidad en el pecho.

Mierda. Salió del agua. El ruido constante no era electricidad estática, sino una interferencia provocada.

—¿Qué pasa? —preguntó Rachel.

—La Corte del Dragón ya está aquí.

XIII

SANGRE EN EL AGUA

26 de julio, 13.45
Alejandría

Kat buceaba por el agua calma.

La radio había dejado de funcionar diez minutos antes. Había salido a la superficie para hablar con Monk. Lo encontró con los prismáticos pegados a la cara.

—La radio… —empezó a decir ella.

—Algo se ha jodido —le interrumpió él—. Ve a buscar a los demás.

Ella reaccionó al instante, sumergiéndose con un fuerte impulso en las piernas. El peso le permitía descender en vertical. Expulsó el aire del chaleco hidrostático con el botón de emergencia y se lanzó en picado.

Mientras buceaba en dirección al túnel, con la otra mano se desabrochó la hebilla que sujetaba el chaleco y la bombona. Interrumpió la operación al ver el ajetreo de la entrada.

Salía del túnel la figura estilizada de un submarinista. La franja azul del traje lo identificaba como el comandante Pierce. Kat sólo oía por la radio un silbido perpetuo. No había modo de transmitir un mensaje urgente.

Pero no fue necesario. Tras el comandante salían del túnel otras dos figuras. Vigor y Rachel.

Kat recuperó la posición vertical normal. Apagó el Buddy Phone para poner fin al zumbido y avanzó hacia Gray. Él debía de haber supuesto que el mal funcionamiento de la radio era mala señal. Se limitó a mirarla fijamente a través de la escafandra y apuntó con un dedo hacia arriba, con un gesto inquisitivo.

«¿Estaba todo en orden arriba?».

Ella le comunicó por señas que todo estaba bien. No había enemigos, al menos por el momento.

Gray no se preocupó por ajustarse las bombonas abandonadas. Hizo señas a los otros de que subieran. Se impulsaron desde las rocas y se dirigieron hacia la quilla del barco.

Kat observó que se levaba el ancla. Monk se preparaba para la marcha inmediata. Entonces se llenó el chaleco hidrostático e inició el ascenso, arrastrando sus bombonas y el cinturón de plomo. Arriba, los demás ya tocaban la superficie.

Oyó un nuevo zumbido, pero esta vez no era la radio. Echó un vistazo alrededor para averiguar la fuente del ruido, pero la visibilidad del puerto contaminado era escasa. Algo se dirigía hacia allí a gran velocidad.

Por su rango de oficial de los servicios secretos de la Marina, había pasado mucho tiempo a bordo de toda clase de embarcaciones, incluidos los submarinos. Identificó el zumbido constante.

Un torpedo. Incorporado a la lancha motora. Se impulsó hacia arriba, pero sabía que no conseguiría avisarlos a tiempo.

13.46

Monk encendió el motor del barco mientras continuaba vigilando el hidrodeslizador con los prismáticos. Acababa de desaparecer detrás de la punta de la península, pero había visto una sospechosa maniobra de desaceleración unos segundos antes, a unos doscientos metros de distancia. No había detectado ninguna actividad esclarecedora en la cubierta de popa, pero sí se había fijado en la estela ondulada a medida que el barco se alejaba despacio.

Fue entonces cuando oyó el zumbido por la radio. Y al cabo de unos segundos había aparecido Kat.

Tenían que salir de allí. Lo intuía.

—¡Monk! —gritó una voz. Era Gray, que emergía a la superficie en el lado del puerto. Gracias a Dios.

Empezaba a bajar los prismáticos cuando divisó un objeto que navegaba a velocidad de vértigo. Una aleta que surcaba las olas, una aleta metálica.

—¡Joder!

Monk soltó los prismáticos y aceleró al máximo. El barco arrancó con un chirrido de motor. Giró el timón a estribor, alejándose de Gray.

—¡Todo el mundo abajo! —gritó, y se puso la escafandra. No le quedaba tiempo para abrocharse la cremallera del traje.

Mientras el barco se escoraba, corrió a popa, saltó al asiento trasero y se zambulló en el agua.

El impacto del torpedo se produjo justo detrás de él. Con la fuerza de la explosión dio una vuelta de campana. Sintió un puñetazo en la cadera, algo que le retumbó en todo el cuerpo, hasta los dientes. Cayó al agua y rodó por la superficie, perseguido por una estela de llamas.

Antes de que lo atrapara, se sumergió en el frío abrazo del mar.

Rachel había salido a la superficie justo en el momento en que Monk gritaba. Lo vio correr a popa. Como reacción ante aquella muestra de pánico, decidió sumergirse de nuevo.

Entonces se produjo la explosión. La onda expansiva a través del agua le perforó los oídos, a pesar de la gruesa capucha de neopreno. De golpe perdió todo el aire. Los precintos de la escafandra se rompieron y penetró el agua. Intentó llegar a la superficie, a ciegas, con un fuerte escozor en los ojos. Cuando logró sacar la cabeza del agua, sin parar de toser, vació la escafandra. Seguían cayendo escombros sobre las aguas. Los restos flotantes despedían humo y se movían con el oleaje surcado de ríos de gasolina en llamas.

Echó un vistazo alrededor. No había nadie. A la izquierda emergió del agua una figura que se movía de forma convulsa. Era Monk, aturdido y a punto de ahogarse.

Rachel fue chapoteando hasta él y le tendió un brazo. A Monk se le había dado la vuelta a la escafandra. La chica lo sujetó mientras él tosía.

—¡Carajo! —dijo casi sin aliento, mientras se colocaba bien la escafandra.

Se oyó un nuevo ruido en la superficie del agua. Los dos se volvieron.

Rachel vio un gran hidrodeslizador que bordeaba la fortaleza, planeando sobre patines. Avanzaba haciendo un círculo hacia el lugar donde se encontraban.

—¡Abajo! —exhortó Monk.

Se sumergieron juntos en el agua. La explosión había removido las profundidades, reduciendo la visibilidad a unos pocos metros.

Rachel señaló la dirección aproximada de la entrada del túnel, perdida en la oscuridad. Tenían que llegar a las bombonas abandonadas, una fuente de oxígeno imprescindible.

Al llegar a las rocas, buscó la entrada del túnel y a los otros compañeros. ¿Dónde estaban los demás? Exploró entre la pila de rocas. Monk seguía su ritmo, pero tenía problemas con el traje. Sólo estaba abrochado a medias; las solapas de la parte superior se movían y se le enredaban.

¿Dónde estaban las bombonas? ¿Se habría confundido de sitio?

Una sombra oscura pasó por arriba, lejos de la costa. El hidrodeslizador. Por la reacción de Monk, aquélla era la fuente de los problemas.

Rachel sintió una fuerte presión en los pulmones. De pronto se iluminó la penumbra. Avanzó instintivamente hacia la fuente luminosa, con la esperanza de encontrar a su tío o a Gray. Entre las tinieblas aparecieron dos submarinistas en trineos motorizados, que dejaban a su paso volutas de cieno.

Los submarinistas intentaban atraparlos contra la costa. Bajo la luz de las linternas brillaban unas puntas de flecha de acero: arpones.

Para recalcar la amenaza, se oyó un silbido estridente. Era una lanza de metal arrojada contra Monk, que se apartó al instante de su trayectoria. El arpón le perforó la parte suelta del traje, seccionándola.

Rachel levantó los brazos, mirando a los submarinistas. Uno de ellos les ordenó con el pulgar que subieran a la superficie. Los habían capturado.

Gray ayudó a Vigor. Monseñor había tropezado con él cuando se produjo la explosión del barco. Se había cortado en un lado de la cabeza con un trozo de fibra de vidrio que le había seccionado el traje de neopreno. Le corría la sangre por el corte. Gray no podía evaluar la gravedad de la herida, pero el hombre estaba aturdido.

El comandante había conseguido llegar a las bombonas de oxígeno y ahora intentaba ponérselas a monseñor. Vigor le hizo señas cuando el aire empezó a fluir. Gray cogió rápidamente la otra bombona y volvió a conectar su regulador. Respiró profundamente varias veces y echó un vistazo a la abertura del túnel. Aquél no era un buen refugio; la Corte del Dragón no dudaría en entrar. Y no quería verse atrapado en otra tumba.

Mientras cogía las bombonas, Gray le hizo señas de que se marcharan de allí. Vigor asintió, pero al mismo tiempo buscaba entre las aguas turbias. Gray comprendió su temor: Rachel.

Tenían que sobrevivir para poder ayudar a los demás. Gray partió delante, guiando a Vigor. Iban a buscar algún hueco para esconderse entre la cascada de rocas y escombros. Anteriormente había visto en el suelo un esquife oxidado a unos diez metros de distancia, boca abajo y apoyado contra las rocas.

Guió a Vigor por la pared rocosa y de pronto apareció el barco hundido. Allí ayudó a monseñor a esconderse. Le hizo señas para que se quedara en aquel lugar y a continuación se puso las bombonas para tener los brazos libres. Apuntó con el dedo hacia el exterior e hizo una seña circular: «Voy a buscar a los demás».

Vigor asintió, intentando mostrarse esperanzado, o eso parecía.

Gray volvió hacia el túnel, pero sin despegarse mucho del lecho marino. Los demás, si lo conseguían, intentarían llegar a las bombonas de oxígeno. Se deslizó de una sombra a otra, pegado a las rocas. Al acercarse a la entrada del túnel, aumentó la luminosidad. Avanzó más despacio. Se distinguían luces individuales que se movían por las rocas y apuntaban hacia el exterior. Se escondió en un rincón, detrás de un trozo de piedra, para vigilar.

Los submarinistas llevaban trajes negros y se arracimaban alrededor de la abertura del túnel. Llevaban mini-bombonas de oxígeno, con sólo veinte minutos de autonomía, pensadas para inmersiones breves.

Gray vio que uno de los submarinistas entraba por la abertura y desaparecía. Al cabo de unos segundos, debieron de pasarse alguna señal de confirmación. Otros cinco buzos fueron entrando, uno tras otro, en el túnel. Gray identificó la última figura esbelta que traspasaba la entrada del sepulcro: Seichan.

El comandante se alejó. Ninguno de sus compañeros aparecería por allí.

Mientras salía del escondite, apareció ante él una sombra surgida de la nada, inmensa. La punta de un arpón afilado le presionaba la carne del vientre. A su alrededor se iluminaron varias luces. Tras la escafandra, Gray reconoció las toscas facciones de Raoul.

Rachel ayudó a Monk a liberarse. El arpón había clavado en el suelo una solapa de su traje y lo soltó.

A dos metros de allí, los dos submarinistas se deslizaban en trineo, que semejaba una tabla de surfista rota. Uno de ellos les hizo señas para que se dirigieran a la superficie. Inmediatamente.

«¿Qué...?».

Parpadearon dos destellos plateados. Uno de los submarinistas agarró el manguito de la bombona de oxígeno. Era demasiado tarde.

A través de la escafandra del hombre, Rachel vio su agónica respiración mientras le entraba el agua. El segundo tuvo aún menos suerte. Cayó del trineo con un cuchillo clavado en la garganta.

Una nube de sangre tiñó las aguas. El atacante extrajo la hoja del cuchillo y la nube se hizo más densa. Entonces Rachel vio una banda rosa en el traje del atacante: era Kat.

El primer submarinista tosía y se asfixiaba en el interior de la escafandra sin oxígeno. Intentaba escapar a la superficie, pero Kat se interpuso en su camino, con cuchillos en ambas manos. Acabó con él con brutal eficacia. Acto seguido pegó una patada al cadáver, que se hundió en las profundidades a causa del peso del cinturón y las bombonas.

Al acabar la faena, Kat arrastró el trineo para pasárselo a Rachel y Monk. Hizo señas hacia la superficie y el trineo; pretendía una fuga rápida.

Rachel no tenían ni idea de cómo utilizar el vehículo, pero Monk sí. Montó en la media tabla y agarró los controles, que eran similares a un manillar. Hizo señas a Rachel de que se subiese sobre sus hombros; ella obedeció rápido. A ambos lados de su campo de visión empezaron a moverse unas luces.

Entretanto, Kat nadó hacia el otro trineo, con el arpón en la mano.

Monk giró el manubrio del acelerador y el trineo los alejó de allí, hacia arriba, hacia la seguridad, hacia el aire libre.

Emergieron a la superficie como una ballena y luego volvieron a caer. Rachel estaba aturdida, pero seguía agarrándose con firmeza a los hombros de Monk, que corría por las aguas calmas, zigzagueando entre los escombros en llamas. Había una gruesa capa de combustible en el agua.

La joven se arriesgó a soltar una mano para levantarse la escafandra y tomar aire. También levantó la escafandra de Monk.

—¡Ay! —exclamó él—, cuidado con la nariz.

De pronto, tras pasar junto al casco volcado de la lancha, se toparon con la larga estampa del hidrodeslizador, que les esperaba a la izquierda.

—A lo mejor no nos han visto —susurró Monk.

Empezaron a traquetear disparos que acribillaban el agua, apuntando exactamente hacia el lugar donde ellos se encontraban.

—¡Un momento! —gritó Monk.

La punta del arpón de Raoul obligó a Gray a salir del escondite. Otro buzo le apuntó en el cuello con un segundo arpón. El comandante se movió un poco y Raoul le asestó una puñalada. Gray se estremeció, pero la cuchilla sólo cortó las correas de la bombona. El pesado cilindro se hundió. Raoul le indicó que desenganchara el regulador y señaló hacia la entrada del túnel, que estaba cerca de allí. Al parecer querían interrogarle antes de matarle. No tenía elección.

Gray nadó hacia la entrada, flanqueado por los guardias. Penetró en el túnel, intentando idear algún plan. Salió a la poza y alrededor de la cámara encontró a otros hombres con trajes de buzo. Sus mini-bombonas cabían por el túnel. Algunos comenzaron a despojarse de los chalecos y las bombonas. Otros apuntaban con los arpones, alertados por Raoul.

Gray saltó para salir de la poza y se quitó la escafandra. La punta de un arpón acompañaba todos sus movimientos. Observó que Seichan estaba apoyada en una pared, con una curiosa apariencia de relajación. Al verlo sólo levantó un dedo a modo de saludo.

Al otro lado de Gray, emergió por la entrada de la poza la figura de Raoul. Con un único impulso, aquel hombre robusto saltó de la poza apoyándose en un solo brazo y se puso en pie en el borde, en una acrobática demostración de poder. El armazón de su traje apenas cabía por el túnel, de modo que había dejado fuera las mini-bombonas.

Mientras se quitaba la escafandra y se desabrochaba la capucha, se dirigió hacia Gray.

Era la primera vez que tenía una buena perspectiva de aquel hombre. Sus facciones eran marcadas; tenía una nariz larga y fina, aguileña; melena hasta los hombros, negra como el carbón; brazos macizos y musculosos, tan gruesos como el muslo de Gray, artificialmente inflados con esteroides y mucho tiempo en el gimnasio, no a fuerza de trabajar en el mundo real.

«Eurobasura», pensó Gray.

Raoul intentó intimidar a Gray con su estatura. Éste se limitó a arquear una ceja socarronamente.

—¿Qué hay?

—Vas a decirnos todo lo que sabes —dijo Raoul. Su inglés era fluido, aunque con un marcado acento germánico y desdeñoso.

—¿Y si me niego?

Raoul hizo señas con el brazo mientras otra figura chapoteaba en la entrada de la poza. Gray reconoció inmediatamente a Vigor. Habían encontrado a monseñor.

—Hay pocas cosas que no detecte un radar de exploración lateral —dijo Raoul.

Sacaron a Vigor del agua por la fuerza, sin delicadeza. Por un lado de la cara le corría la sangre de la herida en la cabeza. Lo empujaron hacia donde estaban ellos, pero a causa del cansancio tropezó y cayó de rodillas. Gray se inclinó para ayudarle, pero un arpón le obligó a retroceder.

Otro buzo salió a la superficie de la poza. Sostenía un objeto pesado. Raoul se acercó hacia él y lo liberó de la carga. Era otra bomba con forma de mancuerna, una granada incendiaria.

Raoul se colgó el dispositivo al hombro y volvió hacia donde estaban Gray y Vigor. Levantó el arpón y lo apuntó directamente a la entrepierna de este último.

—Como monseñor ha hecho votos para no utilizar esta parte de su anatomía, empezaremos por aquí. Un paso en falso y podrá formar parte del coro de *castrati* de su iglesia.

Gray se puso firme.

—¿Qué quieres saber?

—Todo… pero antes enséñanos lo que has encontrado.

Gray señaló primero el túnel del sepulcro de Alejandro y luego el otro, el más corto, el que requería agacharse para poder atravesarlo.

Vigor abrió bien los ojos. Raoul sonrió y levantó el arpón. Hizo señas a un grupo de hombres para que entraran en el túnel.

—Echad un vistazo.

Cinco hombres salieron como una flecha. Sólo tres se quedaron con Raoul.

Seichan, que estaba apoyada cerca de la entrada del túnel, vio cómo desaparecía el grupo. Hizo ademán de marcharse con ellos.

—¡Tú no! —le ordenó Raoul.

Seichan lo miró por encima del hombro.

—¿Tú y tus hombres queréis salir vivos de este puerto?

Raoul se sonrojó.

—El barco que necesitas para escapar es nuestro —le recordó Seichan, mientras se agachaba para pasar por el túnel.

Raoul apretó el puño pero permaneció en silencio. Problemas en el paraíso…

Gray se volvió. Vigor lo miraba fijamente. El comandante le hizo señas con los ojos. «Escápate buceando a la primera oportunidad».

Él volvió a mirar el túnel. Rezaba para no equivocarse en el enigma de la Esfinge. Cualquier error significaba la muerte segura. Y aquello iba a demostrarse allí, de un modo u otro, sin lugar a dudas.

De manera que sólo quedaba un misterio por resolver. ¿Quién iba a morir?

Monk esquivó las balas. El trineo patinaba por el agua. Rachel permanecía agarrada a él por detrás con tanta fuerza que casi le impedía respirar.

El puerto era un caos. Otra embarcación escapó a toda velocidad desde el lugar de los tiroteos, dispersándose como un banco de peces. Monk chocó con la estela de un barco pesquero y salieron volando por los aires. Los disparos acribillaban las olas.

—¡Agárrate fuerte! —exclamó Monk.

Al volver a caer sobre el agua intentó enderezar la trayectoria y bucear algo más al fondo, acelerando bajo la superficie, a un metro de profundidad. Al menos eso era lo que esperaba. Mantenía los ojos bien cerrados. Sin la escafandra no se veía mucho de todos modos. Pero antes de sumergirse había visto un barco de vela fondeado justo al frente. Si lograra llegar justo allí debajo… situarse entre él y el hidrodeslizador…

Mentalmente iba calculando, hacía suposiciones, rezaba. El mundo se oscureció por un instante a través de los párpados. Se encontraban bajo la sombra del barco de vela. Contó de nuevo hasta cuatro y se ladeó para ascender hacia la superficie.

Volvieron a salir a la luz solar y el aire fresco. Monk volvió la vista atrás. Habían dejado el velero a una legua de distancia.

El hidrodeslizador tuvo que esquivar el obstáculo y se quedó atrás.

—¡Monk! —le gritó Rachel al oído.

Él miró al frente y vio la borda cuadrada de un barco justo delante de él, la casa flotante de la pareja desnuda. ¡Mierda! Iban directos hacia ella por el lado de babor. No había modo de esquivarlo.

Monk se abalanzó con todo su peso y empujó la punta del trineo hacia abajo. Se sumergieron en picado, pero ¿lo suficiente para pasar por debajo de la casa flotante, como habían hecho con el velero?

La respuesta era no. La punta del trineo tropezó en la quilla y éste volcó. Monk se agarró con fuerza al manillar. El trineo se deslizó por el casco de madera, mientras los percebes le desgarraban el hombro. Aceleró y se sumergió más al fondo.

Al fin logró pasar por debajo del barco y volvió a acelerar para librar el obstáculo. Inició otra vez el ascenso, consciente de que no tenía mucho tiempo.

Rachel había desaparecido con el impacto de la primera colisión.

Gray contuvo la respiración.

Se oyó un alboroto en el interior del túnel más bajo. El primero de los hombres debía de haber llegado al final. No debía de ser muy largo.

—*Eine Goldtür!* —oyó que gritaba. «Una puerta de oro».

Raoul corrió hacia allí, arrastrando consigo a Gray. Vigor estaba sujeto al borde de la poza por un buzo que le apuntaba con un arpón.

El túnel, iluminado por las linternas de los exploradores, sólo medía unos treinta metros y apenas tenía curvas. No se veía el final, pero se distinguía el contorno de los dos últimos hombres de la fila —y de Seichan— a contraluz. Todos miraban al frente.

Gray temió de pronto que se hubieran equivocado en la interpretación de la llave encontrada. A lo mejor era la llave de aquella puerta.

—*Es wird entriegelt!* —gritó una voz. «¡No está cerrada con llave!».

Gray oyó, desde el lugar donde se encontraba, el clic de la puerta al abrirse. El ruido fue demasiado fuerte.

Seichan seguramente lo notó también, pues se dio media vuelta y dio un brinco para retroceder. Era demasiado tarde.

Por las grietas y rincones ignotos de las paredes salían disparadas varas de acero muy afiladas que ensartaban todo lo que hallaban a su paso, carne y hueso, y se incrustaban en los boquetes abiertos en el lado opuesto. La maraña mortífera comenzó en la zona más profunda del túnel y lo recorrió todo hasta el exterior en cuestión de segundos.

Las luces se estremecieron. Los hombres, empalados e inmovilizados, gritaban.

Seichan logró llegar hasta un punto situado a dos pasos de la salida, pero la cola de la trampa la capturó. Una única vara afilada le atravesó el hombro. Se detuvo en seco y por debajo de su cuerpo enmarañado sobresalían las piernas. Un jadeo de dolor fue el único ruido que emitió, colgada y ensartada en la vara.

Raoul, conmovido, ablandó la mano con que sujetaba a Gray y éste aprovechó para soltarse y huir hacia la poza.

—¡Vete! —gritó a Vigor.

Antes de que diera el segundo paso le asestaron un golpe seco muy fuerte en la parte trasera de la cabeza. Cayó de rodillas. Volvieron a aporrearle, esta vez a un lado de la cara con el puño de un arpón.

Había infravalorado la velocidad del gigante. Fue un error.

Raoul le pegó una patada en la cara y le presionó el cuello con la bota, aplastándolo con todo su peso.

Gray, jadeante, vio que alguien impedía que Vigor se escabullera por la poza, agarrándolo por los tobillos.

Raoul se inclinó hacia delante y sonrió cínicamente a Gray.

—Un truco de muy mal gusto —dijo.

—Yo no sabía…

Le presionó más fuerte con la bota, ahogándole las palabras.

—Pero me has resuelto una parte del problema —continuó—, eliminando del mapa a esa zorra. Ahora tenemos trabajo que hacer… tú y yo.

Rachel consiguió ascender de nuevo a la superficie del agua y volvió a golpearse la cabeza con el casco del barco. Se atragantó al tragar agua y con dificultad salió otra vez al aire libre. Tosió y se atragantó en varias ocasiones, como un acto reflejo incontrolable. Luchaba por mantenerse a flote.

De pronto se abrió una puerta y vio a un hombre de mediana edad, desnudo, allí plantado.

—*Tudo bem, menina?*

Le preguntaba en portugués si estaba bien. Ella negó con la cabeza mientras seguía tosiendo. El hombre se inclinó y le ofreció un brazo. Al aceptarlo se dejó llevar al interior de la embarcación y se puso nerviosa. ¿Dónde estaba Monk?

Vio que el hidrodeslizador se alejaba hacia mar abierto. El motivo lo dedujo muy pronto. Por fin dos buques de la policía egipcia reaccionaron y salieron a gran velocidad de un embarcadero lejano. El caos del puerto tal vez les impidió actuar con mayor celeridad, pero más valía tarde que nunca.

Rachel respiró aliviada. Al volverse vio a la mujer o compañera del hombre, igualmente desnuda. Salvo por la pistola.

Monk surfeó alrededor de la popa de la casa flotante en busca de Rachel. Algo más lejos, en el puerto, una lancha de la policía surcaba las aguas con un zumbido estridente y luces intermitentes rojas y blancas. El hidrodeslizador se alejaba, cada vez a mayor velocidad, planeando con la máxima inclinación que le permitían los patines. Se escapaban, quién sabe si a mar abierto, hacia aguas internacionales o en dirección a algún otro atracadero oculto. La policía no tenía medios para atraparlo. Se escapaba.

Monk volcó toda su atención en la búsqueda de Rachel. Temía encontrarla flotando boca arriba, ahogada en el agua contaminada. Bordeó la popa, sin alejarse del barco. En ese instante vio movimiento en la cubierta posterior de la casa flotante. Rachel le daba la espalda, pero parecía temblorosa. El hombre desnudo de mediana edad la sujetaba de un brazo.

Monk se detuvo.

—Rachel, ¿estás bi…?

Ella miró hacia atrás, aterrada. El hombre levantó el otro brazo y con el rifle corto automático apuntó a la cara de Monk.

—¡Uf! Supongo que no —masculló éste.

Gray sentía que se le iba a partir el cuello de un momento a otro. Raoul estaba arrodillado sobre él, con una rodilla directamente apoyada en medio de la espalda y la otra en la nuca. Tenía una mano enroscada en el pelo de Gray para tirarle de la cabeza hacia atrás; con la otra sostenía el arpón con el que apuntaba al ojo izquierdo de Vigor.

Monseñor estaba arrodillado, flanqueado por dos buzos que también le apuntaban con sus respectivas armas. Un tercer hombre lo miraba con el ceño fruncido y un cuchillo en la mano. El ardid de Gray había acabado con la vida de cinco de sus hombres, compañeros de armas.

Del túnel sanguinolento seguían saliendo gemidos, pero allí no había rescates; sólo venganza.

Raoul se acercó aún más.

—Ya basta de juegos. ¿Qué averiguaste en…?

Un sonido siseante interrumpió la pregunta.

A Raoul se le cayó el arpón de la mano con gran estrépito, al mismo tiempo que dejaba escapar un terrible aullido. Gray, tras liberarse de las garras de su adversario, rodó por el suelo, agarró el arpón abandonado y disparó a uno de los hombres que sujetaban a Vigor. El asta le perforó la nuca y el buzo cayó de espaldas.

El otro hombre se puso firme y apuntó a Gray con el arma, pero antes de que disparase saltó por el aire una lanza desde la poza y le atravesó el vientre.

El arma se le disparó por un acto reflejo mientras caía de espaldas, pero la bala se desvió lejos del blanco.

Vigor le tiró a su compañero el único arpón que todavía no se había disparado y luego se agachó. Éste lo cogió y apuntó a Raoul.

El gigante corrió hacia el túnel más cercano, el que conducía al sepulcro de Alejandro Magno, mientras con una mano se agarraba la otra, cuya palma había sido perforada por una lanza de acero: el golpe preciso de Kat lo había desarmado e incapacitado.

El último hombre de la Corte, el que tenía el puñal, fue el primero en entrar en el túnel. Raoul corrió detrás.

Gray se puso en pie, apuntó a la espalda de Raoul y disparó. La lanza salió volando por el túnel. Raoul no llegó a tiempo a la primera curva: el asta le golpeó la espalda con un ruido metálico y traqueteó al caer en el suelo de piedra, sin causarle ningún daño.

Gray maldijo su mala suerte. Había golpeado justo la granada incendiaria que todavía llevaba Raoul colgada al hombro. Se salvó gracias a la maldita bomba.

El gigante desapareció tras doblar la primera curva del túnel.

—Tenemos que irnos —dijo Kat—. He matado a los dos guardias de fuera, los que iban en uno de los trineos. Los pillé desprevenidos, pero no sé cuántos más puede haber.

Gray miró el túnel, vacilante. Vigor ya estaba en el agua.

—¿Y Rachel?

—La mandé en otro trineo con Monk. Deberían estar ya en la costa.

Vigor abrazó a Kat con los ojos llorosos de alivio. Se puso la escafandra.

—¿Comandante?

Gray pensó en la posibilidad de perseguir a Raoul, pero un perro acorralado era el más peligroso. No sabía si llevaba alguna pistola impermeabilizada o alguna otra arma escondida, pero lo que sin duda tenía el cabrón era una bomba. Podía lanzarla con una mecha corta y eliminarlos a todos.

Se alejó de allí. Ya tenían lo que necesitaban. Se llevó la mano al bolsillo donde guardaba la llave de oro. Tenían que irse.

Gray se puso la escafandra y se reunió con los demás. En el suelo de piedra, el hombre al que había disparado en la garganta ya había muerto. El otro gemía, con el vientre totalmente perforado, envuelto en un charco de sangre. La lanza había penetrado por el riñón. O quizá le había seccionado la aorta. Moriría al cabo de unos minutos.

A Gray no le dio pena. Recordó las atrocidades de Colonia y Milán.

—Larguémonos de aquí.

Raoul se arrancó la lanza de la mano. Le ardía todo el brazo hasta el pecho y expulsaba el aire con un irritado siseo. No paraba de sangrar. Se quitó el guante y se hizo un torniquete con el neopreno alrededor de la palma, para restañar y presionar la herida. No había huesos rotos, y el doctor Alberto Menardi tenía conocimientos médicos para curarle.

Contempló la sala, iluminada por la linterna que había en el suelo. ¿Qué diablos era aquel sitio? La pirámide de cristal, el agua, la cúpula estrellada…

El último superviviente, Kurt, regresó del pasadizo. Se había ido a ver qué ocurría en la poza de la entrada.

—Se han ido —dijo—. Bernard y Pelz han muerto.

Raoul acabó de hacerse la cura de primeros auxilios y pensó en el siguiente paso. Tenían que evacuar rápido aquel lugar. Los americanos eran capaces de enviarles a la policía egipcia. El plan original consistía en alejar a las autoridades locales con el hidrodeslizador, de modo que Raoul y su equipo pudieran investigar a fondo el lugar en secreto y escapar después en la casa flotante, anodina y destartalada. Pero la situación había cambiado.

Tras soltar alguna imprecación, metió la mano en la mochila, donde guardaba una cámara digital. Iba a registrar aquella imagen para entregársela a Alberto y continuar con la persecución de los americanos. La cosa no se había acabado todavía.

Mientras sacaba la cámara, rozó con el pie la cinta de la granada incendiaria. Una parte del precinto se desprendió. Él no se fijó hasta que vio un leve brillo rojizo en la pared contigua.

¡Joder!

Se arrodilló, recogió la bomba y volvió hacia delante la pantalla digital.

00:33.

Vio la profunda abolladura en la cubierta, cerca del temporizador, el lugar donde el cabrón del americano la había golpeado con el arpón.

00:32.

El impacto debía de haber provocado un cortocircuito o algo así, activando el temporizador.

Raoul pulsó el código de suspensión. Nada. Se apartó a un lado, pues el movimiento repentino le provocó dolor en la mano.

—Vete —ordenó a Kurt.

El hombre miraba fijamente la bomba. Pero levantó la vista, asintió y corrió al túnel.

Raoul recuperó la cámara digital, hizo varias fotografías rápidas con *flash,* se guardó la cámara en un bolsillo y se alejó del lugar.

—¡Raoul! —lo llamó una voz.

Se volvió, sobresaltado, pero sólo era Seichan. La zorra seguía atrapada en el otro túnel.

Raoul le dijo adiós con la mano.

—Ha sido un placer trabajar contigo.

Se puso la escafandra y se sumergió en la poza. Al reptar por el túnel se encontró con Kurt, que lo esperaba un poco más adelante. El buzo estaba examinando los otros dos cadáveres, también de los suyos, contrariado.

Raoul tuvo un arrebato de furia interior. Entonces retumbó en el agua una trémula reverberación, como el paso veloz de un tren de mercancías. En el túnel, a sus espaldas, resplandeció un tenue brillo naranja. Al volverse para mirar, empezaba ya a apagarse. El temblor se disipó. Adiós a todo.

Raoul cerró los ojos. No tenía nada que mostrar. La Corte le cortaría los cojones… y probablemente algo más. Pensó en largarse nadando sin más y desaparecer. Tenía dinero guardado en tres cuentas bancarias suizas. Pero aun así acabarían pillándolo.

La radio le zumbó en el oído.

—Sello Uno, aquí Remolque Lento.

Abrió los ojos. Era el barco que tenía que recogerlo.

—Aquí Sello Uno —respondió apesadumbrado.

—Informamos de que tenemos otros dos pasajeros a bordo.

Raoul frunció el ceño.

—Más detalles, por favor.

—Una mujer que conoce y un americano.

Raoul cerró el puño herido. El agua marina le producía un escozor insoportable. Le ardía todo el cuerpo.

—Perfecto.

15.22

Gray recorría airado la suite del hotel que Monk había reservado para el grupo. Llevaban ya venticinco minutos en el piso más alto del hotel Corniche. Las ventanas del balcón daban a la estructura oblicua de vidrio y acero de la nueva Biblioteca de Alejandría. Detrás del edificio, el puerto brillaba como el hielo azul oscuro. En poco tiempo había recuperado la calma.

Vigor había visto la cadena local de noticias, donde un locutor egipcio informaba sobre una confrontación entre un grupo de narcotraficantes. La policía no había logrado capturarlos. La Corte había escapado.

Gray sabía también que la tumba había quedado destruida. Él, Vigor y Kat habían utilizado bombonas de oxígeno y dos de los trineos abandonados para huir al extremo opuesto del puerto, donde escondieron sus instrumentos debajo de un embarcadero. Pero mientras se dirigían hacia allí, habían oído a sus espaldas una explosión atenuada por el agua: la granada incendiaria. Raoul debía de haberla explosionado mientras escapaba.

En cuanto llegaron al puerto, se quitaron los trajes de buzo para quedarse en traje de baño, se mezclaron entre la multitud de bañistas que tomaban el sol y atravesaron un parque costero para dirigirse al hotel. Gray esperaba encontrar allí a Rachel y Monk.

Pero todavía no había ni rastro de la pareja. No había mensajes ni llamadas.

—¿Dónde pueden estar? —preguntó Vigor.

Gray se dirigió a Kat:

—¿Y dices que los viste marchar en un trineo motorizado?

Ella asintió, con una tensa expresión de culpa.

—Debería haberme asegurado…

—Y habríamos muerto nosotros dos —dijo Gray—. Tomaste una decisión.

No podía culparla. Gray se frotó los ojos.

—Y Monk está con ella. —Ese pensamiento le tranquilizó.

—¿Qué hacemos? —preguntó Vigor.

Gray bajó los brazos y miró por la ventana.

—Tenemos que presuponer que los han capturado. No podemos contar con que nuestra seguridad en esta zona vaya a durar mucho. Tenemos que marcharnos.

—¿Cómo? —preguntó Vigor, mientras se ponía en pie.

Gray sentía todo el peso de la responsabilidad. Clavó sus ojos en Vigor, sin rehuir la mirada.

—No tenemos elección.

16.05

Rachel se puso el albornoz. Se lo ajustó alrededor de su figura desnuda mientras miraba a la otra ocupante del camarote. La mujer rubia, alta y musculosa, la ignoró y se dirigió a la entrada del camarote.

—¡Aquí hemos terminado! —gritó por el pasillo.

Al abrirse la puerta se vio a una segunda mujer, gemela de la anterior pero con cabello de color caoba. Entró y sostuvo la puerta para que entrara Raoul. El hombre inmenso agachó la cabeza para pasar por la escotilla.

—Está limpia —informó la rubia mientras se quitaba un par de guantes de látex. Había realizado una exploración exhaustiva en todas las cavidades corporales de Rachel—. No esconde nada.

«No por mucho tiempo», pensó Rachel, airada. Le dio la espalda ligeramente y se anudó el cinturón del albornoz, bien apretado, debajo del pecho. Le temblaban los dedos. Aplastó con ellos el nudo. Tenía ganas de llorar, pero se contuvo para no dar motivos de satisfacción a Raoul. Miró por la portilla, intentando encontrar algún punto de referencia, algo que le permitiera ubicarse, pero lo único que vio era mar uniforme, sin signos distintivos.

Ella y Monk habían sido trasladados de la casa flotante a otro lugar. La pesada embarcación había salido lentamente del puerto y se había encontrado con una lancha motora. Entonces un grupo de unos cuatro hombres de cuellos robustos los amordazaron y les taparon la cara con una capucha. Tras embarcarlos a empujones en la lancha más pequeña, se largaron de allí a gran velocidad, rebotando sobre las olas. Viajaron durante un tiempo que pareció medio día pero quizá sólo fue una hora y pico. Cuando por fin le quitaron la capucha de la cara, Rachel vio que el sol apenas se había movido.

En una calita oculta por un promontorio rocoso, el hidrodeslizador ya conocido aguardaba como un tiburón. Los hombres tiraban de los cabos, preparándose para zarpar. Ella divisó a Raoul en la popa, con los brazos cruzados sobre el pecho.

Tras subirlos a bordo de muy malos modos, los separaron. Raoul se ocupó de Monk.

Rachel no sabía aún qué había sido de su compañero. La habían llevado a empujones a un camarote bajo cubierta, vigilado por las dos amazonas. El hidrodeslizador había zarpado rápidamente de la cala, acelerando rumbo al mar abierto, hacia el interior del Mediterráneo. Hacía una media hora que había ocurrido eso.

Raoul se acercó y la agarró por el brazo. Tenía la otra mano vendada.

—Ven conmigo. —Le hundía con fuerza los dedos hasta el hueso.

Ella se dejó llevar hacia el pasillo de zócalos de madera iluminado por apliques. El corredor iba de popa a proa y estaba flanqueado por numerosas puertas de camarotes. Sólo había una escalera, bastante empinada, poco más que una mera escalera de mano, por donde se subía a la cubierta principal.

En lugar de subir, Raoul continuó hacia la proa y llamó a la puerta del último camarote.

—*Entri* —dijo una voz muy tenue.

Raoul tiró de la puerta y arrastró a Rachel al interior. El camarote era más amplio que su celda. No sólo tenía una cama y una silla, sino un escritorio, una mesa auxiliar y estanterías. Por todo el suelo había pilas de textos, revistas e incluso manuscritos. En una esquina del escritorio había un ordenador portátil.

El ocupante de la habitación se incorporó y se volvió. Cuando llegaron estaba inclinado sobre su mesa de trabajo, con las gafas colgadas en la punta de la nariz.

—Rachel —dijo el hombre con cordialidad, como si fueran amigos de toda la vida.

Ella reconoció a aquel señor mayor porque lo había visto en la época en que acompañaba al tío Vigor a las Bibliotecas Vaticanas. Era el prefecto jefe de los Archivos Secretos, el doctor Alberto Menardi. El traidor era pocos centímetros más alto que ella, pero tenía una perpetua joroba que reducía aún más su estatura.

Señaló con los dedos una hoja que tenía en el escritorio.

—A juzgar por estas anotaciones recientes hechas a mano, con letra de mujer si no me equivoco, me parece que has adornado este mapa con tu puño y letra.

Le hizo señas para que se acercara. Rachel no tenía elección. Raoul la empujó para que se aproximara a la mesa.

Ella tropezó con una pila de libros y tuvo que agarrarse a un extremo de la mesa para no caerse. Observó el mapa del Mediterráneo con el dibujo del reloj de arena y los nombres de las siete maravillas.

Mantuvo su compostura estoicamente. Habían encontrado su mapa. Lo llevaba protegido en un bolsillo del traje de buzo. Ahora lamentaba no haberlo quemado.

Alberto se acercó más. Le olía el aliento a aceitunas y vino ácido. Recorrió con la uña la línea del eje que había trazado Gray. Se detuvo en Roma.

—Dime qué significa esto.

—Es el lugar adonde supuestamente tenemos que ir —mintió Rachel. Le aliviaba que su tío no hubiera delineado nada con tinta en el mapa. Se había limitado a prolongar la línea con el dedo y el filo del cuchillo de Gray.

Alberto volvió la cabeza.

—¿Y eso por qué? Quiero saber todo lo que pasó en la tumba, con todo detalle. Raoul ha tenido la buena idea de proporcionarnos fotografías digitales, pero creo que una versión de primera mano nos será mucho más valiosa.

Rachel guardaba silencio. Raoul le apretó más el brazo. Ella se estremeció de dolor.

Alberto hizo señas a Raoul para que se marchara.

—No es necesario recurrir a eso.

Raoul moderó la presión, pero no se fue.

—Para eso ya tiene al americano, ¿no? —preguntó Alberto—. Será mejor que se lo muestre a ella. Podríamos tomar un poco de aire fresco, ¿no?

Raoul sonrió. Rachel sintió que un nudo de terror le atenazaba el corazón.

La sacaron del camarote y la obligaron a subir las escaleras. Mientras subían, Raoul le metió mano en el muslo, a través del albornoz. Ella seguía subiendo como podía.

Las escaleras conducían a la popa descubierta del hidrodeslizador. La luz del sol reflejada en la cubierta blanca era cegadora. Cómodamente sentados en unos bancos laterales, tres hombres que portaban rifles de asalto se quedaron mirándola.

Ella se ajustó mejor el albornoz, estremecida, recordando todavía los dedos de Raoul sobre su cuerpo. El gigante llegó también arriba, seguido de Alberto. Tras bordear un muro corto de separación entre la cubierta y la caja de la escalera se encontró a Monk.

Estaba tendido boca abajo, en calzoncillos, con las muñecas atadas a la espalda y las piernas sujetas por los tobillos, como un animal. Parecía que le habían roto dos dedos de la mano izquierda, pues los tenía retorcidos en un ángulo inverosímil. Había manchas de sangre por la cubierta. Abrió un ojo hinchado cuando ella apareció. No le dijo ninguna ocurrencia graciosa, lo que la asustó más que ninguna otra cosa.

Raoul y sus hombres debían de haber descargado toda la ira contra él, que era su único objetivo accesible.

—Desatadle los brazos —ordenó Raoul—. Ponedlo boca arriba.

Los hombres obedecieron con rapidez. Monk gimió cuando le soltaron los brazos. Le dieron la vuelta. Uno de los guardias apuntaba a Monk en la oreja con el rifle. Raoul sacó de un montante un hacha de incendios.

—¿Qué va a hacer? —preguntó Rachel, que se interpuso entre él y Monk.

—Eso depende de ti —dijo Raoul. Apoyó el hacha en el hombro. Uno de los hombres respondió a una discreta seña. Agarró a Rachel por los codos y se los sujetó a la espalda, arrastrándola hacia atrás.

Raoul señaló con el hacha al tercer hombre.

—Siéntate sobre su pecho, estírale el brazo izquierdo en el suelo y sujétaselo por el codo. —Raoul dio un paso adelante mientras el hombre obedecía. Volvió la vista a Rachel—. Creo que el *professore* te ha hecho una pregunta.

Alberto dio un paso al frente.

—Y no omitas ningún detalle.

Rachel estaba demasiado horrorizada para responder.

—Por este lado tiene cinco dedos —añadió Raoul—. Empezaremos por los rotos. Total, ya no le sirven de mucho. —Levantó el hacha.

—¡No! —exclamó Rachel.

—No lo… —le rogó Monk entre gemidos de dolor.

El guardia del rifle atizó a Monk una patada en la cabeza.

—¡Se lo diré! —le espetó Rachel.

Rápidamente explicó todo lo ocurrido, desde el descubrimiento del cadáver de Alejandro Magno hasta la activación de las antiguas pilas. No omitió nada, excepto la verdad.

—Tardamos cierto tiempo, pero resolvimos el enigma… el mapa… las siete maravillas… todo nos lleva al punto de partida. Un círculo completo. De vuelta a Roma.

A Alberto le brillaban los ojos al oír la revelación. Hizo algunas preguntas pertinentes y de vez en cuando asentía: «Sí, sí…».

Rachel terminó su relato.

—Eso es todo lo que sabemos.

Alberto miró a Raoul y dijo:

—Miente.

—Ya lo suponía. —Y entonces alzó el hacha y la dejó caer con fuerza.

16.16

Raoul disfrutó con el grito de la mujer. Retiró el hacha del lugar de la cubierta donde la había hincado. No había seccionado los dedos del cautivo por los pelos. Apoyó el hacha en el hombro y miró a la mujer, cuyo rostro había palidecido.

—La próxima vez será de verdad —le advirtió.

El doctor Alberto se acercó.

—Nuestro gran amigo tuvo la delicadeza de sacar con *flash* una fotografía de la pirámide central. Ahí aparece un boquete cuadrado en su superficie, algo que has olvidado mencionar. Y un pecado de omisión vale tanto como una mentira. No es así, ¿Raoul?

Alzó el hacha.

—¿Repetimos?

Alberto se acercó más hacia Rachel.

—No es necesario que tu amigo sufra ningún daño. Sé que habéis sacado algo de la tumba. No tiene sentido apuntar a ciegas a Roma sin una pista adicional. ¿Qué sacasteis de la pirámide?

Por el rostro de Rachel caían lágrimas. Raoul leía la agonía atormentada en cada línea de su cara. Se excitó pensando en lo que había visto unos minutos antes. A través de un espejo unidireccional, había estado espiando mientras una de las amazonas del capitán toqueteaba todas las partes íntimas de la mujer. Quería haberle cacheado él mismo las cavidades corporales, pero el capitán se negó. El barco era suyo y él ponía las reglas. Así que Raoul no insistió. El capitán ya se había enfadado bastante al enterarse del fallecimiento de Seichan, que perdió la vida junto con tantos hombres de Raoul. Además, muy pronto tendría ocasión de inspeccionar por su cuenta a la mujer, aunque preveía hacerlo con mucha menos delicadeza.

—¿Qué sacasteis de allí? —repitió Alberto.

Raoul abrió las piernas para equilibrar su postura y levantó el hacha por encima de la cabeza. Le dolía la mano recién suturada, pero la ignoró. A lo mejor ella decidía no hablar… a lo mejor aquello se alargaba…

Pero la mujer se desmoronó.

—Una llave… una llave de oro —dijo Rachel, gimoteando, y al instante cayó de rodillas en la cubierta—. Gray… el comandante Gray la tiene.

Raoul intuyó un resquicio de esperanza bajo los sollozos. Y sabía cómo destruirlo.

Dejó caer el hacha con un impulso firme y seguro y cercenó la mano del hombre por la muñeca.

16.34

—Ya es hora de que nos vayamos —dijo Gray.

Había dado a Vigor y Kat un margen de cuarenta y cinco minutos para que llamaran a todos los hospitales y centros médicos de la localidad e hicieran, incluso, alguna llamada discreta a la policía municipal. A lo mejor estaban heridos y no podían ponerse en contacto con ellos. O tal vez esperaban impacientes en una celda de un calabozo.

Gray se levantó cuando le sonó dentro de la mochila el teléfono por satélite. Todas las miradas se volvieron hacia él.

—¡Gracias a Dios! —exclamó Vigor, jadeante.

Muy pocas personas conocían el número de teléfono: sólo el director Crowe y sus colaboradores. Cogió el teléfono y levantó la antena.

—Comandante Pierce —dijo.

—Iré al grano, para que no haya confusión.

Gray se puso tenso. Era Raoul. Aquello sólo podía significar una cosa…

—Tenemos a la mujer y a tu compañero. Haz exactamente lo que te digamos o mandaremos por correo sus cabezas a Washington y Roma… después de divertirnos un rato con sus cuerpos, por supuesto.

—¿Cómo puedo saber si están todavía…?

Al otro lado se oyó un murmullo. Habló una voz diferente, angustiada, con sollozos entre las palabras:

—Le han… es que yo… le han cortado la mano a Monk. Él…

Alguien le arrebató el teléfono. Gray intentó no reaccionar, no era el momento. Con todo, los dedos se aferraron al aparato. El corazón le palpitaba en la garganta y le impedía hablar.

—¿Qué quieres?

—La llave de oro de la tumba —dijo Raoul.

Así que lo sabían. Gray entendió los motivos por los que Rachel había revelado el secreto. ¿Cómo no iba a hacerlo? Probablemente les dio la información a cambio de la vida de Monk. Estaban a salvo mientras la llave obrase en poder de Gray. Pero eso no impedía que la Corte del Dragón efectuara más mutilaciones en caso de que ellos decidieran no cooperar. Recordó el estado en que quedaron los curas torturados en Milán.

—Quieres que hagamos un trueque —dijo fríamente.

—Hay un vuelo de EgyptAir que sale de Alejandría a las nueve de la noche con destino a Ginebra, en Suiza. Vas a coger ese vuelo. Tú solo. Recogerás la documentación falsa y los billetes en una consigna, para que no se pueda rastrear tu vuelo con los sistemas informáticos. —A continuación le proporcionó las señas de la consigna—. No te pongas en contacto con tus superiores, ni los de Washington ni los de Roma. Si lo haces, lo sabremos. ¿Comprendes?

—Sí —respondió airado—. Pero ¿cómo puedo saber si vas a cumplir tu parte del trato?

—No lo puedes saber. Pero como gesto de buena voluntad, cuando aterrices en Ginebra me pondré en contacto contigo otra vez. Si sigues nuestras instrucciones al pie de la letra, liberaré a tu hombre. Vamos a enviarlo a un hospital suizo. Te lo confirmaremos en su momento. Pero la mujer permanecerá bajo custodia hasta que entregues la llave de oro.

Gray sabía que el ofrecimiento de liberar a Monk tal vez era sincero, pero no por buena voluntad. La vida de Monk era un anticipo del trato, un señuelo para que Gray accediera a colaborar. Intentó no pensar en las anteriores palabras de Rachel. Le habían cortado la mano a Monk. No tenía elección.

—Cogeré ese vuelo —dijo.

Raoul no había acabado.

—Los otros miembros del equipo… esa perra y monseñor… seguirán libres con la condición de que guarden silencio y no se entrometan en nada. Si alguno de los dos pone el pie en Italia o en Suiza, se acabó el trato.

Gray frunció el ceño. Comprendía que quisieran alejar a los otros de Suiza, pero ¿por qué de Italia? De pronto se le encendió la bombilla. Recordó el mapa de Rachel; la línea que él había dibujado apuntaba a Roma. Ella había revelado muchas cosas, pero no todo. Buena chica.

—De acuerdo —dijo Gray, que ya rumiaba en su mente las diversas situaciones posibles.

—Si intentas algún truco, no volverás a ver ni a la mujer ni a tu compañero… excepto las partes del cuerpo que te iremos mandando a diario. —Se cerró la conexión.

Gray dejó caer el teléfono y miró a los demás. Repitió textualmente la conversación, para que todos comprendieran la situación.

—Voy a coger ese vuelo.

Vigor se quedó lívido. Sus peores temores se hacían realidad.

—Pueden tenderte una emboscada en cualquier momento —dijo Kat.

Gray asintió.

—Pero creo que me dejarán seguir adelante mientras me acerque hacia donde están. No van a correr el riesgo de perder la llave en un intento fallido.

—¿Y nosotros? —preguntó Vigor.

—Os necesito a los dos en Aviñón para investigar aquel misterio.

—Yo… yo no puedo —dijo Vigor—. Rachel… —Se tumbó en la cama, desalentado.

La voz de Gray recobró su firmeza.

—Rachel ha conseguido darnos cierto margen de acción, una mínima oportunidad de intervenir en Aviñón. Y lo ha pagado con la sangre y el cuerpo de Monk. No permitiré que sus esfuerzos caigan en saco roto. —Vigor lo miró—. Tienes que confiar en mí. —Gray se puso rígido. —Liberaré a Rachel. Te doy mi palabra.

Vigor lo miró a los ojos, como si intentara leer algo en ellos. Lo que descubrió, fuera lo que fuera, le infundió seguridad. Gray esperaba que con eso bastara.

—¿Cómo vas a…? —intentó preguntar Kat.

Gray negó con la cabeza y se alejó.

—Cuanto menos sepamos unos de otros a partir de ahora, mejor. —Recogió la mochila—. Me pondré en contacto contigo en cuanto tenga a Rachel.

Se marchó. Con una esperanza.

17.55

Seichan estaba sentada en la oscuridad, empuñando un trozo de cuchillo roto. La vara que le perforaba el hombro seguía sujetándola contra la pared. La lanza de tres centímetros de grosor le había traspasado la parte inferior de la clavícula, sin rozar vasos sanguíneos importantes ni el omóplato. Pero seguía inmovilizada. La sangre no cesaba de salir desde el interior del traje de buzo. Todo movimiento era una agonía. Pero estaba viva.

La bomba incendiaria había destruido la cámara del fondo, pero apenas había afectado a esta otra sala. A punto estuvo de cocerse con el calor, pero ahora deseaba volver a sentirlo. A pesar del grosor del traje, tenía frío. Las superficies de piedra le robaban el calor y la pérdida de sangre agravaba la situación.

Sin embargo no se daba por vencida. Había estado toqueteando el bloque de piedra, donde estaba incrustado el extremo afilado de la lanza. Si pudiera extraerlo, soltar el asta…

Había cascotes dispersos por el suelo. También andaba por allí tirado el mango de su puñal. Se le había roto al poco de empezar.

Se había quedado con una cuchilla de unos diez centímetros. Le sangraban los dedos por el roce con la hoja y la pared rugosa. Era un esfuerzo inútil. Tenía la cara cubierta de sudor frío.

De pronto brilló una luz al otro lado. Pensó que eran imaginaciones suyas. Volvió la cabeza. La poza de la entrada brillaba. La iluminación se intensificó. Se removió el agua: venía alguien.

Seichan agarró fuerte el trozo de cuchillo, en parte temerosa y en parte esperanzada.

Una figura oscura chapoteó. Un buzo. La linterna le deslumbró cuando la figura salió del agua. Se tapó los ojos para protegerse del destello repentino. El buzo bajó la linterna.

Seichan reconoció un rostro familiar cuando el recién llegado se quitó la escafandra y se acercó. El comandante Gray Pierce.

Acudió junto a ella y le mostró una sierra.

—¿Qué tal si hablamos?

Día cuatro

XIV
GÓTICO

El director Painter Crowe sabía que le esperaba otra noche en vela. Había recibido informes de Egipto sobre un asalto en el puerto Este de Alejandría. ¿Se habría visto implicado el equipo de Gray? Por falta de ojos que cubrieran aquella zona desde el cielo, no habían podido investigar con el sistema de vigilancia por satélite. Y no había noticias desde el terreno. Los últimos mensajes se habían transmitido doce horas antes.

Painter lamentaba no haberle comunicado sus sospechas a Gray Pierce. Pero hasta aquel momento sólo eran sospechas. Necesitaba tiempo para obtener mejor información. Y todavía no estaba seguro. Si procediese con mayor audacia, el conspirador se sabría descubierto. Y pondría a Gray y sus compañeros en una situación de mayor peligro.

Por tanto, Painter investigaba este punto en soledad.

Una llamada repentina a la puerta desvió su atención de la pantalla del ordenador. Apagó el monitor para ocultar su trabajo. Pulsó el interruptor para abrir. La secretaria tenía el día libre.

Entró Logan Gregory.

—El avión está iniciando ya el descenso.

—¿Todavía se dirigen a Marsella? —preguntó Painter.

Logan asintió.

—El aterrizaje está previsto dentro de dieciocho minutos. Justo después de medianoche, hora local.

—¿Por qué Francia? —Painter se frotó los ojos cansados—. ¿Todavía mantienen la suspensión de las comunicaciones?

—El piloto confirmará su destino, pero nada más. He conseguido sacar un manifiesto de las aduanas francesas. Hay dos pasajeros a bordo.

—¿Sólo dos? —Painter se puso tenso y arrugó la frente.

—Vuelan con pases diplomáticos. Anónimos. Puedo indagar un poco más.

A partir de ese momento, Painter tenía que actuar con cautela.

—No —replicó—. Eso podría levantar la voz de alarma. El equipo quiere actuar en secreto. Por ahora vamos a darles un margen.

—Sí, señor. También tengo peticiones procedentes de Roma. El Vaticano y los carabineros no tienen noticias y empiezan a inquietarse.

Painter tenía que ofrecerles algo, pues en caso contrario las autoridades de la Unión Europea reaccionarían con severidad y no tardarían mucho en comprobar el destino del avión. Sopesó las diversas opciones. No quedaba otro remedio.

—Colabore —le dijo al fin—. Dígales lo del vuelo a Marsella, y que les pasaremos más información en cuanto averigüemos algo más.

—Sí, señor.

Painter miró la pantalla negra del ordenador. Tenía un estrecho margen de maniobra.

—Cuando se haya puesto en contacto con ellos, necesito que me haga un favor. Que vaya a DARPA.

Logan frunció el ceño.

—Necesito que envíe una cosa personalmente al doctor Sean McKnight. —Painter le entregó una carta sellada en un sobre rojo—. Pero nadie debe saber que se dirige allí.

Logan, intrigado, entrecerró los ojos pero asintió.

—Me encargaré de ello. —Cogió el sobre, se lo metió debajo del brazo y se marchó.

Painter añadió:

—Con absoluta discreción.

—Puede confiar en mí —dijo Logan con rotundidad, y a continuación cerró la puerta.

Painter volvió a encender el ordenador. La pantalla mostraba un mapa de la cuenca del Mediterráneo atravesada por franjas azules y amarillas. Eran rutas de satélites. Llevó el puntero hacia una: el satélite más avanzado de la NRO, llamado Ojo de Halcón. Hizo doble clic y se mostraron los detalles de la trayectoria y los parámetros de búsqueda.

Tecleó Marsella. Apareció una relación de horas. Consultó el mapa del tiempo de NOAA. Un frente tormentoso se dirigía hacia el sur de Francia. La densa capa de nubes impediría la vigilancia. El margen de maniobra era muy estrecho.

Después de consultar el reloj, cogió el teléfono y habló con seguridad.

—Avísenme cuando Logan Gregory salga del centro del comando.

—Sí, señor.

La sincronización era esencial. Esperó otros quince minutos, mientras observaba el paso del frente tormentoso por Europa Occidental.

—Venga —dijo entre dientes.

Al fin sonó el teléfono. Painter recibió la confirmación de que Logan había salido. Entonces se levantó y salió del despacho. El reconocimiento por satélite estaba un piso más abajo, junto al despacho de Logan. Cuando Painter llegó a la sala, encontró a un único técnico que anotaba algo en un diario, concentrado en el tablero de monitores y ordenadores.

El hombre se sorprendió por la repentina aparición de su jefe y se puso en pie.

—Director Crowe, señor… ¿en qué puedo ayudarle?

—Necesito recibir la señal del satélite H-E Cuatro de la NRO.

—¿Ojo de Halcón?

Painter asintió.

—El permiso de acceso está fuera de mis…

Painter le mostró una larga secuencia alfanumérica. Sólo era válida para la siguiente media hora. Se la había proporcionado Sean McKnight.

El técnico, atónito, se puso manos a la obra.

—No era necesario que bajara usted en persona. El doctor Gregory podía haber desviado la señal a su despacho.

—Logan ha salido. —Painter puso la palma de la mano sobre el hombro del técnico—. También es necesario que no quede ni rastro de esta escucha, que no se grabe nada. No puede comunicar a nadie que se ha realizado esta operación. Ni siquiera aquí en Sigma.

—Sí, señor.

El técnico señaló una pantalla.

—Va a aparecer en este monitor. Necesito las coordenadas GPS exactas.

Painter se las dio.

Al cabo de un largo minuto apareció en la pantalla un oscuro aeródromo: el aeropuerto de Marsella.

Painter dirigió la señal hacia una determinada terminal. La imagen tembló y luego se amplió. Apareció un pequeño avión, Citation X. Estaba situado cerca de la terminal, con la puerta abierta. Painter se inclinó, tapando la imagen para que el técnico no la viera.

¿Llegaba tarde?

La imagen vibraba. Apareció a la vista una figura, y luego otra. Bajaban corriendo las escaleras. Painter no necesitaba ampliar las caras: eran monseñor Verona y Kat Bryant.

Esperó. A lo mejor el manifiesto era falso. A lo mejor iban todos a bordo.

La imagen tembló con una sucesión de píxeles que impedían la visión.

—Viene mal tiempo —dijo el técnico.

Painter miraba fijamente la pantalla. No salió del avión ningún otro pasajero. Kat y monseñor desaparecieron por la puerta de la terminal. Con cara de preocupación, Painter hizo señas para que se interrumpiera la emisión. Le dio las gracias al técnico y se marchó.

¿Dónde diablos estaba Gray?

1.04
Ginebra

Gray ocupaba un asiento en la cabina de primera del avión de Egypt-Air. Tenía que felicitar a la Corte del Dragón; no escatimaban gastos. Echó un vistazo a la cabina: ocho asientos, seis pasajeros. Uno o más eran probablemente espías de la Corte que le seguían la pista. No importaba. Estaba colaborando en todo... por el momento.

El vuelo de cuatro horas se le hacía interminable. Degustó la deliciosa comida, bebió dos vasos de vino tinto, vio una película de Julia Roberts e incluso pudo echar una cabezadita de cuarenta y dos minutos.

Se dirigió a la ventana. La llave de oro, que llevaba en el pecho colgada del cuello con una cadena, se movió. El calor del cuerpo había calentado el metal, pero éste seguía pareciéndole frío y pesado. Era el peso de la vida de dos personas. Imaginó a Monk, con su naturalidad, agudeza visual y gran corazón. Y a Rachel: una mezcla de acero y seda, enigmática y compleja. Pero le obsesionaba la última llamada de la mujer, muerta de miedo y dolor. A Gray le dolía hasta la médula, consciente de que la habían capturado bajo su responsabilidad.

Miró por la ventana mientras el avión iniciaba el descenso en picado, necesario para aterrizar en aquella ciudad, un enclave en medio de los Alpes. Las luces de Ginebra titilaban. La luna proyectaba su brillo argénteo sobre las cumbres y el lago.

El avión sobrevoló una parte del río Ródano, que dividía la ciudad. Al cabo de unos instantes tocaban tierra en el aeropuerto internacional de Ginebra.

Rodaron por la pista hasta la terminal, y Gray esperó a que se vaciase la cabina para recoger su bolsa meticulosamente preparada. Esperaba tener todo lo necesario. Se la colgó al hombro y salió.

Al salir de la cabina inspeccionó la zona por si veía alguna señal de peligro. Y a otra persona: su acompañante.

Iba escondida en los asientos de tercera. Llevaba una peluca rubia, un traje de chaqueta azul marino, de corte conservador, y el brazo izquierdo en cabestrillo, medio escondido debajo de la chaqueta. El disfraz no resistía una inspección a fondo. Pero no la esperaba nadie. Para el resto del mundo Seichan estaba muerta.

Salió delante de él sin mirar. Gray dejó pasar a varios pasajeros entre ambos. Al llegar a la terminal, hizo cola para pasar por la aduana, mostró la documentación falsa para que se la sellasen y siguió su camino. No comprobaron el contenido de su equipaje.

Salió a la calle iluminada, todavía concurrida. Los viajeros de última hora corrían hacia los coches y taxis. No tenía ni idea de lo que debía hacer a partir de entonces. Tenía que esperar a que Raoul se pusiera en contacto con él. Se acercó a la cola de los taxis.

Seichan había desaparecido, pero Gray sabía que estaba cerca. Necesitaba un aliado. Desgajado de Washinton y de su propio equipo, había hecho un pacto con el diablo. La había liberado con la sierra después de arrancarle una promesa. Iban a colaborar. A cambio de su libertad, ella debía ayudar a Gray a liberar a Rachel. Después, cada cual seguiría su camino con todas las deudas saldadas, las del pasado y las del presente.

Ella aceptó. Mientras él le curaba y le vendaba la herida, ella lo miraba con extrañeza, desnuda de cintura para arriba, con los pechos desnudos, impertérrita. Lo observó como si fuera una curiosidad, un bicho raro, con gran concentración e intensidad. No dijo gran cosa. Estaba cansada, tal vez algo conmocionada. Pero se recuperó poco a poco, como una leona que se despereza, con un brillo de astucia y diversión en la mirada.

Gray sabía que si colaboraba no era por obligación, sino por la furia que sentía contra Raoul. La habían abandonado a su suerte en un lugar perdido donde le esperaba una muerte lenta, agonizante, y quería que Raoul pagara por ello. Los acuerdos pactados entre la Corte y el Guild se habían acabado para ella. Lo único que quedaba era sed de venganza.

Pero ¿eso era todo? Gray recordó su mirada, su curiosidad sombría. Pero también se acordó de la advertencia anterior de Painter sobre aquella mujer. En su cara debía de reflejarse aquella inquietud.

«Sí, voy a traicionarte», le había dicho Seichan con toda claridad mientras se ponía la camisa. «Pero sólo después de que se acabe todo esto. Y tú vas a intentar lo mismo. Los dos lo sabemos. Desconfianza mutua. ¿Existe una forma mejor de honestidad?».

Al fin sonó el teléfono por satélite de Gray. Lo sacó de la bolsa.

—Comandante Pierce —dijo lacónicamente.

—Bienvenido a Suiza —replicó Raoul—. Tienes unos billetes de tren esperándote en la estación del centro de la ciudad, a tu nombre falso, con destino a Lausana. El tren sale dentro de treinta y cinco minutos. Y tú lo vas a coger.

—¿Y mi compañero? —dijo Gray.

—Tal como acordamos, va camino del hospital de Ginebra. Recibirás confirmación cuando estés a bordo del tren.

Gray comenzó a andar hacia los taxis.

—¿Y la teniente Verona? —preguntó.

—La mujer está bien hospedada. Por ahora. No pierdas el tren.

Se cortó la comunicación.

Gray subió a un taxi. No se molestó en buscar a Seichan. Se había instalado en el teléfono un chip conectado con el móvil de la mujer. Ella había escuchado la conversación. Gray confiaba en la capacidad de Seichan para seguirle la pista.

—Estación de tren central —le dijo al conductor.

Con un escueto asentimiento, el taxista se incorporó al tráfico y se dirigió hacia el centro de Ginebra. Gray se acomodó en el asiento. Seichan tenía razón: cuando él le comunicó que lo habían citado en Suiza, ella le dijo en dónde sospechaba que podían esconder a Rachel: en un castillo de los Alpes de Saboya.

Al cabo de diez minutos, el taxi bordeaba el lago. En el agua, una fuente gigante lanzaba un chorro a casi cien metros de altura: el famoso Jet d'Eau. Con la iluminación artificial, parecía una visión de cuento de hadas. Se celebraba una especie de festival debajo de los embarcaderos. Se oía un eco de cantos y risas; sonaba como si viniera de otro mundo.

Un par de minutos después el taxi paró delante de la estación de tren. Gray se dirigió al mostrador de venta de billetes, dio su nombre falso y mostró la documentación. Una vez con el billete, caminó hacia la puerta, atento por si veía a alguien. No había ni rastro de Seichan. Le asaltó una preocupación: ¿y si la tía se largaba? ¿Y si lo delataba ante Raoul? Aplacó las preocupaciones: había tomado una decisión, era un riesgo calculado.

Volvió a sonar el teléfono.

—Comandante Pierce —dijo.

—Dos minutos para que te convenzas. —Era Raoul otra vez. Se oyó un chasquido y un silbido de desvío de llamada. La siguiente voz parecía más lejana, con un poco de eco, pero conocida.

—¿Comandante?

—Sí, soy yo, Monk. ¿Dónde estás? —Gray estaba seguro de que la conversación estaba siendo vigilada no sólo por Seichan. Debía ser precavido.

—Me han dejado en un hospital con este teléfono. Me dijeron que esperase tu llamada. Estoy en urgencias. Joder, todos los médicos hablan francés.

—Estás en Ginebra —dijo Gray—. ¿Cómo te encuentras?

Una larga pausa.

—Ya sé lo de tu mano —dijo Gray.

—Malditos cabrones —dijo Monk con furia—. Tenían un médico a bordo del barco. Me drogaron con inyecciones y me suturaron el... muñón. Los médicos de aquí quieren verlo con rayos X y eso, pero parecen contentos con... mmm... con la maña del otro médico... vamos... por así decir.

Gray agradeció el intento de Monk de quitarle hierro al asunto. Pero se notaba la dureza de su voz.

—¿Y Rachel?

El dolor se intensificó en sus palabras.

—No he vuelto a verla desde que me drogaron. No tengo ni idea de dónde está. Pero... pero Gray...

—¿Qué?

—Tienes que sacarla de donde esté.

—Estoy trabajando en eso. Pero ¿y tú? ¿Estás a salvo?

—Parece que sí —dijo—. Me dijeron que no me fuera de la lengua. Y lo he cumplido, haciéndome el tonto. Pero los médicos han llamado a la policía local. Han puesto vigilancia.

—Por ahora haz lo que te ordenaron —dijo Gray—. Te sacaré de ahí en cuanto pueda.

—Gray —dijo Monk, con la voz tensa. El comandante reconoció ese tono. Quería comunicarle algo, pero también sabía que los demás estaban escuchando—. Me han… me han soltado.

Volvió a interrumpirse la conexión. Reapareció la voz de Raoul.

—Se acabó el tiempo. Como ves, cumplimos nuestra palabra. Si quieres ver liberada a la mujer, tienes que traer la llave.

—Entendido. ¿Y ahora qué?

—Tendré un coche esperándote en la estación de Lausana.

—No —dijo Gray—. No me pondré en tus manos hasta que sepa que Rachel está a salvo. Cuando llegue a Lausana, quiero confirmación de que está viva. Luego ya haremos planes.

—No me presiones —bramó Raoul—. No me gustaría tener que cortarte la mano, como hice con tu amigo. Continuaremos esta conversación cuando llegues aquí.

Se cortó la comunicación. «Así que Raoul estaba en Lausana».

Esperó la llegada del tren. Era el último que salía aquel día; apenas había gente en el andén. Observó a los pasajeros: seguía sin haber noticias de Seichan. ¿Y habría espías de la Corte allí?

Al fin llegó el tren, traqueteando por el andén. Gray subió al vagón central y luego se desplazó de un vagón a otro por el interior hacia la cola del tren, con la esperanza de librarse de posibles perseguidores.

En el hueco entre los dos últimos vagones le esperaba Seichan. No lo saludó; se limitó a entregarle un largo abrigo de cuero y a empujar una puerta de emergencia que había en el lado opuesto de la vía, el que no daba al andén. Él se puso el abrigo, se levantó el cuello y la siguió fuera del tren. Atravesaron otra vía y subieron a un andén contiguo. Tras salir de la estación, llegaron a un aparcamiento donde había una motocicleta BMW negra y amarilla.

—Monta —dijo Seichan—. Conduces tú. Yo tengo el hombro… —Se había quitado el cabestrillo para conducir desde la oficina de alquiler hasta allí, pero faltaban ochenta kilómetros para llegar a Lausana.

Gray ya había memorizado las carreteras desde allí hasta Lausana. Encendió el motor y se dirigió hacia la autopista que salía de Ginebra hacia las montañas.

Los faros atravesaban la oscuridad. Conducía a toda velocidad, con el viento ondeándole los bordes del abrigo. Seichan se pegó más a él, lo rodeó con el brazo, le metió la mano debajo del abrigo y se agarró a su cinturón.

Gray resistió el impulso de apartar el brazo de la mujer. Acertadamente o no, se había metido en ese lío y tenía que llegar hasta el final. Entró en la autopista. Debían llegar a Lausana media hora antes que el tren. ¿Sería tiempo suficiente?

Mientras serpenteaba por las colinas que bordeaban el lago, Gray recordó su conversación con Monk. ¿Qué había intentado decirle? «Me han soltado». Eso estaba claro. Pero ¿qué había querido dar a entender?

Pensó en su anterior análisis de la situación, cuando todavía estaba en Egipto. Sabía ya que la Corte iba a liberar a Monk. La liberación se hizo para conseguir la cooperación de Gray. Y Raoul tenía todavía en su poder a Rachel como baza para negociar.

«Me han soltado».

¿Había algo más en esta liberación? La Corte era implacable. No se caracterizaban precisamente por regalar activos potenciales. Habían utilizado la tortura de Monk para inducir a Rachel a hablar. ¿Iban a renunciar a un activo como aquél tan rápidamente? Monk tenía razón. No, salvo en el caso de que tuvieran otro modo mejor de retener a Rachel.

Pero ¿cuál?

2.02
Lausana

Rachel estaba sentada en su celda, aturdida y exhausta. Cada vez que se le cerraban los ojos revivía el horror. Veía caer el hacha, el cuerpo de Monk impulsado hacia arriba, la mano cercenada saltando por la cubierta como un pez fuera del agua, salpicaduras de sangre por doquier.

Alberto había reprendido a Raoul por aquella acción, no por su brutalidad, sino porque quería al hombre vivo. Raoul lo tranquilizó. Le pusieron un torniquete. Los hombres de Alberto y Raoul arrastraron a Monk a la cocina del barco.

Posteriormente, una de las mujeres del Guild informó a Rachel de que Monk seguía con vida. Al cabo de dos horas, el hidrodeslizador arribó a una isla del Mediterráneo. Allí los trasladaron a un pequeño avión privado.

Rachel había visto a Monk, drogado, con la muñeca mutilada vendada hasta el codo, sujeto con correas en una camilla. Entonces ella estaba encerrada en un compartimento negro, sola, sin ventanas. Durante las cinco horas siguientes aterrizaron dos veces. Al fin la dejaron salir.

Monk había desaparecido. Raoul la había amordazado y le había tapado los ojos. La trasladaron del avión a un camión. Tras otra media hora de conducción por una carretera de curvas llegaron al destino final. Oyó que las ruedas retumbaban por los tablones de madera: un puente. El camión frenó y se detuvo.

Después de salir a rastras del camión, oyó una algarabía de ladridos y gruñidos muy fuertes, rabiosos. Un criadero de perros o algo así.

La cogieron del codo y la hicieron pasar por una entrada y unas escaleras de bajada. A sus espaldas se cerró una puerta y dejaron de oírse los ladridos. Olía a piedra fría y humedad. También había notado un aumento de la presión mientras el camión ascendía hasta allí: montañas.

Al fin la empujaron y tropezó con un umbral. Frenó la caída con las manos y las rodillas. Raoul la cogió por el culo con las dos manos y soltó una carcajada.

—Ya lo está pidiendo a gritos.

Rachel se apartó de un brinco y se golpeó el hombro con algo sólido. Le quitaron la mordaza húmeda y la capucha. Frotándose el hombro, echó un vistazo a la pequeña celda de piedra. No había ventanas. Empezaba a perder el sentido del tiempo. El único mueble era un catre de acero, con un colchón fino enrollado en un extremo y una almohada encima. No había sábanas.

La celda no tenía barrotes. Una pared era de vidrio plano y sólido, con una puerta sellada con caucho y varios agujeros de ventilación del tamaño de un puño como únicas aberturas. Pero hasta los boquetes tenían tapas que se podían cerrar desde fuera, para insonorizar la celda o ahogar lentamente al prisionero.

Ya llevaba allí abandonada más de una hora. Ni siquiera había vigilantes, aunque oía sus voces por el pasillo; posiblemente estaban apostados en las escaleras.

Se oyó jaleo fuera de la celda. Rachel levantó la cara y se puso en pie. Escuchó la voz ordinaria de Raoul, que daba órdenes a gritos.

Se apartó de la pared de cristal. En el barco le habían devuelto su ropa, pero no las armas.

Raoul apareció flanqueado por dos hombres. No parecía muy contento.

—Sacadla de aquí —les exhortó.

Abrieron la puerta con una llave y la sacaron a rastras.

—Por aquí —dijo Raoul. La guió por el pasillo.

Rachel miró las otras celdas, algunas selladas como la suya, otras abiertas, llenas de botellas de vino apiladas.

Raoul la obligó a subir las escaleras y la condujo a un patio oscuro, sólo iluminado por la luz de la luna, rodeado de altos muros de piedra por todas partes. Un pasadizo cerrado por un rastrillo conducía a un angosto puente sobre un desfiladero. Estaba en un castillo. Había varios camiones alineados junto al muro más cercano a la puerta. A lo largo de una pared contigua había una hilera de veinte jaulas de tela metálica. De allí salían tenues gemidos. Se movían unas sombras musculosas, potentes. Raoul debió de advertir la curiosidad de Rachel.

—Perros de presa canarios —dijo, con un tonillo de orgullo despiadado—. Perros de pelea, un linaje que viene del siglo XIX. Una raza perfecta, nacida para pelear. Todo músculo, mandíbulas y dientes.

Rachel se preguntó si aquélla era también una descripción de su personalidad.

Raoul la guió desde la puerta hacia la torre del homenaje, situada en el centro. Tras subir dos tramos de escaleras llegaron a una puerta de roble macizo bien iluminada por apliques, casi incitantes. Pero no continuaron por allí; una puerta lateral conducía a un piso situado debajo de las escaleras.

Raoul colocó el dedo en un sensor táctil para abrir la cerradura. Al abrirse la puerta, Rachel percibió un olor a antiséptico y algo más siniestro, más fétido. El gigante la obligó a entrar en una sala cuadrada, iluminada con bombillas fluorescentes. Tenía muros de piedra y suelo de linóleo. Había un solo guardia apostado ante la puerta de salida. Raoul cruzó la sala hasta esa puerta y la abrió.

A partir de allí se iniciaba un largo pasillo yermo, con una serie de habitaciones a cada lado. Rachel echó un vistazo al interior de algunas mientras recorría el corredor. En una había jaulas de acero inoxidable; en otra, ordenadores conectados a hileras de placas. Electroimanes, supuso Rachel, utilizados para experimentar con los compuestos en estado-m. En una tercera cámara había una mesa de acero con forma de X. Las correas de cuero indicaban que la mesa servía para atar a un hombre o una mujer con los brazos y las piernas extendidos. Una lámpara quirúrgica colgada del techo iluminaba la mesa. La visión le produjo escalofríos en todo el cuerpo.

A partir de allí se sucedían otras seis habitaciones. Rachel ya había visto suficiente y se alegró de parar junto a una puerta de la pared opuesta.

Raoul llamó y entró.

A Rachel le sorprendió el contraste. Era como entrar en un salón de fin de siglo de un distinguido erudito de la Royal Society. La carpintería era de caoba y castaño. El suelo estaba cubierto por una gruesa alfombra turca con dibujos carmesíes y esmeralda. En las paredes había estanterías y vitrinas llenas de textos bien ordenados. Detrás de los cristales, Rachel vio ejemplares de la primera edición de los *Principios* de Isaac Newton, y a su lado *El origen de las especies* de Darwin. También había un manuscrito egipcio iluminado expuesto en una vitrina. Rachel se preguntó si sería el que robaron del Museo Egipcio de El Cairo, el texto falsificado de las enigmáticas estrofas que habían sido el origen de toda aquella aventura criminal.

Había obras de arte por doquier. Las estanterías estaban decoradas con estatuas etruscas y romanas, entre ellas una de un caballo persa de medio metro de altura, con la cabeza rota, una obra maestra robada en Irán diez años antes, que supuestamente representaba a *Bucéfalo,* el famoso caballo de Alejandro Magno. Sobre las vitrinas había cuadros en las paredes. Reconoció un Rembrandt y un Rafael.

Y en el centro de la sala se extendía una mesa enorme de caoba, cerca de una chimenea de piedra que se alzaba desde el suelo hasta el techo, donde titilaban tenues llamas.

—*Professore!* —exclamó Raoul, cerrando la puerta después de entrar en la sala.

Por una puerta trasera que conducía a otras dependencias privadas entró el doctor Alberto Menardi. Iba vestido con un batín negro con adornos carmesíes. Tenía la desfachatez de llevar el alzacuello sobre la camisa negra. Debajo del brazo portaba un libro. Hizo una seña negativa con el dedo mirando a Rachel.

—No has sido totalmente sincera con nosotros.

Rachel sintió que el corazón cesaba de latirle y que casi no podía respirar.

Alberto se volvió a Raoul y le dijo:

—Y si no me hubieras distraído con la necesidad de coserle la muñeca al americano, lo habría averiguado antes. Venid aquí los dos.

Rachel vio el mapa del Mediterráneo extendido sobre el tablero. Alguien había añadido nuevos círculos, líneas, meridianos, marcas de grados, además de minúsculos números enigmáticos en el borde. Al lado había una brújula y una regla en T, junto a un sextante. Era evidente que Alberto había estado investigando el enigma, bien por desconfianza hacia ella o bien porque consideraba que su tío y ella eran un poco obtusos.

El prefecto señaló el mapa.

—Roma *no* es el siguiente destino.

Rachel intentaba aguantar el tipo sin desmoronarse.

—Todo el subtexto de este dibujo geométrico —continuó Alberto— significa movimiento hacia delante en el tiempo. Hasta el propio reloj de arena segmenta el tiempo, avanzando hacia delante grano a grano, hasta el inevitable final. Por eso el símbolo del reloj de arena ha representado siempre la muerte, el final del tiempo. Que aparezca aquí un reloj de arena sólo puede significar una cosa.

Raoul acentuó las arrugas de la frente, indicando su incomprensión. Alberto suspiró.

—Obviamente significa el final de este viaje. Estoy seguro de que el lugar al que apunta es el último destino.

Rachel sintió que Raoul se estremecía a su lado. Se acercaban al objetivo final, pero no tenían la llave de oro, y Alberto, a pesar de su inteligencia, no había resuelto todavía el enigma, aunque acabaría descubriéndolo.

—No puede ser Roma —dijo Alberto—. Eso sería desplazarse hacia atrás, no hacia delante. Hay otro misterio que resolver aquí.

Rachel hizo un gesto negativo con la cabeza, fingiendo desinterés y agotamiento.

—Eso es lo que pudimos calcular antes de que nos atacasen. —Señaló las estanterías de la habitación—. No tenemos los mismos recursos que usted.

Alberto la observó mientras hablaba. Rachel lo miraba fijamente, sin flaquear.

—Te creo, te creo —dijo con parsimonia—. Monseñor Vigor es bastante agudo, pero este enigma tiene múltiples capas de misterio.

Rachel procuraba mostrarse inexpresiva, dejando traslucir sólo cierto temor, como si estuviera intimidada. Alberto discurría solo. Era evidente que se había escondido allí para resolver los misterios de la Corte, sin confiar en nadie, engreído en su complejo de superioridad. No entendía el valor de la perspectiva más amplia, la diversificación de los puntos de vista. Se habría requerido la pericia de todo un equipo, y no la obra de un solo hombre, para ordenar las piezas del puzle. Pero el prefecto no era tonto.

—Aun así —dijo—, tendríamos que asegurarnos. Si ocultasteis el descubrimiento de la llave de oro, a lo mejor calláis algo más.

El miedo se apoderó de Rachel.

—Se lo he dicho todo —aseguró con toda la convicción que pudo. ¿Iban a creerla? ¿La torturarían?

Tragó saliva, intentando ocultar la verdad. No pensaba hablar; había demasiado en juego. Había visto el despliegue de poder en Roma y Alejandría. La Corte del Dragón no debía poseer aquel secreto.

También estaba en juego la vida de Monk. Los dos eran militares. En el hidrodeslizador ella había revelado la información sobre la llave de oro no sólo para salvarle la vida a Monk, sino para que Gray tuviera una oportunidad de intervenir, de hacer algo. Parecía un riesgo razonable. Al igual que ahora, la Corte echaba en falta una pieza esencial del puzle. Ella debía ocultar el descubrimiento de Aviñón y el papado francés. Si no, todo estaba perdido.

Alberto se encogió de hombros.

—Sólo hay un modo de averiguar si sabes algo más. Ya va siendo hora de que conozcamos toda la verdad. Llévala a la habitación de al lado. Vamos a prepararnos.

Se le aceleró la respiración, pero aun así no lograba inhalar aire suficiente. Raoul la sacó a rastras de la sala. Alberto los siguió mientras se quitaba el batín para ponerse manos a la obra.

Rachel volvió a imaginar la mano de Monk saltando por la cubierta del barco. Tenía que prepararse para lo peor. Ante todo, ellos no debían conocer el secreto. Jamás. No había motivo que justificase la revelación de la verdad.

Mientras Rachel salía al pasillo, vio que la habitación de la pared opuesta, la que tenía aquella extraña mesa con forma de X, estaba mucho más iluminada que antes. Alguien había encendido la lámpara quirúrgica.

Raoul le impedía parcialmente la visión. Observó una botella de goteo intravenoso colgada en un pie de suero y una bandeja con largos instrumentos quirúrgicos afilados, con pinchos en espiral y bordes cortantes. Había una figura atada a la mesa.

¡Oh, Dios! ¿Monk...?

—Podemos prolongar el interrogatorio toda la noche si hace falta —aseguró Alberto, mientras entraba en la habitación delante de los otros dos y se ponía un par de guantes de látex esterilizados.

Raoul arrastró a Rachel al interior de la cámara de los horrores quirúrgicos. Al fin pudo ver quién era la persona inmovilizada en la mesa por medio de las correas, con las extremidades estiradas y atadas, y sangrando ya por la nariz.

—Alguien vino a husmear donde no debía —dijo Raoul con una sonrisa ansiosa.

La cara cautiva se volvió hacia Rachel. Su mirada indicaba que la había reconocido. Y en aquel momento, la joven perdió toda la voluntad.

—¡No! —gritó con todas sus fuerzas.

Raoul la agarró del pelo y la arrastró hasta dejarla de rodillas.

—Tú vas a mirar desde aquí.

Alberto cogió un bisturí de plata.

—Empezaremos por la oreja izquierda.

—¡No! —chilló Rachel—. ¡Se lo diré! ¡Se lo diré todo!

Alberto bajó la cuchilla y se volvió hacia ella.

—Aviñón —dijo entre sollozos—. Es Aviñón.

No se sentía culpable por haber dicho la verdad. A partir de entonces tendría que confiar en Gray. En él había depositado todas las esperanzas. Miró a los ojos aterrados de la víctima.

—*Nonna* —gimió.

Era su abuela.

2.22
Aviñón

La ciudad de Aviñón era una algarabía de gritos, cantos y bailes. Cada mes de julio se celebraba el Festival de Teatro, una de las muestras de música, teatro y arte más importantes del mundo. La ciudad estaba repleta de jóvenes que acampaban en parques e inundaban los hoteles y albergues juveniles. Era una fiesta permanente. Ni siquiera los cielos encapotados disuadían a los asistentes.

Vigor apartó la vista de una pareja que estaba en plena felación en un banco recóndito del parque. La larga melena de la mujer ocultaba casi toda la maniobra con que intentaba complacer a su pareja. Vigor pasó por delante a toda prisa junto a Kat. Habían decidido atravesar el parque de la colina para llegar a la Place du Palais, la plaza del Palacio. El castillo del Papa se alzaba sobre un espolón rocoso a orillas del río.

Al pasar por delante de un mirador, otearon un recodo del río, desde el cual sobresalía el famoso puente de las canciones infantiles francesas, Pont d'Avignon, también llamado el puente de Saint Bénézet, construido a finales del siglo XII, el único puente que antaño cruzaba el Ródano, si bien, transcurridos ya varios siglos, sólo se conservan cuatro de sus veintidós arcos originarios. El puente parcial estaba bien iluminado. Un grupo de danza folclórica bailaba sobre él, al son de la música.

En muy pocas ciudades se entremezclan el pasado y el presente de un modo tan indisociable como en Aviñón.

—¿Por dónde empezamos? —preguntó Kat.

Vigor había dedicado el tiempo del vuelo a investigar, con el fin de hallar precisamente la respuesta a esa pregunta. Habló mientras se alejaban del río y regresaban al centro.

—Aviñón es una de las ciudades más antiguas de Europa. Sus raíces se remontan al Neolítico. Estuvo habitada por los celtas y posteriormente por los romanos. Pero lo que le da fama en la actualidad es su patrimonio gótico. Aviñón presume de tener uno de los mayores conjuntos de arquitectura gótica de Europa. Es una verdadera ciudad gótica.

—¿Y todo esto qué importancia tiene en este caso? —preguntó Kat.

Vigor percibió la rigidez de su voz. Estaba preocupada por sus compañeros, de quienes se había separado al trasladarse allí. Vigor sabía que Kat se sentía responsable por la captura de su sobrina y de Monk. Asumía aquella carga a pesar de la insistencia del comandante en que había hecho lo que debía.

Monseñor sentía una inquietud similar. Había metido a Rachel en aquel embrollo y ahora estaba en manos de la Corte del Dragón. Pero sabía que el sentimiento de culpa no les servía de nada. Se había educado en el respeto de la fe. Era la piedra angular de todo su ser. Se consolaba pensando que la seguridad de Rachel estaba en manos de Dios... y de Gray.

Pero eso no significaba que él fuera a dejar de lado su actividad. «Dios ayuda a quienes se ayudan». Kat y él tenían una misión que cumplir en Aviñón.

Vigor respondió a la pregunta.

—La palabra «gótico» procede del vocablo griego *goetic*, que significa «magia». Y esa arquitectura se consideraba mágica. En la época era lo nunca visto: las finas nervaduras, los arbotantes, las alturas inconcebibles. Todo daba una impresión de *ingravidez*.

Cuando Vigor recalcó esa palabra, Kat captó la idea.

—Levitación —dijo.

Vigor asintió.

—Las catedrales y otras estructuras góticas eran construidas casi exclusivamente por un grupo de canteros que se denominaba los «hijos de Salomón», una mezcla de caballeros templarios y monjes cistercienses. Poseían los conocimientos matemáticos necesarios para construir estas estructuras, supuestamente adquiridos cuando los caballeros templarios descubrieron el templo perdido de Salomón durante las cruzadas. Estos caballeros se enriquecieron, o mejor dicho, se enriquecieron *más*, pues se decía que descubrieron el gran tesoro del rey Salomón, posiblemente incluso el Arca de la Alianza, que al parecer estaba escondida en el templo de Salomón.

—Y supuestamente el arca es el lugar donde Moisés guardó sus vasijas de maná —dijo Kat—, su receta de los metales en estado-m.

—No descartes esa posibilidad —dijo Vigor—. En la Biblia hay muchas referencias a los extraños poderes que emanan del arca. Se alude a que levitaba. Hasta la palabra *levitar* deriva de los guardianes del arca, los sacerdotes levitas. Y era bien sabido que el arca era mortal, pues mataba con rayos. Un hombre, un carretero llamado Uzzah, quiso afianzar el arca en un momento en que estaba ligeramente inclinada. La tocó con la mano y resultó abatido por los rayos. El rey David se asustó tanto que al principio se negó a llevarse el arca a su ciudad. Pero los sacerdotes levitas le indicaron cómo acercarse a ella sin sufrir daños: con guantes, delantales y desprovisto de objetos metálicos.

—Para protegerse de la descarga eléctrica. —La voz de Kat había perdido parte de su rigidez. El misterio la iba sacando de su ensimismamiento.

—Puede que el arca, con los polvos en estado-m que contenía, sirviese de condensador eléctrico. El material superconductor absorbía la energía ambiente y la almacenaba igual que la pirámide de oro. Hasta que alguien la manipulaba erróneamente.

—Y se electrocutaba.

Vigor asintió.

—Vale —dijo Kat—. Digamos que los caballeros templarios redescubrieron el arca y posiblemente los superconductores en estado-m. Pero ¿sabemos si conocían sus secretos?

—Creo que tengo la respuesta. El comandante Gray al principio me desafió a que rastrease las referencias históricas de estos extraños polvos monoatómicos.

—Desde Egipto hasta los Reyes Magos bíblicos —dijo Kat.

Vigor asintió.

—Pero yo me preguntaba si el hilo continuaba a partir de ahí, después de Cristo, si sembraron más pistas para que otros las encontraran.

—Y tú las encontraste —dijo Kat, captando su emoción.

—Y esos polvos en estado-m recibían diversos nombres: pan blanco, el polvo de la proyección, la piedra del paraíso, la piedra de los magos. Para mi sorpresa, rastreando desde los tiempos bíblicos encontré otra misteriosa piedra de la historia alquímica: la famosa piedra filosofal.

Kat frunció el ceño.

—¿La piedra que podía convertir plomo en oro?

—Ése es un error de interpretación muy común. Un filósofo del siglo XVIII, Ireneo Filaleteo, prestigioso miembro de la Royal Society, lo describe claramente en sus tratados. Según sus palabras, la piedra filosofal no era sino «oro reducido a su grado máximo de pureza... y se denomina piedra en virtud de su naturaleza estable... el oro más puro posible... pero semeja un polvo muy fino».

—Otra vez el polvo de oro —dijo Kat, sorprendida.

—No se puede expresar con mayor claridad. Y no sólo Filaleteo; un químico francés del siglo XV, Nicolas Flamel, describió un proceso alquímico similar con sus últimas palabras, que decían: «Se formó un fino polvo de oro, que es la piedra filosofal». —Respiró profundamente—. Así que es evidente que en la época algunos científicos experimentaron con una extraña forma de oro. De hecho, toda la Royal Society de científicos estaba fascinada con aquel tema, incluido Isaac Newton. Mucha gente no sabe que Newton era un entusiasta de la alquimia, compañero de Philalethes.

—¿Y qué fue de su obra? —preguntó Kat.

—No lo sé. Muchos probablemente llegaron a un callejón sin salida. Pero otro colega de Newton, Robert Boyle, también investigó el oro alquímico. Hubo algo que le inquietó, algo que descubrió. Interrumpió su investigación y declaró que tales estudios eran peligrosos. Tan peligrosos, de hecho, que añadió que su manipulación errónea podía provocar «trastornos en los asuntos de la humanidad, trastocando el mundo entero». Uno se pregunta qué era lo que le asustaba. ¿Tal vez descubrió algo que llevó a la antigua sociedad alquímica a la clandestinidad?

Kat hizo un gesto negativo con la cabeza.

—Pero ¿qué tiene que ver la piedra filosofal con la arquitectura gótica?

—Más de lo que crees. Un francés de principios del siglo XX llamado Fulcanelli escribió un tratado muy famoso titulado *El misterio de las catedrales*, donde explicaba que las catedrales góticas europeas contenían mensajes crípticos secretos, que apuntaban a una veta de conocimiento perdido, donde se descubría, entre otras cosas, cómo preparar la piedra filosofal y otros secretos alquímicos.

—¿Códigos secretos en la piedra?

—No es extraño. Es lo que ya hacía la Iglesia. Casi todo el pueblo era analfabeto. Las ornamentaciones de las catedrales cumplían una función instructiva e informativa: eran el relato bíblico grabado en piedra. Y recuerda quién te he dicho que construía estos inmensos libros góticos.

—Los caballeros templarios —dijo Kat.

—Un grupo famoso por haber descubierto conocimientos secretos en el templo de Salomón. Así que quizá, además de relatar historias bíblicas, incorporaron algunos otros mensajes en clave, dirigidos a los alquimistas constructores. Basta con mirar de cerca algunas obras de arte góticas para asombrarse. La iconografía está llena de símbolos del zodiaco, enigmas matemáticos, laberintos geométricos tomados de los textos alquímicos de la época. Hasta el autor de *El jorobado de Notre Dame*, Victor Hugo, dedica todo un capítulo a censurar que la obra de Notre Dame sea contraria a la Iglesia católica. Describe el arte gótico como «páginas sediciosas» labradas en piedra.

Vigor señaló hacia un lugar al frente, entre los árboles. El parque concluía y se acercaban a la plaza del Palacio.

—Y Fulcanelli y Victor Hugo no eran los únicos que creían que había un componente herético en las obras de arte de los caballeros templarios. ¿Sabes por qué se considera que el viernes 13 da mala suerte?

Kat lo miró y negó con la cabeza.

—Por el 13 de octubre de 1307, viernes. El rey de Francia, junto con el Papa, declaró que los caballeros templarios eran herejes, los condenó a muerte y crucificó y quemó vivo a su líder. Se cree que el verdadero motivo por el que se ilegalizó a los templarios era el afán de arrebatarles el poder y apoderarse de sus riquezas, entre las que se incluía el conocimiento secreto que poseían. El rey de Francia torturó a miles de caballeros, pero su depósito de riquezas nunca se descubrió. Con todo, aquello supuso el fin de los templarios.

—Sin duda un día aciago para ellos.

—El fin de un *siglo* aciago, desde luego. —Salieron del parque por la calle arbolada que llevaba al centro de la ciudad. Vigor guiaba a Kat—. La división entre la Iglesia y los templarios se inició un siglo antes, cuando el papa Inocencio III eliminó brutalmente a los cátaros, una secta de cristianos gnósticos relacionados con los caballeros templarios. Fue realmente una guerra de cien años entre la ortodoxia y las creencias gnósticas.

—Y sabemos quién venció —dijo Kat.

—¿Tú crees? Me pregunto si no fue una asimilación, más que una victoria. Si no puedes vencerlos, únete a ellos. En septiembre de 2001 apareció un interesante documento llamado «El pergamino de Chinon». Era un manuscrito fechado un año después de aquel viernes 13 sangriento, firmado por el papa Clemente V, donde absolvía y exoneraba a los caballeros templarios. Por desgracia, el rey Felipe de Francia ignoró esta resolución y continuó con la masacre masiva de templarios por todo el país. Pero ¿a qué se debía este cambio de opinión de la Iglesia? ¿Por qué construyó el papa Clemente su palacio de Aviñón según la tradición gótica y lo encargó a los mismos constructores heréticos? ¿Y por qué se convirtió Aviñón en el centro gótico de Europa?

—¿Insinúas que la Iglesia dio un giro radical para tener a los caballeros templarios bajo su control?

—Recuerda que ya habíamos concluido que en algunos aspectos los cristianos de Tomás, los cristianos de tendencias gnósticas, ya estaban ocultos en el seno de la Iglesia. A lo mejor convencieron al papa Clemente de que interviniera para proteger a los templarios de la masacre del rey Felipe.

—¿Con qué fin?

—Ocultar algo de gran valor para la Iglesia y para el mundo. Durante el siglo del papado de Aviñón, aquí hubo un gran impulso constructivo, en gran parte supervisado por los Hijos de Salomón. No era tan difícil que enterraran algo de un tamaño considerable.

—Pero ¿por dónde empezamos a buscar?

—Por la obra encargada por aquel Papa díscolo y construida por los caballeros templarios, una de las obras maestras más importantes de la arquitectura gótica.

Vigor hizo señas de que siguieran adelante, donde la calle desembocaba en una amplia plaza atestada de juerguistas asistentes al festival. Las luces de colores delimitaban la zona de baile. Un grupo de rock aporreaba los instrumentos en un escenario improvisado, y los jóvenes vibraban, reían, gritaban. En los extremos habían colocado mesas donde se congregaban otros participantes. Un malabarista lanzaba antorchas al cielo nocturno. Los aplausos le animaban. Corría la cerveza y el café en vasos de papel. El aire estaba lleno de humo de cigarrillo y otras hierbas.

Pero como telón de fondo de este grupo de personas se erigía una inmensa estructura arquitectónica, imponente y oscura, enmarcada por torres cuadradas revestidas de arcos de piedra y realzadas por un par de agujas cónicas. La sobria fachada de piedra contrastaba con el júbilo de la plaza. Cargaba con el peso de la historia… y un antiguo secreto.

El palacio papal.

—En algún lugar dentro de su estructura se oculta una página de piedra sediciosa —dijo Vigor, acercándose a Kat—. Estoy seguro. Tenemos que encontrarla y descifrarla.

—Pero ¿por dónde empezamos a buscar?

Vigor hizo un gesto negativo con la cabeza.

—Fuera lo que fuera aquello que asustó a Robert Boyle, el terrible secreto que acabó por forjar una alianza entre los caballeros herejes y la Iglesia católica, el misterio que requería una caza del tesoro por todo el Mediterráneo para resolverlo… la respuesta está aquí escondida.

Vigor sentía el viento cortante que venía del río. Aviñón era famosa por la brisa constante del río, pero Vigor sintió que se avecinaba una verdadera tormenta. Ya no se veían las estrellas. El cielo estaba cubierto de nubes oscuras. ¿Cuánto tiempo les quedaba?

2.48
Lausana

—Así fue como dedujimos que era Aviñón —concluyó Rachel—. El Vaticano francés. El siguiente lugar de destino, y el último.

Seguía de rodillas en el linóleo. Lo confesó todo, sin omitir ningún detalle. Respondió a todas las preguntas de Alberto, procurando no andarse con rodeos. No podía arriesgarse a que el prefecto probase la veracidad de sus palabras en la carne de su abuela, que seguía atada a la mesa. Monk y Rachel eran militares, su *nonna* no.

No quería que su abuela sufriera ningún daño. Ahora sólo dependía de Gray impedir que la Corte consiguiese la llave de oro. Ella había depositado en él toda sus esperanzas y su confianza. No tenía otra elección.

Durante la exposición de Rachel, Alberto tomó notas, después de traer de su despacho papel y bolígrafo, junto con el mapa de la chica. Al finalizar la explicación, el prefecto asintió convencido.

—Claro —dijo—. Tan sencillo y tan elegante. Habría acabado por descubrirlo, pero ahora puedo dedicar mejor mis esfuerzos a desentrañar el siguiente misterio... en Aviñón. —Se volvió hacia Raoul.

Rachel se puso tensa. Recordaba lo ocurrido la última vez. Aunque ella le dijo la verdad sobre la llave de oro, Raoul le cortó la mano a Monk.

—¿Dónde están monseñor Verona y la americana ahora? —preguntó Alberto.

—Lo último que sé es que se dirigían a Marsella —dijo Raoul— en su avión privado. Pensé que cumplían órdenes de quedarse cerca, pero fuera de Italia.

—Marsella está a una hora de Aviñón —dijo Alberto con el ceño fruncido—. Monseñor Verona ya debe de estar preparándose para investigar el misterio. Averigua si ha aterrizado ya el avión.

Raoul asintió y pasó la orden a uno de sus hombres, que salió corriendo por el pasillo.

Rachel se puso en pie lentamente.

—Mi abuela... —dijo—. ¿Puede liberarla ahora?

Alberto se llevó la mano a la cabeza, como si se hubiera olvidado de la anciana. Desde luego tenía otras cosas más importantes en qué pensar.

Otro hombre dio un paso adelante y soltó las correas de cuero que sujetaban a la abuela. Con las mejillas llenas de lágrimas, Rachel ayudó a su *nonna* a levantarse de la mesa.

Rezó en silencio por Gray, no sólo para que la liberara a ella y a Monk, sino también a su abuela.

La *nonna* se puso en pie con dificultad, apoyándose en la mesa con una mano. Con la otra secó las lágrimas de Rachel.

—Venga, venga, mi niña… ya basta de llorar. No ha sido tan horrible. He pasado por cosas peores.

Rachel casi se ríe. La abuela estaba intentando consolarla. Luego hizo señas a Rachel para que se apartara y la emprendió con el prefecto.

—Alberto, deberías avergonzarte —le espetó, como si hablase con un niño.

—*Nonna*… no… —La joven trató de disuadirla extendiendo un brazo.

—No puedo creer que mi nieta fuera capaz de ocultarte secretos. —Fue cojeando y le dio al prefecto un beso en la mejilla—. Te dije que Rachel era demasiado inteligente, incluso para ti.

El brazo extendido de Rachel se quedó inmóvil. Se le heló la sangre en las venas.

—A veces hay que confiar en una anciana, ¿verdad?

—Tiene razón, como siempre, Camilla.

Rachel no podía respirar. Su abuela hizo una seña a Raoul para que le diera el brazo.

—Y tú, jovencito, a lo mejor ahora ya ves por qué vale la pena proteger la sangre de ese Dragón tan fuerte. —Levantó la mano y le dio unos golpecitos en la mejilla al gigante—. Mi nieta y tú… podríais tener *bellissimi bambini*, niños muy guapos.

Raoul se volvió y examinó a Rachel con sus ojos fríos, apagados.

—Haré lo que pueda —prometió.

XV
LA CACERÍA

G ray, guiado por Seichan, ascendió por los pinares de la ladera. Habían dejado la moto al fondo de un estrecho desfiladero, oculta entre rosales alpinos en flor. Antes habían recorrido el último kilómetro en la oscuridad, con el faro de la moto apagado y a velocidad muy reducida por cautela.

Ahora trepaban, sin luces, por un pedregal hacia una pared rocosa escarpada. Gray intentaba entrever algo a través de la espesura. Anteriormente, al salir de Lausana y adentrarse en las montañas circundantes, había atisbado el castillo, que semejaba una gárgola de granito descomunal, de cara cuadrada y ojos brillantes por la iluminación de las farolas. La imagen desapareció cuando pasaron por debajo de un puente muy alto.

Seichan iba provista de un dispositivo GPS para orientarse.

—¿Estás segura de que puedes encontrar la puerta trasera?

—La primera vez que vine aquí me encapucharon, pero llevaba un rastreador GPS escondido —dijo, mirando a Gray— en un lugar privado. Registré la posición y la elevación durante todo el camino. Así que el aparato debería guiarnos hasta la entrada.

Continuaron subiendo hacia la abrupta pared. Gray observó a Seichan. ¿Qué hacía confiando en ella? En ese bosque tenebroso se agrandaban las inquietudes; y no sólo por la elección de la compañera. Empezó a dudar de su propio criterio. ¿Era digna de un verdadero líder aquella acción? Lo arriesgaba todo en aquel intento de rescate. Cualquier estratega habría sopesado las posibilidades y habría ido directo a Aviñón con la llave. Él estaba poniendo en peligro toda la misión.

Y si la Corte del Dragón se salía con la suya... Recordó a los muertos de Colonia, los sacerdotes torturados en Milán. Morirían más víctimas si él fracasaba. Y todo ¿para qué?

Al menos ahora conocía la respuesta a esta pregunta.

Continuó ascendiendo por la colina, ensimismado en sus pensamientos.

Seichan verificó la información del GPS y giró a la izquierda. De pronto apareció una grieta en la pared rocosa, medio oculta por un bloque de granito inclinado, cubierto de musgo y hierbajos.

Se metió por el boquete, encendió una linterna de bolsillo y guió a Gray por un estrecho túnel. Poco después encontraron una antigua reja que impedía el paso. Seichan se apresuró a coger el candado.

—¿No hay alarmas? —preguntó Gray.

Seichan se encogió de hombros y empujó la puerta.

—Ya lo averiguaremos —respondió.

Al entrar, Gray examinó los muros: granito sólido, sin cables.

A unos diez metros de la puerta aparecieron unas escaleras toscas hacia arriba. A partir de aquel punto Gray guió la incursión. Miró la hora. El tren de Ginebra tenía su llegada prevista a la estación de Lausana pocos minutos después. Su ausencia no iba a pasar desapercibida. Se les acababa el tiempo.

Corrió cada vez más por las escaleras, pero siempre atento por si encontraba algún sistema de alarma o vigilancia. Subió el equivalente de quince pisos, con creciente tensión.

Al fin el túnel desembocó en una sala más amplia, una cavidad excavada en la roca y cubierta por una cúpula. En el muro del fondo, un arroyo natural corría hacia la base de la montaña por una hendidura de la roca. Pero delante del arroyo se encontraba una losa enorme de piedra tallada: un altar. En el techo había estrellas pintadas. Era el templo romano que le había descrito Seichan. Hasta entonces, su información era sumamente precisa.

Seichan entró en la sala.

—Las escaleras que suben al castillo están por ahí —dijo, señalando otro túnel que se abría desde aquel lugar.

En cuanto Gray se aproximó a la boca del túnel, cambió la oscuridad del interior. Una sombra enorme avanzaba por la tenue luz, con una metralleta en las manos: Raoul. A su izquierda brillaba una luz. Otros dos hombres armados salieron de su escondite, detrás de la losa. A espaldas de Gray, una puerta de acero se cerró de golpe en el pasillo de abajo.

Pero ocurrió algo peor: sintió el frío cañón de una pistola en la base del cráneo.

—Lleva la llave de oro colgada en el cuello —dijo Seichan.

Raoul avanzó y se detuvo frente a Gray.

—Deberías ser más precavido en la elección de tus compañeros.

Antes de que Gray pudiera responder, recibió un fuerte puñetazo en el estómago, que le hizo toser y caer de rodillas. Raoul le echó la mano al cuello y agarró la cadena. Arrancó la llave, rompiendo la cadena con un chasquido y la levantó para verla a la luz.

—Gracias por entregarnos esto —dijo—. Y por entregarte tú. Tenemos que hacerte unas cuantas preguntas antes de marcharnos a Aviñón.

Gray alzó la vista para mirar a Raoul a los ojos. No podía ocultar su asombro. La Corte sabía lo de Aviñón. ¿Cómo…?

—Rachel… —masculló.

—Ah, por eso no te preocupes. Está sana y salva. En estos momentos se encuentra reunida con su familia.

Gray no entendía nada.

—No te olvides de su compañero, que está en el hospital —dijo Seichan—. No queremos dejar ningún cabo suelto.

Raoul asintió.

—De eso ya nos hemos encargado nosotros —dijo.

3.07
Ginebra

Monk, incapaz de conciliar el sueño, veía la televisión. La emisión era en francés, lengua para él desconocida, de modo que apenas prestaba atención. Para él era ruido de fondo. La morfina le nublaba la mente.

Se miraba constantemente el muñón vendado. La furia limitaba los efectos de la sedación, no sólo por la mutilación en sí, sino por ser el cabeza de turco de la operación. Fuera de combate, utilizado como moneda de cambio. Los demás estaban en peligro y él seguía encerrado en una habitación de hospital, bajo la vigilancia de los servicios de seguridad.

Aun así, no podía negar un profundo dolor interior, un sufrimiento que no se paliaba con morfina. No tenía derecho a compadecerse; al fin y al cabo, estaba vivo. Era militar: había visto a compañeros fuera de combate en condiciones mucho peores que él. Pero persistía el dolor. Se sentía ultrajado, maltratado, infrahumano, indigno de pertenecer al ejército. La lógica no le aliviaba el dolor del alma.

Proseguía el murmullo monótono de la televisión. De pronto le llamó la atención un alboroto al otro lado de la puerta. Una discusión, vocerío. Se incorporó en la cama. ¿Qué pasaba?

La puerta se abrió de golpe. Se quedó atónito al ver una figura que se abría paso entre los guardias de seguridad, alguien conocido.

Monk no podía ocultar su asombro en la voz.

—¿Cardenal Spera?

3.08
Lausana

A Rachel la encerraron de nuevo en su celda, pero ya no estaba sola. Había un guardia apostado al otro lado del cristal blindado. En el interior, su abuela se sentó en el catre suspirando.

—Puede que ahora no entiendas nada, pero más adelante lo entenderás.

Rachel hizo un gesto negativo con la cabeza. Estaba pegada a la pared, confusa y aturdida.

—¿Cómo… cómo has podido?

La abuela la miró con sus ojos penetrantes.

—Yo antes era como tú. Tenía sólo dieciséis años cuando vine por primera vez a este castillo desde Austria, escapando del final de la guerra.

Rachel recordaba las historias que le contaba su abuela sobre la huida de la familia a Suiza y posteriormente a Italia. Ella y su padre fueron los únicos miembros de la familia que sobrevivieron.

—Escapabais de los nazis.

—No, mi niña, *éramos* nazis —le corrigió su *nonna*.

Rachel cerró los ojos. «Oh, Dios…».

—Papá era un líder del partido en Salzburgo —prosiguió la abuela—, pero también tenía relación con la Corte del Dragón Imperial de Austria. Era un hombre muy poderoso. Con la ayuda de la hermandad conseguimos escapar clandestinamente a través de Suiza, gracias a la generosidad del barón de Sauvage, el abuelo de Raoul.

Rachel escuchaba cada vez más horrorizada, aunque quería taparse los oídos y negarlo todo.

—Pero ese tránsito seguro requería el pago de algo a cambio. Mi padre lo entregó; mi virginidad… al barón. Al igual que tú, me resistí, sin comprender nada. Mi padre me sujetó la primera vez, por mi propio bien. Pero no fue la última. Estuvimos escondidos aquí en el castillo durante cuatro meses. El barón se acostó conmigo muchas noches, hasta que me quedé embarazada de su hijo bastardo.

Rachel se desplomó por el muro hasta caer en el frío suelo de piedra.

—Pero, bastardo o no, era un buen cruce, una mezcla del linaje noble austriaco de los Habsburgo y un linaje suizo de Berna. Poco a poco lo comprendí, a medida que el niño crecía en mi vientre. Era el recurso de la Corte para reforzar la pureza de sus linajes. Mi padre me convenció. Y me di cuenta de que estaba gestando un linaje noble de emperadores y reyes.

Rachel, sentada en el suelo, intentaba comprender la brutalidad ejercida sobre la chica que llegaría a ser su abuela. ¿Había llegado a justificar su abuela aquellos crueles abusos enmarcándolos en unos designios más elevados? Fue víctima de un lavado de cerebro, instigada por su padre a una edad muy sensible. Rachel intentaba ponerse de parte de la anciana, pero no lo lograba.

—Mi padre me llevó a Italia, a Castel Gandolfo, la residencia veraniega del Papa. Allí di a luz a tu madre. Una pena. Me pegaron por ello; esperaban que tuviera un varón.

La abuela hizo un gesto de tristeza con la cabeza. Continuó relatando una versión muy diferente de la historia familiar, cómo se casó con otro miembro de la Corte del Dragón que tenía vínculos con la Iglesia en Castel Gandolfo. Fue un matrimonio de conveniencia y engaño. La familia tenía la misión de destinar a sus hijos y nietos a la Iglesia, como topos, espías involuntarios de la Corte. Para mantener el secreto, no comunicaron ni a la madre de Rachel ni al tío Vigor nada relacionado con su herencia maldita.

—Pero de ti se esperaba mucho más —dijo la abuela con orgullo—. Tú demostraste que llevabas la sangre del Dragón. Como destacabas, te eligieron para integrarte por completo en el seno de la Corte. Tu sangre era demasiado valiosa para echarla a perder. El emperador te eligió personalmente para cruzar nuestro linaje familiar otra vez con el antiguo linaje de los Sauvage. Tus hijos serán reyes entre reyes. —Los ojos le brillaban maravillados—. *Molti bellissimi bambini*. Todos ellos reyes de la Corte.

Rachel no tenía fuerzas ni para levantar la cabeza. Se tapó la cara con las manos. Todos los momentos de su vida se le pasaron por la mente en un instante. ¿Dónde estaba la realidad? ¿Quién era ella? Se acordó de todas las veces que se había puesto de parte de su abuela, en contra de su madre; recordó los consejos de su *nonna* sobre su vida amorosa. Veneraba y emulaba a la anciana, respetaba su fortaleza y su sensatez. Pero tal solidez ¿se debía a una verdadera resistencia o era fruto de la psicosis? ¿Qué consecuencias tenía todo aquello para ella? Compartía aquel linaje… con la abuela… ¡Dios santo!, con el malvado de Raoul.

¿Quién era ella?

Surgió otro motivo de inquietud. El miedo le impulsó a hablar.

—¿Y… y el tío Vigor… tu hijo?

La abuela suspiró.

—Ha cumplido su misión en la Iglesia. El celibato pone fin a su linaje, ahora ya no es necesario. La herencia de nuestra familia se prolongará a través de ti, para mayor gloria futura.

Rachel percibió un rastro de dolor tras aquellas últimas palabras y alzó la mirada. Sabía que su abuela quería a Vigor… De hecho, lo quería más que a la madre de Rachel. Se preguntó si su abuela le tenía manía a aquella hija que fue fruto de una violación. Y quizá aquel trauma había pasado a la siguiente generación. Rachel y su madre siempre habían tenido una relación tensa, un dolor tácito que ninguna de las dos lograba superar ni comprender. ¿Adónde llevaba todo aquello?

Un grito le llamó la atención al otro lado de la puerta. Venían unos hombres. Rachel se puso en pie, al igual que su abuela. Tan parecidas…

Por el corredor pasó una tropa de guardias. Rachel miró con desesperación la segunda fila. Gray, con las manos atadas a la espalda, caminaba con dificultad. Miró fugazmente el interior de la celda. Al verla, se quedó atónito, tambaleándose.

—Rachel…

Al pasar, Raoul lanzó una mirada lasciva al interior de la celda y pegó un empujón a Gray. Portaba algo colgado de una cadena: una llave de oro.

Rachel se sumió por completo en la desesperación. Ahora ya nada se interponía entre la Corte y el tesoro de Aviñón. Tras varios siglos de intrigas y manipulaciones, la Corte del Dragón se había salido con la suya. Era el fin.

3.12
Aviñón

A Kat no le gustaba nada aquello. Pululaban por allí demasiados civiles. Subió las escaleras que conducían a la entrada principal del palacio papal. Por la puerta había un flujo constante de gente que entraba y salía.

—Es una tradición montar el escenario dentro del palacio —dijo Vigor—. El año pasado representaron *El rey Juan*. Este año hay una producción de *Hamlet* de cuatro horas. La obra y la fiesta duran hasta bien entrada la madrugada. Se celebra todo en el patio de honor. —Señaló al frente.

Se abrieron paso entre un grupo de turistas alemanes que salían del palacio y atravesaron la entrada abovedada. Al fondo resonaba en los muros de piedra una mezcla de voces en un sinfín de lenguas diferentes.

—Va a ser difícil buscar bien con toda esta gente —dijo Kat arrugando la frente.

Vigor asintió mientras retumbaba un trueno en el cielo. Se oyeron risas y aplausos.

—La obra debe de estar acabándose —dijo.

La larga entrada desembocaba en un patio descubierto. Estaba todo oscuro, salvo el escenario del extremo opuesto, enmarcado por el telón y decorado como el salón del trono de un gran castillo. El telón de fondo era el propio muro del patio. A ambos lados había torres de iluminación, focos que se proyectaban sobre los actores y altavoces.

La multitud se congregaba debajo del escenario en asientos o en mantas extendidas sobre el suelo de piedra. En el escenario se encontraban unas pocas figuras en pie entre un montón de cadáveres. Un actor hablaba en francés, lengua que Kat dominaba a la perfección.

«Muero, Horacio. Adiós, desgraciada reina».

Kat identificó uno de los últimos versos de *Hamlet*. En efecto, la obra tocaba a su fin.

Vigor guió a su compañera hacia un lado del patio.

—Aquí el patio separa dos zonas diferentes del palacio, la nueva y la antigua. El muro del fondo y el de la izquierda pertenecen al Palais Vieux, el palacio antiguo. El lugar donde estamos y el muro de la derecha son el Palais Neuf, la parte construida posteriormente.

Kat se acercó más a Vigor.

—¿Por dónde empezamos?

Monseñor señaló la zona más antigua.

—Hay una historia misteriosa que guarda relación con el palacio papal. Muchos historiadores de la época señalan que en la madrugada del 20 de septiembre de 1348 se vio una gran columna de humo sobre la zona antigua del palacio. Se veía en toda la ciudad. Los supersticiosos creían que las llamas presagiaban la peste negra, que empezó por aquella misma época. Pero ¿y si no era eso? ¿Y si era una muestra del campo de Meissner, un flujo de energía liberado cuando se ocultó aquí el secreto que buscamos? La aparición de las llamas puede indicar la fecha exacta en que se enterró el tesoro.

Kat asintió. Era una pista posible.

—Me he bajado de internet un mapa detallado —prosiguió Vigor—. El palacio antiguo tiene una entrada cerca de la puerta de Nuestra Señora, una vía de acceso poco transitada.

Se dirigió hacia la izquierda, donde se abría un pasadizo abovedado. Entraron en él justo cuando un rayo surcaba el cielo y retumbaban los truenos. El actor del escenario interrumpió su soliloquio. Se oían risas nerviosas en medio del público. La tormenta podía poner fin a la obra antes de tiempo.

Vigor señaló una puerta maciza que había a un lado y Kat se puso manos a la obra con sus herramientas de cerrajero, mientras él la protegía con su cuerpo. No tardó mucho en descorrer el pestillo.

Kat volvió la vista al patio, atraída por el resplandor de un nuevo rayo. Tronó de nuevo y empezó a diluviar. El público estalló en gritos y ovaciones e inició un éxodo masivo.

Ambos entraron y la puerta se cerró con un portazo y un golpe seco del pestillo. Kat volvió a bloquear la cerradura.

—¿Tenemos que preocuparnos por la seguridad? —preguntó Kat.

—Por desgracia, no. Como verás, no hay nada que robar. El vandalismo es la mayor preocupación. Seguramente habrá un vigilante nocturno, así que debemos ir con cuidado.

Kat asintió y apagó la linterna. Se filtraba luz suficiente por los altos ventanales que iluminaban una rampa por la que se accedía a la planta siguiente del castillo. Vigor caminaba delante.

—Las dependencias privadas del Papa están en la Torre de los Ángeles. Las habitaciones han sido siempre la zona más protegida del palacio. Si hay algo escondido, probablemente deberíamos buscar por allí.

Kat sacó una brújula. Un indicador magnético los había guiado a la tumba de Alejandro Magno. Tal vez allí también les fuera de alguna ayuda.

Recorrieron varias salas y pasillos. Se oía el eco de sus pasos en los espacios abovedados. Kat empezaba a entender la falta de seguridad. El lugar era una tumba de piedra, casi desprovisto de mobiliario y ornamentación. No quedaba ni rastro de la opulencia de antaño. Intentó imaginar la abundancia de terciopelo y piel, los lujosos tapices, los espléndidos banquetes, el oro y la plata. No quedaba nada salvo piedra y vigas de madera.

—Cuando los papas se marcharon —susurró Vigor—, el edificio se deterioró. Fue saqueado durante la Revolución Francesa y acabó sirviendo de plaza fuerte y barracones para las tropas napoleónicas. Encalaron y destruyeron gran parte del edificio. Sólo algunas zonas, como las dependencias papales, conservan parte de los frescos originales.

Mientras recorría aquel lugar, Kat observaba su extraña conformación: pasillos que acababan abruptamente, curiosas habitaciones de dimensiones mínimas, escaleras que descendían a plantas donde no había puertas. El grosor de las muros oscilaba entre uno y seis metros. El palacio era una auténtica fortaleza, pero Kat intuía la existencia de espacios ocultos, pasadizos, habitaciones, rasgos comunes en los castillos medievales.

Su presentimiento se confirmó cuando entraron en una sala que Vigor designó como el tesoro. Éste señaló cuatro lugares.

—Enterraban el oro debajo del suelo, en salas subterráneas. Siempre se ha rumoreado que había otras bóvedas similares aún sin descubrir.

Atravesaron otras salas: un gran armario, una antigua biblioteca, una cocina vacía cuyos muros cuadrados se estrechaban en una chimenea octogonal con un hogar central. Y al fin llegaron a la Torre de los Ángeles.

Kat no había observado ni el menor movimiento en la brújula, pero ahora se concentró más en ella. Su preocupación iba en aumento. ¿Y si no encontraban la entrada? ¿Y si ella fracasaba? Una vez más. La mano con que sostenía la brújula empezó a temblar. Primero su fracaso con Monk y Rachel… Y ahora aquello.

Agarró la brújula con más fuerza y mantuvo la mano firme. Vigor y ella iban a resolver el misterio. Tenían que conseguirlo, pues en caso contrario todo el sacrificio de los demás sería en vano.

Decidida, recorrió una tras otra todas las plantas de las dependencias papales. Como no encontraron ningún vigilante, se arriesgó a encender una linterna de bolsillo para buscar mejor.

—La sala de estar del Papa —dijo Vigor a la entrada de una habitación.

Kat la recorrió de punta a punta, observando la brújula. Las paredes estaban decoradas con restos de pintura. En una de las esquinas había una chimenea que dominaba toda la habitación. Los truenos retumbaban en los gruesos muros.

Al acabar el recorrido, hizo un gesto negativo con la cabeza. Nada.

Siguieron adelante. A continuación venía una de las dependencias más espectaculares: la Sala del Ciervo. Sus frescos representaban escenas de caza, desde cetrería hasta nidales, perros juguetones e incluso un estanque rectangular de cría de peces.

—Un *piscarium* —dijo Vigor—. Otra vez peces.

Kat asintió, recordando la relevancia del pez en las pesquisas que habían hecho hasta el momento. Buscó por la habitación con una pauta de vigilancia aún más estricta. Sin embargo la brújula no se movía. En vista de la falta de pistas, hizo señas a Vigor para seguir adelante.

Subieron otra planta más.

—El dormitorio del Papa —dijo Vigor, que ahora parecía también decepcionado y preocupado—. Es la última habitación de las dependencias papales.

Kat entró en la cámara. No había muebles. Las paredes estaban decoradas con una pintura de color azul brillante.

—Lapislázuli —dijo Vigor—. Muy apreciado por su lustre.

La suntuosa decoración representaba un bosque en plena noche, con numerosas jaulas de pájaros de todas las formas y tamaños y unas cuantas ardillas que trepaban por las ramas.

Kat registró la sala de punta a punta, pero no halló nada. Bajó la brújula. Al volverse, percibió en los ojos de Vigor el mismo gesto de comprensión. Habían fracasado.

3.36
Lausana

Empujaron a Gray al interior de una celda de piedra, cerrada con cristal Lexan blindado de tres centímetros de grosor. La puerta se cerró de golpe. Había visto a Rachel encerrada dos celdas más allá… junto con su abuela. No entendía nada.

Raoul gruñó a sus hombres y se marchó, con la llave de oro en su poder.

Seichan se quedó en la puerta, sonriéndole. Gray, con las manos atadas todavía a la espalda con cuerdas de plástico, quiso abalanzarse sobre ella, pero chocó contra el muro de cristal.

—¡Maldita hija de puta!

Ella se limitó a sonreír, se besó las yemas de los dedos y presionó con ellas el cristal.

—Hasta luego, querido. Gracias por acompañarme hasta aquí.

Gray se alejó de la puerta y le dio la espalda, maldiciendo entre dientes, calculando la jugada. Raoul le había confiscado la mochila y se la había entregado a uno de sus subordinados. Luego lo tumbaron en el suelo y le quitaron las armas que llevaba en las pistoleras del hombro y los tobillos.

Oyó voces junto a la celda de Rachel. Había una puerta abierta.

—Llévate a Madame Camilla a los camiones —bramó Raoul a uno de sus guardias—. Quiero a todos los hombres preparados. Nos marchamos al aeropuerto dentro de unos minutos.

—*Ciao*, Rachel, *bambina* mía.

Rachel no respondió a su abuela. ¿Qué pasaba?

Los pasos se alejaron, pero Gray aún sentía una presencia cerca de la otra puerta. Al instante Raoul volvió a hablar:

—Si tuviera un poco más de tiempo —susurró el gigante con frialdad—. Pero las órdenes son órdenes. Todo se acaba en Aviñón. El emperador regresará aquí conmigo. Quiere estar presente cuando te posea por primera vez. Después, estaremos solos tú y yo… el resto de tu vida.

—Que te follen —le espetó Rachel.

—Exacto —rió Raoul—. Voy a enseñarte lo que es gritar y complacer a tu superior. Y si no te sometes a mis exigencias, no serás la primera perra a la que Alberto le hace la lobotomía para la Corte. Para follarte no me hace falta tu cabeza.

Se largó y le dio una última orden a uno de los guardias.

—Vigila esto bien. Mandaré un mensaje por radio cuando esté preparado para el americano. Nos divertiremos un poco antes de marcharnos.

Gray escuchaba mientras se alejaban los pasos de Raoul. No esperó más. Pegó una fuerte patada con la bota al sólido muro de piedra.

Por el talón salió una cuchilla de diez centímetros. Se agachó y cortó la cuerda que le ataba las muñecas. Actuaba con la máxima rapidez. El tiempo era oro.

Se llevó la mano a la parte delantera del pantalón. Seichan le había metido un bote fino en la hebilla del cinturón cuando él se tiró contra el muro de cristal.

Gray sacó el bote, se dirigió a la puerta y roció las bisagras con el pulverizador. Los cerrojos de acero empezaron a disolverse. Tenía que agradecérselo al Guild. Tenían juguetitos de última tecnología. Gray no podía contactar con sus superiores, mientras que a Seichan nada le había impedido coordinar con los suyos el envío de equipamiento.

Gray esperó un minuto y luego gritó al guardia apostado en el pasillo, a pocos pasos de allí.

—¡Eh, tú! Aquí pasa algo.

Unos pasos se acercaron y a continuación el guardia entró. Gray señaló las chispas humeantes que saltaban junto a la puerta.

—¿Qué cojones es esto? —gritó—. Imbéciles, ¿es que queréis gasearme?

Con el ceño fruncido, el guardia se acercó más a la puerta. Muy bien. Gray se abalanzó contra la puerta y rompió las bisagras. La hoja de cristal se le vino encima al guardia, que se estampó contra el muro del fondo, golpeándose la cabeza. Mientras se desplomaba, intentó sacar la pistola, pero Gray pegó un empujón a la puerta y se impulsó en ella para girar. Le plantó la cuchilla de la bota al hombre en la garganta, y luego la levantó, llevándose la mayor parte de su cuello. Acto seguido se inclinó para sacar el arma de la pistolera del guardia y un juego de llaves y corrió a la celda de Rachel.

Ella ya estaba de pie junto a la puerta.

—¡Gray…!

—No tenemos mucho tiempo.

En cuanto abrió la puerta, Rachel lo estrechó entre sus brazos, pegando sus labios al oído de Gray y el aliento a su cuello.

—Gracias a Dios —susurró.

—En realidad, gracias a Seichan —dijo. Pese a la necesidad inminente de salir corriendo, Gray prolongó el abrazo durante unos instantes, pues percibió que ella lo necesitaba. Y quizá él también.

Pero al fin se separaron. Gray señaló el fondo del pasillo con la pistola. Miró el reloj. Dos minutos.

3.42

Seichan permaneció al pie de las escaleras que conducían a la torre del homenaje. Sabía que la única vía de escape era la entrada principal. La salida trasera estaba cerrada con puertas de acero.

En el patio iluminado estaban cargando una caravana de cinco todoterrenos. Unos hombres daban órdenes a gritos y otros introducían cajones en los maleteros de los vehículos. Los perros ladraban en las casetas.

Seichan lo observaba todo de reojo, fijándose sobre todo en un hombre entre la multitud. Se requería el máximo alboroto. Ella ya había confiscado un juego de llaves del último todoterreno Mercedes, uno plateado, su color favorito.

A sus espaldas se abrió una puerta. Salió Raoul, acompañado de una señora mayor.

—La llevaremos al aeropuerto. Volverá en avión a Roma.

—Mi nieta…

—Aquí la cuidarán. Se lo prometo. —Esto último lo dijo con una gélida sonrisa.

Raoul advirtió la presencia de Seichan.

—No creo que necesitemos por más tiempo los servicios del Guild.

Seichan se encogió de hombros.

—Entonces saldré de aquí contigo y seguiré mi camino. —Señaló con la cabeza el todoterreno plateado.

Raoul ayudó a la anciana a bajar las escaleras y a caminar hacia el primer vehículo de la caravana, donde esperaba el doctor Alberto Menardi. Seichan no perdía de vista su objetivo. Le llamó la atención un movimiento en un lado del patio.

Se abrió una puerta. Vio a Gray. Tenía una pistola. Perfecto.

Al otro lado del patio, Raoul se acercó la radio a la boca. Casi con toda seguridad llamaba a las celdas. Seichan ya no podía esperar más. El hombre al que seguía con la mirada no estaba tan cerca de Raoul como esperaba, pero aun así se encontraba en la zona candente.

Fijó la mirada en el soldado que llevaba todavía la mochila de Gray en el hombro. Siempre era fácil sacar provecho de la avaricia característica de los soldados de a pie. El tipo no perdía de vista su botín. La mochila iba cargada de armas e instrumentos electrónicos caros.

Por desgracia para el soldado, la mochila contenía también un cuarto de kilo de explosivos C4 en la parte inferior. Seichan presionó el transmisor de bolsillo, mientras saltaba por encima de la balaustrada de la escalera principal.

La bomba explosionó en el centro de la caravana. Algunos hombres y trozos de cuerpo salieron despedidos en plena oscuridad. Los depósitos de gasolina incendiaron dos de los coches. Una bola de fuego rodó por los aires. Los escombros en llamas se desparramaron por todos los rincones del patio.

Seichan actuó con rapidez. Haciendo indicaciones a Gray, señaló con la pistola el todoterreno plateado. Tenía el parabrisas roto, pero por lo demás estaba intacto. Gray y la mujer salieron corriendo. Los tres fijaron su atención en el vehículo.

Dos soldados intentaron detenerlos. Gray se libró de uno y Seichan del otro. Llegaron al todoterreno. Les llamó la atención un ruido de motor cerca de la puerta del castillo. El primer vehículo se puso en marcha: Raoul intentaba escapar en medio del tiroteo, mientras los soldados entraban en el segundo coche, cuyo motor ya estaba encendido.

Raoul se asomó por el techo corredizo del primer vehículo y volvió la vista atrás, empuñando una pistola de caballo.

—¡Al suelo! —gritó Seichan mientras se tiraba cuerpo a tierra.

El arma retumbó como un cañón. Seichan oyó el ruido de los cristales de los parabrisas delantero y trasero, que se hicieron añicos con el disparo. La gruesa bala había atravesado el vehículo de punta a punta. A plena vista, rodó hacia la parte posterior del coche, que de este modo quedó en medio entre Raoul y ella.

Entonces se inició un tiroteo desde el otro lado. Gray, boca abajo, en una posición mejor para apuntar sin que lo vieran, disparó a Raoul mientras el primer vehículo avanzaba a trompicones hacia la salida, seguido del segundo coche.

Raoul continuó disparando, sin temor al fuego hostil. Una bala traspasó la calandra del todoterreno. Mierda. El cabrón los dejaba sin coche.

El faro delantero estalló. Desde su perspectiva, en el suelo, Seichan vio que caía un chorro de aceite del motor y formaba un charco en el enlosado.

La recámara de la pistola de Gray se abrió de golpe. Estaba sin munición. Seichan reptó para acercarse a él, pero era demasiado tarde. Primero un coche y luego el otro traspasaron la puerta. Les llegó el eco de las carcajadas de Raoul. El rastrillo se cerró tras el paso del último vehículo y sus dientes se encajaron de golpe en las muescas de la piedra, bloqueando el paso.

Un traqueteo lento resonó en sus oídos. Se agacharon. Todas las ventanas y puertas del castillo se cubrieron con postigos de acero. Una fortaleza moderna. La Corte se tomaba muy en serio la cuestión de la seguridad. Estaban atrapados en el patio.

A continuación se oyó otro ruido. Era el chasquido de una serie de cerrojos pesados.

Seichan se volvió junto con Gray y Rachel. Ahora comprendía las risas de aquel cabrón cuando escapaba. Las puertas de las veinte casetas de perro alineadas se elevaron automáticamente.

Unos monstruos de músculo, piel y dientes salieron de las casetas gruñendo, babeando, enloquecidos por el estruendo y la sangre. Cada perro de pelea era una mole que pesaba unos cien kilos, el doble que la mayoría de los hombres. Y la campana de la cena acababa de sonar.

3.48
Aviñón

Kat se negaba a aceptar la derrota. Contuvo la desesperación y recorrió una vez más de punta a punta el dormitorio azul situado en lo alto de la Torre de los Ángeles.

—No lo estamos enfocando bien —dijo.

A diferencia de ella, Vigor permanecía inmóvil en el centro de la habitación, con la mirada en otra parte, reflexionando. ¿O era preocupación por su sobrina? ¿Hasta qué punto estaba concentrado en su tarea?

—¿Qué quieres decir?

—A lo mejor no hay un indicador magnético. —Levantó la brújula, con el fin de atraer plenamente la atención de Vigor.

—Y entonces, ¿qué?

—¿Y todo lo que hablamos antes? La historia gótica de la ciudad y de este lugar?

Vigor asintió.

—Algún elemento integrado en la estructura del edificio… Pero sin un indicador magnético, ¿cómo vamos a encontrarlo? El palacio es enorme. Y en vista de su deterioro, es posible que la pista se haya perdido o se la hayan llevado a otro sitio.

—No creas —dijo Kat con mayor firmeza—. Esta sociedad secreta de alquimistas seguro que habrá encontrado algún modo de evitar que se pierda.

—Pero aun así, ¿cómo vamos a encontrarla? —preguntó Vigor.

Por la ventana se vio un rayo crepitante que iluminó los jardines situados debajo de la torre y toda la superficie de la ciudad, al pie de la colina. El río oscuro serpenteaba justo debajo. Había empezado a diluviar. Otro rayo en forma de horqueta centelleó en un vientre de nubes negras.

Kat contempló el espectáculo y se volvió lentamente hacia Vigor, con una convicción reafirmada por un hallazgo repentino. Se metió la brújula en el bolsillo, consciente de que ya no la necesitaban.

—El *magnetismo* abrió la tumba de san Pedro —dijo, mientras caminaba hacia Vigor—. Y también fue el magnetismo lo que nos condujo a la tumba de Alejandro Magno. Pero una vez allí, fue la *electricidad* lo que prendió fuego a la pirámide. A lo mejor también descubrimos este tesoro a través de la electricidad. —Señaló con la mano el fulgor de la tormenta—. Los relámpagos. El palacio está construido sobre la colina más grande, el Rocher des Doms, el peñasco de los Dom.

—Que atrae los relámpagos. Un fulgor que ilumina la oscuridad.

—¿Hay alguna representación de un rayo que hayamos pasado por alto?

—No recuerdo. —Vigor se frotó el mentón—. Pero creo que has tocado un punto significativo. La luz es símbolo de conocimiento. Ilustración. El objetivo principal de la fe gnóstica era buscar la luz primordial mencionada en el Génesis, alcanzar la antigua fuente de conocimiento y poder que fluye por todas partes.

Vigor repasó, contando con los dedos, los elementos que tenían hasta el momento:

—Electricidad, rayos, luz, conocimiento, poder. Todas estas cosas están relacionadas. Y en algún lugar tiene que haber un símbolo de todo esto, integrado en la estructura del palacio.

Kat hizo un gesto negativo con la cabeza, como si no supiera qué decir.

Vigor se puso tenso de pronto.

—¿Qué ocurre? —Kat se acercó más.

Monseñor se arrodilló y empezó a dibujar en el polvo del suelo.

—La tumba de Alejandro estaba en Egipto. No podemos olvidarnos de continuar a partir de ese hilo, pues un enigma nos lleva al siguiente. El símbolo egipcio de la luz es un círculo con un punto en el centro. Representa el sol.

—Pero a veces aparece tumbado como un óvalo, formando un ojo. Representa no sólo el sol y la luz, sino también el conocimiento. El ojo ardiente del entendimiento. El *ojo que todo lo ve* de la iconografía masónica y templaria.

Kat frunció el ceño al observar los dibujos. No había visto ningún indicador similar.

—De acuerdo, pero ¿por dónde empezamos a buscar?

—No hay que buscarlo, hay que *formarlo* —dijo Vigor, mientras se ponía en pie—. ¿Por qué no lo habré pensado antes? Un rasgo de la arquitectura gótica es el juego engañoso de luces y sombras. Los arquitectos templarios eran maestros de esta manipulación.

—Pero ¿dónde podemos…?

Vigor la interrumpió y se dirigió hacia la puerta.

—Tenemos que volver al primer piso, al lugar donde vimos un ojo en llamas dentro de un círculo de luz.

Kat le siguió. No recordaba tal representación. Bajaron apresuradamente las escaleras y salieron de la Torre de los Ángeles. Atravesaron un salón de banquetes y fueron a parar a una sala que ya habían explorado antes.

Kat volvió a observar las paredes cuadradas, el hogar central y la chimenea octogonal, justo encima. No comprendía nada y empezó a decirlo.

Vigor cogió la linterna de bolsillo.

—Espera.

En el exterior cayó un rayo en forma de flecha. Por la chimenea abierta descendió una iluminación perceptible que proyectó un óvalo perfecto en el hogar. La luz argéntea titiló y luego desapareció.

—«Como es arriba, así es abajo» —susurró Vigor—. El efecto probablemente es más evidente cuando el sol de mediodía cae directamente sobre la chimenea o se proyecta en un determinado ángulo.

Kat imaginó el hogar encendido. Fuego dentro de un círculo de luz.

—Pero ¿cómo podemos estar seguros de que éste es el lugar correcto? —preguntó Kat mientras rodeaba la chimenea.

Vigor arrugó la frente.

—*No* estoy totalmente seguro, pero la tumba de Alejandro se encontraba en un faro coronado por una llama. Y teniendo en cuenta la utilidad tanto de un faro como de una cocina, tiene sentido enterrar algo debajo de un espacio que sirve para una buena función. De este modo, las sucesivas generaciones se encargan de conservarlo por su utilidad.

Kat, un tanto escéptica, se inclinó y sacó un cuchillo para examinar el hogar central. Escarbó en la piedra frontal y descubrió una piedra anaranjada en la base.

—No es hematites ni magnetita. —Si hubiera sido cualquiera de las dos, se habría convencido—. Sólo es bauxita, un mineral de hidróxido de aluminio. Es buen conductor térmico, muy adecuado para una chimenea, no es nada raro.

Miró a Vigor, que mostraba una sonrisa de oreja a oreja.

—¿Qué pasa?

—Acabo de pasar por delante sin reparar en ello —dijo él, acercándose a Kat—. Debería haber pensado que otra piedra señalaba el camino. Primero hematites, luego magnetita y ahora bauxita.

Kat estaba confusa.

—La bauxita —continuó Vigor— se extrae de los yacimientos de esta zona. De hecho, su nombre procede de los señores de Baux, cuyo castillo está a unos quince kilómetros de aquí. Se encuentra en lo alto de una colina de bauxita. Esta piedra apunta directamente hacia ellos.

—¿Y qué?

—Los señores de Baux tenían una relación conflictiva con los papas franceses, que eran sus nuevos vecinos. Eran célebres por una vieja reivindicación que defendían con gran vehemencia. Aseguraban ser descendientes de un famoso personaje bíblico.

—¿Quién? —preguntó Kat.

—Baltasar. Uno de los Reyes Magos.

Kat abrió los ojos como platos y se volvió hacia el hogar.

—Sellaron la abertura con piedras de los descendientes de los Reyes Magos.

—¿Todavía dudas de que hayamos dado en el clavo? —preguntó Vigor.

Ella negó con la cabeza.

—Pero ¿cómo podemos abrirlo? No veo ninguna cerradura.

—Ya lo has dicho tú misma. Electricidad.

Como para recalcar este punto, un trueno retumbó en los gruesos muros. Kat se quitó la mochila; valía la pena probar.

—No tengo pilas antiguas. —Sacó una linterna más grande—. Pero llevo unas cuantas alcalinas modernas.

Abrió el compartimento de las baterías de la linterna y con la punta del cuchillo extrajo los cables positivo y negativo. Con el interruptor apagado, los enroscó y luego levantó su obra.

—Será mejor que te apartes —le advirtió Kat.

Puso los cables de la linterna en contacto con la bauxita, un mineral poco conductor y pulsó el interruptor.

Un arco eléctrico perforó la piedra. La respuesta fue un sonido profundo y grave, como si se hubiera golpeado un gran tambor.

Kat se apartó hacia atrás mientras el sonido se iba atenuando y se reunió con Vigor junto a la pared. Por los bordes del hogar de piedra se extendió un brillo ardiente que rodeó toda la chimenea.

—Creo que adhirieron los bloques de piedra con cristal fundido en estado-m —dijo ella entre dientes.

—Como los antiguos constructores egipcios, que utilizaron plomo fundido para ensamblar las piedras del faro de Alejandría.

—Y ahora la electricidad está liberando la energía acumulada en el cristal.

Otros trazos de fuego temblaron por la cara frontal del hogar, delineando cada una de las piedras. El brillo era cada vez más intenso y bosquejaba un dibujo entrecruzado en la retina de Kat. Una ola de calor los envolvió.

Ella se tapó los ojos, pero el efecto no duró mucho. Mientras se atenuaba el brillo, los bloques de bauxita empezaron a desprenderse por falta de cementación y se desmoronaron en un hoyo oculto bajo el hogar.

Kat oyó el impacto de la piedra contra la piedra. El traqueteo continuó mientras las piedras se desplomaban hacia zonas cada vez más profundas. Incapaz de contener la curiosidad, se acercó y encendió la linterna de bolsillo. Los bordes del hogar perfilaban unas escaleras oscuras por las que se podía descender.

Se volvió hacia Vigor.

—Lo hemos conseguido.

—Gracias a Dios —replicó Vigor.

3.52
Lausana

A medio kilómetro del castillo, Raoul salió del vehículo. Estaba furioso y sangraba por una herida en la cabeza. La zorra de la asiática lo había traicionado. Pero aun así se saldría con la suya. Sus perros acabarían con ellos en cuestión de segundos. Y si no…

Se dirigió al segundo coche y señaló a dos hombres.

—Tú y tú. Volved al castillo a pie. Haced guardia en el rastrillo y disparad a todo lo que se mueva. Que no salga nadie vivo del patio.

Los dos hombres bajaron atropelladamente del coche y volvieron al castillo a ritmo veloz. Raoul regresó al primer vehículo, donde lo esperaba Alberto.

—¿Qué ha dicho el emperador? —preguntó mientras Raoul subía al asiento del copiloto.

Raoul se guardó el móvil en el bolsillo. La traición del Guild había sorprendido tanto al líder como a Raoul. Pero éste no reveló su propia traición en Alejandría, cuando la abandonó a su suerte. En ese punto mintió. Por tanto, debería haber contado con que habría algún tipo de venganza. Se dio puñetazos en la rodilla: cuando la mujer le entregó al americano, él bajó la guardia. Qué estúpido.

Pero las cosas acabarían arreglándose. En Aviñón.

—El emperador se reunirá con nosotros en Francia —respondió Raoul a Alberto—, junto con más fuerzas. Seguimos adelante como estaba previsto.

—¿Y los demás? —El prefecto volvió la vista hacia el castillo.

—Los demás ya no nos importan. No pueden hacer nada para detenernos.

Raoul hizo señas al conductor para que reanudara la marcha. El coche se dirigía al aeródromo de Yverdon. Lamentaba las últimas pérdidas. No los hombres, sino la puta, Rachel Verona. Tenía planes tan sanguinarios para ella…

Pero al menos le había dejado un regalito de despedida.

3.55

Raquel se reunió con Gray y Seichan, que estaban en las escaleras del castillo, apoyados de espaldas sobre los postigos metálicos de las puertas. Desplazándose sigilosamente hasta allí habían logrado protegerse de la jauría en aquel refugio relativo. Pero sólo tenían un arma con seis balas.

Gray había intentado hacerse con otra pistola en medio de la carnicería del patio, pero lo único que encontró fueron dos rifles estropeados. Llevaba el arma de Seichan; ella estaba plenamente concentrada en el dispositivo GPS, confiando en que Gray le cubriría las espaldas.

Rachel se encontraba a un paso de la mujer, más cerca de Gray. Con una mano se agarraba a la parte inferior de la camisa de su compañero. No sabía cuándo se había agarrado allí, pero no se soltaba. Era lo único que la mantenía en pie.

Por delante de las escaleras pasó en silencio uno de los perros de pelea. Arrastraba una extremidad de un soldado muerto. Veinte monstruos como aquél vagaban por el patio, desgarrando cadáveres, gruñendo y escupiéndose unos a otros. Estallaron algunas peleas feroces, rápidas como un rayo, pero no tardaron mucho tiempo en captar su presencia. Cualquier ruido les atraía. Los heridos que gemían morían antes. Todos sabían que en cuanto sonase el primer disparo toda la jauría correría hacia ellos.

Seis balas. Veinte perros.

A un lado observaron movimiento… A través del humo grasiento emergió una fina figura entre los escombros, trémula, inestable. Una ráfaga de viento limpió la atmósfera y Rachel reconoció el cuerpo tambaleante, de finas piernas.

—*Nonna* —susurró.

La anciana tenía sangre reseca en el lado izquierdo de la cabeza. Rachel pensaba que su abuela había escapado con Raoul. ¿Había caído a causa de la explosión? Pero enseguida supuso la verdad: Raoul se había deshecho de ella a culatazos como si fuera una maleta inservible.

La anciana gimió y se llevó la mano a la zona herida de la cabeza.

—¡Papá! —exclamó con una voz tenue y tensa.

El golpe, la confusión y el castillo imponente tal vez la habían desorientado y hecho revivir el pasado.

—Papá… —Su voz dejaba traslucir un dolor distinto del que le producía la herida de la cabeza.

Pero Rachel era la única que lo percibía.

A unos metros de distancia apareció una figura oscura tras un neumático en llamas, un cuerpo que salía de la humareda atraído por el frágil grito.

Rachel se soltó de Gray y bajó un escalón.

—Ya lo veo —dijo Gray, mientras la retenía con una mano.

Levantó la pistola, apuntó y apretó el gatillo. Se oyó un *pop* en el patio silencioso, pero el aullido del objetivo se intensificó cuando el perro se desplomó y rodó por el suelo. Los aullidos eran del animal. Se mordisqueó la pata trasera herida para calmar el dolor. Otros perros se abatieron sobre él, atraídos por la sangre, como leones ante una gacela herida.

La abuela de Rachel, sobresaltada por el animal, había caído de espaldas, boquiabierta y asustada.

—Tengo que llegar hasta donde está —susurró Rachel. Era una reacción instintiva. A pesar de la traición, su *nonna* todavía ocupaba un lugar en su corazón. No merecía morir así.

—Voy contigo —dijo Gray.

—Ya está muerta —dijo Seichan con un suspiro, mientras bajaba el GPS. Pero los siguió por las escaleras, para no alejarse de la única pistola.

Arracimados, cruzaron por el borde del patio. Los charcos de gasolina en llamas iluminaban el camino.

Rachel quería correr, pero una inmensa bestia con manchas los observaba, enseñando los dientes mientras vigilaba a su presa con el pelo erizado, encorvada sobre un cuerpo decapitado. Pero Rachel sabía que, si corría, el animal se abalanzaría sobre ella en cuestión de segundos.

Gray la cubrió con la pistola.

La abuela se escapó del trío de perros que se disputaban a su hermano herido, desgarrándose unos a otros, hasta el punto de que era imposible saber cuál era la bestia a la que Gray había disparado. Otros dos animales seguían con la vista el movimiento de la anciana desde dos lados opuestos. Llegaban tarde.

Con otros dos disparos una de las bestias se desplomó y salió rodando hacia abajo, mientras que la otra sólo sufrió un rasguño. Al parecer, la herida despertó su ansia asesina, pues al instante embistió a la anciana que yacía en el suelo.

Rachel corrió hacia allí. Los disparos de Gray atrajeron a más perros, pero una vez metidos en harina, no había elección. Mientras disparaba no dejaba de correr, y abatió a otros dos perros, el último a sólo un metro de distancia.

Antes de que Rachel llegase al lugar donde estaba su abuela, el perro atacante se abalanzó sobre la anciana y le mordió el brazo con el que ella intentaba defenderse. Se lo arrancó limpiamente, pues los finos huesos y la carne marchita ofrecían poca resistencia, y la arrastró al suelo.

No hubo gritos. El perro se subió sobre la anciana y se abalanzó sobre el cuello.

Gray disparó cerca del oído de Rachel, dejándola casi sorda. El impacto derribó al animal hacia un lado, apartándolo del pecho de la anciana. El cuerpo del perro tenía temblores y convulsiones, un disparo limpio en la cabeza… Pero era la última bala.

Rachel cayó de rodillas junto a su abuela. Le salía sangre a borbotones por el brazo cercenado. Rachel acunó el cuerpo.

Gray se agachó a su lado. Seichan se tumbó también, para que no sobresaliera su silueta. Los perros peleaban a su alrededor, y no tenían balas.

La abuela miró a Rachel y le dijo algo en italiano con una voz muy débil y los ojos vidriosos.

—Mamá… Lo siento… abrázame…

Se oyó un disparo de rifle y la abuela se estremeció en su brazos, con un tiro en el pecho. Rachel sintió la salida de la bala, que pasó rozando bajo su propio brazo.

Alzó la cabeza. A treinta metros de distancia había dos hombres armados tras el rastrillo de hierro.

La nueva explosión atrajo a unos cuantos perros.

Gray pretendía aprovechar la distracción para retirarse hacia el muro del castillo. Rachel lo siguió, pero fue arrastrando a su abuela, para no dejarla allí.

—Déjala —le exhortó Gray.

Rachel lo ignoró, con las mejillas inundadas de lágrimas, furiosa. Otra descarga de rifle hizo saltar chispas en una piedra a escasos metros de distancia. Seichan le echó una mano para llevar a su abuela. Entre las dos podían retirarse a más velocidad.

En la puerta, un par de perros embistieron los barrotes, amenazando a los hombres armados y bloqueando su objetivo. Pero aquello no duró mucho tiempo.

Al llegar a esa especie de refugio que era el muro del castillo, Rachel se desmoronó sobre el cuerpo de su abuela. Todavía estaban a tiro desde la puerta… Uno de los perros fue abatido desde el rastrillo. Otra bala tintineó en el postigo metálico de una ventana.

Rachel, apoyada sobre su abuela, sacó al fin el monedero colgado del hombro de la *nonna*, un objeto inseparable de la anciana.

Abrió el broche, metió la mano y palpó la fría culata de acero: era la reliquia de su abuela, la Luger P-08 nazi.

—*Grazie, nonna.*

Se dirigió hacia la puerta, se posicionó y dejó que la ira le reafirmase el pulso. Apretó el gatillo... aguantó el culatazo y volvió a disparar. Los dos hombres resultaron abatidos.

De pronto amplió su campo de visión, pero era tarde para detener al animal babeante que saltaba en medio de la humareda y se le venía encima, gruñendo y enseñando los dientes, directo a la yugular.

4.00

Gray apartó a Rachel, se plantó delante del monstruo y levantó un brazo. En la mano llevaba un pequeño bote plateado.

—Perro malo...

Roció el spray a bocajarro en el hocico y los ojos del animal. El perro se abalanzó con todo su peso sobre Gray y lo derribó de espaldas. El animal aullaba, no por el ansia de matar, sino por el agónico escozor. Cayó rodando y se retorció contra la piedra, restregándose la cara en los adoquines, intentando tocarse los ojos con las patas. Pero las cuencas de los ojos estaban ya huecas, corroídas por el ácido. Dio otras dos volteretas, bramando.

Gray se sintió incómodo. A los perros los habían torturado para que acabasen en ese estado salvaje, no era culpa de los animales. Con todo, quizá era mejor la muerte que vivir bajo el yugo de Raoul.

Al fin el perro dejó de dar alaridos y se desmoronó en el pavimento, aunque el alboroto atrajo a otra docena de perros.

Gray miró a Rachel.

—Seis disparos más —respondió ella.

Él agitó el bote. No quedaba mucho.

En ese momento Seichan elevó la vista al cielo. Entonces Gray lo oyó también: el traqueteo de un helicóptero, que sobrevolaba la montaña y la muralla del castillo. Los intensos focos iluminaban el terreno. El movimiento de las aspas desató un torbellino y los perros, asustados, se dispersaron.

Seichan lanzó una voz en medio del fragor.

—¡Vienen a buscarnos!

Una escalera de nailon cayó desde la puerta del helicóptero y golpeó el pavimento de piedra a escasos metros de donde se encontraban.

A Gray le daba igual quién viajara dentro con tal de que los sacara de aquel maldito patio. Corrió hacia la escalera y le hizo señas a Rachel para que subiera. Mientras con una mano mantenía firme la escalera, con la otra cogió la Luger de Rachel.

—¡Arriba! —le ordenó, acercándose a ella—. Yo los mantengo a raya.

Los dedos de Rachel temblaron cuando le pasó el arma a Gray. Se miraron a los ojos. Él advirtió un fondo de tristeza y horror que trascendía con mucho las atrocidades de aquella masacre.

—Todo va a ir bien —le dijo, intentando que pareciera una promesa. Una promesa que pensaba cumplir.

Rachel asintió, como si recobrase fuerzas, y subió por la escalera. Seichan trepó a continuación con agilidad de trapecista, a pesar del hombro herido. Gray fue el último. No había tenido que utilizar de nuevo el arma. Se guardó la Luger en la parte posterior del cinturón y escaló a toda prisa. En cuestión de segundos estaba entrando en la cabina del helicóptero.

Mientras se cerraba la puerta a sus espaldas, Gray se enderezó para dar las gracias a la persona que le había echado una mano para entrar.

El hombre lo recibió con una sonrisa pícara.

—Hola, jefe.

—¡Monk!

Gray le dio un fuerte abrazo.

—Cuidado con el brazo —le dijo su compañero. Gray lo soltó. Monk llevaba el brazo izquierdo en cabestrillo y un vendaje en el muñón recubierto con una protección de cuero. A pesar de todo tenía bastante buen aspecto, aunque estaba algo pálido y ojeroso.

—Estoy bien —dijo Monk, mientras le hacía señas para que se sentara y se pusiera el cinturón mientras el helicóptero se alejaba de la zona—. Pero procura dejarme al margen de la acción.

—¿Cómo…?

—Captamos vuestra señal de emergencia GPS —explicó.

Gray se pasó por encima del hombro el arnés de seguridad y lo abrochó. Miró al otro ocupante de la cabina.

—¿Cardenal Spera? —dijo Gray, con voz de confusión.

Seichan se sentó a su lado y respondió:

—¿Quién crees que me contrató?

XVI
El laberinto de Dédalo

Mientras los truenos retumbaban en el exterior del palacio, Kat esperaba a Vigor. Hacía un cuarto de hora que monseñor había bajado por las oscuras escaleras de la chimenea. «Para echar un vistazo», había dicho.

Kat iluminó las escaleras con la linterna. Pensó en ir a buscarlo, pero por cautela prefirió quedarse en su sitio. Si estuviera en apuros, gritaría. Kat recordó la rampa que los dejó atrapados bajo la tumba de san Pedro. ¿Y si ocurriera lo mismo aquí? ¿Quién sabría dónde buscarlos?

Se quedó en su puesto, pero se arrodilló y lo llamó por el agujero, intentando no elevar demasiado la voz.

La respuesta llegó en forma de pisadas rápidas que subían por las escaleras. El hueco se iluminó primero con un tenue resplandor, que luego dio paso al haz de luz de una linterna. Vigor le hizo señas cuando le faltaba media docena de escaleras para llegar arriba.

—¡Tienes que ver esto!

Kat respiró hondo.

—Deberíamos esperar a que Gray y los demás nos llamen.

Vigor subió otro escalón con el ceño fruncido.

—Estoy tan preocupado como tú, pero, desde luego, tenemos otros misterios que resolver ahí abajo. Para eso nos enviaron como avanzadilla. Sólo así podremos ayudar a los demás. La Corte del Dragón, Gray y el resto están en Suiza. Tardarán horas en llegar aquí. Deberíamos aprovechar bien el tiempo y no derrocharlo.

Kat sopesó su argumento. Volvió a mirar la hora. Ella también recordaba la advertencia de Gray sobre la cautela *excesiva*. Pero por otro lado era tremendamente curiosa.

—Claro.

Kat se colgó la mochila a la espalda y le hizo señas de que bajara. Dejó uno de los teléfonos móviles junto a la chimenea, para recibir las llamadas entrantes y para que hubiera, al menos, un rastro visible por si se quedaban atrapados abajo.

Aunque reconocía que se pasaba de cautelosa, al menos no era una imprudente. Esa cualidad se la reservaba a Gray.

Bajó por el hueco, siguiendo a Vigor. Las escaleras descendían en un tramo recto durante un rato y luego giraban en espiral hacia zonas aún más profundas. Curiosamente, el aire era seco, no olía a humedad.

Los escalones terminaban en un túnel corto. Vigor aceleró el paso. Por el eco de las pisadas de monseñor, dedujo que había una caverna más amplia al fondo, lo cual se confirmó al cabo de unos instantes.

Fueron a parar a un saliente de piedra de tres metros. Las dos linternas proyectaban amplios haces de luz en aquel espacio abovedado y abombado por abajo y por arriba. En otros tiempos había debido de ser una cavidad natural de granito, pero se había transformado a causa de la intervención humana.

Kat se arrodilló para palpar la mampostería de la superficie que tenía bajo los pies, bloques de mármol sin pulir, encajados con precisión. Luego se incorporó y enfocó la linterna hacia abajo y hacia los lados.

Artesanos e ingenieros muy avezados habían construido una serie de doce gradas de ladrillo que descendían hacia un piso lejano. El espacio era de forma más o menos circular. La longitud del contorno de cada grada era mayor que la de la grada inmediatamente inferior, como en un vasto anfiteatro... o una pirámide escalonada invertida.

Kat iluminó con la linterna el inmenso espacio delimitado por las gradas. No estaba vacío: gruesos arcos de granito se extendían desde las bases escalonadas según una estructura helicoidal, sustentada por columnas gigantes. Kat identificó los arcos: arbotantes, como los que sustentan las catedrales góticas. De hecho, todo el espacio interior producía la misma sensación de majestuosidad e ingravidez que una iglesia.

—Esto tiene que ser obra de los caballeros templarios —dijo Vigor, caminando por la grada—. Nunca se ha visto nada igual. Es una sonata de geometría e ingeniería. Un poema escrito en piedra. La arquitectura gótica en su estado más perfecto.

—Una catedral subterránea —masculló Kat, sobrecogida y maravillada.

Vigor asintió.

—Pero construida para rendir culto a la historia, el arte y el conocimiento. —Con el brazo señalaba toda la obra.

La estructura de piedra tenía un único cometido: sostener un intrincado laberinto de andamiajes de madera. Estantes, salas, escaleras de mano, escaleras fijas. El cristal destellaba. El oro refulgía. Todo aquello era un depósito de libros, manuscritos, textos, instrumentos, estatuas y extraños artilugios de latón. A cada paso se abrían nuevas vistas, como en algunos cuadros de Escher, ángulos imposibles, contradicciones dimensionales sustentadas por estructuras de piedra y madera.

—Es una gran biblioteca —dijo Kat.

—Y un museo, un depósito y una galería —concluyó Vigor. Se apartó a un lado.

No muy lejos de la entrada del túnel había una mesa de piedra, similar a un altar. Bajo un cristal, un cristal de oro, había un libro abierto, encuadernado en piel.

—Me da miedo tocarlo —dijo Vigor—. Pero se ve bastante bien a través del cristal. —Enfocó con la linterna las páginas expuestas.

Kat echó un vistazo al libro, profusamente ilustrado al óleo. Una letra minúscula descendía por la página. Parecía una lista.

—Creo que éste es el códice de toda la biblioteca —dijo Vigor—. Un sistema de catálogo y contabilidad. Pero no estoy seguro.

Monseñor posó las manos sobre la urna de cristal, temeroso de tocarla; ya habían visto los efectos de aquel material superconductor. Kat dio un paso atrás. Observó que en toda la estructura brillaba un cristal similar. Hasta las paredes de las gradas tenían placas de cristal en algunos puntos, empotradas a modo de ventanas, engastadas como si fueran joyas. ¿Qué significaba todo aquello?

Vigor seguía inclinado sobre el libro.

—Aquí se menciona en latín «la Santa Piedra de san Trófimo».

Kat volvió la vista hacia monseñor, a la espera de una explicación.

—Es el santo que trajo por primera vez el cristianismo a esta zona de Francia. Se dice que se le apareció Jesús durante una reunión secreta de los primeros cristianos en una necrópolis. Cristo se arrodilló sobre un sarcófago y su huella permaneció. La tapa del sarcófago se convirtió en un tesoro que supuestamente invocaba el conocimiento de Cristo en quienes lo contemplaban. —Vigor observó la catedral abovedada de la historia—. Se creía perdida para siempre, pero aquí está. Como muchas otras cosas. —Volvió a señalar el libro—. Los textos completos de los evangelios prohibidos, no sólo los fragmentos deteriorados que aparecieron cerca del mar Muerto. He visto que se mencionan cuatro evangelios. Uno no lo conocía. El Evangelio Marrón de las Montañas Doradas. Me pregunto qué contendría. Pero lo más importante de todo… —Vigor levantó la linterna—. Según el códice, por ahí, en algún lugar, se conserva el *Mandylion*.

—¿Qué es eso? —preguntó Kat frunciendo el ceño.

—El auténtico sudario de Cristo, un objeto más antiguo que la controvertida Síndone de Turín. Lo trasladaron de Edesa a Constantinopla en el siglo X, pero en épocas de saqueos desapareció. Muchos sospechan que acabó en el tesoro de los caballeros templarios. —Vigor hizo un gesto afirmativo con la cabeza—. Ahí está la prueba. Y posiblemente la verdadera cara de Cristo.

Kat sentía el peso de los siglos… todo suspendido en perfecta geometría.

—Una página —dijo Vigor entre dientes.

Kat sabía que monseñor se refería al hecho de que todas aquellas maravillas se enumeraban en una sola página del libro encuadernado en piel, que parecía tener en total unas mil páginas.

—¿Qué más cosas se podrán encontrar ahí? —dijo Vigor en voz baja.

—¿Lo has explorado todo hasta el fondo? —preguntó Kat.

—Todavía no. He ido a buscarte.

La chica avanzó hacia las estrechas escaleras que bajaban de una grada a otra.

—Al menos deberíamos formarnos una idea general del espacio, antes de volver.

Vigor asintió, pero parecía reacio a alejarse del libro. Aun así, siguió a Kat, que empezaba ya a girar por las escaleras zigzagueantes. En un determinado momento Kat alzó la vista. Todo el edificio estaba suspendido tanto en el tiempo como en el espacio.

Al fin llegaron a la última grada. Un tramo de escaleras final conducía al piso inferior, enmarcado por esta última grada. La biblioteca no estaba allí abajo. Todo el tesoro se apilaba arriba, suspendido por un par de arcos gigantes, cuya base estaba en la última grada.

Kat identificó la piedra de aquellos arcos. No era granito ni mármol: una vez más se trataba de magnetita.

Además, justo debajo del cruce de los arcos se elevaba desde el centro de la planta una columna de magnetita cuya altura llegaba más o menos a la cintura, como un dedo de piedra que señalaba hacia arriba.

Kat descendió con mayor cautela al piso inferior. Un reborde de granito natural rodeaba el suelo de cristal grueso. Cristal de oro. No puso el pie allí. Los muros de ladrillo de alrededor también tenían placas simétricas de cristal de oro incrustadas. Llegó a contar hasta doce, cifra que coincidía con el número de gradas.

Vigor llegó al lugar donde estaba Kat. Al igual que ella, captó todos los detalles, pero tanto uno como otro se fijaron sobre todo en las líneas plateadas —probablemente de platino puro— grabadas en el suelo. La imagen en cierto modo encajaba como conclusión de aquella larga búsqueda. Representaba un laberinto zigzagueante que conducía a una roseta central. El pequeño pilar de magnetita se encontraba justo en el centro de la roseta.

Kat observó el espacio: el laberinto, los arcos de magnetita, el suelo de cristal. Todo le recordaba a la tumba de Alejandro Magno, con su pirámide y su poza reflectante.

—Parece otro misterio por resolver. —Contempló los tesoros suspendidos sobre su cabeza—. Pero si ya hemos abierto este antiguo almacén de los magos, ¿qué nos queda por encontrar?

Vigor se acercó más.

—No te olvides de la llave de oro de Alejandro. No la hemos necesitado para abrir nada por aquí.

—Eso quiere decir...

—Que hay algo más que esta biblioteca.

—Pero ¿qué?

—No lo sé —contestó él—, pero conozco esta estructura laberíntica.

Kat lo miró.

—Es el laberinto de Dédalo —añadió monseñor.

5.02
Francia

Gray prefirió no interrogar a los demás hasta que volvieran a despegar. El helicóptero los había trasladado al aeropuerto internacional de Ginebra, donde el cardenal Spera tenía un avión privado Gulfstream preparado y autorizado para su despegue inmediato con destino a Aviñón. Era sorprendente lo que podía conseguir un alto cargo del Vaticano.

Esto le suscitó la primera cuestión.

—¿Qué hace el Vaticano contratando a una agente del Guild? —preguntó.

Los cinco habían girado sus asientos para estar cara a cara.

El cardenal Spera recibió la pregunta con un gesto de asentimiento.

—A Seichan *no* la contrató la Santa Sede —hizo señas a la mujer sentada a su lado—, sino un grupo más pequeño que actúa con independencia. Estábamos informados acerca de los intereses y actividades de la Corte del Dragón. Ya habíamos utilizado al Guild para investigar al grupo en aspectos secundarios.

—¿Contrataron a mercenarios? —preguntó Gray con un tono acusador.

—Lo que intentábamos proteger requería medios extraoficiales. Había que combatir el fuego con fuego. Aunque el Guild tenga fama de implacable y despiadado, también es eficiente, cumple los contratos y lleva a cabo su trabajo a toda costa.

—No impidieron la masacre de Colonia.

—Fue un descuido por mi parte, lo reconozco. No éramos conscientes de la relevancia del robo del texto en el Museo Egipcio de El Cairo. Ni de que pensaban actuar con tanta celeridad.

El cardenal suspiró y empezó a girar uno de los anillos de oro, luego otro, con un movimiento nervioso.

—Fue una masacre terrible. Después de los asesinatos, volví a recurrir al Guild con el fin de implantar un agente en la Corte del Dragón. No fue difícil desde el momento en que intervino Sigma. El Guild ofreció sus servicios, Seichan ya había tenido algún roce con usted y la Corte picó.

—Yo tenía órdenes de descubrir lo que sabía la Corte —terció Seichan—, en qué fase de desarrollo se encontraba su operación y de desbaratar sus planes como considerase oportuno.

—Por ejemplo, cruzándote de brazos mientras torturaban a los sacerdotes —dijo Rachel.

Seichan se encogió de hombros.

—A esa fiesta llegué tarde. Y además, cuando Raoul inicia una operación, no hay manera de disuadirlo.

Gray asintió. Todavía conservaba la moneda de Milán.

—Y entonces también nos ayudaste a escapar.

—Porque me convenía. Al ayudaros, cumplía mi misión de mantener siempre en peligro a la Corte.

Gray observaba a Seichan mientras hablaba. ¿De qué lado estaba en realidad? Además de sus juegos dobles y triples, ¿ocultaba otras cosas? Su explicación parecía convincente, pero todos sus esfuerzos podían ser una mera artimaña para cumplir otros objetivos del Guild. El Vaticano daba muestras de ingenuidad al confiar en ese grupo… o en ella.

Pero, en cualquier caso, Gray tenía otra deuda con Seichan. Tal como estaba previsto, Seichan se las había arreglado para sacar a Monk del hospital antes de que se lo cargasen los matones de Raoul. Gray había supuesto que Seichan emplearía a otros agentes suyos del Guild, pero ni se le pasó por la cabeza que pudiera recurrir a Spera, la persona que la había contratado. Sin embargo, el cardenal se encargó de todo, declarando a Monk embajador del Vaticano para sacarlo de allí. Y ahora iban camino de Aviñón.

Con todo, a Gray le preocupaba todavía una cosa.

—Su grupo del Vaticano —dijo mirando a Spera—, ¿qué interés tiene en todo esto?

El cardenal juntó las manos sobre la mesa. Sin duda era reacio a aportar más información, pero Rachel se le acercó desde el lado opuesto de la mesa. Le cogió las manos y se las separó, inclinándose más para observarlas.

—Tiene dos anillos de oro con el sello papal —dijo.

Spera retiró las manos, tapándose una con la otra.

—Uno por mi rango de cardenal —explicó— y el otro por mi cargo de secretario de Estado. Dos anillos a juego. Es una tradición.

—Pero no hacen juego —dijo Rachel—. No me había fijado hasta que juntó los dedos como antes, con un anillo pegado al otro. No son iguales. Son imágenes especulares, copias simétricas exactas.

Gray frunció el ceño.

—Son *gemelos* —dijo Rachel.

Gray le pidió permiso para verlos. Rachel tenía razón: eran imágenes invertidas del sello papal.

—Y Tomás significa «gemelo» —masculló Gray, mirando al cardenal. Recordó el comentario de Spera acerca del grupo del Vaticano que había contratado al Guild. Gray ya sabía de qué grupo se trataba.

—Usted pertenece a la Iglesia de Tomás —dijo—. Por eso ha intentado detener a la Corte en secreto.

Spera lo miró fijamente durante un tiempo y luego asintió.

—Nuestro grupo ha sido aceptado, si no promovido, en el seno de la Iglesia apostólica. A pesar de las opiniones contrarias, la Iglesia no da la espalda ni a la ciencia ni a la investigación. Las universidades, los hospitales y los centros de investigación católicos abogan por el pensamiento avanzado, por los nuevos conceptos e ideas. Y sí, es cierto que una parte es inquebrantable y lenta de reflejos, pero también hay miembros que desafían e inducen a la Iglesia a que sea más maleable. Ése es todavía nuestro cometido.

—¿Y qué ocurría en el pasado? —preguntó Gray—. ¿Qué me dice de esa antigua sociedad de alquimistas que estamos investigando, las pistas que hemos estado siguiendo?

El cardenal negó con la cabeza.

—La Iglesia de Tomás actual no es la misma de antes. Desapareció durante el papado francés, al igual que los caballeros templarios. La mortandad, el conflicto y el secretismo los disgregaron aún más de lo que estaban, de manera que pasaron a ser meras sombras y rumores. Los verdaderos avatares de la Iglesia gnóstica y su antiguo linaje nos siguen resultando un misterio.

—Así que en eso está tan perdido como nosotros —dijo Monk.

—Pues sí. Salvo por el hecho de que nosotros sabíamos que existía esa Iglesia antigua. No era un mito.

—Al igual que la Corte del Dragón —dijo Gray.

—Sí. Pero nosotros hemos intentado preservar el misterio, confiando en la sabiduría de nuestros antepasados, desde la creencia de que estaba oculto por algún motivo y de que tal conocimiento se nos revelaría cuando llegara el momento. La Corte del Dragón, en cambio, ha intentado desvelar los secretos a través de la masacre, la corrupción y la tortura, con el único fin de alcanzar una fuerza que les permita ejercer su dominio sobre todas las cosas. Nosotros nos enfrentamos a ellos desde hace varias generaciones.

—Y ahora están muy cerca de conseguirlo —dijo Gray.

—Y tienen la llave de oro —les recordó Rachel, con un gesto de contrariedad.

Gray se frotó la cara a causa del agotamiento. Él mismo se la había entregado, ya que necesitaba la llave para convencer a Raoul de la lealtad de Seichan. Toda la operación fue una apuesta arriesgada, al igual que el plan de rescate. Raoul debía haber sido capturado o asesinado en el castillo, pero el muy cabrón había escapado.

Gray miró a Rachel. Se sentía culpable y quería decirle algo, explicarle algo, pero se lo impidió la voz del piloto que se oyó a través de la radio.

—Abróchense los cinturones. Vamos a atravesar una zona de turbulencias atmosféricas.

El fulgor de los relámpagos traspasaba las nubes. Un poco más adelante les esperaban unos densos nubarrones que se iluminaban fugazmente con los rayos y luego se desvanecían en la oscuridad. Estaban penetrando en las fauces de una verdadera tormenta.

5.12
Aviñón

Vigor caminó por el reborde de piedra que enmarcaba el suelo de cristal y su laberinto grabado en la superficie. Lo había observado en silencio durante un minuto, fascinado por el misterio.

—Fíjate, en realidad no es un laberinto —dijo al fin—. No hay ángulos sin visibilidad ni callejones sin salida. Es un largo sendero continuo y sinuoso. En la catedral de Chartres, a las afueras de París, hay un laberinto exactamente igual, construido con piedras azules y blancas.

—Pero ¿por qué aparece aquí? —preguntó Kat—. ¿Y por qué lo has llamado el laberinto de Dédalo?

—El laberinto de Chartres recibió diversos nombres. Uno era *le Dedale*, o «el Dédalo». El nombre proviene del arquitecto mitológico que construyó el laberinto del rey Minos de Creta, donde vivía el Minotauro, una bestia similar a un toro, que al final fue derrotado por el guerrero Teseo.

—Pero ¿por qué construyeron un laberinto así dentro de la catedral de Chartres?

—No sólo en Chartres. En el siglo XIII, en pleno apogeo de la construcción de iglesias góticas, se erigieron diversos laberintos en muchas catedrales. Amiens, Reims, Arras, Auxerre... todas tenían laberintos a la entrada de las naves. Pero siglos después la Iglesia los destruyó por considerarlos elementos paganos. El de Chartres fue la única excepción.

—¿Por qué se salvó ése?

Vigor negó con la cabeza.

—Esa catedral ha sido siempre la excepción a la regla. De hecho, sus orígenes son paganos. Se construyó sobre la Grotte des Druides, un famoso centro de peregrinaje pagano. Y a diferencia de cualquier otra catedral, todavía hoy no hay ni un solo rey, Papa o personaje famoso enterrado bajo sus losas.

—Pero eso no explica por qué se repitió aquí el laberinto —dijo Kat.

—Se me ocurren unas cuantas explicaciones. Primero, el laberinto de Chartres se basaba en un dibujo de un texto alquímico griego del siglo II, un símbolo de nuestros alquimistas perdidos. Pero además representaba el viaje desde este mundo hasta el paraíso. Los creyentes de Chartres caminaban a gatas por este sendero tortuoso desde el exterior hasta que llegaban a la roseta central, que representaba simbólicamente un peregrinaje de aquí a Jerusalén, o desde este mundo hasta el mundo venidero. De ahí los otros nombres del laberinto: *le chemin de Jerusalem*, «el camino de Jerusalén», o *le chemin du Paradis*, «el camino del Paraíso». Era un viaje espiritual.

—¿Crees que aquí se insinúa que debemos hacer el viaje por nuestra cuenta y seguir a los alquimistas para resolver su último gran misterio?

—Exacto.

—Pero ¿cómo lo hacemos?

Vigor negó con la cabeza. Tenía una idea, pero necesitaba más tiempo para reflexionar. Parecía que Kat se daba cuenta de que él no hablaba con total franqueza, pero lo respetaba lo suficiente para no presionarlo más.

Se limitó a mirar la hora.

—Deberíamos volver y comprobar si Gray ha intentado ponerse en contacto con nosotros.

Vigor asintió. Volvió de nuevo la vista atrás, iluminando el espacio con la linterna. Se reflejaba en las superficies de cristal: el suelo y las placas incrustadas en la pared. Luego enfocó hacia arriba. Brillaron nuevos reflejos, como joyas ornamentales en un árbol gigante del conocimiento.

Una de las respuestas estaba allí. Tenía que encontrarla antes de que fuera demasiado tarde.

5.28
Francia

«¿Por qué no responden?».

Gray tenía el teléfono del avión pegado a la oreja. Intentaba localizar a Kat, pero hasta el momento seguía sin resultado. A lo mejor era la tormenta, que interfería con la señal. El avión se sacudía en medio de los destellos de los rayos y el estampido de los truenos.

Se sentó en la parte trasera de la cabina para disfrutar de una mayor privacidad. Los demás seguían en su sitio, enzarzados en la discusión, pero con los cinturones abrochados.

Sólo Rachel volvía la vista atrás de cuando en cuando, ansiosa por tener noticias de su tío. Pero a lo mejor había algo más. Desde el rescate de Lausana no se había alejado de él ni por un instante. No quería comentar todavía en detalle lo ocurrido en el castillo; seguía un poco angustiada. Y desde entonces era como si esperase de él cierta solidez. No para aferrarse a él, no era su estilo. Sólo era un modo de tranquilizarse, de afianzarse en aquel momento. Para eso no hacían falta palabras.

Y aunque Monk también estaba muy traumatizado, Gray sabía que acabaría hablando. Eran compañeros de armas, muy buenos amigos. Abordarían el tema más adelante.

Pero Gray no tenía tanta paciencia con Rachel. Una parte de él quería una respuesta y una solución inmediatas para lo que la atormentaba. Hasta el momento Rachel había rechazado, con delicadeza pero también con rotundidad, cualquier intento de comentar lo ocurrido en Lausana. Aun así, él veía un profundo pesar en su mirada. Y con todo el dolor de su corazón, lo único que podía hacer era permanecer a su lado y esperar hasta que se decidiera a hablar.

En el oído, la incesante señal de la llamada saliente se interrumpió al fin cuando descolgaron al otro lado de la línea.

—Aquí Bryant.

Gracias a Dios. Gray se acomodó en el asiento.

—Kat, soy Gray. —Los demás pasajeros de la cabina se volvieron hacia él—. Tenemos a Rachel y a Monk. ¿Cómo va todo por ahí?

La voz de Kat, casi siempre tan estoica, no ocultaba un tono de alivio.

—Estamos bien. Hemos encontrado la entrada secreta. —Brevemente le explicó lo que habían descubierto. De vez en cuando la transmisión se interrumpía a causa de la tormenta y Gray se perdía alguna que otra palabra.

El comandante advirtió la mirada intensa de Rachel y le hizo señas afirmativas con la cabeza: su tío estaba bien. Ella cerró los ojos en señal de gratitud y se acomodó en el asiento.

Cuando Kat acabó, Gray le resumió los principales acontecimientos de Lausana.

—Salvo si hay retrasos a causa de la tormenta, aterrizaremos en el aeropuerto de Caumont, en Aviñón, dentro de unos treinta minutos. Pero no le llevamos mucho tiempo de adelanto a la Corte; media hora en el mejor de los casos.

Seichan le había informado sobre los medios de transporte de la Corte. Raoul tenía un par de aviones guardados en un pequeño aeródromo a media hora de Lausana. Tras calcular la velocidad aérea de esos aviones, Gray sabía que les llevaban una pequeña ventaja. Y pretendía mantenerla.

—Ahora que todos los miembros del equipo estamos a salvo —dijo Gray a Kat—, voy a romper el silencio con el mando central. Voy a contactar con el director Crowe. Le pediré que coordine con las autoridades locales los apoyos en la zona. Te llamo en cuanto aterricemos. Mientras tanto, andaos con cuidado.

—Comprendido, comandante. Os esperamos.

Tras colgar, Gray marcó el número de acceso del comando Sigma. Llamó a través de una serie de centralitas cifradas y al fin estableció conexión.

—Logan Gregory.

—Doctor Gregory, soy el comandante Pierce.

—Comandante… —El tono de irritación con que pronunció aquella palabra no pasó desapercibido.

Gray eludió la reprimenda oficial por su falta de comunicación.

—Tengo que hablar con Painter Crowe inmediatamente.

—Pues no va a ser posible, comandante. Aquí es casi medianoche. El director ha salido del comando hace unas cinco horas, pero nadie sabe adónde ha ido. —Sus palabras estaban impregnadas de contrariedad, aún más perceptible que la furia contra el comandante.

Al menos Gray comprendió la frustración del hombre. ¿Por qué el director había salido del mando central a esas horas?

—A lo mejor ha ido a DARPA, a coordinar algo con el doctor McKnight —continuó Logan—. Pero yo sigo siendo el director de operaciones de esta misión. Quiero un informe exhaustivo sobre su paradero.

De pronto, Gray se sintió incómodo hablando con aquel hombre. ¿Adónde había ido Painter Crowe, suponiendo que fuera verdad que había salido? Un escalofrío le recorrió el cuerpo. ¿Le estaba impidiendo Gregory localizar al director? En Sigma había alguna fisura. ¿A quién podía creer?

Sopesó las diversas opciones, e hizo lo único que estaba en su mano. Tal vez fue una reacción impetuosa, pero tenía que guiarse por el instinto. Colgó el teléfono y desconectó la línea. No podía correr riesgos. Llevaba ventaja a la Corte del Dragón. Y no quería perderla.

5.35

A ochenta millas aéreas de distancia, Raoul escuchaba el informe de su contacto por la radio del avión. En su rostro se dibujó lentamente una sonrisa.

—¿Y todavía están en el palacio del papa?

—Sí, señor —dijo el espía.

—Y sabes en qué zona están.

—Sí, señor.

Raoul había llamado desde el castillo al enterarse de lo de Aviñón. Se había coordinado con una gente muy avispada de la zona de Marsella. Los había enviado a Aviñón en busca de los dos agentes: monseñor y esa perra de Sigma que le había perforado la mano. Y habían cumplido.

Raoul miró la hora en el reloj del avión. Faltaban cuarenta y cuatro minutos para el aterrizaje.

—Podemos sacarlos de ahí en cualquier momento —dijo el espía.

Raoul no consideró necesario demorarlo más.

—Adelante.

5.39
Aviñón

Kat se salvó por un penique. De pie, junto a la chimenea, había cogido una moneda para abrir el compartimento de las pilas de la linterna de bolsillo, pero se le escapó de los dedos y cayó al suelo, junto a sus pies, así que se agachó para recogerla. Un chasquido de pistola coincidió con el desprendimiento de piedras del muro que tenía junto a la cabeza: un francotirador.

Kat, que todavía estaba inclinada, se tiró al suelo rodando por el aire mientras sacaba la Glock de la funda. Cayó de espaldas y disparó entre las rodillas, apuntando al pasillo oscuro de donde provenían los disparos.

Disparó cuatro veces, en diversas direcciones para cubrir todos los ángulos.

Oyó un gemido y el traqueteo de un arma contra la piedra. Algo muy pesado cayó al suelo con un ruido sordo.

Rodando por el suelo, llegó adonde estaba Vigor. Monseñor permanecía agachado cerca de la parte superior del túnel de la chimenea. Ella le entregó su arma.

—Baja —le ordenó—. Dispara a todo lo que veas.

—¿Y tú?

—No, a mí no me dispares.

—Que adónde vas, quiero decir.

—De caza. —Kat ya había apagado las linternas y se había puesto las gafas de visión nocturna—. Puede que haya más. —Sacó el largo cuchillo del cinturón.

Mientras Vigor seguía agazapado en su escondite, Kat se dirigió a la puerta y comprobó si había vía libre. El mundo era de tonalidades verdes, incluso la sangre, que era lo único que se movía por el pasillo, formando un charco desde el cuerpo tendido boca abajo.

Se acercó sigilosamente al hombre vestido con uniforme de camuflaje. Era un mercenario.

Había tenido suerte con el disparo, pues la bala le había perforado la garganta. No se molestó en comprobar si tenía pulso. Le quitó el arma y se la metió en la pistolera.

Agazapada, fue pasando desde el corredor hacia el vestíbulo y la sala, rodeando la zona de la cocina. Si había otros, no debían de andar lejos. El tiroteo fallido les había obligado a esconderse. Estúpidos; confiaban demasiado en la fuerza de las armas, con la esperanza de que el francotirador hiciera por ellos todo el trabajo.

Kat concluyó el recorrido con eficiencia. No se encontró con nadie. Perfecto. Metió la mano en el bolsillo lateral de la mochila y sacó un paquete pesado envuelto en plástico. Rompió el precinto con el pulgar y bajó la mano a la cadera. Al doblar una esquina, desembocó en el único pasillo que conducía de nuevo a la cocina. Entonces se irguió y siguió caminando más confiada. Se trataba de una trampa; en la mano derecha empuñaba el cuchillo y con la izquierda había ido vaciando el contenido del paquete por el suelo: cojinetes recubiertos de goma y de una capa de NPL Súper Negro, invisible para los visores nocturnos. Al caer se esparcían por el suelo, rodando y rebotando en silencio.

Se dirigió a la cocina, de espaldas a la mole del edificio. No oyó los pasos del segundo hombre que se acercaba, pero sí su tropiezo con uno de los obstáculos, detrás de ella.

Con un rápido movimiento, se dejó caer, giró sobre la rodilla y lanzó el cuchillo con toda la fuerza del hombro y la pericia de la muñeca, que salió disparado con precisión mortal, penetrando directamente en la boca del hombre que, atónito, resbalaba con el talón derecho sobre uno de los cojinetes de goma. Se le disparó la pistola hacia el techo, perforando las vigas de madera. Luego cayó de espaldas, convulso, con la base del cráneo horadada.

Kat cruzó hasta donde estaba el hombre, agachando la cabeza y deslizándose por los cojinetes. Le quitó el cuchillo, le confiscó el arma y luego volvió a la cocina. Esperó otros dos minutos por si daba señales un tercer o cuarto asesino.

El palacio permanecía en silencio. Los truenos retumbaban con mayor intensidad tras los muros. Una serie de destellos cegadores penetró por las ventanas. El núcleo de la tormenta descargaba con toda su fuerza sobre la elevada colina.

Cuando al fin se aseguró de que estaban solos, Kat avisó a Vigor de que ya no había obstáculos y éste volvió a asomarse por la boca del túnel.

—Quédate ahí —le advirtió Kat, por si se equivocaba.

Volvió al lugar donde yacía el primer cadáver y lo registró. Como se temía, encontró un teléfono móvil. Maldita sea. Se sentó allí un momento, con el móvil en la mano. Si a los asesinos les habían dado la orden de matar, Kat sabía con seguridad que ya se había transmitido su posición en el palacio.

Regresó junto a Vigor y miró el reloj.

—La Corte sabe dónde estamos —dijo él, que también evaluaba la situación.

A Kat le pareció innecesario reconocer lo evidente. Sacó su propio móvil. Tenía que decírselo al comandante Pierce. Marcó el número que le había dado, pero no había señal. Se acercó más a la ventana, pero nada: la tormenta había dañado la cobertura, al menos la del avión durante el vuelo.

—A lo mejor cuando aterricen —dijo Vigor, al darse cuenta del intento fallido—. Pero si la Corte del Dragón sabe que estamos aquí, se ha reducido la ventaja que les llevamos.

—¿Qué sugieres? —preguntó Kat.

—Que la recuperemos.

—¿Cómo?

Vigor señaló las escaleras oscuras.

—Todavía disponemos de veinte minutos hasta que lleguen Gray y los demás. Vamos a aprovecharlos. Resolvamos el enigma allí abajo, de manera que, cuando lleguen, ya estemos preparados para actuar.

Kat asintió: le parecía lógico. Y además era el único modo de compensar el desliz. No debía haber permitido que los espías se acercaran tanto.

—Pues adelante.

6.02

En medio de la tormenta, Gray salió corriendo por el asfalto junto con los demás. Habían aterrizado en el aeropuerto de Caumont, en Aviñón, cinco minutos antes. Tenían que darle las gracias al cardenal Spera... o al menos a su influencia en el Vaticano: el control de aduanas se resolvió durante el vuelo y un BMW los esperaba para trasladarlos al palacio papal. El cardenal también había salido del avión y había entrado en la terminal para ponerse en contacto con las autoridades. Era preciso cerrar el palacio papal. Es decir, después de que llegaran ellos, por supuesto.

Gray corría con el teléfono móvil, intentando localizar a Kat y Vigor. No había respuesta. Observó el indicador de cobertura. Al salir del avión, había una barra más de cobertura. ¿Cuál era el problema?

Lo dejó sonar bastante tiempo, pero al final desistió. La única respuesta estaba en el palacio. Empapados, subieron al coche que los esperaba, mientras el fulgor de los relámpagos iluminaba la ciudad de Aviñón, situada a orillas de un tramo plateado del Ródano. Se veía el palacio en el punto más alto de la ciudad.

—¿Ha habido suerte? —preguntó Monk, señalando con la cabeza el teléfono móvil.

—No.

—Puede ser por la tormenta —dijo Seichan.

Ninguno se quedó muy convencido.

Gray pretendía dejar a Seichan en el aeropuerto. Quería que lo acompañasen sólo las personas en quienes confiaba plenamente. Pero el cardenal Spera, por su confianza absoluta en su contrato con el Guild, insistió en que fuera ella también. Y Seichan recordó a Gray el pacto que tenían ellos dos. Ella había aceptado rescatar a Monk y Rachel con el fin de vengarse de Raoul. Había cumplido su parte del trato. Ahora Gray tenía que cumplir la suya.

Rachel ocupó el asiento del conductor. Ni siquiera Monk puso objeciones. Pero llevaba su escopeta en el regazo, apuntando a Seichan; tampoco quería correr riesgos. El cardenal Spera había encontrado el arma en los Scavi, bajo la basílica de San Pedro. Monk parecía aliviado por haberla recuperado, más que si fuera su propia mano.

Rachel aceleró en dirección al centro de la ciudad, conduciendo por las estrechas calles a velocidades de vértigo. A aquella temprana hora y con el azote de la tormenta, apenas había tráfico. Subían por empinadas cuestas convertidas en ríos y derrapaban al doblar las esquinas.

Al cabo de unos minutos llegaron frente al palacio. Las luces festivas, ahora apagadas, engalanaban la plaza. Parecía una fiesta abandonada, anegada y desierta.

Salieron del vehículo en tropel. Rachel los condujo hacia la entrada principal, pues había estado antes allí. Atravesaron rápidamente la puerta, llegaron a un patio y luego se dirigieron a una entrada lateral que les había indicado Kat.

Gray observó que alguien había serrado el cerrojo y arrancado el mecanismo de cierre. No era precisamente una obra mañosa propia de un ex oficial de los servicios secretos; alguna otra persona debía de haber entrado. Hizo señas a todos para que se retiraran de la puerta.

—Quedaos aquí. Voy a echar un vistazo.

—No quiero parecer insubordinado —dijo Monk—, pero lo de volver a separarnos no me acaba de gustar. No funcionó muy bien la última vez.

—Yo voy a entrar —dijo Rachel.

—Y yo no creo que tengas autoridad sobre mis idas y venidas —dijo Seichan.

Gray no tenía tiempo para discutir, sobre todo con todas las de perder.

Entraron en el palacio. Gray había memorizado la estructura del edificio. Cauto pero veloz, bajó una serie de escalones, seguido del resto del grupo. Cuando se topó con el primer cuerpo, aminoró la marcha. Estaba muerto, ya casi frío.

Examinó el cadáver. Vale, *eso* sí era obra de un ex oficial de los servicios secretos. Siguió adelante y a punto estuvo de caer de bruces al resbalar con un cojinete de goma. Apoyó una mano en la pared para no caerse. Sin duda eran juguetitos de Kat.

Continuaron arrastrándose entre los cojinetes. Otro cuerpo yacía cerca de la entrada de la cocina. Tenían que pisar el charco de sangre para acceder hasta allí.

Gray oyó voces. Dejó a los demás en el pasillo y se acercó a escuchar.

—Llegamos tarde —dijo una voz.

—Lo siento. Tenía que asegurarme. Había que comprobar todos los ángulos.

Eran Kat y Vigor en plena discusión. Sus voces resonaban en el interior de un agujero situado en el centro de la cocina. Una luz algo saltarina empezó a brillar con mayor intensidad dentro del hueco.

—Kat —gritó Gray, que no quería sobresaltar a su compañera. Ya había visto muestras suficientes de su habilidad por aquellas salas—. Soy Gray.

La luz asomó por el agujero y apareció Kat al cabo de un instante, con el arma preparada, apuntando hacia él.

—No hay peligro —dijo Gray.

Kat saltó al exterior. Gray hizo señas a los demás de que entraran en la sala.

Vigor salió del agujero a continuación. Rachel corrió a su lado y él la estrechó en un fuerte abrazo.

Kat fue la primera en hablar y señaló el pasillo ensangrentado.

—La Corte del Dragón conoce esta localización.

Gray le dio la razón.

—El cardenal Spera ya está despertando a las autoridades locales. Llegarán enseguida.

Vigor seguía abrazando a su sobrina.

—Entonces tenemos el tiempo justo.

—¿Para qué? —preguntó Gray.

—Para descubrir el tesoro que se oculta ahí abajo.

Kat asintió.

—Hemos resuelto el enigma —dijo.

—¿Y cuál es la respuesta? —preguntó Gray.

Los ojos de Vigor se iluminaron.

—La luz.

6.14

Ya no podía esperar más. Desde el vestíbulo de la terminal del pequeño aeropuerto, el cardenal Spera vigiló al grupo mientras se marchaba en el BMW. Esperó cinco minutos, como le había pedido el comandante, para que el equipo tuviera tiempo de llegar al palacio. A continuación se levantó y se dirigió a un guardia de seguridad, un joven rubio uniformado. Le mostró sus documentos de identidad del Vaticano y en francés le pidió que lo condujera urgentemente al despacho de su superior de guardia.

El guardia se quedó atónito al reconocer a la persona con quien hablaba.

—Por supuesto, cardenal Spera. Enseguida.

El joven lo guió por el vestíbulo y ambos atravesaron una puerta de seguridad a la que se accedía con una tarjeta electrónica. Al final del pasillo se encontraba el despacho del jefe de la seguridad aeroportuaria. El guardia llamó a la puerta y una voz brusca le dijo que entrara.

Empujó la puerta y la sostuvo. Al volverse hacia el cardenal, el guardia no vio la pistola con silenciador que le apuntaba directamente a la cabeza.

El cardenal Spera levantó una mano.

—¡No...!

El disparo sonó como una tos seca. La cabeza del guardia cayó hacia delante, seguida de su cuerpo. La sangre salpicó el pasillo. Al lado se abrió una puerta y apareció otro hombre armado. Al cardenal le golpearon con una pistola en el estómago y lo obligaron a entrar en el despacho. A continuación arrastraron el cuerpo del guardia al interior de la sala. Otro hombre pasó una toalla por el suelo con el pie, empapándola en la sangre.

La puerta se cerró. Otro cadáver que yacía contraído, de costado, decoraba ya la habitación: el jefe de seguridad.

Al otro lado de la mesa había una figura conocida. Spera negó con la cabeza, incrédulo.

—Perteneces a la Corte del Dragón.

—Soy el líder, en realidad. —Descubrió de pronto una pistola—. Aquí estoy, limpiando el camino mientras llega el resto de mis hombres.

Alzó la pistola. La boca del arma fulguró por un instante. El cardenal Spera sintió un golpe en la frente; luego nada.

6.18

Rachel y los otros cuatro contemplaron el suelo de cristal grabado. Kat se quedó haciendo guardia arriba, provista de una radio.

Habían bajado por las gradas hasta el fondo, en silencio casi reverencial. Su tío les había comentado algo acerca del museo inmenso que se ocultaba en aquella catedral subterránea, pero nadie hizo muchas preguntas.

Aquel espacio realmente parecía una iglesia, lo cual inducía a hablar en voz baja en señal de respeto y sobrecogimiento.

Mientras descendían, Rachel se quedó atónita al contemplar el sinfín de maravillas que debían de estar almacenadas allí. Había dedicado casi toda su vida adulta a la protección y recopilación de obras de arte y antigüedades robadas. Aquella colección era muy superior a la de cualquier museo. Para catalogar todo aquello se requería una universidad llena de investigadores y varias décadas. La inmensidad de siglos que abarcaba aquel espacio hacía que su vida le pareciera pequeña e insignificante. Hasta el trauma más reciente, la revelación del pasado oscuro de la familia, le parecía trivial, una mancha menor en comparación con la larga historia suspendida en aquel espacio. A medida que descendía, su propia carga se aligeraba. Se atenuaba el dolor que le atenazaba el corazón. La envolvía una suerte de ingravidez.

Gray se apoyó en una rodilla para observar el suelo de cristal y el laberinto dibujado en platino sobre él.

—Es el laberinto de Dédalo —dijo Vigor, que acto seguido explicó brevemente la historia del laberinto y su relación con la catedral de Chartres.

—¿Y qué se supone que tenemos que hacer aquí? —preguntó Gray.

Vigor recorrió el suelo circular. Les había advertido que permanecieran en el borde de granito que rodeaba el laberinto de cristal.

—Es evidente que se trata de otro enigma —dijo—. Además del laberinto, tenemos un doble arco de magnetita sobre nosotros. Y un pilar del mismo material en el centro. Y estas doce placas de oro en estado-m. —Señaló las ventanas de cristal empotradas en el muro de alrededor, constituido por la última grada—. Están situadas a lo largo de la periferia, como los números de un reloj —dijo Vigor—. Es otro instrumento de medición del tiempo, al igual que el reloj de arena que nos trajo aquí.

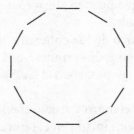

—Eso parece —dijo Gray—. Pero has mencionado la luz.
Vigor asintió.

—El tema de fondo siempre ha sido la luz. La búsqueda de la luz primigenia de la Biblia, la luz que formó el universo y todo lo que éste contiene. Eso es lo que tenemos que demostrar aquí. Al igual que ocurrió antes con el magnetismo o la electricidad, ahora tenemos que demostrar que comprendemos la luz… y no cualquier luz, sino la luz con *poder*. O como lo formuló Kat, la luz *coherente*.

Gray arrugó la frente y se puso en pie.

—Quieres decir un láser.

Vigor asintió y acto seguido sacó del bolsillo un objeto. Rachel advirtió que era una mira láser, extraída de una de las armas de Sigma.

—Con la fuerza de estas amalgamas superconductoras, unida a joyas como los diamantes y rubíes, los antiguos debieron de desarrollar alguna forma rudimentaria de proyección de luz coherente, cierto tipo de láser antiguo. Creo que el conocimiento de esa técnica es necesario para acceder al último nivel.

—¿Cómo lo sabes? —dijo Gray.

—Kat y yo hemos medido esas doce placas de cristal reflectante. Están orientadas de un modo muy sutil, con el fin de reflejar y rebotar la luz de una a otra según un esquema determinado. Pero se requiere una luz poderosa para completar todo el circuito.

—Como un láser —dijo Monk, que observaba las placas con interés.

—No creo que se necesite una gran cantidad de luz coherente —dijo Vigor—. Al igual que las pilas de Bagdad podían prender fuego a la pirámide de oro de Alejandría, sólo se necesita una fuerza pequeña, cierta muestra de comprensión de la coherencia. Creo que la energía almacenada en las placas hará el resto.

—Y podría no ser ni siquiera *energía* —dijo Gray—. Si es cierto, como dices, que la luz es la base de este misterio, los superconductores no sólo tienen la capacidad de almacenar energía durante un periodo infinito, sino que pueden almacenar también *luz*.

Vigor se quedó atónito.

—Entonces, ¿un poco de luz coherente puede liberar el resto?

—Posiblemente, pero ¿cómo empezamos esta reacción en cadena? —preguntó Gray—. ¿Apuntando el láser a alguna de las placas de cristal?

Vigor se movió por el muro y señaló el pilar de piedra imantada, de medio metro de grosor, situado en el centro del suelo.

—Ese pedestal mide lo mismo que las placas. Sospecho que el mecanismo utilizado por los antiguos se situaba justo encima del pilar, apuntándolo hacia una de las placas. Una placa concreta, la que coincide con las doce en el reloj.

—¿Y cuál es ésa? —preguntó Monk.

Vigor se detuvo frente a la placa en cuestión.

—El verdadero norte —dijo—. Hemos tenido que ingeniárnoslas para descubrir dónde estaba el norte con todas estas piedras imantadas. Pero es ésta. Creo que se trata de colocar el láser, apuntarlo a esta placa y luego salir de aquí.

—No parece muy complicado —dijo Monk.

Gray se disponía a descender al pedestal central cuando le sonó la radio. Se llevó la mano al oído y escuchó. Todos lo miraban.

—Kat, ten cuidado —dijo Gray por la radio—. Acércate con cautela. Diles que no eres hostil. De nosotros no digas nada hasta que te asegures de que no hay peligro.

Cerró la conexión.

—¿Qué pasa? —preguntó Monk.

—Kat ha visto una patrulla de la policía francesa. Han entrado en el palacio. Va a investigar. —Gray hizo señas al grupo para que subieran—. Esto tendrá que esperar. Es mejor que volvamos arriba.

Salieron en fila. Rachel esperó a su tío, que miraba a regañadientes el suelo de cristal.

—Quizá es mejor así —dijo la chica—. Tal vez no debemos jugar con algo que apenas comprendemos. ¿Y si lo hacemos mal? —Señaló con la cabeza la inmensa biblioteca de conocimiento antiguo conservada allí—. Si nos pasamos de ambiciosos, a lo mejor lo perdemos todo.

Su tío asintió y le puso la mano en el hombro mientras subían, pero de cuando en cuando volvía la mirada atrás.

Habían subido cuatro gradas cuando una voz autoritaria se dirigió a ellos por megafonía desde arriba:

—*Tout le monde en le bas là! Sortez avec vos mains sur la tête!*

Todos se detuvieron. Rachel tradujo:

—Nos piden que salgamos con las manos sobre la cabeza.

Una nueva voz habló por megafonía en inglés. Era Kat.

—¡Comandante! Me han confiscado la radio, pero es la policía francesa. He verificado la identificación de sus jefes.

—Debe de ser la guardia enviada por el cardenal Spera —dijo Monk.

—O a lo mejor alguien ha dado un aviso de robo, al ver luces aquí dentro —añadió Rachel—. O la puerta forzada.

—*Sortez tout de suite! C'est votre dernier avertissement!*

—No parecen muy contentos, desde luego —dijo Monk.

—¿Y qué esperabas, con todos los cadáveres tirados por el suelo? —replicó Seichan.

—De acuerdo —dijo Gray—. Allá vamos. Tenemos que advertirles de la llegada de Raoul y sus compinches.

Todos subieron las gradas restantes. Gray les ordenó que guardaran o apartaran las armas. Como no querían asustar a la policía, obedecieron la orden y subieron las escaleras con las manos en la cabeza.

La cocina, antes vacía, ahora estaba abarrotada de hombres uniformados. Rachel vio a Kat, de espaldas contra una pared, también con las manos sobre la cabeza. La policía francesa no quería correr riesgos. Les apuntaban con las armas.

Gray intentó explicar algo, chapurreando francés, pero inmediatamente los separaron y les obligaron a ponerse contra la pared. El jefe iluminó el pasadizo con la linterna, arrugando la nariz con desagrado.

El alboroto del pasillo indicaba la llegada de otra persona, alguien con autoridad. Rachel vio que un amigo de la familia entraba en la cocina. Estaba fuera de lugar, pero su presencia era bienvenida. ¿Lo había avisado el cardenal Spera?

Vigor también se emocionó.

—¡General Rende! ¡Gracias a Dios!

Era el jefe de Rachel, el jefe de su unidad de carabineros. Su figura llamaba la atención, incluso sin uniforme.

Monseñor intentó adelantarse pero lo obligaron a quedarse donde estaba.

—Tienes que decirles a los gendarmes que nos escuchen. Antes de que sea demasiado tarde.

El general Rende miró a Vigor con un aire de desdén inusitado.

—Ya es demasiado tarde.

Detrás de él desfilaba Raoul.

XVII

LA LLAVE DE ORO

A Gray le hervía la sangre mientras le ataban las muñecas a la espalda con cuerdas de plástico muy apretadas. Los otros mercenarios, disfrazados con el uniforme de la policía francesa, les habían quitado las armas y maniatado a todos. Hasta el cabrón de Raoul iba vestido de policía.

El gigante se plantó delante de Gray.

—Lo de matar se te da muy bien, pero esto se va a acabar. Y no esperes que el cardenal venga a rescatarte. Se encontró con un viejo amigo en el aeropuerto. —Señaló al general Rende—. Parece que nuestro líder decidió que el pobre cardenal ya no era de ninguna utilidad para la Corte.

A Gray se le oprimió el corazón. Raoul sonrió, con una expresión cruel y despiadada.

El general Rende, vestido de civil, con un traje negro caro, corbata y lustrosos zapatos italianos, se dirigió hacia donde estaban los detenidos. Había estado discutiendo con otro hombre, uno que llevaba alzacuello. Tenía que ser el prefecto, Alberto Menardi, el Rasputín de la Corte; llevaba un libro bajo el brazo y una cartera en la otra mano.

El general se detuvo delante de Raoul.

—Ya basta.

—Sí, emperador. —Raoul dio un paso atrás.

Rende señaló el túnel.

—No tenemos tiempo para regodearnos. Lleváoslos abajo. Averiguad lo que han descubierto. Y luego matadlos. —Rende echó un vistazo por la sala, con sus gélidos ojos azules y el pelo canoso repeinado hacia atrás—. No pretendo que sobreviváis. La única elección que os queda es una muerte lenta o rápida, así que vosotros veréis.

Vigor intervino desde la pared de enfrente:

—¿Cómo has podido?

Rende caminó hacia allí.

—No temas, mi querido amigo, a tu sobrina la liberaremos —le dijo—, eso te lo prometo. Los dos nos habéis sido de mucha utilidad al mantener a la Corte al corriente de los tesoros arqueológicos y de la historia del arte. Habéis servido a la Corte muy bien todos estos años.

Vigor se quedó lívido, al comprender cómo lo habían utilizado y manipulado.

—Ahora tu papel se ha terminado —prosiguió Rende—. Pero el linaje de tu sobrina tiene antepasados reyes y engendrará reyes futuros.

—¿Apareándome con ese cabrón? —le espetó Rachel.

—Lo importante no es el hombre o la mujer —respondió Raoul—. Lo importante siempre ha sido la sangre y el futuro. La pureza de nuestro linaje es un tesoro tan preciado como lo que buscamos.

Gray miró fijamente a Rachel, que permanecía atada junto a su tío. Estaba pálida, pero sus ojos brillaban con furia, sobre todo cuando Raoul la agarró por el codo. La joven le escupió en la cara y él le respondió con una bofetada en la boca, golpeándole la cabeza contra la piedra y partiéndole el labio.

Gray intentó abalanzarse, pero un par de rifles le obligaron a recular. Raoul se acercó más a Rachel.

—Que sepas que me encanta el sexo fogoso. —La arrastró desde el muro para pegarla más a su cuerpo—. Y esta vez no te voy a perder de vista ni un instante.

—Venga, traed lo que hemos venido a buscar —dijo Rende, impasible ante la violencia—. Luego empezaremos a descargar lo que se pueda antes de que acabe la tormenta. Los camiones llegarán dentro de un cuarto de hora.

Gray empezó a entender por qué iban uniformados. Con los disfraces tendrían más margen de tiempo para robar buena parte del tesoro. No se le pasó inadvertida la carretilla llena de granadas incendiarias que introdujeron en la sala mientras los ataban. Pensaban destruir todas las cosas que no lograran llevarse.

—Traed las hachas, los taladros eléctricos y el ácido —dijo Raoul, mientras hacía señas a sus hombres de que entraran.

Gray sabía que esas herramientas no eran para una obra de construcción, sino los utensilios de un verdadero sádico.

Empujados por las armas y separados por los soldados, los miembros del grupo descendieron por las escaleras del túnel. Al llegar abajo, hasta los propios guardias, ufanos e incombustibles, se quedaron atónitos.

Raoul contempló la profusión de arcos góticos y el tesoro.

—Vamos a necesitar más camiones.

Alberto estaba anonadado.

—Increíble… sencillamente increíble. Y según el *Arcadium*, esto son sólo las migajas dejadas a las puertas de un tesoro mucho mayor.

A pesar del peligro, Vigor miró asombrado al prefecto.

—¿Tienes el último testamento de Jacques de Molay? —le preguntó.

Alberto agarró con más fuerza el libro pegado al pecho.

—Un ejemplar del siglo XVII. El único que se conserva, al parecer.

Gray miró a Vigor con ojos inquisitivos.

—Jacques de Molay fue el último gran maestre de los caballeros templarios, torturado por la Inquisición por negarse a revelar la ubicación de este tesoro. Murió en la hoguera. Sin embargo se rumoreaba que existía un texto templario, un tratado final escrito por De Molay antes de que lo capturaran.

—El *Arcadium* —dijo Alberto—. Obra en poder de la Corte del Dragón desde hace siglos. Señaló el tesoro, un tesoro distinto del caudal de oro y joyas de los caballeros templarios, mucho mayor, que dotaría a su descubridor de las llaves del mundo entero.

—El secreto perdido de los magos —dijo Vigor.

—Eso es —dijo Alberto, con los ojos casi radiantes.

Bajaron por las gradas hacia el suelo de cristal.

Al llegar a la última grada, los soldados se dispersaron por el borde de piedra, tomando posiciones en todo el círculo. A Gray y los demás los obligaron a arrodillarse. Alberto bajó solo al suelo de cristal, para observar el laberinto.

—Un último enigma —dijo entre dientes.

Raoul estaba con Rachel cerca de la parte superior del último tramo de escaleras. Se volvió para mirar al grupo arrodillado.

—Creo que debemos empezar por las mujeres —dijo Raoul—. ¿Pero por cuál?

De un brinco giró hacia un lado y agarró a Rachel por el pelo de la nuca. Se inclinó y le dio un beso fuerte en la boca. Rachel se retorció, jadeante, pero poco podía hacer con las manos atadas.

Con la furia, a Gray se le nublaba la visión. Se arrodilló y pegó una patada en la piedra con la punta de la bota. Sintió cómo saltaba la cuchilla oculta en el talón, la misma que había utilizado para salir de la celda del castillo. Ocultó el cuchillo detrás de las muñecas atadas. Con un movimiento mínimo, cortó las cuerdas con el filo de la cuchilla y, aunque ya estaba libre, mantuvo las manos en la espalda.

Raoul sangraba por el labio inferior; Rachel le había mordido, pero él se limitaba a sonreír, hasta que de repente le pegó un fuerte manotazo en el centro del pecho y ella perdió el equilibrio y cayó de espaldas con un estrépito sobrecogedor.

—No te muevas —le dijo Raoul, con la palma de la mano extendida, como si diera órdenes a un perro.

La orden se reafirmaba con un rifle que apuntaba directamente al cráneo de la chica.

Raoul se volvió al grupo.

—Me reservo la diversión con ella para más tarde, así que necesitamos otra mujer para empezar. —Caminó hacia Seichan, la miró fijamente e hizo un gesto negativo con la cabeza—. A ti probablemente te gustaría demasiado.

Entonces se dirigió a Kat e hizo señas a los guardias de que la rodeasen para arrastrarla delante de los demás. Raoul se agachó y cogió el hacha y un taladro muy potente. Observó ambos instrumentos y luego dejó el hacha.

—Eso ya lo hice.

Levantó el taladro y apretó el gatillo. El motor retumbó en la sala, ansioso por cumplir la promesa de dolor.

—Empezaremos por un ojo —dijo Raoul.

Uno de los guardias agarró a Kat por la cabeza y tiró de ella hacia atrás. Ella intentó resistirse, pero el otro le pegó una patada en el estómago y la dejó sin respiración. Mientras la colocaban en su sitio, Gray vio la lágrima que caía por el ojo de Kat. No estaba asustada, sino furiosa.

—¡No! —gritó Gray—. No es necesario. Os diré lo que sabemos.

—No —dijo Kat, mientras uno de los guardias le pegaba un puñetazo en la cara.

Gray entendió su advertencia. Si la Corte del Dragón alcanzaba el poder oculto en aquel lugar, las «llaves del mundo», el resultado sería Armagedón. Sus vidas y su sangre no valían un precio tan alto.

—Yo te lo diré —repitió Gray.

Raoul se puso un poco más recto. Gray esperaba atraerlo algo más, pero aquél no se movía de donde estaba.

—Creo que todavía no he empezado a preguntar nada —dijo, mientras volvía a encorvarse—. Esto sólo es una demostración. Cuando llegue el momento de las preguntas y respuestas, nos pondremos más serios.

El ruido del taladro se intensificó. Gray no podía esperar más. No iba a quedarse sin hacer nada mientras aquel loco mutilaba a su compañera; era mejor morir peleando. Se puso en pie de un brinco y le pegó un codazo en la ingle al soldado que lo vigilaba. Mientras el hombre prestaba atención a su zona dolorida, Gray le arrebató el rifle, lo apuntó hacia Raoul y apretó el gatillo.

Clic.

No ocurrió nada.

7.22

Raoul se reía con el taladro encendido.

—Quítate las botas —le ordenó a Gray mientras sus hombres lo golpeaban con las culatas de los rifles—. ¡No serás tan ingenuo como para creer que no mandé revisar las cintas de seguridad después de tu fuga del castillo! Cuando vi que no contestaban los dos hombres que envié para que te asesinaran en el castillo, mandé a otro equipo a investigar. Sólo encontraron perros en el patio. Averiguaron cómo te escapaste y me lo dijeron por radio.

A Gray le desabrocharon los cordones y lo descalzaron.

—He dejado que te hicieras ilusiones durante un rato —prosiguió—. Siempre es mejor conocer el secreto de un enemigo; así se reducen al mínimo las sorpresas. Suponía que ibas a coger un arma… pero esperaba que tuvieras un poco más de cintura. Y he esperado hasta que las cosas se han puesto más serias. —Raoul levantó el taladro y se volvió hacia otro lado—. Bueno, ¿dónde estábamos?

Rachel observó cómo volvían a atar a Gray. Parecía abatido y desesperado. Esto la asustó más que la amenaza de tortura.

—Deja a los demás en paz —dijo Gray, mientras intentaba ponerse en pie—. Estás perdiendo el tiempo. Sabemos abrir la puerta.

Si nos haces daño a cualquiera de nosotros no te diremos ni una palabra.

Raoul lo miró.

—Explícate y evaluaré la oferta.

Gray miró a los demás, desesperado.

—Es la luz —dijo.

Kat gimió. Vigor bajó la cabeza.

—Es verdad —dijo la voz de Alberto desde el piso inferior—. Los espejos de la pared son reflectantes y oblicuos.

—Hace falta luz láser —continuó Gray, revelándolo todo. Siguió explicando lo que Vigor había relatado.

Alberto se acercó adonde estaban.

—Sí, sí… Todo encaja perfectamente.

—Bueno, ya lo veremos —dijo Raoul—. Si se equivoca, empezamos a cortar extremidades.

Gray se volvió a Rachel y los demás.

—Iban a adivinarlo de todos modos. Ya tienen la llave de oro.

Raoul ordenó a sus hombres:

—Bajad aquí a los prisioneros. No quiero correr riesgos. Ponedlos contra la pared más baja. Los demás —miró al anillo de soldados que hacían guardia sobre la grada— no dejéis de apuntarlos con el arma ni un momento. Y disparad a cualquiera que se mueva.

Los condujeron a la parte inferior y los obligaron a dispersarse por la pared. Gray estaba sólo a tres pasos de Rachel. Ella deseaba darle la mano, pero él parecía sumido en su propia desdicha. Y ella no se atrevía a moverse.

Los soldados se tumbaron en la grada, apuntando a los prisioneros con los rifles.

—El laberinto del Minotauro —masculló Gray, mirando el suelo de cristal. Sus palabras sólo llegaron a oídos de Rachel.

Rachel frunció el ceño. Sin moverse de su sitio, Gray la miró y luego bajó la vista al suelo. ¿Qué intentaba decirle? «El laberinto del Minotauro».

El comandante se refería a uno de los nombres del laberinto. El laberinto de Dédalo, el mítico laberinto donde vivía el Minotauro, un monstruo mortífero en un laberinto letal. «Letal».

Rachel recordó la trampa de la tumba de Alejandro Magno, el pasillo letal. La resolución de los enigmas no sólo requería tecnología, sino conocimientos de mitología e historia. Gray intentaba advertirla. Tal vez habían resuelto la parte tecnológica, pero no todo el misterio.

Entonces entendió las esperanzas de Gray. Sólo le había dicho a Raoul lo necesario para matarlo.

Éste sacó una mira láser y se dirigió hacia el pedestal central, pero luego se lo pensó dos veces y señaló a Gray con el objetivo.

—Tú —le dijo, con evidente desconfianza—, fuera de ahí.

Lo sacaron de allí por la fuerza y le soltaron las manos, aunque no había recuperado la libertad: los rifles seguían de cerca todos sus movimientos.

Raoul le pasó el láser a Gray.

—Ponlo tú. Tal como has explicado.

Gray miró a Rachel y luego caminó por el suelo de cristal en calcetines. No tenía elección. Tenía que entrar en el laberinto del Minotauro.

7.32

El general Rende miró la hora. Los truenos retumbaban tras los muros del palacio. Estaba a punto de conseguir lo que codiciaba desde hacía tanto tiempo. Aunque no consiguiesen abrir la cámara secreta oculta bajo la planta inferior, ya había echado un vistazo al resto. El depósito ya era en sí un tesoro sin parangón. Escaparían con todo lo que pudieran y destruirían el resto. Su experto en demoliciones ya estaba inspeccionando las cargas incendiarias. Sólo faltaba esperar la llegada de los camiones.

Habían previsto utilizar una caravana de tres camiones Peugeot con alta capacidad de carga, que se desplazarían por turnos a un gran almacén situado a las afueras de la ciudad, cerca del río, donde descolgarían la carga, montarían un *container* vacío y regresarían. Harían tantos viajes de ida y vuelta como fuera posible.

El general se irritó al mirar la hora; se hacía tarde. Cinco minutos antes había recibido una llamada del conductor del primer camión. Las carreteras estaban casi intransitables y, aunque ya había amanecido, persistía la penumbra bajo las nubes de tormenta y la lluvia torrencial.

A pesar del retraso, la tormenta servía para protegerles, para ocultar sus acciones, para reducir al mínimo el interés por lo que sucedía en el palacio. Los guardias del exterior tenían orden de eliminar a cualquiera que diera muchas muestras de curiosidad. Habían sobornado a algunos. Disponían de medio día.

Recibió una llamada por radio.

—El primer camión sube ya por la montaña —le informó el conductor.

Los truenos retumbaban a lo lejos. Al fin empezaba la operación.

7.33

Con el objetivo en la mano, Gray cruzó hacia el pilar de magnetita. Arriba estaban los arcos dobles de la misma piedra. Aun sin tocar nada, sentía la fuerza latente.

—¡Date prisa! —le exhortó Raoul desde el borde.

Caminó hacia el pedestal. Colocó el objetivo sobre el pilar, lo equilibró y apuntó hacia el cristal de las doce en punto. Hizo una pausa para tomar aire. Había intentado advertir a Rachel de que se preparase para cualquier cosa. En cuanto se activase el mecanismo, todos estarían en peligro.

—¡Enciende el láser! —bramó Raoul—. O empezamos a disparar a las rodillas.

Gray buscó el interruptor y pulsó el botón.

Se disparó un rayo de luz roja que alcanzó la placa de cristal de oro. Gray se acordó de las pilas de la tumba de Alejandro Magno. Tardaba un poco en prepararse la carga eléctrica o el condensador de energía, y luego empezaban los fuegos artificiales. Y no tenía intención de permanecer allí cuando eso ocurriese.

Se volvió y caminó rápidamente hacia la pared. No corrió, pues si hacía algún movimiento precipitado le dispararían por la espalda. Regresó a su puesto en el muro.

Raoul y Alberto estaban al pie de las escaleras. Todas las miradas se concentraban en el único hilo de fuego rojo que unía el objetivo con el espejo.

—No ocurre nada —gruñó Raoul.

Vigor habló desde el otro lado.

—Puede tardar unos segundos en acumularse la energía necesaria para activar el espejo.

Raoul alzó la pistola.

—Y si no…

Pero así fue. Sonó un profundo ruido grave y un nuevo rayo de láser se disparó desde la placa de las doce hacia la de las cinco. Hubo un resplandor de medio segundo.

Nadie dijo nada.

Entonces otro rayo de fuego rojo se proyectó desde las cinco hasta las diez. Se reflejó de inmediato, saltando de un espejo a otro.

Gray observó el espectro de luces, que formaba una estrella brillante, a la altura de la cintura. Todos permanecieron entre los vértices de la imagen, conscientes de que era mejor no moverse.

El simbolismo era evidente: la estrella de Belén, la luz que guió a los Reyes Magos.

La nota vibrante se intensificó y el fuego de la estrella brilló con más fuerza. Gray volvió la cabeza, entrecerrando los ojos. Entonces percibió algo, como si se hubiera cruzado un umbral. La fuerza centrífuga lo empujaba contra el muro: otro campo de Meissner.

La estrella se inclinó hacia arriba desde el centro, como si una fuerza la empujara desde el suelo y alcanzó la cruz de los arcos de magnetita.

Un estallido de energía chisporroteó por los arcos abovedados. Gray sintió la fuerza de atracción en los botones metálicos de su camisa. La carga magnética de los arcos se había multiplicado por diez.

La energía de la estrella fue repelida por el nuevo campo y de pronto volvió a caer, golpeando el suelo de cristal con un fuerte sonido metálico, como el tañido de una campana gigante.

El pilar del centro salió disparado hacia arriba, como enervado por la colisión. Golpeó el centro de la bóveda de crucería y se quedó allí adherido, como dos electroimanes unidos.

Mientras se atenuaba la campanada, Gray sintió un estallido en los oídos cuando se rompió el campo. La estrella se apagó, aunque su fuego brillaba todavía en sus ojos. Parpadeó para disipar el efecto de la combustión.

Arriba, la pequeña columna seguía colgada en la intersección de los arcos, ahora apuntando hacia abajo. Gray no perdía de vista el dedo de piedra.

En medio del suelo, donde antes estaba la columna, apareció un círculo perfecto de oro macizo. Hacía juego con la llave. En el centro —*el centro de todas las cosas*— había una ranura negra.

—¡La cerradura! —dijo Alberto. Dejó caer el libro, abrió la cartera y sacó la llave de oro.

Gray captó una mirada fulminante procedente del lado opuesto, de Vigor. En ese momento, Gray les había entregado no sólo la llave de oro, sino la llave del mundo entero.

Alberto debía de sospechar lo mismo. Con tanta emoción, pisó el suelo de cristal. En ese instante saltaron desde la superficie chispas y rayos que atravesaron al hombre y lo suspendieron en el aire. Él gritaba y se retorcía, envuelto en llamas. La piel se carbonizó; el pelo y la ropa ardían.

Raoul, presa del horror, subió tambaleante las escaleras y cayó de espaldas.

Gray se volvió a Rachel.

—Prepárate para correr.

Aquélla podía ser su única oportunidad.

Pero ella no lo oía, paralizada como los demás.

Al fin se interrumpió el grito de Alberto. Un último rayo de energía arrojó el cuerpo del hombre al borde de la superficie acristalada, como si supiera que su presa estaba muerta.

Nadie se movió. Olía a carne quemada. Todos miraban atónitos el laberinto letal. Había llegado el Minotauro.

7.35

El general Rende subió las escaleras para volver a la cocina. Lo había llamado uno de sus soldados cuando se encendió la estrella. Quería ver lo que ocurría, pero a una distancia segura.

Luego la luz se apagó. Decepcionado, se dio media vuelta en cuanto surgió un alarido de tortura. Se le pusieron de punta los pelos de la nuca.

Subió corriendo a la cocina. Uno de sus hombres, vestido con uniforme de policía francés, acudió junto a él.

—¡Ya está aquí el primer camión! —dijo.

Rende logró disipar la angustia momentánea. Tenía cosas que hacer.

—Llama por radio a todos los que no estén de guardia. Ya es hora de vaciar la bóveda.

7.36

Rachel sabía que tenían problemas. Raoul, furioso, se puso en pie y se dirigió a Gray.

—¡Tú lo sabías!

Gray dio un paso atrás en el muro.

—¿Cómo podía saber que se iba a freír?

Raoul alzó la pistola y apuntó.

—Ya es hora de que aprendas una lección.

Pero no apuntaba a Gray.

—¡No! —gimió Rachel.

Disparó. En el suelo, el tío Vigor se llevaba las manos al estómago, entre gemidos de conmoción. Se hundió en el suelo estirando las piernas.

Seichan acudió a su lado, deslizándose como un gato negro, para impedir que los pies de Vigor tocaran el suelo.

Pero Raoul no había acabado con ellos. Luego apuntó a Kat, que estaba sólo a tres metros de distancia. El arma le apuntaba a la cabeza.

—¡No! —dijo Gray—. ¡No tenía ni idea de lo que iba a ocurrir! Pero ahora ya sé qué error cometió Alberto.

Raoul se volvió hacia él, rezumando ira por todos los músculos. Pero Rachel se percató de que la furia no se debía a la muerte de Alberto, sino a que se había asustado con su desaparición repentina y trágica. Y no le gustaba asustarse.

—¿Qué? —gruñó Raoul.

Gray señaló el laberinto.

—No se puede ir directamente a la cerradura. Hay que seguir el camino. —Señaló el laberinto sinuoso.

Raoul entrecerró los ojos. El fuego se extinguió. Al comprender lo que sucedía se alivió su temor.

—Parece lógico —dijo Raoul.

Caminó hacia el cadáver, se agachó y rompió los dedos retorcidos por el fuego, que todavía agarraban la llave. Luego despegó la carne quemada adherida al oro. Hizo señas a uno de los hombres para que bajase y señaló al centro.

—Lleva esto allí —le ordenó, mostrándole la llave de oro.

El joven soldado se mostró reacio a acatar la orden. Había visto lo ocurrido con Alberto. Raoul le apuntó a la frente con la pistola.

—O te mato ahora mismo. Tú eliges.

El hombre cogió la llave.

—Venga, rapidito —le apremió—. Tenemos que darnos prisa. —Seguía apuntando al hombre, ahora en la espalda.

El soldado bajó a la entrada del laberinto. Inclinado hacia atrás, puso un pie en el suelo de cristal y lo retiró. No ocurrió nada. Ya más confiado, pero cauteloso, volvió a posar el pie en la superficie. No hubo ninguna descarga eléctrica. Apretando los dientes, el soldado empezó a caminar por el suelo de cristal.

—No pises los grabados de platino —le advirtió Gray.

El soldado asintió y dirigió a Gray una mirada de agradecimiento. Dio un paso más.

Sin previo aviso, se proyectó una ráfaga cortante de fuego rojo desde un par de ventanas. La estrella volvió a titilar y luego se apagó.

El soldado se había quedado inmóvil. Las piernas se le combaron y cayó de espaldas fuera del laberinto. Al tropezar en el suelo, se vio que el cuerpo estaba partido en dos, seccionado por la cintura por efecto del láser. Un amasijo de intestinos asomaba por la mitad superior.

Raoul se dio media vuelta, con los ojos ardientes de ira. Volvió a levantar la pistola.

—¿Alguna otra idea brillante?

Gray seguía atónito.

—No... no sé.

—A lo mejor es cuestión de tiempo —intervino Monk—. A lo mejor hay que moverse constantemente, como en la película *Speed*.

Gray miró por un instante a su compañero, poco convencido.

—Ya estoy harto de perder a mis hombres —dijo Raoul, cada vez más furioso—. Y estoy hasta las narices de esperar a que juntéis las piezas del puzle. Lo único que quiero es que me mostréis de una vez *cómo* se hace.

Hizo señas a Gray para que bajase al laberinto. Éste se quedó en su sitio, intentando encontrar una respuesta.

—Si no, empiezo a disparar otra vez a tus amigos. Ayuda a calmar el estrés. —Apuntó de nuevo a Kat.

Gray se puso en marcha al fin y pisó el cuerpo que yacía boca abajo.

—No te olvides de la llave —dijo Raoul.

Gray se agachó a recogerla y se dirigió a la entrada del laberinto. Dio el primer paso, encorvándose un poco para empezar a correr, dispuesto a seguir el consejo de Monk.

Entonces a Rachel se le encendió la bombilla. «Claro».

—¡No! —exclamó Rachel. Detestaba contribuir a que Raoul lograse su objetivo. Se había preparado para morir, con tal de evitar que la Corte se llevase el tesoro escondido. Pero tampoco podía soportar la idea de ver morir a Gray, partido por la mitad o electrocutado.

Recordó lo que le había susurrado Gray sobre el Minotauro. Se negaba a darse por vencida. Mientras siguieran vivos, había esperanza. Creía en su compañero. Y lo que era más importante, confiaba en él.

Gray se volvió hacia ella. En sus ojos percibió el mismo brillo de confianza, confianza hacia ella. El peso de aquella constatación la hizo callar.

—¿Qué? —dijo Raoul.

—No es cuestión de velocidad —dijo Rachel, sobresaltada—. Los alquimistas valoraban mucho el tiempo. Dejaron pistas relacionadas con eso, desde un reloj de arena hasta esta esfera de reloj con espejos. Pero no utilizaban el tiempo para matar.

—Entonces ¿qué? —preguntó Gray, con los ojos clavados todavía en la chica. Era una carga que ella soportaba con gusto.

Rachel habló con rapidez.

—Los laberintos de todas las catedrales representaban viajes simbólicos de este mundo al mundo venidero, a la iluminación espiritual del centro. —Señaló el cadáver partido en dos por la cintura, la altura de los cristales reflectantes—. Pero para llegar allí, los peregrinos caminaban a gatas.

Gray asintió.

—Por debajo de la altura de estas ventanas.

En el lado opuesto del círculo, Vigor gemía, sentado en el suelo, sangrando entre los dedos. Seichan estaba a su lado. Rachel sabía que no gemía a causa del dolor, lo vio en la mirada de su tío. Él también había resuelto ese último enigma, pero había callado.

Al hablar, Rachel traicionaba el futuro y ponía en peligro al mundo. Gray y ella se miraron a los ojos. Había tomado una decisión. No se arrepentía.

Hasta Raoul la creyó.

—Llevaré yo mismo la llave, pero ve tú primero —le dijo a Gray—. Claro que —añadió, apuntando con el arma a Rachel—, como es idea tuya, ¿por qué no vienes también con nosotros? Para que tu hombre no intente engañarme.

Rachel caminó a trompicones. Le soltaron las manos y se agachó junto a Gray. Él le hizo un gesto afirmativo con la cabeza para transmitirle un mensaje en silencio. «Todo va a ir bien».

Ella no tenía muchos motivos para sentirse segura, pero devolvió el gesto.

—Venga, vamos —dijo Raoul.

Gray salió el primero, gateando por el laberinto sin vacilar, confiando plenamente en la idea de la chica. Raoul la retuvo hasta que Gray se alejó unos par de metros. El suelo de cristal permanecía en calma.

Rachel se puso en marcha, siguiendo el recorrido de Gray. Sintió una vibración en las palmas de las manos: la superficie de cristal estaba caliente. Al moverse, oyó un zumbido lejano, no mecánico ni eléctrico, sino similar al murmullo de una gran multitud distante. Quizá era la sangre que circulaba por los oídos, impulsada por el corazón inquieto.

Detrás de ella, Raoul gritó a sus hombres:

—¡Disparad a los demás si se mueven! Y lo mismo con los dos de aquí. En cuanto os dé la orden, os los quitáis de en medio.

De modo que, si el laberinto no los mataba, lo haría Raoul.

Rachel siguió adelante. Con una única esperanza: Gray.

7.49

Rende puso la mano en el hombro del experto en demoliciones.

—¿Están preparadas las cargas?

—Sí, las dieciséis —respondió el hombre—. Basta con presionar tres veces este botón. Las granadas están enlazadas en cadena con una mecha de diez minutos.

—Perfecto.

Se volvió hacia la fila de dieciséis hombres. Había otras carretillas en el pasillo a la espera de ser cargadas, además de cinco carros transportadores listos para su utilización. El primero estaba apoyado en la entrada principal y el segundo iba en camino. Había llegado el momento de vaciar la bóveda.

—Venga, todos manos a la obra. Se os pagará como horas extra.

7.50

A Gray le dolían las rodillas. Después de recorrer tres cuartas partes del laberinto, seguir adelante era una tortura para las rótulas. La superficie lisa de cristal ahora parecía cemento rugoso. Pero no se atrevía a parar hasta llegar al centro.

Al dar vueltas por el circuito, se cruzaba con Rachel y Raoul. Bastaba un leve movimiento de cadera para apartar a Raoul de su camino. El propio Raoul lo sospechaba, y por ello apuntaba el arma a la cara de Gray cada vez que se cruzaban.

Pero la cautela era innecesaria. Gray sabía que si rozaba las líneas de platino con la mano o la cadera, moriría tan rápido como Raoul. Y con la superficie de cristal activada, Rachel probablemente se electrocutaría también. De manera que dejaba pasar al canalla sin importunarle.

Cada vez que se cruzaban Rachel y Gray, se miraban fijamente a los ojos, sin mediar palabra. Se había desarrollado entre ambos un vínculo basado en el peligro y la confianza. A Gray le dolía el corazón al verla: deseaba estrecharla entre sus brazos para reconfortarla, pero no podía parar.

Seguían dando vueltas por el laberinto. Sentía un zumbido cada vez más intenso en la cabeza, que retumbaba hasta en los huesos de los brazos y las piernas. También oyó cierto alboroto arriba, en la catedral. Los soldados hacían algo por allí. Pero él lo ignoraba todo y seguía reptando.

Después del último giro, sólo faltaba un tramo recto hasta la roseta central. Gray se apresuró, contento de llegar por fin a la base segura. Con un tremendo dolor en las rodillas, recorrió la distancia restante y se tendió de espaldas.

El zumbido dio paso a un murmullo de una frecuencia apenas audible. Se sentó. El pelo vibraba con el ruido. «¿Qué diablos…?».

Apareció Rachel y fue gateando hacia él. Sin levantar mucho la cabeza, Gray le ayudó a llegar al centro. Ella se deslizó entre sus brazos.

—Gray… ¿qué vamos…?

Sólo había una esperanza, una esperanza remota.

Raoul llegó y gateó hasta donde estaban los otros dos. Mostraba una amplia sonrisa.

—La Corte del Dragón os da las gracias por vuestro generoso servicio. —Apuntó el arma—. Y ahora, poneos de pie.

—¿Qué? —preguntó Gray.

—Ya me has oído. De pie. Los dos.

Como no tenía elección, Gray intentó separarse de Rachel, pero ella lo agarraba con todas sus fuerzas.

—Yo primero —le susurró él.

—Los dos juntos —replicó ella.

Gray la miró a los ojos y vio su determinación.

—Confía en mí —añadió Rachel.

Gray respiró profundamente y los dos se levantaron. Él suponía que un rayo lo partiría en dos, pero el suelo permaneció en calma.

—Es una zona segura —dijo Rachel—. El centro de la estrella. El láser nunca ha atravesado esta parte.

Gray rodeaba a Rachel con el brazo y sentía que aquél era su lugar natural.

—Apartaos o dispararé —advirtió Raoul. Él se levantó a continuación, se estiró las costillas doloridas y metió la mano en el bolsillo—. Ahora vamos a ver el premio que nos habéis entregado.

Raoul sacó la llave, se agachó y la metió en la cerradura.

—Encaja perfectamente —dijo entre dientes.

Gray abrazó más fuerte a Rachel, temeroso de lo que pudiera ocurrir, con una única certeza. Al oído, le susurró el secreto que había ocultado a todos desde que había salido de Alejandría.

—La llave es falsa.

7.54

El general Rende había bajado a supervisar la primera carga del tesoro. No podían llevárselo todo, de modo que alguien tenía que hacer una selección, escogiendo las antigüedades, las obras de arte y los textos más valiosos. Se quedó cerca del descansillo con el cuaderno del inventario en la mano. Sus hombres reptaban por la grada más alta de la inmensa estructura.

Un extraño estruendo retumbó en la caverna. No era un terremoto, sino algo que repercutía en todos sus sentidos a la vez. Perdió ligeramente el equilibrio, como si se escorase unos grados. Le rugía el oído. Sintió escalofríos en la piel, como si alguien acabase de pisar sobre su tumba. Pero lo peor de todo es que le parpadeaba la visión. Era como si el mundo se hubiera convertido en una televisión estropeada, que distorsionaba la imagen, jugando con la perspectiva. Las tres dimensiones se disolvían en un plano bidimensional.

Acto seguido cayó de espaldas sobre las escaleras. Algo pasaba, algo malo. Lo sentía hasta en los huesos. Subió corriendo los peldaños.

7.55

Rachel se agarró fuerte a Gray a medida que se intensificaba la vibración. Bajo los pies, el suelo latía con una luz blanca intermitente. Con cada latido, se proyectaban arcos eléctricos por las líneas de platino, entre chispas y destellos. En cuestión de segundos, todo el laberinto brilló con un fuego interior.

Las palabras de Gray resonaban en sus oídos. «La llave es falsa».

Y el laberinto respondía. Un tono profundo, ominoso y aciago, resonaba debajo. Volvió a manifestarse la presión centrífuga aplastante. Era un nuevo campo de Meissner que distorsionaba la percepción de un modo muy curioso. Arriba, toda la edificación parecía vibrar como el filamento titilante de una bombilla. La realidad se torcía.

A un metro de distancia, Raoul se incorporó en el lugar donde estaba acurrucado, sobre la llave ya inserta en la cerradura, inseguro, sin saber cómo interpretar lo que ocurría. Debió de notarlo también: una sensación de error agobiante y nauseabunda, que afectaba a todos los sentidos.

Rachel se aferró a Gray, contenta por tener aquel apoyo.

Raoul se inclinó hacia ellos y le apuntó con la pistola. Dedujo demasiado tarde la verdad.

—En el castillo nos diste una llave falsa.

Gray lo miró.

—Y tú pierdes —replicó.

Alrededor de los tres, la estrella volvió a encenderse, con rayos proyectados desde todas las ventanas simultáneamente. Raoul se agachó más, temeroso de acabar partido en dos.

Arriba, el pedestal de piedra se despegó de la atracción magnética ejercida por los arcos de magnetita y cayó en picado al suelo. Raoul lo vio demasiado tarde: el filo de la piedra lo golpeó en el hombro y lo aplastó contra el suelo.

Con el impacto del pilar contra la superficie de cristal, ésta se resquebrajó como el hielo, en todas las direcciones. Por las grietas se filtró un destello cegador.

Gray y Rachel se quedaron de pie.

—Agárrate fuerte —le susurró Gray.

Rachel también lo percibió: una creciente vibración de energía, bajo los pies, alrededor, en el interior del cuerpo. Necesitaba acercarse más, y él respondió abrazándola contra el pecho, sin dejar ni un resquicio entre ambos. Ella se pegó a él con todas sus fuerzas, sintiendo en el tórax los latidos de Gray.

Algo ascendía precipitadamente desde la cámara inferior: una burbuja de energía negra estaba a punto de estallar.

Rachel cerró los ojos mientras el mundo se convertía en una explosión de luz.

En el suelo, el hombro de Raoul latía con un dolor agónico. Los huesos aplastados se rozaban unos contra otros. Él trataba de escapar, presa del pánico. Entonces estalló una supernova bajo su cuerpo y en su interior, con una luminosidad que penetró hasta el fondo del cráneo, expandiéndose por todo el cerebro. Intentó impedir su penetración, consciente de que iba a destrozarle.

Se sintió violado, con las piernas abiertas y todos los pensamientos, acciones y deseos al descubierto.

No...

No podía ahuyentarlo. Era mayor que él, más que él, ineludible. Todo su ser se iba estirando a lo largo de un hilo blanco brillante. Tensado casi hasta el límite de la rotura, agonizaba, pero no quedaba espacio para la ira, el odio hacia sí mismo, la vergüenza, la aversión, el miedo o la recriminación. Sólo pureza, la esencia verdadera del ser. Aquello era lo que él podía ser, a lo que estaba predestinado.

No...

No quería verlo, pero no podía apartar la vista. El tiempo se estiraba hasta el infinito. Estaba atrapado, abrasado en una luz purificadora, mucho más dolorosa que ningún infierno.

Contempló su ser, su vida, sus posibilidades, su ruina, su salvación... Vio la verdad, y ésta quemaba. Ya basta...

Pero lo peor aún estaba por llegar.

Seichan abrazó al anciano contra su pecho. Ambos inclinaron la cabeza para protegerse de la erupción de luz cegadora, pero ella miraba de vez en cuando de reojo.

La estrella encendida se proyectaba hacia el cielo formando una fuente de luz, que surgía del centro del laberinto y ascendía, en movimientos rotatorios, hacia la bóveda de la oscura catedral. Otros espejos de cristal, incrustados en la inmensa biblioteca, captaban el brillo de la estrella y lo reflejaban centuplicado, alimentando la creciente vorágine. Una reacción en cascada se expandía por todo el edificio. En un instante, la estrella bidimensional se desplegó hasta formar una esfera gigante tridimensional de luz láser, que giraba por el interior de la catedral subterránea. La energía emergente recorría las gradas con chispas y destellos. Se oían los gritos estridentes.

Por encima de ella, un soldado saltó desde la grada, intentando llegar al suelo, pero no había salvación para él. Los rayos lo atravesaron antes de que tocara el piso, carbonizándole hasta los huesos antes de que su cadáver se desplomase sobre el laberinto.

Pero lo más inquietante de todo fue algo que ocurrió en los arcos de la catedral. De pronto parecía que la visión se aplanaba, se perdía la sensación de profundidad. Y hasta la imagen temblaba, como si la techumbre no fuese sino un reflejo en el agua, algo irreal, un espejismo.

Seichan cerró los ojos aterrorizada. Le daba miedo mirar.

Gray abrazaba Rachel. El mundo era pura luz. Percibía el caos que los rodeaba, pero allí estaban los dos, juntos. Volvieron a oír el zumbido procedente de la luz, un umbral que no podía cruzar ni comprender. Recordó las palabras de Vigor: «Luz primordial».

Rachel levantó la cara. Sus ojos brillaban tanto con el reflejo de la luz que Gray casi podía captar su pensamiento. Y parecía que ella le adivinaba también el suyo.

Aquella luz tenía algo especial, una permanencia ineludible, una eternidad que relativizaba todo lo demás. Excepto una cosa.

Gray bajó la cabeza y acercó sus labios a los de ella. No era amor, todavía no. Sólo una promesa.

La luz brilló con más fuerza cuando Gray prolongó el beso y probó por primera vez el sabor de la boca de Rachel. El zumbido se convirtió en canto. Cerró los ojos, pero seguía viéndola. Su sonrisa, el destello del ojo, el ángulo de su cuello, la curva del pecho. Sintió aquella permanencia una vez más, la presencia eterna.

¿Era la luz? ¿Eran ellos dos? El tiempo lo diría.

El general Rende huyó con los primeros gritos. No necesitaba investigar nada más. Mientras subía por las escaleras que conducían a la cocina, vio el brillo de energías que se reflejaba desde abajo.

Si había alcanzado una posición tan importante dentro de la Corte era por no ser imprudente. Eso se lo reservaba a los lugartenientes como Raoul.

Escoltado por dos soldados, se retiró del palacio y recorrió los pasillos sinuosos hacia el patio principal. Pensaba apropiarse del camión, regresar al almacén, reagruparse allí y perfilar una nueva estrategia. Tenía que regresar a Roma antes de mediodía.

Al salir por la puerta, observó que los guardias del exterior, todavía vestidos con el uniforme policial, vigilaban la puerta. También advirtió que el diluvio había dado paso a una brumosa llovizna. Bien, así se aceleraría su retirada.

Cerca del camión, el conductor y otros cuatro guardias uniformados advirtieron que se acercaba y acudieron a recibirlo.

—Tenemos que marcharnos inmediatamente —ordenó Rende en italiano.

—Pues me parece que no va a poder ser —replicó el conductor en inglés, mientras se quitaba el sombrero.

Los cuatro guardias uniformados apuntaron con las armas al grupo de Rende. El general dio un paso atrás.

Eran policías franceses *de verdad*…, excepto el conductor que, por su acento, era claramente americano.

Rende volvió la vista a la entrada del palacio. Había más policías franceses allí apostados. Lo habían traicionado con su propia estratagema.

—Si está buscando a *sus* hombres —le dijo el americano—, ya están a buen recaudo en la parte trasera del camión.

El general Rende miró al conductor: pelo negro, ojos azules; no lo reconoció, pero le sonaba la voz por las conversaciones telefónicas.

—Painter Crowe —dijo.

Painter vislumbró un destello de arma de fuego en la ventana del segundo piso del palacio: un francotirador solitario, alguien a quien no había visto.

—¡Atrás! —gritó a la patrulla que lo rodeaba.

Las balas acribillaban el pavimento húmedo en la zona comprendida entre Painter y el general. La policía se dispersó hacia un lado, momento que aprovechó Rende para huir, mientras sacaba la pistola.

Painter, ignorando los disparos de ametralladora, apoyó una rodilla en el suelo y empuñó dos armas, una en cada mano. Apuntando casi por instinto, orientó una pistola hacia la ventana del edificio.

Se oyó un grito en el segundo piso y un cuerpo cayó por la ventana. Pero Painter sólo lo vio con el rabillo del ojo: centraba toda su atención en el general Rende, que se había girado. Ambos se apuntaban con sus armas respectivas, arrodillados a escasa distancia, casi tocándose.

—¡Fuera del camión! —dijo Rende—. ¡Todos!

Painter miró fijamente al hombre, evaluándolo. En sus ojos vio una ira desmedida. Todo se desmoronaba a su alrededor. Rende iba a disparar, aunque le costara la vida.

No le dejaba elección. Painter bajó la primera pistola y a continuación apartó la segunda de la cara de Rende, apuntando al suelo. El general sonrió victorioso, pero en ese instante Painter apretó el gatillo. Un arco fulgurante se disparó por el cañón de la segunda pistola. Los dardos de aturdimiento Taser impactaron en el charco, junto a la rodilla del general. La descarga eléctrica le provocó un calambre en las piernas y le hizo caer de espaldas a la vez que soltaba un grito. Su pistola voló por el aire.

—Duele, ¿verdad? —dijo Painter, mientras agarraba su pistola habitual y apuntaba al general.

La policía se arremolinó en torno al hombre caído.

—¿Está bien? —le preguntó uno de los policías a Painter.

—Sí, muy bien. —Se levantó—. Pero, joder, cómo echaba de menos el trabajo de campo.

7.57

Abajo, en la caverna, los fuegos artificiales sólo duraron poco más de un minuto.

Vigor estaba tendido de espaldas, mirando hacia arriba. Los gritos se habían acallado. Al abrir los ojos sintió, en la capa más primitiva del cerebro, que todo había acabado. Vio el último giro de la esfera de luz coherente, que se comprimió hasta desvanecerse como un sol mortecino.

En lo alto, el espacio vacío se extendió. Toda la catedral resplandeció y se desvaneció con la estrella.

Seichan salió del lugar donde estaba escondida junto a monseñor. Tenía también la mirada fija en lo alto.

—Ha desaparecido todo.

—Si es que alguna vez hubo algo —añadió Vigor, debilitado por la pérdida de sangre.

7.58

Gray dejó de estrechar a Rachel entre sus brazos. Su agudeza sensorial se disipó con la luz, pero todavía recordaba el sabor de sus labios. Y eso bastaba... por el momento.

En los ojos de Rachel perduraba parte del brillo anterior, mientras observaba lo que sucedía alrededor. Los demás comenzaron a salir de los lugares donde habían estado tumbados. Rachel miró a Vigor, que intentaba sentarse.

—¡Oh, Dios! —exclamó Rachel.

Se soltó del brazo de Gray para acercarse a su tío. Monk acudió también, dispuesto a aplicar sus conocimientos médicos.

Gray seguía alerta, mirando hacia arriba. No se oía ningún disparo. Los soldados habían desaparecido... junto con la biblioteca. Era como si algo hubiera extirpado el centro de la construcción, dejando sólo los anillos de gradas ascendentes, como en un anfiteatro. ¿Qué había sido de todo aquello?

Un gemido procedente del suelo le llamó la atención.

Raoul estaba acurrucado no muy lejos de allí, hecho un ovillo en torno a su brazo atrapado, aplastado bajo el pilar caído. Gray se acercó y apartó de una patada la pistola, que resbaló por el suelo de cristal, convertido en un puzle resquebrajado y disperso.

Kat se acercó.

—Déjalo por ahora —dijo Gray—. No va a ir a ningún lado. Será mejor que recojamos todas las armas que podamos. Ni se sabe cuántas habrá por ahí.

Kat asintió.

Raoul se giró y quedó tendido de espaldas, estimulado por la voz de Gray, que esperaba algún insulto o amenaza final. Sin embargo, la cara de Raoul estaba contraída por el dolor agónico, con las mejillas inundadas de lágrimas, aunque Gray sospechaba que la causa del sufrimiento no era el brazo aplastado. Algo había cambiado en su rostro. Se habían disipado la perpetua indolencia y el semblante desdeñoso, sustituidos por algo más sensible, más humano.

—No pedí ser perdonado —les espetó, angustiado.

Gray frunció el ceño ante esta declaración. «¿Perdonado por quién?». Recordó su propia exposición a la luz unos minutos antes. «Luz primordial». Algo que escapaba a la comprensión, a los albores de la creación, había transformado a Raoul. También le vino a la mente la investigación sobre superconductores que desarrollaron a través de internet, el hecho de que el cerebro se comunicaba a través de la superconductividad y mantenía la memoria por esa vía, almacenándola como energía o tal vez como luz.

Después observó el suelo resquebrajado. ¿Se almacenaba algo más que luz en el cristal superconductor? Recordó la sensación que tuvo en aquel momento: la percepción de algo extraordinario.

En el suelo, Raoul se tapó la cara con una mano. ¿Algo había renovado el alma de aquel hombre? ¿Había esperanza para él?

A Gray le llamó la atención un movimiento. Al instante vio el peligro y acudió de inmediato para impedirlo, pero Seichan, ignorándolo, levantó el arma de Raoul y apuntó al hombre atrapado.

Raoul volvió la cara hacia el cañón. Su semblante seguía angustiado, pero ahora en los ojos le brillaba el miedo. Gray reconoció ese destello de terror negro, no causado por el arma, ni por el dolor de la muerte, sino por lo que había más allá.

—¡No! —gritó Gray.

Pero Seichan apretó el gatillo. La cabeza de Raoul se golpeó contra el cristal con un estrépito tan fuerte como el propio disparo. Los demás se quedaron atónitos.

—¿Por qué? —preguntó Gray, asombrado, mientras se acercaba más.

Seichan se frotó el hombro herido con la culata de la pistola.

—Venganza. Recuerda que teníamos un trato, Gray. —Señaló con la cabeza el cuerpo de Raoul—. Además, como ha dicho él mismo, no buscaba el perdón.

7.59

Painter oyó el eco del disparo en el interior del palacio e hizo señas a la patrulla francesa para que se detuviera. Alguien seguía disparando allí dentro, quizá su equipo.

—Despacio —les advirtió, mientras les indicaba que continuaran adelante—. Prepárense.

Se adentraron en el palacio. Painter había llegado a Francia solo. Ni siquiera Sean McKnight sabía que había emprendido esta misión, pero las credenciales de Europol de Painter le habían permitido recabar los refuerzos que necesitaba en Marsella. Había tardado el tiempo de todo un viaje transatlántico en seguir la pista al general

Rende, primero hasta un almacén a las afueras de Aviñón y luego en su desplazamiento al palacio papal. Recordaba la advertencia de su mentor, cuando le dijo que el puesto de un director está en un despacho, no en el campo de batalla.

Pero Sean era así. Painter, en cambio, no. Sigma era ahora su organización, y él tenía su propio método de resolución de problemas. Empuñó el arma y guió a los demás por los pasillos del palacio.

Cuando supo por Gray que podía haber alguna filtración, Painter tomó una decisión: confiar en su propia organización. Había reconstruido radicalmente la nueva Sigma. Si había alguna filtración, tenía que ser involuntaria.

Por tanto, había tomado una medida lógica: seguir el rastro de la información secreta. Desde Gray... hasta Sigma... hasta el contacto de los carabineros en Roma. El general Rende estaba al corriente de todos los detalles de la operación.

Se requirió una cuidadosa labor de espionaje para seguir el rastro del general, que entre otras cosas realizó viajes sospechosos de ida y vuelta a Suiza. Al final Painter descubrió una sutil conexión entre Rende y la Corte del Dragón: un pariente lejano de Rende, que había sido detenido dos años antes por traficar con antigüedades robadas nada menos que en Omán, había sido liberado por las presiones de la Corte del Dragón Imperial.

A medida que se adentraba en la investigación, Painter dejó de informar a Logan Gregory, para que el hombre continuara con su papel de contacto en Sigma. No quería asustar a Rende hasta estar más seguro de sus conjeturas.

Ahora que sus sospechas se habían confirmado, Painter tenía otro motivo de preocupación. ¿Llegaba tarde?

8.00

Rachel y Monk vendaron el abdomen de Vigor, utilizando la camisa de Gray. Había perdido mucha sangre, pero la bala había penetrado limpiamente. Según Monk, no había perforado ningún órgano vital, pero se requería asistencia médica inmediata. Monseñor dio unas palmaditas en la mano a su sobrina cuando acabaron, y a continuación Monk le ayudó a ponerse en pie y a caminar. Gray se reunió con Rachel y le pasó el brazo por la cintura. Ella se apoyó un poco en él, para fortalecerse.

—Tu tío se va a recuperar —le prometió el comandante—. Es muy fuerte. Si ha llegado hasta aquí...

Ella le sonrió, pero estaba demasiado cansada para poner mucha emoción en el gesto.

Antes de llegar a la primera grada, una voz se dirigió a ellos por megafonía una vez más.

—*Sortez avec vos mains sur la tête!* —Les ordenaban que salieran con las manos en alto.

—*Déjà vu* —dijo Monk con un suspiro—. Y perdón por mi francés.

Rachel levantó el rifle, pero acto seguido les dieron otra orden en inglés:

—Comandante Pierce, ¿cuál es su situación?

Gray se volvió a los demás.

—Imposible —dijo Kat.

—Es el director Crowe —confirmó Gray, con voz de asombro. Haciendo eco con las manos, contestó:

—¡Todo en orden aquí abajo! ¡Ahora subimos!

Gray se volvió a Rachel, con los ojos brillantes.

—¿Se ha acabado? —preguntó ella.

Gray respondió estrechándola entre sus brazos y besándola. Ya no persistía la luz misteriosa, sólo la fuerza de sus brazos y la dulzura de sus labios. Ella se sumergió en él. Era la única magia que necesitaban.

8.02

Gray subió en primer lugar, delante del grupo. Monk ayudaba a Vigor, sujetándolo por el brazo. Gray abrazaba a Rachel y ella se apoyaba en su cuerpo, pero era una carga que él asumía con sumo placer. Aunque estaba tranquilo, prefirió no soltar las armas; no quería caer en otra emboscada. Empuñando rifles y pistolas, iniciaron el largo ascenso hacia la cocina. Por las gradas había multitud de cuerpos dispersos, quemados o electrocutados.

—¿Por qué nos hemos salvado? —preguntó Monk.

—A lo mejor el piso inferior nos protegió —dijo Kat.

Gray no quiso discutir, pero sospechaba que había algo más. Recordó el destello envolvente de la luz. Sintió algo más que fotones aleatorios. A lo mejor no era una inteligencia, pero tampoco mera energía en bruto.

—¿Y qué ha sido de la casa del tesoro? —preguntó Seichan, contemplando aquella extensión vacía—. ¿Era una especie de holograma?

—No —respondió Gray. Tenía una teoría—. En circunstancias de gran intensidad, pueden generarse tubos de flujo dentro de un campo de Meissner, lo cual afecta no sólo a la gravedad, como la levitación que ya hemos visto, sino que también distorsiona el espacio. Einstein demostró que la gravedad *curva* el espacio. Los tubos de flujo crean un vórtice de gravedad que *inclina* el espacio, posiblemente plegándolo sobre sí mismo, lo cual permite el movimiento a través. —Observó las miradas incrédulas y añadió—. Ya se está investigando esto en la NASA.

—Humo y espejos —rezongó Monk—. Para mí era eso.

—Pero ¿adónde ha ido a parar todo? —preguntó Seichan.

Vigor tosió. Rachel avanzó hacia él pero éste le indicó por señas que no se preocupara, que sólo se aclaraba la garganta.

—Ha ido a parar a un lugar al que no podemos acceder —dijo monseñor con voz ronca—. Nos han puesto a prueba y se ha demostrado que no estábamos capacitados.

Gray notó que Rachel empezaba a decir algo que aludía a la llave falsa. Entonces la estrechó más contra su cuerpo e hizo señas afirmativas a Vigor, mientras la instaba a que dejase hablar a su tío. A lo mejor no todo se debía a la llave falsa. ¿Tenía razón Vigor? ¿Se habían topado con algo para lo que no estaban preparados?

—Los antiguos buscaban la fuente de luz primordial —continuó monseñor—, la chispa de toda existencia. A lo mejor encontraron alguna vía para ascender hacia ella. El pan blanco de los faraones supuestamente ayudaba a los reyes egipcios a despojarse de su carne mortal y elevarse como seres de luz. Puede que los alquimistas antiguos lograsen pasar de este mundo al mundo venidero.

—Como si recorriesen el laberinto —dijo Kat.

—Exacto. El laberinto es un símbolo de ese ascenso. Dejaron esta puerta aquí para que otros la siguieran, pero llegamos...

—Demasiado pronto —espetó Rachel, interrumpiendo.

—O demasiado tarde —añadió Gray. Las palabras le acababan de estallar en la mente, como el *flash* de una cámara, provocándole cierto aturdimiento.

Rachel lo miró y levantó una mano para acariciarle la frente. Entonces Gray vio una confusión similar en los ojos de la chica, como si a ella también las palabras se le hubieran ocurrido espontáneamente. Echó un vistazo al borde de piedra de la última grada y el suelo de cristal resquebrajado. Luego volvió a mirar a Rachel.

A lo mejor Raoul no era el único afectado por la luz. ¿Había quedado un eco en ellos también? ¿La comprensión de algo, un mensaje final?

—Demasiado tarde... o demasiado pronto —continuó Vigor, que con un gesto negativo volvía a reclamar la atención de Gray—. Fueran adonde fueran los antiguos con sus tesoros, al pasado o al futuro, lo cierto es que sólo nos dejaron el presente.

—Para que creemos aquí nuestro propio cielo o infierno —dijo Monk.

Continuaron en silencio, grada tras grada. Al llegar al nivel más alto, los esperaba un grupo de policías franceses y una cara familiar.

—Comandante —dijo Painter—. Me alegro de verle.

Gray le dio la mano.

—Y yo. No sabe hasta qué punto —respondió Gray.

—Vamos todos arriba.

Antes de que siguieran subiendo, Vigor se separó del brazo de Monk.

—Espera. —Se tambaleó y apoyó una mano en la pared para no caerse.

Gray y Rachel lo siguieron.

—Tío... —dijo Rachel, preocupada.

Cerca de allí había una mesa de piedra. Parecía que no todo se había desvanecido en la biblioteca. En la mesa permanecía el libro encuadernado en piel. La caja de cristal, en cambio, había desaparecido.

—El libro de inventario —dijo Vigor, llorando de alegría—. ¡Han dejado el libro de inventario!

Intentó cogerlo, pero Rachel le hizo señas para que se apartara y ella misma lo recogió. Lo cerró y se lo metió debajo del brazo.

—¿Por qué lo habrán dejado? —preguntó Monk, mientras volvía a ayudar a Vigor.

—Para que sepamos lo que nos espera —respondió monseñor—. Para darnos algo que buscar.

—Genial —dijo Monk—. Pues ya podían haber dejado un cofre de oro... Bueno, vale, mejor no de *oro*... Estoy del oro hasta las narices. Mejor diamantes, un cofre de diamantes sería perfecto.

Siguieron subiendo por las escaleras. Gray volvió la vista atrás por última vez. Con el espacio vacío, observó la forma de la caverna, que era una pirámide cónica invertida. O la parte superior de un reloj de arena que señalaba hacia el suelo de cristal. Pero ¿dónde estaba la parte inferior?

De pronto lo comprendió.

—«Como es arriba, así es abajo» —dijo entre dientes.

Vigor miró también atrás de repente. Gray vio el brillo de la comprensión y el conocimiento en los ojos de monseñor. Él también lo había deducido.

La llave de oro servía para abrir la puerta que conducía a la parte inferior del reloj de arena. Pero ¿dónde? ¿Había una caverna justo debajo de ésta? Gray creía que no. En algún lugar les aguardaba la catedral del conocimiento: lo que había allí sólo era un reflejo de otro lugar.

Como dijo Monk. Humo y espejos.

Vigor lo miró. Gray recordó la misión del cardenal Spera: conservar el secreto de los Reyes Magos, confiando en que el conocimiento se revelaría cuando llegase el momento. Tal vez en eso consistía el viaje de la vida: una búsqueda, la búsqueda de la verdad.

Apoyó la mano en el hombro de Vigor.

—Vámonos a casa.

Subió las escaleras abrazado a Rachel. Para salir de la oscuridad y dirigirse hacia la luz.

Epílogo

G ray pedaleó por Cedar Street, pasando por la biblioteca de Takoma Park. Le daba gusto sentir el aire y el sol en la cara. Tenía la sensación de haber pasado las tres últimas semanas bajo tierra en el comando Sigma, de reunión en reunión.

Acababa de salir de una última reunión con Painter Crowe, en este caso sobre Seichan. La agente del Guild se había evaporado como un fantasma en cuanto salieron del palacio papal. Dobló una esquina y desapareció. Pero Gray encontró un recuerdo suyo en el bolsillo: el colgante del dragón. Otra vez. Y aunque el primer colgante que dejó en Fort Detrick era una clara amenaza, éste le pareció diferente: una promesa, hasta que volvieran a encontrarse.

Kat y Monk asistieron también a la reunión. Monk jugueteaba con su nueva prótesis de última generación. No parecía tan descontento con su nueva mano, más bien inquieto por lo que iba a ocurrir aquella noche: Kat y Monk tenían su primera cita de verdad. Los dos habían estrechado más su relación después de regresar a Estados Unidos. Y lo más curioso es que Kat fue la que tomó la iniciativa de preguntar a Monk si le apetecía salir a cenar.

Después, en un aparte, Monk, un tanto aturdido, le dijo a Gray:

—Va a ser la mano mecánica. Viene con un modo vibración de dos tiempos. ¿Qué mujer se resistiría?

A pesar de la frivolidad del comentario, Gray vio verdadero afecto y esperanzas en los ojos de su amigo. Y también algo de miedo. Gray sabía que Monk todavía no había superado el trauma de la mutilación, que sentía cierta inseguridad. Esperaba que Monk lo llamara al día siguiente para contarle cómo había ido todo.

Basculó su peso sobre un pedal, con la rodilla hacia fuera, y dobló una esquina casi rozando el suelo, para desembocar en Sixth Street. Su madre le había pedido que fuera a comer.

Y aunque podía haber dicho que no, llevaba tiempo posponiendo algo. Pasó por las casas victorianas y de estilo reina Ana, sombreadas por un dosel de olmos y arces.

Giró al fin por Butternut Avenue, apretó el freno y paró en la entrada del *bungalow* de estilo Craftsman de sus padres. Se quitó el casco, subió la bicicleta al porche y llamó a su madre por la mosquitera:

—¡Mamá, estoy aquí!

—¡Estoy en la cocina! —contestó su madre.

A Gray le olía a quemado. Las vigas del techo estaban envueltas en humo.

—¿Todo bien? —preguntó, mientras atravesaba el corto pasillo.

La madre llevaba unos pantalones vaqueros, una blusa de cuadros y un delantal atado a la cintura. Había reducido su horario laboral en la universidad a tiempo parcial dos días por semana para poder ocuparse de las cosas de la casa.

La cocina estaba llena de humo.

—Estaba haciendo sándwiches de queso a la plancha —dijo, sacudiendo las manos—. Entonces me ha llamado mi ayudante y los he dejado demasiado tiempo en la plancha.

Gray vio la pila de sándwiches en una fuente. Todos estaban carbonizados por un lado. Cogió uno. El queso ni siquiera se había derretido. ¿Cómo conseguía quemar los sándwiches sin calentarlos? Tenía que ser una habilidad especial.

—Tienen muy buena pinta —mintió.

—Llama a tu padre. —Ondeó el paño de cocina para disipar el humo—. Está fuera, en el garaje.

—¿Más pajareras?

Su madre puso los ojos en blanco.

Gray fue hasta la puerta trasera y se asomó.

—¡Papá! Está la comida.

—¡Ya voy!

Gray regresó mientras su madre sacaba unos platos.

—¿Puedes servir el zumo de naranja? —le preguntó—. Voy a buscar un ventilador.

Gray fue a la nevera, cogió el cartón de Minute Maid y empezó a servir los vasos. Cuando su madre salió, Gray dejó el cartón y sacó del bolsillo un vial de cristal. Estaba lleno de un polvo grisáceo hasta la mitad: la última muestra de la amalgama.

Con ayuda de Monk estuvo investigando los polvos en estado-m. Averiguó que aquellos compuestos estimulaban el sistema endocrino y tenían efectos paliativos en el cerebro, pues incrementaban la percepción, la agudeza… *y la memoria.*

Gray vació el contenido del vial en uno de los vasos de zumo de naranja y lo removió con una cucharilla.

Su padre entró por la puerta trasera, con el pelo lleno de serrín. Se limpió las suelas de las botas en la alfombra, saludó con la cabeza a Gray y se sentó de golpe en una silla.

—Tu madre me dice que vuelves a Italia.

—Sólo cinco días —respondió mientras cogía los tres vasos entre las palmas de las manos y los llevaba a la mesa—. Otro viaje de trabajo.

—Ya… —Su padre lo miró—. ¿Y quién es la chica?

Gray se sobresaltó al oír la pregunta y bebió un poco de zumo. No le había comentado a su padre nada de Rachel. No sabía qué decir. Después del rescate, habían pasado una noche juntos en Aviñón mientras se resolvían las cosas, acurrucados frente a los rescoldos de una chimenea. No hicieron el amor aquella noche, pero hablaron bastante. Ella le contó la historia de su familia, con voz entrecortada y algunas lágrimas. Todavía no había sopesado sus sentimientos acerca de su abuela. Al final se durmieron abrazados. Por la mañana, las circunstancias y el sentido del deber los separaron. ¿Adónde les llevaba todo aquello? Gray volvía a Roma para averiguarlo.

Seguían hablando a diario, en ocasiones dos veces al día. Vigor se recuperaba. Después del funeral del cardenal Spera, lo habían nombrado prefecto de los Archivos Secretos, para que supervisara la reparación de los daños provocados por la Corte del Dragón. La semana anterior, Gray había recibido una nota de agradecimiento de Vigor, pero también descubrió un mensaje oculto en el texto. Bajo la firma de monseñor había dos sellos de tinta, insignias papales, imágenes especulares, simétricas, los símbolos gemelos de la Iglesia de Tomás. Parecía que la Iglesia secreta había encontrado a un nuevo miembro para sustituir al cardenal fallecido.

Al saber esto, Gray envió a Vigor la llave de oro de Alejandro Magno, la *verdadera*, desde Egipto, donde estaba depositada en una caja fuerte para tenerla a buen recaudo. ¿Quién podía guardarla mejor? La llave falsa, la utilizada para engañar a Raoul, la había encargado en uno de los talleres de Alejandría famosos por su habilidad en la falsificación de antigüedades. La hicieron en menos de una hora, mientras Gray liberaba a Seichan de la tumba marítima de Alejandro. No se atrevió a trasladar la llave verdadera a Francia, a la Corte del Dragón.

La declaración y confesión del general Rende, que ya estaba detenido, demostraron lo peligroso que podía haber sido. La retahíla de muertes y atrocidades comenzó varias décadas atrás. Con la confesión de Rende, empezaba a desarticularse la secta de la Corte del Dragón. Pero nunca se sabría hasta qué punto tal desarticulación era exhaustiva.

Entretanto, por lo que respecta a otros asuntos más cercanos a la mente y el corazón de Gray, Rachel seguía poniendo orden en su vida. Con la muerte de Raoul, ella y su familia habían heredado el Château Sauvage, lo que sin duda constituía un legado sanguinario. Pero, al menos, la maldición murió junto con la abuela de Rachel. Ningún otro miembro de la familia Verona sabía nada acerca del siniestro secreto de la abuela. Para acabar de resolver los asuntos, preveían vender el castillo. El dinero recaudado se destinaría a las familias de los que murieron en Colonia y Milán, para ayudarles de alguna manera a reparar la pérdida y seguir adelante, para que recuperaran la esperanza… y posiblemente algo más…

El padre de Gray suspiró y se inclinó hacia atrás en la silla de la cocina.

—Hijo, últimamente estás de muy buen humor, desde que volviste del viaje de trabajo el mes pasado. Sólo una mujer puede dar a un hombre ese brillo especial.

Gray puso los vasos de zumo en la mesa.

—Puede que esté perdiendo la memoria —continuó su padre—, pero no la vista, así que cuéntame algo de ella.

Gray miró fijamente a su padre. Captó también la tácita implicación. «Mientras pueda recordar».

La naturalidad de las palabras de su padre ocultaban algo más profundo. No era un sentimiento de pena ni de pérdida. Intentaba recuperar algo en el presente, cierta conexión con un hijo al que quizá perdió en el pasado.

Gray se quedó inmóvil junto a la mesa. Sintió un arrebato de ira antigua, un viejo resentimiento. No quiso eludirlo, dejó que la emoción siguiera su curso.

Su padre debió de notar algo, porque volvió a asentar la silla en el suelo y cambió de tema.

—Bueno, ¿y los sándwiches?

En la mente de Gray resonaban las palabras «Demasiado tarde… demasiado pronto», un último mensaje que invitaba a vivir en el presente, aceptar el pasado y no precipitarse hacia el futuro.

Su padre intentó coger el zumo de naranja envenenado, pero Gray se lo impidió, tapando el vaso con la mano. Luego lo apartó y le dijo:

—¿Qué tal una cerveza? He visto que hay una Bud en la nevera.

Su padre asintió.

—Por eso te quiero, hijo.

Gray tiró el zumo de naranja por el fregadero y vio cómo se lo tragaba la tubería formando un remolino.

«Demasiado pronto… demasiado tarde».

Ya era hora de vivir en el presente. No sabía cuánto tiempo de vida le quedaba a su padre, pero quería aprovecharlo al máximo.

Fue a la nevera, cogió *dos* cervezas, las abrió mientras volvía, cogió una de las sillas de la cocina, se sentó y puso una botella delante de su padre.

—Se llama Rachel.

Nota del autor

Gracias por haberme seguido en este viaje. Como antes, he querido reservarme este último momento para separar la realidad de la ficción. Espero que esta nota incite también al lector a proseguir la investigación. Con este fin, quiero mencionar los libros que me inspiraron esta historia.

De modo que empecemos por el principio. El prólogo. Las reliquias de los Reyes Magos se conservan en un sarcófago de oro en la catedral de Colonia, y la caravana que transportó los huesos de Milán a Colonia sufrió, en efecto, una emboscada en el siglo XII.

Pasemos al primer capítulo. Súper Negro es un compuesto desarrollado en el Laboratorio Nacional de Física británico. La Bola Ocho es una estructura real de Fort Detrick (lamento haberla derribado en la ficción), y la armadura líquida es también, por sorprendente que resulte, un material *real*, desarrollado por el Laboratorio de Investigación del ejército estadounidense.

No entraré en detalles concretos respecto al resto de la novela. Sólo quería valerme de los ejemplos anteriores para demostrar que incluso los elementos de la novela que parecen más descabellados tienen cierto fundamento real. Quienes tengan interés en conocer otros aspectos más específicos pueden visitar mi web:

www.jamesrollins.com

La Corte del Dragón Imperial es una organización europea que tiene sus orígenes en la Edad Media. Se trata de una sociedad solemne y benéfica formada por aristócratas de diversa índole. La sub-secta sanguinaria descrita en este libro es fruto de mi imaginación, y de ningún modo se pretende menospreciar a ninguno de los miembros actuales de la Corte.

Por lo que se refiere al núcleo de la novela, se requerirían varios volúmenes para comentar la verdad que subyace a los metales en estado-m y el rastro que dejan a lo largo de la historia. Por suerte, ese texto ya se ha escrito, siguiendo en gran medida la vía trazada desde los egipcios hasta tiempos más modernos, en aspectos relacionados con los campos de Meissner, la superconductividad y el magnetismo, entre otros. Desde aquí quiero animar a cualquiera que tenga cierto interés en este tema a que consulte la obra *Lost secrets of Sacred Ark* de sir Laurence Gardner. Ha sido mi biblia personal para esta novela.

Hablando de biblias, si el lector tiene curiosidad por el conflicto entre los seguidores de los apóstoles Juan y Tomás en el seno de la Iglesia cristiana primitiva, existen dos libros sobre este tema escritos por Elaine Pagels, autora galardonada con el National Book Award: *Más allá de la fe: el evangelio secreto de Tomás* y *Los evangelios gnósticos*.

Para los interesados en conocer a fondo el tema de los Reyes Magos y una posible hermandad que perdura todavía en la actualidad, recomiendo *Los Reyes Magos* de Adrian Gilbert.

También aconsejo la obra de Robert J. Hutchinson titulada *When in Rome, a journal of life in Vatican City*. Es una fuente de información, tan valiosa como entretenida, sobre el Vaticano y su historia.

Por último, espero que mi novela no sólo entretenga sino que a la vez suscite preguntas en los lectores. Con este deseo concluiré el presente comentario sobre ficción y realidad citando el lema esencial de la tradición gnóstica: «Buscar la verdad... siempre y en todos los sentidos». Parece un final adecuado para esta novela. De manera que, como afirma Mateo: «Busca y encontrarás» (Mt 7,7).

Este libro se terminó de imprimir en
los talleres gráficos de
Fernández Ciudad S. L. (Madrid)
en el mes de enero de 2006